金　融　学

主　编　范金宝　于茜虹　李　林

哈爾濱工業大學出版社

内容简介

本书结合构建完整金融学知识体系的需要，系统介绍和阐述了现代金融理论与我国金融实践的发展成果。全书共十二章，分成四个组成部分：金融学的基础知识，包括货币与货币制度、信用、利息与利息率、金融市场；金融机构，包括金融机构体系、商业银行、投资银行和保险公司、中央银行；货币供求与货币政策，包括货币供求及其均衡、通货膨胀与通货紧缩、货币政策；国际金融与管理。本书结构完整，内容涵盖了金融学领域的各个方面，注重知识性与实践性，体系结构合理，难易度适中，深入浅出，可读性强。

本书可作为应用型普通高等院校经济管理类专业和其他专业的“金融学”课程教材，也可作为经济金融工作者和感兴趣的读者的参考书。

图书在版编目（CIP）数据

金融学/范金宝，于茜虹，李林主编—3 版.—哈尔滨：哈尔滨工业大学出版社，2023.11
ISBN 978－7－5767－1126－4

Ⅰ.①金… Ⅱ.①范… ②于… ③李… Ⅲ.①金融学-高等学校-教材 Ⅳ.①F830

中国国家版本馆 CIP 数据核字（2023）第 227293 号

责任编辑 杨秀华
封面设计 刘 乐
出版发行 哈尔滨工业大学出版社
社　　址 哈尔滨市南岗区复华四道街 10 号 邮编 150006
传　　真 0451－86414749
网　　址 http://hitpress.hit.edu.cn
印　　刷 哈尔滨市颉升高印刷有限公司
开　　本 787mm×1092mm 1/16 印张 20 字数 493 千字
版　　次 2023 年 11 月第 3 版 2023 年 11 月第 1 次印刷
书　　号 ISBN 978－7－5767－1126－4
定　　价 58.00 元

前 言

所谓金融，是指货币流通和信用活动以及与之相关的经济活动的总称。随着我国社会主义市场经济体制的不断完善，货币、信用、银行、国际收支、外汇管理、风险管理等金融因素已渗透到人们经济生活的方方面面。经济关系的国际化又扩大了金融活动的空间，使得经济全球化、金融全球化的格局逐步形成，金融的地位和作用大大提高，影响力日益增强。本书力图以马克思主义基本原理为指导，根据党的二十大精神，结合经济管理相关专业特点，将自信自立、守正创新、问题导向、系统观点、胸怀天下的思想融入编写中，培养学生胸怀祖国、服务人民的爱国精神，勇攀高峰、敢为人先的创新精神。本书系统阐述金融学的基本理论、基本知识及其运动规律；客观介绍世界上主流金融学理论及发展研究成果和实务运作的机制及最新发展；同时立足中国经济发展的实际，努力反映经济体制改革、金融体制改革的实践进展和理论研究成果。

随着金融全球化的发展，金融理论与金融实践也发生着深刻的变化，原有的知识框架已越来越难以覆盖所需研究的范畴，因此，我们对传统的金融学体系进行了适当补充和调整。引导读者努力把自立、自强信念自觉融入人生目标追求之中，努力把自我发展融入推动全面建成社会主义现代化强国，实现第二个百年奋斗目标，以中国式现代化全面推进中华民族伟大复兴的实践中。我们总结了多年的教学经验，在参阅大量相关金融学知识的基础上，结合我国金融学教育的发展目标，遵循应用型本科教育的基本规律，根据构建金融学知识体系应强调“宽口径、重应用”的特点编写，力图反映现代金融理论与我国金融实践的发展，做到理论性与应用性的紧密结合。本书在设计和编写过程中，还重点参阅了全国经济专业技术资格考试要求、自学考试大纲，并突出了重点和难点。因此，本书可作为应用型普通高等院校经济管理类专业和其他专业的“金融学”课程教材，也可作为经济金融工作者和感兴趣的读者的参考书。

本书共分十二章。具体编写分工如下：北华大学范金宝编写第一、二、三、十、十一、十二章；北华大学于茜虹编写第四、五、六章；济南市政府与社会资本合作服务中心李林编写第七、八、九章。本书初稿完成后由范金宝定稿。同时，我们期盼各位同仁和读者积极参与本学科建设，提出宝贵的建设性意见。由于时间、资料、作者水平及其他条件限制，书中难免存在不足之处，恳请同行专家及读者指正，使本书日臻完善。

在编写过程中，我们参考了大量的中外文献，正是这些文献资料，为我们提供了丰富的素材和创作的源泉，在此向这些文献的作者表示感谢。向北华大学经济管理学院的领导和部分老师就教材定位、教材结构与教学内容安排等所做的工作深表谢意！

编 者

2023 年 6 月

目　　录

第一章　货币与货币制度

【本章要点】

- 货币的起源与货币形式的演变；
- 货币的职能；
- 货币制度。

第一节　货币的起源与货币形式的演变

一、货币的起源

货币自产生至今已有几千年的历史。货币的出现是与商品交换相联系的，是商品交换长期发展过程中分离出来的特殊商品，也是商品交换发展的自然结果。在原始社会后期，由于社会生产力的发展，在原始公社之间出现了最初的实物交换。随着生产的进一步发展，商品交换逐渐变成经常的行为。如据史料记载和考古发掘，在埃及的壁画中，可以看到物物交换的情景：有用瓦罐换鱼的，有用一捆葱换一把扇子的。[①] ……总之，在世界各地，出现的商品交换，大致经过了两个阶段：首先是简单的物物直接交换，其次是通过一定媒介的交换。简单的物物直接交换将买方和卖方局限于同一时间和空间，致使交换双方只有同时需要对方的商品，且在价值量上基本相等时，交换方能进行，客观上阻碍了经济的发展。随着商品交换的进一步发展，人们逐渐发现，如果先用自己的商品去换取一种大家普遍愿意接受的物品，然后再拿这种物品去交换能满足自己需要的商品，就会使商品交换顺利进行。于是，通过媒介的商品交换就成了交换的主要形式。在货币史上，牲畜、兽皮、龟壳、布帛、可可豆、贝壳，甚至玉米等，都曾在不同地区的不同时代充当过货币。后来，金、银、铜、铁等金属，曾在长时间里扮演过货币的角色。

中国是世界上最早使用货币的国家之一，最早充当交换媒介的物品是贝壳，在中国的汉字中，凡与价值有关的字，大都有“贝”字，如财、贵、贱、货、资、贫等。由此可见，贝是我国最早的货币。

货币产生后，有许多学者从理论上对货币的起源进行了解说。

(一)中国古代的货币起源说

1.先王制币说

此观点认为圣王先贤为了维护统治的需要，在众多物品中，便选定某些难得的、贵重的

---

① 黄达.金融学(精编版)[M].北京:中国人民大学出版社,2004:7.

物品作为货币。此说在《管子》一书中多处言及,最具代表性的表述见于《国蓄》篇:“玉起于禺氏,金起于汝汉,珠玉起于赤野,东西南北距周七千八百里,水绝壤断,舟车不能通。先王为其途之远、其至之难,故托用于其重,以珠玉为上币,以黄金为中币,以刀布为下币。三币,握之则非有补于暖也,食之则非有补于饱也,先王以守财物,以御民事,而平天下也。”先王制币说在先秦时代十分流行,之后的许多思想家也继承了这一观点。

2. 司马迁的产品交换说

司马迁的货币起源观点不同于先王制币说,他认为货币是用来沟通产品交换的手段,在《史记》中写道:“农工商交易之路通,而龟贝金钱刀布之币行焉。”说明货币是适应商品交换的需要自然产生的。

(二)西方货币起源说

1. 创造发明说

此观点认为货币是由国家或先哲创造出来的。代表人物是古罗马法学家 J·鲍鲁斯(公元二三世纪)。其认为最早并无货币,也无所谓的商品与价格,买卖渊源于物物交换,每个人只是根据他的机缘与需要以对自己没用的东西交换有用的东西。在现实交换中,由于你所有的正是我所愿意得到的,和我所有的正是你所愿意接受的,这种偶合情况并不是经常出现,于是,一种由国家赋予永久价值的实物被选择出来,作为统一的尺度以解除物物交换的困难。这种实物经过铸造成为一种公共的形式后,可以代表有用性和有效性,而不必考虑其内在的价值对其数量的关系。从此,两种东西的交换不再称为财物,只称为一个价格。

2. 便于交换说

此观点认为货币是为解决直接物物交换的困难而产生的。英国经济学家亚当·斯密(1723—1790)认为,货币是随着商品交换发展逐渐从诸多货币中分离出来的,是为解决相对价值太多而不易记忆、直接物物交换不便而产生的。如在交换过程中的商品有 100 种,那么每种商品都会有 99 个相对价值,由于相对价值太多,不易记忆,人们自然会想到把其中一种物品作为共同的衡量标准,并通过它来对其他商品进行比较,从而解决了因直接物物交换而带来的困难。货币是人们普遍接受的无论何处都可用以交换商品和服务的东西。[①]

3. 保存财富说

此观点认为货币是为了保存财富而产生的。法国经济学家 J·西斯蒙第(1773—1842)认为,货币本身不是财富,但随着财富的增加,人们要保存财富,交换财富,计算财富的量,从而产生了对货币的需要,货币因此而成为保存财富的一种工具。

(三)马克思的货币起源说

马克思从商品和商品交换入手,用完整的劳动价值论富有逻辑地论证了货币产生的客观必然性。马克思认为,人类要生存,必然要通过劳动来实现。而社会分工和私有制的出现使人类的劳动有了私人劳动和社会劳动之分。一方面,私有制使私有生产者的劳动具有私人属性,由此私人劳动决定了产品归私人所有;另一方面,社会分工又使每个私人生产者只能生产一种或有限几种产品,而整个社会对产品的需求是由所有的私人生产者的劳动来满足的,因此,所有的私人劳动者的劳动构成了整个社会总劳动,从而使私人劳动的属性具有

---

① [美]米尔顿·弗里德曼. 货币的祸害[M]. 安佳,译. 北京:商务印书馆,2007:20.

了社会性。于是，产生了私人劳动和社会劳动的矛盾：私人劳动决定了其生产出来的产品归私人所有。但是产品又不是或主要不是供生产者本人消费，而是供其他社会成员消费。所以私人的产品必须纳入社会总产品中进行分配。因此，私人劳动产品必须得到其他社会成员的认可，才能成为整个社会总产品的有机构成部分。而解决这个矛盾的唯一途径就是交换，也就是用私人生产的产品去交换其他社会成员生产的产品。产品交换出去了，说明生产该产品所投入的私人劳动是社会所需要的，私人劳动就成了社会总劳动中的一部分，完成了私人劳动向社会劳动的转化；相反，如果产品没有交换出去，说明生产该产品的私人劳动不是社会所需要的，私人劳动也就没有成功地转化为社会劳动。

由此可见，交换解决了私人劳动与社会劳动的矛盾。但在商品交换中，如何确定商品之间的交换比例呢？马克思又提出了商品价值的概念。因为一切商品都有一个共同的属性，即都耗费了人类的劳动——体力和脑力。这种凝结在商品中无差别的人类劳动就是商品的价值。由于各种商品在质上相同，因而在量上就可以进行比较。通过比较，价值相同的商品便可以进行相互交换，等价交换是商品交换的基本原则。

那么，如何将人类这种无差别的劳动——价值表现出来呢？马克思通过对价值形式的演变，富有逻辑地推导出了货币的产生。由于商品价值不能自我表现，只有在两种商品相交换中，通过另一种商品表现出来，因此，商品交换中的价值必然要求价值表现，必须有商品价值的表现形式，称为价值形式。在漫长的历史进程中，随着交换的不断发展，价值形式经历了简单价值形式（即一种商品的价值只是偶然地被另一种物品表现出来）、扩大的价值形式（即一种商品的价值可以由许多种商品表现出来）、一般价值形式（即用一般等价物表现所有商品的价值）和货币形式的发展历程。

简单的价值形式：1 只羊 = 2 把斧头

扩大的价值形式：1 只羊 = {2 把斧头；1 袋粮食；2 匹布；……}

一般价值形式：{2 把斧头；80 千克小麦；2 匹布；3 克黄金；……} = 1 只羊

从扩大的价值形式阶段过渡到一般价值形式阶段，说明为交换而生产的关系，也即商品生产关系，在经济生活中日益确立起来。然而一般等价物开始并不是固定的，在不同时期和不同阶段由不同的商品充当，使更大范围、更深程度的商品交换仍存在着困难。经过长期的发展和摸索，一般等价物逐渐固定在最具优势的贵金属金银身上。它就定型化为货币。正如马克思所说"金银天然不是货币，但货币天然是金银"，由金银来固定充当商品交换的媒介，这就是货币价值形式，于是货币产生了。

除了从商品交换的历史演进中探索货币的起源外，一些学者还从降低交易成本入手，分析了货币产生的过程。经济学者经常谈及物物交换的局限性，如，食盐的所有者要用食盐交换羊，而羊的所有者此时并不需要食盐，而是粮食，粮食的所有者又需要布，在这种情况下，食盐的所有者只有与布的所有者进行交换（这还是在布的所有者需要食盐的前提下），之后，再用换来的布与粮食的所有者交换，再与羊的所有者进行交换，经过多次交换后，他对羊的需求才得以实现。而每一次的交换都会发生交易成本,随着交换次数的增多,交换成本也会增高。实际上,从物物交换向媒介交换转化的过程也就是降低交易成本的过程。由于货币这种交换媒介可以与任何商品相交换,从而大大简化了交易过程,方便了交换的实现,交换成本也随之下降,客观上促进了生产的发展。

二、货币形式的演变

货币自产生以来已有几千年的历史。纵观货币的发展史,可以发现,货币是随着商品生产和商品交换的不断发展而发展的。随着人们对货币在经济发展中作用的深化和科技的进步,根据货币材料的不同,货币形式经历了从商品货币到信用货币的演变过程。

(一)商品货币

商品货币是足值的货币,即作为商品货币的各类实物和金、银、铜等金属的自身商品价值与其作为货币的购买价值相等。如一只羊作为实物,它要换回与其价值相等的一袋米,这只羊作为货币,它的购买能力同样是其自身价值所具有的价值,它不可能买回相当于两只羊的米。足值货币的特点是价值比较稳定,能为商品的生产和交换提供一个稳定的货币环境,有利于商品生产和交换的发展。商品货币主要包括实物货币和金属货币。

1. 实物货币

世界上最早的货币是实物货币(commodity money)。实物货币是指以自然界中存在的某种物品或人们生产的某种商品来充当货币。实物货币是货币最原始、最朴素的形式。历史上,实物货币种类很多,如贝壳、牲畜、兽皮、农具、布帛、盐、可可豆等。从"货币"一词来看,古汉语中曾有两个不同的概念,"货"指珠、贝、金、玉等,"币"指皮、帛。"货"在春秋战国时才取得货币的含义,"货币"一词大约出现在唐朝以后。据史料记载,在古代欧洲的雅利安民族,在古波斯、印度、意大利等地,都有用牛羊做货币的记载。荷马史诗中,经常用牛标示物品的价值,如狄俄墨得斯的铠甲值 9 头牛,而格劳科斯的铠甲值 100 头牛,一个工艺娴熟的女奴值 4 头牛,等等。

随着商品生产和商品交换的不断发展,实物形态的货币越来越难以适应日益增加的商品交换对货币的需求。因为实物货币有很多自身难以克服的缺点,首先,实物货币不易分割。在实际交换中,不仅有大额商品交易,也有小额的、零星商品交易,在小额商品交易中,只需较少的货币发挥媒介的作用,因此,就需要对货币进行分割,但牲畜等实物货币具有不宜分割等特点。其次,实物货币不易保存。牲畜、兽皮等保管的成本非常高,可可豆等的保管也有一定的保质期。第三,有些实物货币的价值较低,在大额的商品交易中,因需要大量的货币来发挥媒介作用,携带自然不便。于是,伴随着商品交换的发展,金属货币替代了实物货币,货币形式进入了金属货币时代。

2. 金属货币

金属货币(metal money)是指以金属为币材的货币。历史上曾经充当货币的金属主要有金、银、铜等,其他金属如铁、锡也曾充当过货币,金属货币与实物货币相比较具有很多优点。首先,金属货币易于分割,可根据不同的比例任意分割,即分割后不会降低单位价值。其次,金属货币便于保存。在保存过程中,金属货币的价值一般不会遭受损失,且不必为之付出成本。第三,金属货币具有十足的价值,可用较少的货币完成较大量的交易,便于携带,有利于在更大范围内进行交易。中国是世界上最早使用金属货币的国家,商代出现的铜贝是历史上最早的金属货币。

金属货币的演化沿着两个方向进行：一方面，随着交易规模的不断扩大，经历了由贱金属到贵金属的演变。另一方面，金属货币经历了从称量货币到铸币的演变。称量货币是指货币直接表现为没有固定形状的金属块，每块货币的价值取决于该金属块的质量。如中国古代货币白银的单位是“两”，铜钱的单位是“文”，这些都是质量单位。在称量货币时期，每次交换时都必须经过称量、鉴定成色，有时还要按交易额的大小把金属块进行分割。无形中延长了交易时间，增加交易成本，风险也就增加，越来越难以满足商品交换的发展。随着商品交换范围的不断扩大，单凭商人的信用并不能让异地的交易者相信金属块上的标记，于是要求更具权威的标示。而权威最大的莫过于国家，从此，国家便开始充当货币的管理者，并对货币的铸造进行管理，这种由国家印记证明其质量和成色的金属块称为铸币。国家印记包括形状、花纹、文字等。在我国，西周及春秋战国时期，类似于铲形农具的“布币”、仿照刀状铸造的“刀币”、延续贝币形状的“铜贝”等多种形状的铸币在不同地区流通着。到战国时期，圆形方孔的圜钱在秦国广泛流通，秦始皇统一中国后，在全国统一了铜铸币的流通，并一直沿用到清朝末期。后来出现了银铸币，且图案最初是“龙洋”，袁世凯的北洋政府铸造了有袁世凯头像的银圆，到1927年，国民政府铸造了有孙中山头像的银圆。

西方用黄金铸造的金币出现也很早，英国早在13世纪中叶就有了金币铸造。西方的金属铸币通常有圆形、无孔、铸有统治者头像等特点。

金属货币也具有自身难以克服的缺点，即其流通数量的多寡受制于金属的贮藏量和开采量，有时无法伴随商品数量的增长而同步增长。因此，随着社会生产力的提高，商品交换的迅速发展，金属货币的数量越来越难以满足大量商品交换对交易媒介的需求。信用货币则应运而生。

（二）信用货币

信用货币和商品货币相对应。商品货币是足值货币，而信用货币是不足值货币，即信用货币（credit money）是由国家法律规定的，强制流通且不以任何贵金属为基础的独立发挥货币职能的货币。信用货币的产生与发展弥补了金属货币数量无法伴随商品数量增长而相应增长的弊端，逐渐取代了金属货币，成为货币主要的存在形式。

1. 纸币

纸币（paper money）是用纸制作的货币。我国是世界上使用纸币最早的国家。早在10世纪末的北宋年间，已有大量用纸印制的货币——“交子”其成为经济生活中重要的流通和支付手段。交子最初由四川商人联合发行，可以随时兑换成金属货币，后来由于商人破产，官府开始设立专门机构发行交子，名义上可以兑换成金属货币，但大多时候是不能兑换的。到南宋时期，交子已经成为一种主要货币，在全国范围内广泛流通。元代则在全国范围内实行纸钞流通的制度，其中具有代表性的是忽必烈在位时发行的“中统元宝钞”。后来，由于政府滥发纸币，导致纸币急剧贬值，逐渐退出流通领域。

事实上，作为媒介物的金属铸币，在流通中会发生磨损，成为不足值的铸币。但这种不足值的铸币在一定限度内仍然可以像足值铸币一样充当流通手段，从而使铸币有了可以用其他材料制成符号或象征来代替的可能性。统治者便有意识地利用这一特点，人为降低铸币的成色或质量，甚至使用贱金属制成的铸币取代用贵金属制成的铸币，进而利用国家公权发行并强制流通本就没有内在价值的纸币来代替铸币，使纸币作为货币象征或符号得到了社会公认。但与金属货币相比，纸币的优势在于便于携带和保存，而且印刷成本也低于铸造成本。

2. 银行券

银行券(bank notes)是银行发行的一种以银行自身为债务人的纸质票证(人们通常所说的"现钞"),它是在商业票据流通的基础上,用于替代商业票据的银行票据,也是一种纸质货币。银行券是随着资本主义银行的发展而首先在欧洲出现于流通中的一种用纸印刷的货币。银行券经历了可兑现的银行券和不可兑现的银行券两个阶段。随着现代银行业的发展,为了弥补金属铸币的不足,商业银行开始发行银行券。最初的可以随时提取金属货币的银行券属于可兑现的银行券,它代表的价值是金属货币价值,即代表一定数量金属货币的债权凭证。到 19 世纪下半期,各国可兑换金币的银行券广泛流通。一直到第一次世界大战之前,银行券都是可兑现的。第一次世界大战以后,欧洲资本主义国家的金本位制大大削弱,银行券的兑现性受到了削弱。当时虽然有一些国家力图恢复银行券的可兑现性,但随之而来的 20 世纪 30 年代的世界性的经济大危机后,金属货币制度彻底崩溃,使银行券变成了不可兑现的银行券。现在,世界上绝大部分国家流通中的货币都是不可兑现的银行券,而且银行券的发行权也由国家授权的中央银行所垄断。

3. 存款货币

存款货币(deposit money)是指能够发挥货币作用的银行存款,主要指能通过签发支票办理转账结算的活期存款。随着现代商业银行的发展,商业银行开始普遍为客户提供转账结算服务。转账结算需要客户先在银行开立活期存款账户,存入一定数额款项,然后商业银行给客户一个支票簿,当客户购买商品或服务需支付款项时,便可以根据交易额签发支票,商品的出售方(或服务提供方)获得这张支票后,将这张支票交给自己开有活期存款账户的银行,买卖双方开户行便通过一定的程序将款项从支票签发人的活期存款账户上划转到商品出售方(或服务提供方)的活期存款账户。这样,通过银行存款账户中的存款划转,款项得以结清,交易活动完成。在这个过程中,能签发支票的活期存款发挥着与银行券同样的购买力,因此,存款货币还称为银行货币(bank money)。显然,银行转账结算具有快捷、安全、方便的优点,它特别适合企业间的大额商品交易活动,存款货币在现代工商业发达的国家中占有重要地位,大部分交易都是以这种货币为交易媒介的。但是,随着支付额度的增大和次数的增加,签发支票的成本也随之增加,银行为降低成本,便寻找新的出路。为此,人们利用电子计算机创造了一种更为方便快捷并且更加节约的支付方式——电子货币诞生了。

4. 电子货币

电子技术的发展与普及使货币的存在形式不可避免地受到影响。所谓电子货币(electronic money)是指处于电磁信号形态,通过银行的电子计算机自动转账系统进行收付的货币。其名称多种多样,如电子货币、电子通货、数字现金等。

目前,对于电子货币的定义尚无定论,而且电子货币无形无影,它依托金融电子化网络,以电子计算机技术和通信技术为手段,以电子数据形式储存在计算机系统中,通过计算机网络系统,以电子信息传递的形式实现货币流通和支付的功能。按结算方式的特征,电子货币可分为预付型、后付型和即付型电子货币。预付型(或称储值型)结算方式的电子货币,如目前使用的借记卡(debit card),其特征就是"先存款,后支用";后付型结算方式的电子货币,就是目前国际通行的贷记卡(credit card),其特征是"先消费,后付款",以及即付型结算方式的电子货币,如目前使用 ATM(自动柜员机)或银行 POS(销售点终端)的现金卡。电子货币的产生是货币史上的一次飞跃。现在,有了各种银行卡后,人们消费不必持有现金,通过在 ATM 机上取款或存款,而无须进入银行;也可以在 POS 机上刷卡消费。此外,与纸币相比,电子货币更不易被伪造,使用起来更加安全、便利,如支付宝。

支付宝(Alipay)是(中国)网络技术有限公司国内领先的第三方支付平台,致力于提供"简单、安全、快速"的支付解决方案,于2004年建立,以"信任"作为产品和服务的核心。旗下有"支付宝"与"支付宝钱包"两个独立品牌,并与国内外180多家银行以及VISA、Master Card国际组织等机构建立战略合作关系,成为金融机构在电子支付领域最为信任的合作伙伴。

使用支付宝支付服务需要先在支付宝官方网站或者支付宝钱包注册一个支付宝账户,分为"个人账户"和"企业账户"两类。根据中国人民银行等监管机构提出的要求,用户使用支付服务需要实名认证,认证之后可以在淘宝开店,增加更多的支付服务,更重要的是有助于提升账户的安全性。支付宝主要提供支付及理财服务,包括网购担保交易、网络支付、转账、信用卡还款、手机充值、水电煤缴费、个人理财等多个领域。在进入移动支付领域后,为零售百货、电影院线、连锁商超和出租车等多个行业提供服务,并推出了余额宝等理财服务。2015年5月20日,支付宝中文口令红包平台正式上线。2016年10月12日,支付宝提现正式收费。2018年4月1日起,支付宝、微信静态条码支付,每天限额500元。

因此,信用货币与商品货币相比,最显著的特征是作为商品的价值与作为货币的价值是不相同的。它是通过法律确定其偿付债务时必须被接受,即法偿货币。而且信用货币是以信用作为保证,通过一定的信用程序发行、充当流通手段和支付手段的货币形式,是货币发展中的现代形态。信用货币具有以下特征:一是信用货币完全割断了与金属的联系,是货币的价值符号;二是信用货币是债务货币,其基本保证是靠国家信誉和银行信誉;三是信用货币具有强制性;四是国家对信用货币进行控制和管理。

第二节　货币的职能

货币的职能是货币本质的具体表现,是商品交换所赋予的,也是人们运用货币的客观依据。不同学者对货币的职能有不同的概述,但就其表述的本质看没有根本的区别。马克思将货币的职能概括为价值尺度、流通手段、支付手段、贮藏手段和世界货币五个方面,而西方有些学者则通常将货币的职能概括为交易的媒介、计算的单位和价值的贮藏等三个职能,其计算单位与马克思的价值尺度职能相对应;交易的媒介与流通手段和支付手段职能相对应;价值的贮藏与货币贮藏职能对应;世界货币是货币在世界市场上执行一般等价物的职能。由于国际贸易的发生和发展,货币流通超出一国的范围,在世界市场上发挥作用,于是货币便有世界货币的职能。作为世界货币,必须是足值的金和银,而铸币和纸币都不能充当世界货币。因为,铸币和纸币一旦越出国境,便都失掉习惯或法律上赋予的社会意义。本节将从以下四个方面对货币的职能进行归纳。

一、计价单位职能

马克思在研究货币职能时,是以金是货币商品为前提条件的。因此,货币充当价值尺度职能是用来衡量和表现商品的价值,是货币的最基本、最重要的职能。正如衡量长度的尺子本身有长度,称东西的砝码本身有质量一样,衡量商品价值的货币本身也是商品,具有价值;没有价值的东西,就不能用来表现、衡量其他商品的价值,不能充当价值尺度。但随着现代货币流通的发展,各国都已普遍使用信用货币,而信用货币,如纸币仅是货币符号,本身没有价值,也就不具有完全意义上的价值尺度职能。然而,货币作为商品价格的转瞬即逝的客观反映，只是当作它自己的符号来执行职能，因此也能够用符号来代替。但是，货币符号本身需要得到客观的社会公认，而纸做的象征是靠强制流通得到这种公认的，即国家的强制力。[①] 因此，本节将信用货币的这一职能定为货币计价单位职能。

我们知道，各种商品和服务在进入交换前，必须对其进行标价，否则交换将难以进行。货币作为计价单位，就是指用货币去计量商品和服务的价值，并赋予商品、服务以价格形态。货币要发挥计价单位职能，为商品和服务标价，其自身也需要有一个可以比较不同货币数量的单位。如我国的货币是人民币，人民币的单位是"元"，于是一切商品和服务的价值就用"元"来表示，1 件衣服 200 元，一只暖瓶 60 元，通过比较，可以看出 1 件衣服的价值高于 1 只暖瓶的价值，货币充当计价单位时，只需要观念上的货币，而无须现实的货币。因此，用货币作为计价单位就使得商品和服务的价值表现得简单明了，也就很容易把不同商品和服务间的价值进行比较。

二、交易媒介职能

货币在商品流通中充当交易媒介时发挥交易媒介(medium of exchange)职能。这一职能的发挥首先需要货币将商品的价格表现出来，即货币是计价单位。货币产生后，物物交换变成了以货币为媒介的商品交换：商品所有者将其生产的商品卖出，换回货币，然后再用货币去购买他所需要的商品。在这个商品的买卖过程中，商品是被卖者带进交易过程并力求将其换成货币的，而买者一旦用货币买进商品，商品就会退出交易过程，用于消费或是用于经营。而在商品进进出出的同时，货币则不断处于这一过程中作为交易的媒介而为交易服务。以货币作为媒介的商品交换是一个连绵不断的过程，这个过程被称为商品流通，充当媒介作用的货币，被称为交易媒介，马克思称之为流通手段。如果商品交换中出现延期支付的情形，货币则成为延期支付的手段。

三、支付手段职能

当货币不是用作交换的媒介，而作为价值的独立运动形式进行单方面转移时，就执行支付手段职能。货币的支付手段职能源于信用关系的产生与发展。随着商品交换的发展，商品的转让往往与商品价格的实现在时间上、空间上相分离，出现商品转让在先，货币支付在后的情况，买卖双方也由平等交易关系转化为债权债务关系，如商品的赊销。在这种商品买卖行为相分离的情况下，货币不再是商品流通中的媒介，而是补足交换的一个独立的环节，此时货币发挥的是支付手段的职能。没有商品在同时、同地与之相向运动，是货币发挥支付手段职能的基本特征。

货币的支付手段职能出现后，一定时期流通中需要的货币量也相应地发生了变化，因为作为支付手段职能的货币同发挥交易媒介的货币一样，也是处于流通过程中的现实的货币。因此，流通中需要的货币量不仅包括作为交易媒介的货币量，还包括作为支付手段的货币量。随着经济的发展，货币作为支付手段的职能也扩展到商品流通之外，在借贷、财政收支、工资发放以及租金的收取等活动中，货币都发挥着支付手段的职能。

四、财富贮藏职能

货币的财富贮藏职能是指货币退出流通领域被人们当作社会财富的一般代表保存起来

---

① 马克思. 资本论(第一卷)[M]. 北京：人民教育出版社，1978：149.

的职能。马克思把这种现象称为货币的“暂歇”,现代西方学者称之为“购买力的栖息处”。

在足值的金属货币流通条件下,人们把金银当作财富贮藏起来。货币作为贮藏手段,具有自发调节货币流通的作用,当流通中的货币供给量大于商品流通所需要的货币量时,多余的货币会退出流通领域;当流通中所需要的货币不足时,贮藏货币会重新加入流通。贮藏货币就像蓄水池一样自发地调节着流通中的货币供给量,使它与商品流通相适应。随着银行券和信用货币的出现,金属货币逐渐被信用货币代替,当信用货币成为能够与其他一切商品相交换的媒介时,它便成了社会财富的一般代表,即成为人们现代普遍采取的银行存款、储蓄以及储存纸币符号等形式。但这种“暂歇”在居民手中的货币不是储藏货币,它仍是计算在市场流通量之中的。对企业和个人来说,这些方式虽具有积累和储存价值的意义,但从整个社会角度看,并不意味着有与之对应的真实价值退出流通过程。因此,信用货币也就不能自发地调节流通量中的货币量,贮藏手段职能实际上也就不存在了。但人们贮藏金银的传统并没有完全消失,即使现在,虽然各国货币已经完全割断了与黄金的任何直接法定联系,但人们依然愿意保有一定的黄金作为投资的一种方式。

第三节　货币制度

一、货币制度的含义及其构成要素

(一)货币制度的含义

货币制度(monetary system)简称“币制”,是指国家以法律形式对货币的有关要素、货币流通的组织和管理等进行的一系列规定。随着商品经济的发展,货币制度也在不断演变。

货币制度的形成经过了漫长的历史发展过程。最早是伴随着国家统一铸造金属货币产生的,但早期的货币制度比较混乱、多变和不完善。主要表现在:第一,币材多用贱金属且不止一种金属充当货币,价值较低。第二,铸币权分散,货币流通具有地方性特点。第三,铸币质量不断降低,即铸币的实际质量减轻、成色降低。货币流通的混乱使正确计算成本、价格、利润和广泛建立信用联系发生困难,不利于资本主义生产和流通的发展。为了清除这种障碍,资产阶级在取得政权后,先后颁发了有关货币流通的法令和规定,从而改变了货币流通的混乱状态,在实施各种法令和法规的过程中逐步建立了统一的、完整的资本主义货币制度,形成以国家为主体的货币制度。

(二)货币制度的构成要素

货币制度的构成要素一般包括:货币材料、货币单位、流通中货币的种类、货币的法定支付能力、货币的铸造与发行以及货币发行准备制度等内容。

1. 货币材料

货币材料也称币材,是国家用法令的方式规定哪种或哪几种商品(可能是金属,也可能是非金属)作为充当货币的材料。货币材料的不同也是区别不同货币制度的主要标志,一种或几种商品一旦被规定为币材,即称该货币制度为该种或该几种商品的本位制。它是一个国家建立货币制度的首要步骤。比如,用金、银或金银共同作为货币材料就分别形成金本位制、银本位制或金银复本位制。虽然用什么做币材是由国家法律规定的,但国家的规定仍受客观经济条件的制约。国家不能随心所欲地指定某种商品作为货币材料,只是对已经形成的客观现实从法律上加以承认,这样的状况在历史上曾经存在很长时间。在我国历史上,从先秦至清代,铜一直是政府规定的币材,其他币材先是贝,然后是帛,再后是白银,与铜并行流通而且大都为政府所认定。在16至18世纪的欧洲,许多国家的政府明确规定金、银同为法定币材,这种货币制度被称为金银复本位制。单一的金本位制的历史并不长,英国也是直到1816年才正式宣布实行金本位制。此后,世界主要工业化国家相继实行金本位制,但第一次世界大战爆发后金本位制难以为继。到20世纪70年代,世界各国的法令中都不再规定货币材料,普遍实行不兑现的信用货币制度。

2. 规定货币单位

随着货币金属的确定,当用货币作为计价单位为商品和劳务标价时,货币自身也需要有一个可以比较不同货币数量的单位,这就要求货币本身必须有一个量的规定,称为货币的价格标准,也就是货币单位(money unit)。国家对货币单位的规定通常包括两个方面的内容:规定货币单位的名称和货币单位的值。

(1)规定货币单位的名称。各国法律规定的货币单位名称,通常以习惯形成的名称为基础。按照国际习惯,一国货币单位的名称往往就是该国货币的名称,当几个国家同用一个货币单位名称时,则在前面加上国家名,如美元、日元、加元等。我国货币单位有些特殊,货币的名称是人民币,货币单位的名称是"元"。

(2)规定货币单位的值。规定货币单位的值是货币制度中的重要内容。在金属铸币时期,确定货币单位的值就是规定一个货币单位所包含的货币金属的质量和成色,如英国在1816年实行金本位制时规定,货币单位为英镑,1英镑含成色为11/12的黄金123.744格令(合7.97克)。当流通中只有不兑现的信用货币,但信用货币尚未与黄金脱离直接关系时,规定货币单位的值主要是规定货币单位的法定含金量,如美国在1934年到1971年规定1美元的法定含金量为0.888 671克黄金。当20世纪70年代中后期货币与黄金完全脱离关系,流通中全部都是不兑现的信用货币时,规定货币单位的值则主要表现为确定或维持本国货币与世界主要货币的比价,即汇率的问题。

3. 规定流通中货币的种类

一个国家的通货,通常分为主币和辅币两种。主币又称本位币,是一个国家流通中的基本货币,是国家法定的计价、结算单位,一般作为该国法定的价格标准。本位币的最小规格是1个货币单位,如1元人民币、1美元、1英镑等,比一个货币单位大的货币也是本位币。在金属货币流通条件下,规定货币单位的值就是规定每一货币单位所包含的货币金属质量和成色,因而是足值的货币,它的实际价值与名义价值是一致的。但货币在流通过程中不可避免地会发生自然磨损,导致实际价值下降,成为不足值货币。为此,各国对本位铸币都规定了磨损公差,即被磨损铸币质量下降的最大幅度,超过这一幅度的铸币不再进入流通,则被收回重铸,在公差范围内的则可继续流通。

在现实交易中,由于商品价格和服务价格付费很多达不到1个货币单位或在1个货币单位之后有小数,辅币制度由此产生。所谓辅币,是指小于1个货币单位的货币,其面值多是本位币的等份，一般是1%、2%、5%、10%、20%、50%等几种，如我国人民币的1分、2分、5分、1角、2角、5角等，主要用于商品交易中不足1个货币单位的小额货币支付。辅币是不足值货币，其实际价值低于名义价值，但是它与主币可以按照法律规定的固定比例自由兑换，以保持其按名义价值流通。在金属货币制度下，辅币多由贱金属铸造，铸造不足值货币的收益归国家所有。在信用货币制度下，1个货币单位以上的现钞也被称为主币，贵金属铸币虽然退出了流通，但辅币制度却保存了下来，由于本位币和辅币都是价值符号，因此也就没有足值与不足值之分了。

4. 货币的法定支付能力

国家一般通过法令的形式对流通中各类货币的支付能力进行规定。按支付能力的不同，可分为无限法偿和有限法偿。

(1)无限法偿(infinite legal tender powers)是指法律赋予这种货币流通的权力，不论每次支付数额多大，不论属于何种性质的支付(购买商品、支付服务费、结清债务以及缴纳税款等)，受款人均不得拒绝接受。也就是说，无限法偿货币具有法律规定的无限制偿付能力。金属货币制度下的本位币和信用货币制度下的中央银行发行的不兑现的银行券都具有无限法偿能力。

(2)有限法偿(limited legal tender powers)是指有限的偿付能力，即在一次支付行为中，超过一定的金额，受款人有权拒收。在金属货币流通条件下，辅币具有有限法偿能力。

5. 货币的铸造或发行

在金属货币制度下，货币的铸造有自由铸造与限制铸造之分。

自由铸造是指按照法律规定，公民有权把货币金属送到国家造币厂请求铸成铸币，其数量不受限制。在欧美等主要资本主义国家，足值的本币基本上实行"自由铸造"制度。即公民有权把法令规定的金属币材送到国家铸币厂，由造币厂代公民铸造货币，国家造币厂在替公民铸造货币时，只收取很低的费用，甚至不收取费用。经造币厂铸造货币保证了流通中金属货币的质量。同时，国家也允许公民随意将铸币融化成金属块。自由铸造的经济意义体现在它可以使铸币的市场价值与其所包含的金属价值保持一致，即当流通中货币数量增多时，就导致铸币的市场价值偏低，"经济人"就会把部分铸币融化为贵金属而退出流通，流通中铸币数量的减少会引起铸币市场价值的回升，在价值规律作用下，直至与金属铸币所包含的金属价值相等；反之，人们就会把法定金属币材拿到国家铸币厂要求铸造成金属货币，这样，流通中的货币数量就会增加，铸币的市场价值随之下降。因此，自由铸币制度可以自发地调节流通中的货币量，保持币值稳定，起到稳定物价的作用。

限制铸造是针对辅币而言的，即辅币的铸造由国家垄断。在金属货币制度下，由于辅币为不足值货币，铸币面值高于铸币金属的实际价值，但铸币按面值在市场中流通，因此，铸造辅币可以获得铸币收入。国家为避免铸币收入旁落，以及避免辅币数量过多，而引起混乱，国家便垄断了辅币的铸造。

6. 货币发行准备制度

货币发行准备制度是指中央银行在货币发行时必须以某种金属或某几种形式的资产作为其发行货币的准备，使货币发行量与某种金属量或某些资产建立起联系和制约关系，它是约束货币发行规模、维护货币信用和稳定一国货币的基础。

二、国家货币制度的演变

货币制度与其他经济制度一样,经历了一个不断发展和演变的历史过程。较为规范、完善的国家货币制度是在 16 世纪资本主义制度建立以后逐渐建立起来的,在其历史发展过程中,经历了银本位制、金银复本位制、金本位制和不兑现的信用货币制度,其中前三类货币制度统称为金属货币制度。国家货币制度是一国货币主权的体现,其有效范围一般仅限于一国之内。

(一)银本位制

银本位制是以白银为本位币的货币制度,是出现最早的货币制度,在 16 世纪以后开始盛行。其特点是:以白银为币材;用白银铸造的货币为本位币,可以自由铸造和融化;银币具有无限法偿能力;以一定量的白银来表示货币单位的值;白银可以自由输入、输出国境。与银币同时流通的银行券可以自由兑换成银币或等量的白银。但到 19 世纪末期,在墨西哥和秘鲁发现了大银矿后,白银产量激增,但需求量相对减少,白银价值很不稳定,导致银价大跌,而且白银体积大、价值小,不宜用于大宗商品交易,因此,各国先后放弃了银本位制,实行金银复本位制或金本位制。

(二)金银复本位制

金银复本位制是指国家法律规定用金和银同时作为本位币材料的货币制度。金银复本位制是 16 至 18 世纪资本主义发展初期西欧各国流行的一种货币制度,其基本特征是:第一,金银两种金属货币同时作为法定币材,由黄金和白银铸造的金币和银币同为本位币,都具有无限法偿能力;第二,金币、银币可以自由铸造,自由融化,两者间可以自由兑换;第三,黄金和白银可以自由输出、入国境。

在金银复本位制中,由于有金、银两种货币同时流通,商品价值就要表现为两种价格:一是金币价格,一是银币价格。这就要求金币、银币之间有一个交换比例。按照金币、银币兑换比例确定方式不同,金银复本位制可分为平行本位制、双本位制和跛行本位制。

1. 平行本位制

在平行本位制下,国家不规定金币、银币之间的兑换比例,金币和银币按其所含金属的实际价值进行兑换、并行流通,由于金、银价格处于不稳定状态,往往导致金币和银币的比价处于不断变化之中。货币本身价值的不稳定给商品交换和信用的发展带来了很多麻烦。为克服这种混乱,许多国家便以法律的形式规定了金币、银币的比价,于是过渡到了双本位制。

2. 双本位制

双本位制是金银复本位制的主要形式,即国家用法律规定金币和银币的兑换比率,规定金币和银币按法定比价进行流通,试图隔断两种货币的兑换比例与市场金银比价的关系。如美国 1792 年货币条例规定,金币和银币的比价为 1 : 15,1834 年改为 1 : 16。双本位制虽然避免了金币和银币的兑换比例经常发生变化的缺陷,但从实际情况看,双本位货币制度容易导致"劣币驱逐良币"现象的产生。所谓劣币驱逐良币是指当金银两种货币同时流通时,如果金银的法定比价与市场比价相背离,在法律上被低估了的货币(即实际价值高于法定名义价值的货币，称为良币）必然被收藏、熔化或输出国外，而法律上被高估了的货币（即法定名义价值高于实际价值的货币，称为劣币）则独占市场，在价值规律作用下，良币退出流通，而劣币充斥市场。这种劣币驱逐良币的现象又称为“格雷欣法则”。在中国，早在公元前2世纪，西汉的贾谊就曾指示“奸钱日繁，正钱日亡”的事实，这里的“奸钱”指的就是劣币，“正钱”指的就是良币。

由此可见，在双本位制下的某一时期内，市场上实际只有一种金属铸币在流通，很难保持两种铸币并行流通的情况。随着资本主义经济的进一步发展，这种货币制度越来越不能适应客观要求，从18世纪末到19世纪初，主要资本主义国家先后从金银复本位制过渡到金本位制。

3. 跛行本位制

在金银复本位制向金本位制过渡时，曾出现过一种“跛行本位制”，即两种货币的地位不平等。在跛行本位制下，虽然金币和银币仍然都是本位币，并且保持一定比价，均具有无限法偿能力，但是只有金币可以自由铸造，银币则不能自由铸造。由于限制银币自由铸造，这样银币的价值不是取决于银而是取决于金，银币本位币的地位大打折扣，银币成为金币的附属货币，起辅币作用。

（三）金本位制

金本位制就是以黄金为本位币的货币制度。在金本位制下，每单位的货币价值等同于若干质量的黄金（即货币含金量）；当不同国家使用金本位时，国家之间的汇率由它们各自货币的含金量之比——铸币平价来决定。金本位制于19世纪中期开始盛行。在历史上，曾有过三种形式的金本位制：金币本位制、金块本位制和金汇兑本位制。其中金币本位制是最典型的形式，就狭义来说，金本位制即指该种货币制度。最早实行金本位制的国家是英国。

1. 金币本位制

19世纪中叶到1914年前，主要资本主义国家多采用金币本位制。金币本位制是典型的金本位制。其特点是：以一定量的黄金为货币单位铸造金币，黄金为法定币材，金币作为本位币；金币可以自由铸造，自由熔化，具有无限法偿能力，同时限制其他铸币的铸造和偿付能力；黄金可以自由输出、入国境，从而保证了各国货币兑换比例的稳定性；银行券的发行日趋完善，中央银行垄断银行券发行权后，银行券的发行和自由兑换曾一度得到保证，从而使银行券能稳定地代表金币流通。金币本位制的建立具有重要意义：首先，在金币本位制下，货币币值的稳定，有利于资本家精确地计算价格、成本、利润，准确评价生产经营效果，决定投资方向和规模等，客观上为资本主义的发展创造了条件；其次，金币本位制促进了资本主义信用制度的发展。货币制度的稳定，使债权债务关系免受币值变化的影响，从而保证了信用活动的正常开展。因此，金币本位制被认为是一种最理想的货币制度。

由于资本主义国家政治经济发展的不平衡，少数国家拥有大量的黄金储备。到1913年末，美、英、法、德、俄五国占有世界黄金储备的2/3，拥有少量黄金储备的国家从本国利益出发，开始在政策上限制本国黄金的输出。由于黄金自由输出、入境遭到限制，金币本位制便逐渐失去了存在的基础。1918年后，发达资本主义国家开始放弃了金币本位制。在1924～1928年间，为整顿币制，许多国家实行了金块本位制和金汇兑本位制。

2. 金块本位制

金块本位制又称生金本位制，是一种以金块办理国际结算的变相金本位制，亦称金条本位制。在该制度下，由国家储存金块，不再铸造金币；市场中流通的是银行券，银行券规定有法定含金量，但银行券与黄金的兑换关系受到限制，不再实行自由兑换，只能达到一定数量后才能兑换成金块。可见，这种货币制度实际上是一种附有限制条件的金本位制。英国于1925年率先实行金块本位制，规定银行券兑换金块的最低限额是1 700英镑。法国1928年规定至少21.5万法郎才能兑换金块。

但历时不久，在1929年经济危机的冲击下，1931年英国首先放弃了这一制度，到1936年其他国家也相继放弃。

3. 金汇兑本位制

金汇兑本位制又称虚金本位制。虽说是金本位制，市场中流通的却是银行券，银行券规定含金量，但银行券不能在本国兑换黄金，要想兑换黄金，只能先兑换实行金块或金本位制国家的货币（即外汇），外汇在国外才可兑换黄金，国际储备除黄金外，还有一定比重的外汇，黄金是最后的支付手段。实行金汇兑本位制的国家，要使其货币与另一实行金块或金币本位制国家的货币保持固定比率，只能通过无限制地买卖外汇来维持本国货币币值的稳定。

金块本位制和金汇兑本位制没能维持几年，经过1929年到1933年世界性的经济危机后，各国都放弃了金本位制，先后实行了不兑现的信用货币制度。

（四）不兑现的信用货币制度

不兑现的信用货币制度是指以纸币为本位币，且纸币不能兑换黄金的货币制度。又称黄金的非货币化。它是当今世界各国普遍实行的一种货币制度。20世纪30年代经济大危机后，资本主义国家放弃金本位制之后，并没有马上让货币与黄金完全脱钩，市场中虽然流通的是银行券，但银行券依然规定法定含金量，只是不再兑换黄金。

1945年之后，国际社会建立了以美元为中心的国际货币体系，实行了一种特殊的美元——黄金金本位制（也被称为变相的国际金汇兑本位制）。但是，由于这一制度存在自身不可克服的矛盾，随着美元危机和世界经济矛盾的加深，到20世纪70年代就崩溃了。从此以后，各国货币与黄金再无联系，也不再规定货币的含金量，这被称为货币的非黄金化，因此，各国货币的发行一般根据国内的经济需要由中央银行控制。

不兑现的信用货币制度的基本特点包括：一是流通中的货币都是信用货币，主要由现金和银行存款组成。二是银行券不能兑换黄金，也不再规定含金量。三是信用货币都是通过金融机构的业务活动投入到流通领域，国家通过中央银行的货币政策操作对信用货币的数量和结构进行管理调控。四是国家授权中央银行垄断发行银行券，并由国家法律赋予其无限法偿能力。

不兑现的信用货币制度虽然克服了金本位制下货币供应缺乏弹性的缺陷，使货币当局在应对经济危机时有了更大的调控空间，但其潜在的最大风险在于政府的货币发行规模因摆脱了黄金储备的束缚，很容易失控，致使各国的货币当局在货币发行规模上已经在传统教科书和《格拉斯·斯蒂格尔法案》所严格禁止的道路上越走越远。自不兑现的信用货币主导国际金融体系之后，西方发达国家始终在与通货膨胀做斗争，恶性通货膨胀造成的危害有目共睹。不兑现的信用货币超量发行的结果除了会引起通货膨胀和金融危机外,另一个重要结果是金融全球化和金融衍生品的爆炸式扩张,这种由金融全球化和金融衍生品发展引发的货币异化现象,是现代国际金融市场和经济发展面临的新问题、新课题。

三、我国的人民币制度

1948 年 12 月 1 日,华北人民政府宣布,华北解放区的华北银行,山东解放区的北海银行和西北解放区的西北农民银行合并,在河北省石家庄市成立中国人民银行,并开始发行人民币,标志着人民币制度的正式建立。人民币发行之初,正值我国物价高涨时期,从 1948 年 12 月到 1953 年 12 月,共印制发行了 12 种面额、62 种版别的人民币,最小面额只有 1 元,最大面额则是 50 000 元。到第一套人民币发行后期,1 元券几乎退出流通领域。随着经济形势的好转和物价的逐步稳定,中国人民银行于 1955 年 3 月 1 日发行了新版人民币,并对旧版人民币进行了无限制、无差别的兑换,同时建立了主币和辅币制度。

我国现行的货币制度较为特殊。由于我国目前实行"一国两制"的方针,1997 年、1999 年香港和澳门回归祖国以后,继续维持原有的货币金融体制,从而形成了"一国多币"的特殊货币制度。目前规定各种货币各为不同地区的法定货币:人民币是大陆地区的法定货币;港元是香港特别行政区的法定货币;澳门元是澳门特别行政区的法定货币;新台币是台湾地区的法定货币。它们都属于不兑现的信用货币,各种货币仅限于本地区流通,但它们之间可以兑换,人民币与港元、澳门元之间按市场供求为基础决定的汇价进行兑换,澳门元与港元直接挂钩,新台币主要与美元挂钩。人民币的法律地位如下。

1. 中华人民共和国的法定货币是人民币

以人民币支付中华人民共和国境内的一切公共的和私人的债务,任何单位和个人不得拒收。人民币主币的单位是"元",辅币的单位是"角"和"分"。1 元等于 10 角,1 角等于 10 分。人民币依其面额支付。

2. 人民币不规定含金量,是不兑现的信用货币

人民币以现金和存款货币两种形式存在,人民币的发行权集中于中央银行,并由其统一印制、发行,存款货币由银行体系通过相关业务进入流通。从发行程序看,它是中央银行通过收购金银、外汇或通过信贷程序进行的,是经济发行,而不是财政发行,发行量是根据社会生产和商品流通的客观需要决定的;从信用关系看,人民币的发行是中国人民银行的负债,社会公众持有人民币也就取得了索取价值物的凭证,人民币的持有人是中国人民银行的债权人。

3. 人民币的主币和辅币均具有无限法偿能力

在我国,人民币的主币和辅币均由中国人民银行代表国家统一发行,由于我国法律也从未对人民币辅币的每次支付金额做出限制性规定,因此,人民币主币和辅币均有无限法偿能力。任何社会组织和个人均不得以任何理由拒绝接受任何一种面额的人民币。因为人民币单位为"圆",而"圆"的汉语拼音是"yuán",因此,人民币符号就采用"圆"字汉语拼音首字母的大写"Y"。为了防止与"Y"和阿拉伯数字误认、误写,就在"Y"字上加上两横而写成"¥",读音仍为"圆"。人民币的辅币单位为"角"和"分"。根据《人民币管理条例》第四条第一款的规定,人民币辅币"角"和"分"与主币之间的换算比率分别采取 10 进位制和 100

进位制；而辅币之间的换算比率则采取10进位制。

四、人民币的国际化

人民币的国际化是指人民币能够跨越国境在境外流通，成为国际上普遍认可的计价、投资及储备货币的过程。人民币国际化的前提条件是人民币在境外享有一定的流通度，成为被普遍认可和使用的流通货币。当然，境外流通并不等于人民币已经国际化，关键在于人民币的货币职能在国际上扮演的不仅仅是计价货币，而是贸易结算货币、投资货币，乃至储备货币。

我们知道，人民币成为国际货币后，除享有“铸币税”外，还可增强我国在国际事务中的影响力和发言权，并有助于提高我国的国际地位。具体来说，人民币国际化可以消除中国企业的汇率风险、降低中国企业融资成本、部分分散中国外汇储备压力、推动中国企业走出去、消除外币债务危机压力、助推中国的国际金融中心建设、推动中国和各国之间的经贸关系等。当然，人民币国际化也会给我国货币政策的制定与执行增加难度，并会给我国经济发展带来更多不确定性因素。但从长远看，中国要想在全球金融资源的竞争与博弈中占据一席之地，就必须加入货币国际化的角逐中，这也是能否实现从大国变成强国的关键。随着我国经济的持续、稳定增长与壮大，国内知识产权保护法律制度的日益完善，以及国内金融市场体系对外开放力度不断加大等因素的影响，已经为人民币国际化奠定了较坚实的基础。同时，因美国次贷危机引发的全球金融危机已从经济基础和政府信用等方面使美元本位制的基础有所松动，客观上给人民币国际化带来了机遇与空间。

近年来，人民币作为支付和结算货币已被许多国家所接受。在中国与俄罗斯、越南、朝鲜、缅甸、老挝等国家边境地区，伴随着边境贸易、边民互市贸易、民间贸易和边境旅游业的发展，人民币作为结算货币、支付货币得到了大量使用，并能够同这些国家的货币自由兑换，人民币已成为事实上的区域性货币。自2016年10月开始，人民币被纳入了国际货币基金组织特别提款权（SDR）货币篮子，为人民币走向世界迈出了关键的一步。2016年12月数据显示，人民币是全球第六大支付货币，表明人民币可以被更多的国家和地区所接受。同时，人民币被越来越多的国外机构和组织获准进入银行间债券市场，也被更多的国家和地区纳入外汇储备。据中国人民银行发布的《2022人民币国际化报告》显示，人民币国际支付份额于2021年12月提高至2.7%，超过日元，成为全球第四大支付货币，2022年1月进一步提升至3.2%，创历史新高。

目前，人民币离岸市场发展尤为迅速，除了中国香港作为传统的人民币离岸市场外，欧洲国家也都在积极发展人民币离岸市场，人民币在离岸市场的交易规模逐渐扩大且越来越频繁。我国在开放了经常项目之后，积极着手推进资本项目开放，目前正尝试着在特定领域进行试点，给外界展示更好的人民币的形象，并取得良好效果，如沪港通等。

因此，今后我国应进一步加强人民币国际化基础设施建设。首先，应加快并完善人民币跨境支付系统建设，使其可以与世界金融市场之间有效对接，并能够全面支持各类跨境业务开展，满足人民币支付的业务发展需求，为人民币的广泛使用提供帮助。其次，要继续扩大人民币离岸市场的规模。离岸市场的规模和活跃度与货币国际化的关联度很高，推动离岸市场建设不仅使人民币交易规模越来越大，而且使人民币交易更加便利化，为人民币国际化奠定良好基础。同时,人民币国际化还需要得到国际社会的广泛支持与配合。

思考题

1. 马克思是怎样用完整的劳动价值论富有逻辑地论证货币产生的客观必然性的?
2. 什么是货币的交易媒介职能？货币为什么具有价值贮藏职能?
3. 货币制度的构成要素有哪些?
4. 如何理解"劣币驱逐良币"的规律?
5. 不兑现的信用货币制度的特点是什么？我国人民币制度的主要内容是什么?

第二章　信　　用

【本章要点】

➢ 信用的含义与作用；

➢ 现代信用的形式；

➢ 基础性信用工具和衍生性信用工具。

第一节　信用的含义与作用

一、信用的含义

西方经济学中的“信用”一词源于拉丁文“credo”，原意为“信任、声誉”等；在英语中“信用”是“credit”，其意思除“信任”外，还可解释为“信贷、赊账”等。汉语中的“信用”主要有两种解释：一是从道德规范角度，即道德范畴，指能够履行跟人约定的事情而取得的信任，如讲信用；二是经济学的解释，即经济范畴，指的是一种体现特定经济关系的借贷行为，如信用贷款。现实的社会经济生活中，信用一词经常出现在人们的口头表达中、报纸杂志上和新闻广播中，但不同场合下信用的含义是不同的。

（一）道德范畴中的信用

“信有二义，信任与信用。其内容是诚实不欺。”这句话很好地释义了道德范畴的信用：诚实不欺，恪守诺言，忠实地履行自己的许诺和誓言。信用作为道德范畴的内容，属于哲学体系，孔子曾说：“民无信不立。”荀子也认为：“诚信生神，夸诞生惑。”墨子云：“志不强者智不达，言不信者行不果。”因此，诚信不欺不仅是个人与个人之间正常交往的必要基础，是人们社会关系的反映，是调整个人与个人、个人与社会、集体之间的行为规范，更是企业、国家赖以生存、发展的根本。我们说，如果一个人缺失了诚信，他将会失掉立身之本；如果一个企业缺失了诚信，它将会失掉生存之根；如果一个国家缺失了诚信，它将会失掉兴盛之源。在现代市场经济中，如何强调诚信的重要性都不为过。诚信是市场经济持续发展的道德基础。

（二）经济范畴中的信用

经济范畴中的信用则是指建立在信任基础上，以偿还本金和支付利息为条件的借贷行为。反映的是人们的物质利益关系，调节着债权人与债务人的行为规范。从这个意义上说，经济学范畴的信用包含在道德范畴的信用之中，但道德范畴信用的非强制性和经济学范畴信用的强制性二者是区分开来的。因此，偿还性与支付利息是经济范畴信用活动的基本特征。这个特征体现了信用活动中的等价交换原则。在一般的商品买卖过程中，买卖双方一手交钱,一手交货,二者进行等价交换,买卖行为完成后,双方不存在任何经济上的权利与义务。与商品买卖不同,在信用活动中,商品或货币的出借方(让出方)在向借方(受让方)让渡自己的商品或货币时,并没有同时从借方获得等额的价值补偿。在这种情况下,出借方之所以还愿意贷出自己的货币,是因为借方承诺在约定时间内归还本金,并支付利息作为偿还条件。从这个意义上讲,约期归还并支付利息是等价交换原则在信用活动中的具体体现。在现实的社会经济生活中,有时也会有无息贷款的情形,但这只是特殊情况,通常会与某种政治目的、经济目的或情感相联系。本章主要从经济范畴讨论信用问题。

(三)道德范畴中的信用与经济范畴中的信用的关系

二者的联系体现在道德范畴信用是经济范畴信用的支撑与基础。如果没有基本的诚信概念,没有借贷双方当事人之间基本的信任,经济运行中就不会有任何借贷行为的发生。市场经济中,没有人愿意将货币或商品出借给一个缺乏诚信的人;同样,一个缺乏诚信的企业会被所有的贷方所摒弃。

二者最大的区别在于道德范畴信用的非强制性和经济范畴信用的强制性。诚信不欺是人类从事任何活动都应该遵守的基本道德规范,但这种道德规范仅受社会舆论、传统习惯和内心信念的约束,却不受成文契约的制约,不具有法律的强制性;而市场经济运行中的借贷活动以产权明晰为基础,以法律条文为保障,借贷合同具有法律效应,贷方与借方的权利与义务都受法律的保护和约束。信用有了道德的规范与约束,并不能保证每个人必然诚实守信,再完备的道德体系,若没有外在的强制力做保证也难以避免投机行为。有时,单纯的道德约束在违约所带来的巨大利益诱惑面前会显得软弱无力,守信还是失信的选择日益取决于利益约束机制之下的成本与收益对比。这就要求在信用领域建立制度化的约束机制,如建立企业的资信调查和消费者个人信用调查系统,完善约束信用行为的法制建设,以法律的强制力作为保障,严惩失信行为。只有这样,才能真正保护经济运行中的信用行为,才能充分发挥信用在经济运行中的作用。

(四)信用的基本特征

在人们日常的经济交往中,信用存在的形式多种多样,但无论怎样,其特征主要表现在以下几方面:

1. 信用以相互信任为基础

信用作为一种交易行为或交易方式,必须以交易双方相互信任为前提。并以授信人(债权人)对受信人(债务人)偿债能力的信心而成立,借贷双方的相互信任构成信用关系的基础。如果交易双方互不信任或出现信任危机,信用关系一般不可能发生,即使发生了,也不会维持长久。

2. 信用以偿还本金和支付利息为条件

在市场经济条件下,信用资金的借贷不是无偿的,这种借贷行为受等价交换原则的约束,以偿还本金和支付利息为条件。信用关系一旦确立,债务人就要按约定承担按期偿还本金和支付利息的义务,债权人则拥有按期收回本金和利息的权利,而且利息额的多少通常与借款期限、本金的数额以及借款人的资信状况有关,即借款期限、本金数额与利息额成正相关关系,在其他条件不变的情况下,借款人的资信状况与利息额成负相关关系。在经济运行中,有时也存在一种不支付利息的特殊借贷关系,但它也是一种信用关系,如政府为达到某种目的的借贷行为，还有的发达国家对活期存款不支付利息等。

3. 信用是价值运动的特殊形式

价值运动的一般形式是通过商品的直接买卖关系实现的。在商品买卖过程中，卖者让渡商品的所有权和使用权，取得货币的所有权和使用权；买者则正好相反。而信用这种价值运动是通过一系列的借贷、支付和偿还过程实现的，是价值单方面的让渡，在信用活动中，商品或货币的所有者贷出商品或货币，其目的不是为了出卖它们，因为所有权并没有发生转移，让渡的只是商品或货币的使用权，所有权仍属于贷者，因而借者到期必须偿还商品或货币的使用权。货币在这一过程中充当的是支付手段，而不是交易媒介。

4. 信用以收益最大化为目标

信用关系赖以存在的借贷行为是借贷双方追求收益最大化或成本最小化的结果。从借贷关系双方看，授信人将商品或闲置资金贷出，是为了使商品或闲置资金获取最大的收益，避免资金因闲置而造成浪费；受信人借入所需商品或资金，同样是为了降低经营成本或避免资金不足所带来的经营中断，从而获取最大收益。

(五)直接信用与间接信用

经济范畴中的信用作为一种借贷行为，普遍存在于现代市场经济运行中。各类经济行为主体，如居民个人、公司企业和政府部门等，在其日常的经济活动中，总是频繁地进行着货币收支行为。它们中可能有些是收支相抵，处于平衡状态，但大多数可能是收大于支，或收小于支。如果把所有的经济行为主体都称之为单位，那么，货币收入大于支出的单位是盈余单位，货币收入小于支出的单位是短缺(赤字)单位，货币收入等于支出的单位是平衡单位。比如，我们把钱存入银行，我们便与银行之间形成了一种信用关系，其中，我们是授信人(债权方或称盈余单位)，银行是受信人(债务方或称短缺单位)。还比如，某甲购买了上市公司A发行的债券，某甲作为投资人就跟此上市公司A之间形成了债权债务关系，其中，某甲是债权人(盈余单位)，上市公司A是债务人(短缺单位)，等等。那么，为什么现代市场经济中普遍存在着债权债务关系？或者说这种信用关系赖以生存的基础又是什么呢？答案应该是，在现代市场经济中广泛存在盈余单位和短缺单位，盈余和短缺双方需要通过信用方式来调剂。也正因为此，现代市场经济也被称为信用经济。

盈余单位与短缺单位之间的货币资金余缺可以自己直接进行调剂，也可以通过银行等金融机构进行。从资金供给者和需求者是否直接发生信用关系，可将信用分为直接信用和间接信用。

1. 直接信用又称"直接融资"

直接信用是指由借贷双方通过一定的信用工具直接实现货币资金调剂的一种信用方式，也即直接融资。直接信用中货币资金的供求双方形成了直接的债权债务关系或所有权关系。比如，上市公司作为货币资金的短缺单位，为筹集资金，它可以在金融市场上通过发行公司债券或者发行公司股票两种方式进行融资。其中，通过直接向资金盈余单位发行公司债券进行融资，则资金供求双方直接形成了债权债务关系；如果通过发行股票向货币资金盈余单位筹集所需资金，则货币资金供求双方间形成了一种所有权关系。值得注意的是，在直接融资中，有时金融机构参与其中，但只提供一些相关的金融服务，并收取一定的手续费，而不与货币资金供求双方形成信用关系。

2. 间接信用又称“间接融资”

间接信用是指货币资金供给者与资金需求者之间的资金通过金融机构中介间接实现融通的一种信用。在间接信用中，货币资金的供求双方不形成直接的债权债务关系，而是分别与金融机构发生债权债务关系。金融机构通过发行资金凭证给货币资金供给者，与之形成债权债务关系，获得货币资金后，再以贷款或投资的形式与货币资金需求者形成债权债务关系。如商业银行通过负债业务吸收资金盈余单位的货币资金，便与盈余单位形成债权债务关系，在此情况下，商业银行是债务人；然后商业银行通过资产业务，将吸收的货币资金贷放给货币资金短缺单位，此时的商业银行与货币资金短缺单位形成新的债权债务关系，商业银行是债权人。由此可见，金融机构在间接融资中，既扮演债务人角色，又扮演债权人角色，介于货币资金供求双方之间，但货币资金双方并没有直接形成债权债务关系。

直接信用与间接信用是现代货币经济条件下的两种融资方式，二者各有优缺点。

直接信用的优点在于：

（1）有利于引导货币资金合理流动，实现货币资金的优化配置。在直接信用中，货币资金的供给者出于对风险和收益的考虑，往往会通过各种公开信息以及信用工具的价格波动来判断各种信用工具发行主体的状况，从而决定其货币资金的投资方向。同时，在直接信用中，由于货币资金供求双方直接形成债权债务关系或者所有权关系，使得双方利益紧密结合在一起，必然引起货币资金供给者对货币资金需求者经营活动的监督和关注，从而有利于提高货币资金的使用效益。一般来说，受价值规律的影响，货币资金总是会流向那些经营管理好、产品畅销、有发展潜力的行业和企业，从而有利于实现货币资金的合理流动和资源的有效配置。

（2）有利于资金需求者筹集到稳定的、可供长期使用的货币资金。在直接信用中，由于债券、股票等信用工具期限较长，因此，资金需求者可通过发行债券、股票的方式，筹集到长期、稳定的资金。

（3）在直接信用中，由于货币资金供给者直接与货币资金需求者发生资金融通，减少了中间环节，从而能有效缓解中小企业融资难的问题。中小企业在银行体系中难以获得资金，但只要其资质良好，信息披露完善，其在债券市场获得资金的可能性就很高。一旦首次融资成功，其后续融资就相当容易，直接信用能为中小企业提供一个稳定的融资渠道，有效缓解中小企业融资难问题。

（4）直接信用有利于促进资金短缺方对企业进行规范化管理。如当货币资金需求者以短期融资债券和中期票据融资为例，它要求企业进行严格的信息披露、规范的财务管理，同时对债券存续期内有相关信息披露的要求，这对企业的规范化管理起到了一定的推动作用。

直接信用的局限性表现在：

（1）直接信用的便利程度、融资成本的多寡以及融资工具的流动性在很大程度上受制于金融市场的完善与发达程度。

（2）在直接信用中，由于资金供给者要与资金需求者直接形成债权债务关系或所有权关系，这就要求资金供给者需要对资金需求者资信状况进行评估，然后做出投资方案，客观上会给投资方带来较大困难，因此，在直接信用中，资金供给者需要承担的风险较高。

与直接信用相比，间接信用的优点在于：

（1）灵活便利。金融机构作为货币资金供求双方的中介，一方面可以通过自己的负债业务筹集到大量的货币资金，另一方面又可以通过自己的资产业务灵活便利地向不同的货币资金需求者提供各种金额、各种期限的资金支持。

(2)分散投资、减少风险、安全性高。在间接信用中,资金供给者与商业银行等金融机构形成债权债务关系,而商业银行等金融机构在政府监管部门的审慎监管下稳健经营,而且间接信用工具流动性相对高而风险相对小,可满足许多谨慎投资者的需要。金融机构可以通过资产负债的多元化经营分散风险,从而大大降低了资金供给者面临的风险。

(3)具有规模经济。金融机构一般都有相当的规模和资金实力,有能力利用现代化的工具从事业务,雇用各种专业人员进行调研分析,可以在一个地区、国家甚至世界范围内调度资金,使交易双方获得低成本的交易服务,享受规模收益的好处。

间接信用的局限性表现在:

(1)由于割断了资金供求双方的直接联系,从而减少了资金供给者对资金的关注和筹资者的压力。

(2)金融机构作为资金供求双方的信用中介,要从其经营服务中获取收益,这相应增加了资金需求者的筹资成本,减少了资金供给者的投资收益。

在现代市场经济中,直接信用与间接信用并行发展,互相促进。两大融资方式在发挥各自优势的同时可以弥补对方的不足,从而构成一个功能相对完善的融资体系。因此,对直接信用和间接信用必须给予同样的关注和重视。

二、信用的产生与发展

(一)信用的产生

信用是与商品经济相联系的一个经济范畴。商品交换和私有制的出现是信用产生的基础。人类最早的信用活动产生于原始社会末期。随着社会生产力水平的提高,人类社会曾经出现过两次社会大分工,第一次社会大分工是畜牧业和农业的分工,第二次社会大分工是手工业和农业的分工。人类社会大分工反过来又进一步促进了社会生产力的发展。使得社会产品日益增加,商品交换的范围也不断扩大,社会分工的发展和商品交换的扩大,加速了原始社会公有制经济的瓦解和私有制的产生。私有制的出现导致社会财富占有的不均,从而出现了贫富的差别和分化。一部分家庭由于缺少生活资料和生产资料,为维持生存和简单再生产,被迫向富裕家庭借债。另外,在商品交换过程中,存在着商品或货币在时空上分布的不均衡,即有时商品或货币时多时少、此多彼少的现象。于是商品买卖便采用了延期支付的形式。因此,信用的产生条件是商品交换和私有制的出现,它是商品经济的产物,并随着商品货币关系的发展而发展。

(二)信用的发展阶段

信用产生以后,经历了一个长期的发展变化过程。早期的信用形式是实物借贷,自货币产生之后,逐渐发展成以货币借贷为主。在奴隶社会和封建社会,信用的形式主要是高利贷(usury capital)。作为人类历史上最初的信用形式,高利贷是以取得高额利息为特征的借贷活动,高利贷活动主要的贷者是商人,特别是专门从事货币兑换的商人,因为他们专门从事货币兑换、保管和汇兑等业务,所以手中经常掌握大量的货币资财,为他们发放贷款提供了条件。被盘剥的对象主要是小生产者和城市手工业者,极高的利息率是高利贷最明显的特征。高利贷的年利息率一般在30%以上,100% ~200%的年利率也是常见的。在封建社会瓦解并向资本主义社会过渡时期,高利贷发展对资本主义生产方式产生的前提条件形成了一定的促进作用。一方面,高利贷者通过高利盘剥,积累了大量的货币财富,有可能将高利贷资本转化为产业资本,成为原始资本积累的来源之一。另一方面,高利贷使广大农民和手工业者破产,从而促使雇佣工人队伍形成。从某种程度上看,高利贷为资本主义生产方式提供了货币资本和自由无产者。

高利贷虽然为资本主义生产方式的形成提供了有利条件,但是,高利贷者对于其赖以生存的经济基础却竭力维护。这必然阻碍高利贷资本向产业资本的转化,而且它的高额利息也影响着新兴资产阶级对它的利用。其结果是高利贷成为资本主义发展的障碍。因此,随着资本主义生产关系的建立和发展,新兴资产阶级与高利贷展开了斗争。斗争焦点就是要把利息率降到平均利润率以下,让生息资本服从于资本主义生产方式的需要。经过激烈的斗争,现代银行逐步建立起来了,客观上迫使一部分高利贷资本转化为资本主义银行资本。资本主义生产方式的建立和社会化大生产的出现,使得与小生产方式相适应的高利贷信用逐渐失去了赖以寄存的基础。取而代之的是资本主义的借贷资本(loan capital)的发展。借贷资本是货币资本家为了获得利息而贷放给职能资本家的一种货币资本,是继高利贷之后在产业资本循环周转中产生和发展起来的一种生息资本。

从另一个角度看,信用的发展实际上是信用作为一种替代货币流通和支付形式的向前演进。货币进入经济生活以后,使得信用得以量化和发展,成为货币的延伸,而且信用的发展在很大程度上替代了货币,成为货币供给的基础。随着信用工具由口头承诺到书面凭证的出现,极大地促进了商品货币经济的发展,流动化的信用工具可以在市场上流通转让,使资金得以灵活运用。在计算机网络高度发达的知识经济时代里,货币电子化和网络银行的出现,也使得货币的储存、给付、交换和转移通过网络的传输来完成,与此同时同步传递各种相关信息,而且信息本身代表了借贷双方的一种信用行为,电子化、网络化与信用制度相结合使信用发展到了更高级阶段。

三、信用在现代经济中的作用

信用是现代经济社会不可或缺的重要基础。它在市场经济中的积极作用主要表现在以下几个方面。

(一)通过对社会资金进行再分配,促进资本的积累和集中

在现代经济运行中,经常会遇到这种情况,即货币资金盈余者有时不一定拥有良好的投资项目,或者不一定具有良好的经营管理投资项目的能力,与此同时,拥有良好资金项目的个人或企业却又因为缺乏足够的项目启动与运作资金。在这种情况下,信用便将社会各方面的闲置资金汇总起来,形成一股强大的资金力量,让资金及时转移到需要的地方,从而使资金得到最大限度的运用,有力地促进资本的积累和集中。然后通过信贷渠道将资金投向收益更高的项目,可以使投资项目得到必要的资金,资金盈余单位又可以获得一定的收益,使广大的工商企业得到生产经营所需的资金。没有信用活动,任何经营者只能用其自身有限的资金来经营其事业,显然不利于生产经营规模的扩大。

(二)创造信用工具,促进商品周转的加速和流通费用的节约

在现代信用条件下,商品可以赊购赊销,加快了商品的实现过程,缩短了流通时间;建立

在银行信用基础上的各种票据的使用,转账结算代替了现金流通,既便利了商品流通,又节省了大量的流通费用。信用制度促进了资本在不同部门之间的分配和利润率的平均化。

(三)调节货币流通,促进社会经济生活协调发展

作为最重要信用形式的银行信用,与货币流通有着不可分割的内在联系。流通中的货币是由银行信用方式提供的,如果银行信用扩张,流通中的货币供给量就增加;银行信用收缩,流通中货币量就减少。而在当代市场经济中,货币流通能贯穿于社会经济生活的全部过程,因而信用对货币流通的调节也就是信用对社会经济生活的调节。

如前所述,信用在现代市场经济运行中起着重要的积极作用。但是,如果对信用利用不当,造成信用规模扩张,也会产生信用风险的集聚,进而威胁市场经济的正常运行。主要表现在信用风险和经济泡沫的出现。信用风险是指债务人因各种原因未能及时、足额偿还债务本息而出现违约的可能性。经济泡沫是指某种资产或商品的价格大大地偏离其基本价值,经济泡沫的开始是资产或商品的价格暴涨,价格暴涨是供求不均衡的结果,即这些资产或商品的需求急剧膨胀,极大地超出了供给,而信用对膨胀的需求给予了现实的购买和支付能力的支撑,使经济泡沫的出现成为可能。

第二节　现代信用的形式

现代信用的形式很多,可以按不同的标准对信用的形式进行分类。比如按信用的期限长短,可以把信用分为短期信用、中期信用和长期信用;按地域不同,信用可以分为国内信用和国际信用;按是否有信用中介参与,信用可以分为直接信用和间接信用;按信用参与的主体可以把信用分为商业信用、银行信用、国家信用、消费信用等,本节主要以此为标准,系统介绍每一种信用形式的特征与作用。

一、商业信用

(一)商业信用的含义

商业信用(commercial credit)是指企业之间在买卖商品时以商品的形态提供的信用。商业信用最典型的形式是赊销商品,此外还有预付货款。以赊销方式卖出商品,是在商品转手时,买方不是立即支付现金,而是承诺在一定时期后再支付货款。这样,双方就形成了一种债权债务关系,卖方是债权人,买方是债务人。卖方所提供的商业信用,相当于把一笔资本贷给买方,因而买方除了偿还货款外,还要支付利息。赊销的商品价格一般要高于现金买卖商品的价格,其差额就形成赊购者向赊销者支付的利息。以预付货款方式提供信用,一般是当生产企业生产的是畅销产品,该企业可以要求产品的销售商或下游产品的生产商预付一定比例的货款,用以扩大自己的生产规模,提升生产能力。在现实经济生活中,赊销和预付货款是企业间经常发生的信用行为。

(二)商业信用的特点和作用

1. 商业信用的特点

(1)商业信用必须与商品交易结合在一起,商品交易在先,商业信用在后,既是商品的买卖,又是信用的借贷。没有商品交易为基础的信用不属于商业信用,企业间的货币借贷也不属于商业信用。

(2)债权人和债务人都是商品生产者或经营者。企业与居民个人之间的赊销不属于商业信用,企业与银行之间的融资以及企业与政府之间发生的融资都不存在商业信用。

(3)商业信用直接受商品供求状况变化的影响。一般来说,当商品供过于求,形成买方市场时,商品供给者为使产品及时销售出去,更多的会采用赊销方式,也可让买方采用分期付款方式,也可采用销售折扣方式出售产品,或者寻求更多的代理商委托代销;当商品供不应求时,商品生产者可能会向买方提出预付货款或者定金方式销售自己的产品。

(4)具有分散性、自发性、盲目性的特点。商业信用是企业与企业之间直接提供的,无须通过中间环节统一集中,具有分散性特点;另外,商业信用是企业间发生的直接融资行为,企业有很大的自主选择权,这使得商业信用所形成的资金运动和物资运动存在较大的自发性甚至盲目性。

2. 商业信用的作用

商业信用是现代经济中最基本的信用形式之一,随着经济全球化进程的加快,它不仅广泛地存在于国内交易中,在国际经济贸易往来中也大量使用商业信用。商业信用的良性发展,对一国或一地区的商品生产和流通有着重要的促进作用。

(1)商业信用的存在,有利于资本的循环和周转。在发达的商品经济中,任何企业都不可能孤立地生存,各类企业间存在着种种经济联系。比如,产品具有良好销售前景的企业可能因为缺少资金而不能购买原材料,而具有强大销售能力的商业企业也可能因为资金短缺而无法购买到适销的商品。没有商业信用,上下游企业之间的这种联系就可能会中断,原材料生产企业无法出售原材料,商品生产企业无法开工,销售企业无法购进适销商品,消费者的福利因此也会受到降低。而商业信用的出现,则能有效地使以上中断的商业链条重新连接起来,从而促进生产和流通的顺利进行。同时,由于供求双方可以直接见面,有利于加强企业间的横向经济联系,协调企业之间的关系,从而促进产需平衡。

(2)节约交易费用,提高资金使用效益。由于商业信用直接以商品生产和流通为基础,并为商品生产和流通服务,就企业间的信用活动而言,商业信用是基础,而且,商业信用也是创造信用流通工具的最简单方式,是企业解决流通手段不足的首选方式。它减少了中间环节,有利于节约交易费用和提高经济效益。

(3)商业信用的合同化,使自发的、分散的商业信用有序可循,有利于银行信用参与和支持商业信用,加强了企业间的互相联系和相互监督,有利于强化市场经济秩序。

(三)商业信用的局限性

尽管商业信用对商品经济发展所起的作用非常明显,但是,商业信用也有其自身的局限性,具体表现在以下几方面。

1. 商业信用的规模受厂商资本数量的局限

商业信用是企业间买卖商品时发生的信用，并以商品买卖量为基础，因而，其提供的商业信用规模受商品买卖量的限制，而且提供信用一方也不可能超出所售商品量而向对方提供商业信用，从而决定了商业信用在规模上的界限。

2. 商业信用受到商品流转方向的局限

在现实经济交往中，商业信用的客体通常是商品资本，因此，它的提供是有条件的，一般是由上游企业提供给向下游企业，如原材料生产企业向加工企业提供，生产企业向销售企业提供，批发企业向零售企业提供，通常很难逆向提供，而在那些彼此间没有买卖关系的企业间，则更不容易发生商业信用。

3. 商业信用存在期限上的局限

商业信用的期限一般较短，并受企业生产周转时间的限制，通常只能用来解决短期资金融通的需要。

4. 商业信用的债权人和债务人都是商品生产者或经营者

企业与个人之间的赊销或预付不是商业信用，企业与银行之间、企业与政府之间都不存在商业信用。

由于商业信用存在的上述局限性，因而它不能完全适应现代经济发展的需要，于是在经济发展过程中又产生了另一种信用形式——银行信用。

二、银行信用

（一）银行信用的概念

银行信用（bank credit）是指银行或其他金融机构以货币形态提供的间接信用。银行信用是伴随着现代资本主义银行的产生，在商业信用的基础上发展起来的。银行信用与商业信用一起构成现代经济社会信用关系的主体。

与商业信用不同，银行信用属于间接信用。在银行信用中，银行充当了信用媒介。马克思这样描述："银行家把借贷货币资本大量集中在自己手中，以至于产业资本家和商业资本家相对立，不是单个的货币贷出者，而是作为所有贷出者的代表的银行家。银行家成了货币资本的管理人。另一方面，由于他们为整个商业界而借款，他们也把借入者集中起来，与所有贷出者相对立。银行一方面代表货币资本的集中，贷出者的集中，另一方面代表借入者的集中。"银行信用是银行或货币资本所有者向职能资本家提供贷款而形成的借贷关系。它是适应产业资本循环周转或再生产运动的需要而产生的。

（二）银行信用的特点

1. 银行信用在货币资金提供数量规模方面克服了商业信用的局限性

银行信用从融资方式上讲属于间接融资，资金盈余者和资金短缺者不直接进行借贷，而是通过银行形成借贷关系。银行通过吸收存款汇集成的巨额货币资金，不仅能满足小额货币资金的需求，也能满足大额货币资金的需要。银行贷放出去的已不是在产业资本循环过程中的商品资本，而是从产业资本循环过程中分离出来的暂时闲置的货币资本，它克服了商业信用在数量规模上的局限性。

2. 银行信用所提供的是货币资金，在提供方向上，货币资金是不受限制的

所有拥有闲置的资金主体都可能将其存入银行，而所有需要货币资金的主体只要符合银行的贷款条件，都可以获得银行的贷款支持。通过银行这一金融中介，资金供求双方被联系起来，它们完全不受商业信用中上下游关系的限制，这就克服了商业信用在使用方向上的局限性。

3. 在货币资金提供期限方面，银行可以把短期的资金转换成长期资金，满足对较长时期的货币需求

银行吸收的存款既有长期的，也有短期的，银行可按期限匹配的原则，短期存款可以用于发放短期贷款，长期存款可以用来发放长期贷款。在银行正常的经营过程中，所有存款人不可能同时到银行提取存款，这样就可以在银行内沉淀下一笔相对稳定的、比较可观的巨额资金，银行可以根据以往经验，将这笔资金用于长期贷款。因此，银行信用克服了商业信用固有的局限性，而成为现代经济中最基本、占主导地位的信用形式。

4. 银行和其他金融机构可以通过规模投资，降低信息成本和交易费用，减少借贷双方因信息不对称而产生逆向选择和道德风险

逆向选择（adverse selection）是由交易双方信息不对称和市场价格下降产生的劣质品驱逐优质品，进而出现市场交易产品平均质量下降的现象。它通常是在交易发生之前出现的问题，即在几个潜在的借款人中，越是最后准备不想偿还的借款人，在借款时，可能表现得越积极，而且越想得到这笔贷款。因为逆向选择增加了给信用差的人贷款机会，即使市场上还会有信用很好的借款人存在，因贷款人不愿冒风险，可能会选择不发放任何贷款。

道德危害（moral hazard）是西方经济学家在 20 世纪 80 年代提出的一个经济学概念，即"从事经济活动的人在最大限度地增加自身效应的同时做出不利于他人的行动"。它是在交易发生以后出现的问题，即借款人在拿到贷款后，因为这笔钱不是他自己的（如果是他自己的，他就不会去冒这个风险），为了得到更高的回报，借款人会用这笔贷款从事贷款人所不希望看到的、风险更大的经营活动，因为道德危害也降低了贷款偿还的可能性，贷款人也可能会选择不愿发放贷款。

5. 银行信用具有信用创造功能，所以银行信用成为国家进行宏观调控的重要对象

关于银行信用创造方面的内容请参阅本书第九章第二节内容。

（三）银行信用与商业信用的联系

银行信用与商业信用之间是相互并存而非替代的关系。银行信用克服了商业信用的局限性，它在整个社会信用体系中处于核心地位，发挥着主导作用，而且银行直接对企业发放的不需要任何担保品的信用贷款只占一定比重。商业信用是银行信用乃至整个信用体系的基础。银行信用的产生与发展并不会取代商业信用，相反，银行信用的良好发展会进一步促进商业信用的发展。基于商业信用而产生的商业票据都有一定的期限性，当商业票据没有到期而持票人又急需货币资金时，持票人可以到银行办理票据贴现业务，及时取得所需的货币资金。由此可见，银行办理的票据贴现业务以及票据质押贷款业务就进一步增强了商业票据的流动性，从而解除了商业信用提供者需要资金的后顾之忧，没有银行信用的支持，商业票据就不能转化为银行信用，商业信用的运用和发展就会受到极大削弱。因此，商业信用越来越依赖于银行信用，银行信用也为商业信用的进一步发展提供了条件。

三、国家信用

（一）国家信用的概念

国家信用（national credit）是指国家及其附属机构作为债务人或债权人，依据信用原则向社会公众和外国政府举债或向债务国放债的一种形式。在通常情况下，国家是作为债务人身份出现的。国家信用又称公共信用，包括国内信用和国外信用两种。国内信用是国家及其附属机构以债务人的身份向国内居民、企业、社会团体等取得的信用，它形成一国的内债；国外信用是国家以债务人的身份向国外居民、企业、社会团体和政府取得的信用，它形成一国的外债。

国家信用的产生与国家财政直接相关。“债台高筑”的成语则形象地描述了国家作为借款者，即债务人是国家的信用。据说，战国时代，周赧王懦弱无能，却心怀雄心，图谋联合楚、燕等国攻打秦国，但思虑军饷不足，于是向国内富者借贷，应允凯旋后加倍偿还。结果，还没等与秦交战，周赧王因恐惧而撤兵了，但所贷的军饷却已用完。因无法偿还所借债务，周赧王被债主逼得逃到一座宫殿的高台上。后人遂将此台称为“逃债之台”（见于《汉书·诸侯王表序》及颜师古引服虔注）。

国家信用也是一种特殊资源，有时政府享有支配此种资源的特权，用以发展经济。如《管子·揆度》中记载，官府对没有口粮的贷给陈谷，对没有种子的贷给新谷，这样才不会出现盈利10倍的奸商和加倍收息的高利贷者。以后历代统治者都曾发生类似的国家信用。在现代经济中，国家为了发展经济和维持国家机器的正常运转，经常利用国家信用筹集资金，国家信用在国内的基本形式是国债，它通常以发行公债券和国库券的形式来实现。

国家信用与商业信用及银行信用不同，它与生产和流通过程没有直接关系。但用这种信用筹集的资金，在经济生活中是不可忽视的重要因素，发挥着特殊的作用。如政府通过举债，进行国民收入再分配，可以引导资金流向，促进生产要素合理流动，资源合理配置，产业结构调整。同时，通过对国债的发行与偿还的管理，对调节货币流通和社会总需求与总供给的平衡也有重要的作用。

国家信用的财务基础是国家将来偿还债务的能力，这种偿债能力源于三个方面：国家的税收收入、政府有偿转让国有资产而获得的收入以及国家发行货币的专享权力。因此，利用国家信用必须注意以下问题：首先，防止造成再分配的不公平。在国家信用中，国债通常被称为“金边债券”，能够大量购买国债的投资者便可获得较多的投资收益，他们可从中得到再分配收入，未能购买国债的纳税人则得不到这部分再分配收入。其次，防止赤字货币化现象。所谓“赤字货币化”，是指政府发行国债的目的是用于弥补财政赤字，如果将国债推销给中央银行，而中央银行又没有足够资金承购国债，只好通过印发钞票来购买，从而造成货币投放过度，诱发通货膨胀。第三，防止国债收入使用不当，或使用效率低下，造成财政状况更加困难，使国家陷入循环发债的不利局面。

（二）国家信用工具

目前，国家信用工具主要包括中央政府债券、地方政府债券和政府担保债券三种。

1. 中央政府债券

中央政府债券也称国债（national debt），是指一国中央政府为弥补财政赤字或筹措建设资金而发行的债券。按发行期限不同,国债可分为短期国债、中期国债和长期国债。短期国债指偿还期限在1年或者1年以内的国债,也称国库券。国库券的发行一般是为了解决财政年度内先支后收的时间间隔矛盾,通常要以预算收入的一部分或者全部作为担保。中期国债的期限通常在1年至10年,长期国债的期限通常在10年至20年。中央政府发行中长期国债的目的是为了弥补财政赤字,或者是为了公共建设的需要而筹集资金。

2. 地方政府债券

地方政府债券(local government bonds)是地方政府为满足实现其职能的需要而举借的债,也称市政债券(municipal securities)。地方政府债券通常分一般债券(普通债券)和专项债券(收益债券)。一般债券没有特定的资产来源为该债券提供担保,地方政府许诺利用各种可能的收入来源,如税收、行政管理费等清偿,期限从1年到几十年不等。20世纪80年代末至90年代初,我国许多地方政府为了筹集资金修路建桥,都曾经发行过无息或者以支援国家建设的名义摊派给各单位的地方债券。但到了1993年,国务院出于对地方政府兑现能力考虑,就禁止了这一融资行为,此后颁布的《中华人民共和国预算法》第二十八条,明确规定"除法律和国务院另有规定外,地方政府不得发行地方政府债券"。

作为地方政府一种市场化融资的方式,地方债试点无疑会对地方政府的财政管理体制、我国债券市场、社会信用体系等诸多方面产生深远影响。但是,地方政府发行债券也将会产生一系列的法律问题,如果没有严格的约束机制,一些地方政府过度发债之后,必将面临破产问题。由于我国目前尚未对政府机关破产做出明确的规定,因此,在允许地方政府发行债券之后,必须从举债规模、用途、发行方式等一系列问题进行制度安排,以确保其健康发展。

(三)国家信用的作用

1. 有利于解决国家财政困难

当国家出现财政赤字或者国家财政发生季节性和临时性困难时,必然会通过增加财政收入以资弥补。主要包括三种方式:一是增加税收。但增税受客观经济条件的制约,如果税收负担超过了经济发展的承受能力,就会影响经济的正常运行,破坏财源的基础,结果得不偿失。另外,如果要增加税收,必然会改变和调整现行税制,这不但受立法程序的制约,而且会遭到纳税人的反对。二是向中央银行透支。如果中央银行没有可靠的信贷资金支持,只能通过增加货币供给量的方法满足财政的需要,容易引发通货膨胀。三是发行国债。发行国债只是社会资金使用权的暂时转让,是一种财力资源的再分配,一般不会引起货币的过量投放,不会导致通货膨胀。

2. 有利于集中资金保证重点项目(或重大工程)的建设

建设重点项目(或重大工程)以及抵御特大自然灾害,由国家统一安排,将关系到国民经济整体生产力的布局和生产结构的协调。国债是国家信用的主要形式和典型形式,是筹集建设资金的重要手段。国家投资对于弥补市场失灵,保持国民经济稳定增长具有重要作用。

3. 是国家调节经济运行的重要手段

作为国家信用的主要代表形式的国债,尤其是短期国债,经常会成为中央银行在公开市场上调节货币供给量的操作工具。因为经济运行出现问题,一般表现为总量失衡或结构失调。当总需求过大时,中央银行可以在公开市场上卖出国债来减少市场货币供给量,进而抑制社会总需求;当社会总需求不足时,中央银行则可以在公开市场上买进国债,以增加市场货币供给,有利于扩大社会总需求,从而达到宏观调控的目的。

4. 能带动其他投资主体的投资

一般来说，当一个国家进行产业结构优化、产品升级换代时，很多投资主体都很难立即找准投资方向，由此可能会造成资源的浪费。发行国债意味着政府集中支配财力的增加，而国债资金投放方向的不同会引导和带动其他投资主体的投资，起到"四两拨千斤"的作用，从而加速经济发展。

四、消费信用

（一）消费信用的概念

消费信用（consumer credit）是指工商企业、银行或其他金融机构向消费者个人提供的满足其消费需要的信用。提供的对象可以是商品、货币，也可以是劳务。消费信用的特点是债务人是消费者个人。消费信用的产生与发展是社会生产发展和人们消费结构变化的客观要求。在前资本主义社会，商人向消费者个人以赊销方式出售商品时，就已经产生了消费信用。但是，一直到 20 世纪 40 年代后半期，消费信用才开始发展。伴随着生产力的发展，生活水平的提高，人们的消费结构发生了相应的变化，耐用消费品、住房等价格较高的商品逐渐进入人们生活必需品行列。对于那些当前财富积累水平或收入水平不高的居民来说，在短期内靠个人当前收入水平购买住房或耐用消费品是很难实现的，于是，消费信用应运而生。到 20 世纪 60 年代，消费信用进入高速发展时期，这种信用形式在西方国家非常普遍，并逐渐成为西方发达国家消费者重要的消费形式之一。

（二）消费信用的形式

消费信用的形式主要有赊销、分期付款和消费贷款三种。

1. 赊销

赊销是商业信用在消费领域中的表现，即零售商直接以延期付款的销售方式向消费者提供的信用。信用卡结算方式就属于此类。即利用结账信用卡，凭信用卡先购后付。在西方发达国家，对一般的消费信用多通过信用卡发放，即由银行或其他信用卡发行机构向其客户发行信用卡，消费者可凭信用卡在信用额度内购买商品或做其他支付，也可以在一定额度内提取现金。向客户提供商品或者服务的商户在每天营业终了时向发卡机构索偿款项，发卡机构再与持卡人定期结算清偿。

2. 分期付款

分期付款就是消费者与生产企业签订分期付款合同，消费者在购买消费品时只需支付一部分货款，剩余的部分按合同规定分期加息偿还，在货款付清之前，商品的所有权属于生产企业。消费信用多用于购买高档消费品，比如住房、汽车的个人消费等。

3. 消费贷款

消费贷款是银行及其他金融机构采用信用放款或抵押放款方式对消费者个人发放的用于购买各种耐用消费品的贷款。按接受贷款的对象不同，消费贷款分为买方信贷和卖方信贷两种。买方信贷是银行对购买消费品的消费者发放贷款；卖方信贷是银行对销售消费品的企业发放贷款。消费贷款的期限一般比较长，最长可达 20 年至 30 年。

（三）消费信用的作用

消费信用能在一定程度上缓和消费者有限的购买力与生活需要之间的矛盾，从而更好地改善人民的生活,更好地促进商品的生产和销售,尤其在经济紧缩、市场疲软的时期。当然过量发展消费信用也会导致信用膨胀,2007 年美国次贷危机的爆发突出地显现了这一点。因此,对消费信用在一国社会经济生活中的作用要有一个清醒的认识,要注意消费信用的合理规模。应从正反两个方面来看。

从积极方面看:首先,消费信用有利于促进消费品的生产与销售。社会再生产的环节由生产、分配、交换和消费组成,其中,生产是起点,消费是终点,生产和消费之间存在着辩证统一的关系。一方面,生产决定消费;另一方面,消费对生产又有反作用。消费信用的正常发展有利于促进消费品的生产与销售,有利于扩大一定时期内一国的消费需求总量,从而刺激生产的发展,也会拉动一国的经济增长。其次,消费信用的发展有利于调节居民消费。由于居民存在贫富差距,他们的购买力往往存在一部分居民购买力不足,另一部分则相对有余,尤其在对高档消费品的购买上,一部分人可随时购买,另一部分人短期内可以筹资购买,还有一部分人则在较长时间内难以购买。消费信用就可以调节居民购买这些商品在时间和支付能力上的不一致,从而满足某些居民的消费需要。第三,赊销、分期付款、消费贷款等优惠的促销形式有利于产品的促销,尤其对新技术的应用、新产品的推销以及产品的更新换代都具有一定的调节作用。

尽管消费信用具有以上有利作用,但是,如果消费需求过高,而生产能力有限,消费信用的盲目发展,也会给正常的社会经济生活产生不利影响:第一,消费信用的盲目扩张会掩盖消费品的供求矛盾。对一些生产本已过剩的消费品来说,过度的消费信用有可能造成对该商品需求的虚假信息,导致生产者对这些本已过剩的消费品还会继续生产与发展,从而造成严重的产能过剩和产品的积压,造成资源浪费。同时,对生产能力有限的消费品,过度而盲目的消费信用往往会加剧市场的供求矛盾,引起价格上升,从而加大通货膨胀的压力。第二,由于消费信用是对未来购买力的预支,在延期付款的诱惑下,消费者可能因为对自己未来预期收入的误判,招致超过他的财力的债务。使用消费信贷的消费者也许要很长时间约束自己,限制其使用其他商品或接受其他服务的自由。尤其对低收入阶层的消费者,可能承受不起因失业、疾病等带来的风险,从而丧失按合同履行债务的能力,迫使生活水平下降,甚至有可能倾家荡产,带来一系列严重的社会问题。

第三节　信 用 工 具

信用工具(credit instrument)也称"金融工具",是指以书面形式发行和流通、用以载明债权人身份、债务金额、到期日及利息率等事项,证明债权债务关系的合法凭证。在现代经济中,人们融通资金往往要借助信用工具,它是重要的金融资产,也是金融市场上重要的交易对象。在早期的信用活动中,借贷双方仅凭口头协议或记账形式而发生信用关系。由于缺乏法律保障,极易引起纠纷或坏账,而且也不易将债权债务进行转让。信用工具的产生与发展克服了口头信用和记账信用的缺点,使信用活动更加安全、规范和顺畅,而且通过信用工具的流通转让形成了金融市场。

一、信用工具的特征

信用工具种类繁多,但各种信用工具基本上具有以下特点:

1. **收益性**

信用工具的收益性是指信用工具能够为其持有者带来一定的报酬和价值增值。信用工具的持有者之所以愿意购入信用工具，并将自己的货币资金转让给信用工具的发行者使用，就是因为持有信用工具能够给其带来一定的报酬。报酬率的大小取决于收益率。收益率是指持有期收益与本金的比率，不同信用工具的收益率有不同的计算方法。对收益率大小的比较还要结合银行存款利率、通货膨胀率以及其他金融工具收益率等来分析。信用工具的收益主要包括三种：一种为固定收益，它是投资者按事先规定好的利息率获得的收益，固定收益一般都是名义收益，是信用工具票面收益与本金的比例。第二种是即期收益，又称当期收益，就是按市场价格出卖信用工具时所获得的收益，如股票买卖价格之差即为一种即期收益。第三种是实际收益，它是名义收益或当期收益扣除因物价变动而引起的货币购买力下降后的真实收益。在现实生活中，实际收益需要通过计算才能得出，因此，投资者所能接触到的是名义收益和当期收益。

2. **流动性**

信用工具的流动性是指信用工具在必要时能迅速转变为现金而不遭受损失的能力，即形成现实购买力，而在价值上又不受损失的能力，又称变现能力。通常情况下，信用工具的变现能力越强，成本越低，其流动性越强，反之，其流动性越弱。偿还期限、发行人的资信状况、收益率水平等是影响信用工具流动性强弱的主要因素。一般情况下，偿还期限与信用工具的流动性成反相关关系，而发行人的资信状况和收益率水平则与信用工具的流动性成正相关关系。因此，短期信用工具的流动性要强于长期信用工具的流动性，如在经济生活中，货币和活期存款是最具流动性的金融资产；信用工具发行者的资信状况越好，信用工具的流动性越强，反之，流动性越弱。

3. **期限性**

信用工具的期限性是指信用工具通常都有规定的偿还期限，即从举借债务到全部归还本金和利息所跨越的时间间隔。当信用工具到期时，债务人有义务按期偿还本金，并按约定的条件和方式支付相应的利息。通常情况下，信用工具上都标有该信用工具的偿还期限。对于信用工具的持有者来说，更关注的是从其持有该信用工具日算起至信用工具到期日所经历的时间。例如，对偿还期为五年的国债，若投资者在发行三年后从债券市场买入这一债券，对于该投资者来说，这一债券的偿还期限是两年，此时，他将用两年来衡量其持有该国债所获得的收益率水平。在现实经济生活中，信用工具的偿还期限存在两种极端情况，即零期和无限期。活期存款的偿还期限可看作是零期；而普通股票或永久性债券的偿还期限则是无限的，持有人要想把普通股票变现，则必须在二级市场上进行交易。

4. **风险性**

信用工具的风险性是指购买信用工具的本金和预定收益遭受损失的可能性。风险相对于安全而言，风险性从另一个角度讲就是安全性。购买任何一种信用工具都会有风险。风险可能来源于两个方面：一是信用工具的发行者不能或不愿意履行按期偿还本金、支付利息的约定，或是股份公司无力支付或者不愿支付股息红利，从而给信用工具的持有者带来损失的可能性，这种风险被称为信用风险。二是由于金融市场上信用工具交易价格的波动而给其持有者带来损失的可能性，这种风险被称为市场风险。信用风险通常与信用工具发行者的资信状况与经营状况紧密相连，信用工具发行者的信誉等级越高、经营状况越好，则该信用工具的信用风险越低。

信用工具的上述四个基本特征之间存在着一定的联系。一般而言,信用工具的期限与收益性、风险性成正相关关系,与流动性成反相关关系;而流动性与收益性成反相关关系,即流动性越强的信用工具,越容易在金融市场上变现,所要求的风险溢价就越小,其收益水平往往也越低;同时,收益性与风险性成正相关关系,高收益的信用工具往往风险也越高,低收益的信用工具往往风险也低。

二、信用工具的分类

随着信用在现代经济生活中的不断深化和扩展,信用工具种类越来越多,信用工具从不同的角度可以进行不同的划分。

1. 按期限划分,信用工具可分为短期、长期和不定期信用工具

短期与长期的划分没有一个绝对的标准,一般以一年为界,一年或一年以下的为短期,一年以上则为长期。短期信用工具主要是指国库券、各种商业票据、可转让存单等。西方国家一般把短期信用工具称为“准货币”,这是由于其偿还期短,流动性强,随时可以变现,近似于货币。长期信用工具通常是指有价证券,主要有债券和股票。不定期信用工具是指银行券和多数的民间借贷凭证。

2. 按融通资金的方式,信用工具可分为直接信用工具和间接信用工具

直接信用工具是指非金融机构在金融市场上直接进行借贷或交易的工具,如工商企业、个人和政府等发行和签署的商业票据、股票、公司债券、国库券等。间接信用工具是指金融机构所发行的银行票据、大额可转让存单和人寿保险单等。

3. 按信用工具是否具有一定的独立性,信用工具可分为基础信用工具和衍生信用工具

基础信用工具是指在实际信用活动中出具的能独立证明信用关系的合法凭证,如商业票据、股票、债券等;衍生信用工具则是指在基础信用工具之上派生出来的(不能独立存在)可交易凭证,如各种金融期货合约、期权合约、掉期合约等。本节将对基础信用工具和衍生信用工具做介绍。

三、基础信用工具

任何信用工具都是标准化的资本证券,标准化的目的是增强其流动性,降低信用工具持有人因持有信用工具而带来的风险,一般把期限、交易条款、交易金额进行标准化,并将交易价格由市场决定,这样买卖双方之间只要讨论交易价格即可,从而减少了交易成本。下面介绍一下与票据相关的票据行为和比较常见的基础信用工具。

(一)票据

1. 票据的概念

票据(bill)是具有一定格式,由出票人依法签发的、约定自己或者委托付款人在见票时或指定的日期向收款人或持票人无条件支付一定金额并可流通转让的有价证券。广义的票据包括凡是能使财产证券化并具有支付功能的所有证券,如汇票、本票、支票、债券、股票、提单等,狭义的票据专指票据法规定的票据。

2. 票据的特点

一般来说,票据的特点主要表现在以下几个方面:

(1)票据是出票人做出的到期向持票人支付一定金额的承诺。出票人开具票据,就必须履行到期支付票面所载金额的义务，持票人只要向付款人提示付款，付款人即应无条件向收款人或持票人支付票据金额。只有他支付了“票面金额”才能解除其承担的义务。

(2)票据是出票人依法签发的有价证券。法律依据不同的票据种类，规定了不同的形式，出票人必须依照法律规定的要求签发相关票据，否则不受法律保护。

(3)票据所表示的权利与票据不可分离。票据权利的发生必须做成票据，票据权利的转移必须交付票据，票据权利的行使必须提示票据。权利与票据融为一体。

(4)票据所记载的金额由出票人自行支付或委托他人支付。由出票人自行支付的是本票，由出票人委托支付的是汇票和支票。

(5)票据是一种可转让的证券。根据《中华人民共和国票据法》规定，票据均为记名票据，必须通过背书转让的方式予以流通转让。

3. 票据行为

票据行为是指票据关系的当事人之间以发生、变更或终止票据关系为目的而进行的法律行为。票据行为是在票据关系当事人之间进行的行为。根据《中华人民共和国票据法》的规定，票据行为是指票据当事人以发生票据债务为目的的、以在票据上签名或盖章为权利义务成立要件的法律行为，包括出票、背书、承兑和保证等四种。

(1)出票，即签发票据，又称发票，是指出票人依照《中华人民共和国票据法》的规定格式做成票据，并将其交付收款人的票据行为。

(2)背书(endorsement)，是指持票人将未到期的票据转让给别人并在票据的背面或粘单上记载有关事项并盖章的票据行为。背书转让是持票人的票据行为，只有持票人才能进行票据的背书，转让人又称背书人，受让人称为被背书人。背书是转让票据权利的行为，票据一经背书转让，票据上的权利也随之转让给被背书人。背书人一经背书，即为票据的债务人，背书人与出票人同样具有对票据的支付负责，以背书转让的票据，背书应当连续。若票据的出票人或承兑人不能按期支付款项，票据持有人有权向背书人要求付款。

(3)承兑(acceptance)，是指票据的付款人在票据上以文字表示“承认兑付”，承诺到期负担票据债务的行为。承兑为汇票所独有。汇票的出票人和付款人之间是一种委托关系，出票人签发汇票，并不等于付款人就一定付款，持票人为确定汇票到期时能得到付款，在汇票到期前需向付款人进行承兑提示。提示承兑是指持票人向付款人出示汇票，并要求付款人承诺付款的行为。如果付款人签字承兑，那么就对汇票的到期付款承担责任。

(4)保证，是指汇票的债务人以外的第三人以担保特定的汇票债务人承担汇票付款为目的，在汇票上签章及记载必要事项的票据行为。其中担保汇票付款者称为保证人，被担保的特定汇票债务人称为被保证人。票据保证的目的是担保票据债务的履行，适用于汇票和本票，不适用于支票。

4. 票据的种类

《中华人民共和国票据法》规定的票据种类为汇票、本票和支票三种。

(1)汇票。汇票(bill of exchange)是由出票人签发的，委托付款人在见票时或在指定日期无条件支付确定金额给收款人或持票人的票据。汇票按出票人的不同可分为银行汇票和商业汇票。

银行汇票是指汇款人将款项交存当地银行，由银行签发给汇款人持往异地办理转账结算或支取现金的票据。其中，银行是票据的签发人，签发的条件是汇款人需将款项预先存入银行，在存入之后或存款的同时，通知银行将一定款项转往指定地点，并将汇票交给汇款人，汇款人持票在指定银行办理转账或提取现金。在商业活动中这种汇票最受供货方的欢迎。

商业汇票是指收款人或付款人（或承兑申请人）签发，由承兑人承兑，并于到期日向收款人或被背书人支付款项的票据。按承兑人的不同，可分为银行承兑汇票和商业承兑汇票。银行承兑汇票是由出票人签发，并由承兑申请人向开户银行申请，经银行审查同意承兑的票据。这种汇票因为由银行承兑，有银行的信用担保，收款人或持票人的票据权利得到比较可靠的保障，是接受给付的一方比较欢迎的高质量汇票。商业承兑汇票是由收款人签发，经付款人承兑，或由付款人签发并承兑的票据。这种汇票由付款人自己承兑，自己保证自己的信用，一旦出现支付不能时，收款人或背书人的票据权利将得不到银行信用的支持，因而这是一种信用程度比较低的汇票。

（2）本票。本票（promissory note）是出票人签发的，承诺自己在见票时无条件支付确定的金额给收款人或者持票人的票据，即债务人向债权人开出的保证按指定时间无条件付款的书面承诺。我国票据法所指的本票是指银行本票，既不包括商业本票，也不包括个人本票。目前，本票只表示我国通行的即期本票，并没有将国际通行的远期本票和商业本票包含在内。银行本票是银行开出的向持票人无条件支付一定金额的本票，主要用途是为了代替现金。根据付款期限的不同，本票可分为即期本票和远期本票。即期本票是见票即付的本票；远期本票是必须到约定日期才可以付款的本票。因此，远期本票又称期票。

（3）支票。支票（cheque）是指由出票人签发的、委托办理支票存款业务的银行或者其他金融机构在见票时无条件支付确定金额给收款人或持票人的票据。

支票出票人在开立支票存款账户时，必须使用其本名，并提交证明其身份的合法证件，还应当预留其本名的签名式样和印鉴。开立支票存款账户和领用支票，应当有可靠的资信，并存入一定的资金。由于支票的付款时间只有见票即付一种形式，也就免去了承兑这一程序，因此，即使支票上缺少记载必要的事项，法律上仍可视为合法票据，付款人仍然要支付给持票人。所以，支票制度要求出票人的信用特别可靠，支票的出票人所签发的支票金额不得超过其付款时在付款人处实有的存款金额。如果出票人签发的支票金额超过其付款时在付款人处实有的存款金额，这种支票就是空头支票。空头支票是不能兑付的。在我国，如签发空头支票，出票人要受到银行的制裁，通常是按照支票面额的一定比例处以罚款。否则就会出现信用危机，持票人的权利就会受到损害，扰乱正常的金融秩序。

支票按支付期限可分为即期支票和远期支票，但我国的支票只有即期支票一种；按支票支付的信用工具种类的不同，支票可以分为转账支票和现金支票。转账支票只能用于转账，不得支取现金。现金支票既可用来支取现金，又可办理转账。

（二）大额可转让定期存单（Negotiable Certificate of Deposits，CDs）

商业银行的定期存款由于有较高的利率而吸引资金，但其最大的弱点在于流动性差。1961年，由美国花旗银行发行的第一张大额可转让定期存单，既可以使客户获得高于储蓄账户的利息，又可以在二级市场上流通、转让而变现，使客户原本闲置在账上的资金找到了短期高利率投资的对象，所以一经面世就大受欢迎。

大额可转让定期存单的主要特点包括：一是面额大。在美国，面额通常在10万～100万美元之间。在英国，面额最低为5万英镑，通常为50万英镑。二是金额固定。三是期限较短。一般在1年以下。四是不能提前支取，但可以在市场上流通。五是与同期普通存款利息相比，利息较高。

随着金融机构竞争的加剧,CDs 也出现了许多新的变种,主要有:

1. **可变利率定期存单**(valiable rate CD)

该种存单在存期内被分成几个结转期,在每一个结转期,银行均根据当地的市场利率水平重新设定存单利率。

2. **牛市定期存单**(bull CD)

该种存单与美国标准普尔公司的500 种股票相联系,虽然存单的投资者没有固定的利息收益,但可根据定期存单的时限长短而获取股票指数增长额的 37% ~70% 的利率上升收益。

3. **扬基定期存单**(yankee CD)

这是外国银行在美国发行的可转让定期存单,大多由位于纽约的外国著名银行发行。

4. **欧洲或亚洲美元存单**(eurodollar or asiadollar CD)

这是美国银行在欧洲或亚洲的金融市场上发行的定期存单,以吸引国外资金,不必向美联储交存准备金和存款保证金。

(三)债券

债券(bond)是政府、金融机构、工商企业等直接向社会借债筹措资金时向投资者发行,承诺按一定利率支付利息并按约定条件偿还本金的债权凭证。由于债券的利息通常是事先确定的,所以债券是固定利息证券(定息证券)的一种。由此,债券包含了以下四层含义:

(1)债券的发行人(政府、金融机构、企业等机构)是资金的短缺方,即资金借入者。

(2)购买债券的投资者是资金的盈余方,即资金借出者(也可称为投资者)。

(3)发行人(借入者)需要在一定时期还本付息。

(4)债券是债的证明书,具有法律效力。债券购买者与发行者之间是一种债权债务关系,债券发行人即债务人,投资者(或债券持有人)即债权人。

尽管债券种类多种多样,但是在内容上都要包含一些基本的要素。这些要素是指发行的债券上必须载明的基本内容,也是明确债权人和债务人权利与义务的主要约定,具体包括:

(1)债券的面值。债券的面值是指债券的票面价值,是发行人对债券持有人在债券到期后应偿还的本金数额,也是企业向债券持有人按期支付利息的计算依据。债券的面值与债券实际的发行价格并不一定是一致的,发行价格高于面值称为溢价发行,低于面值称为折价发行,发行价格等于面值称为平价发行。

(2)偿还期。债券的偿还期是指债券上载明的偿还债券本金的期限,即债券发行日至到期日之间的时间间隔。

(3)付息期。债券的付息期是指债券发行人发行债券后的利息支付的时间。它可以是到期一次支付,或 1 年、半年、3 个月支付一次。在考虑货币时间价值和通货膨胀因素的情况下,付息期对债券投资者的实际收益有很大影响。到期一次付息的债券,其利息通常是按单利计算的;而年内分期付息的债券,其利息是按复利计算的。

(4)票面利率。债券的票面利率是指债券利息与债券面值的比率,是发行人承诺以后一定时期支付给债券持有人报酬的计算标准。债券票面利率的确定主要受到银行利率、发行者的资信状况、偿还期限和利息计算方法以及当时资金市场上资金供求情况等因素的影响。

(5)发行人名称。发行人名称指明债券的债务主体,是债权人在债券到期时为追回本金和利息提供依据。

上述要素是债券票面的基本要素,但在发行时并不一定全部在票面印制出来,例如,在很多情况下,债券发行者是以公告或条例形式向社会公布债券的期限和利率。

(四)股票

股票(stock)是股份有限公司在筹集资本时向出资人公开或私下发行的、用以证明出资人的股东身份和权利,并根据持有人所持有的股份数享有权益和承担义务的凭证。股票是一种有价证券,代表着其持有人(股东)对股份公司的所有权,每一股同类型股票所代表的公司所有权是相等的,即“同股同权”。股票可以公开上市,也可以不上市。在股票市场上,股票也是投资和投机的对象。股票的种类可以按不同的标准进行分类。

1. 根据股东享有股权内容的不同股票可分为普通股和优先股

普通股是股份有限公司发行的没有特别权利的股份,该股票的持有人平等地享有权利。优先股是具有不同于普通股的权利的股份,优先股具有优先分配盈利和剩余资产等特权,但其股东的表决权受到限制。

2. 根据是否在股票上记载股东姓名,股票可分为记名股票和无记名股票

记名股票是指将股东的姓名记载于股票上的股份,这种股票只有在背书交付后才发生转让效力。无记名股票是指股票上不记载股东姓名的股份,此种股票只要交付就可发生转让效力。

3. 根据股票是否表明金额,股票可分为有票面金额股票和无票面金额股票

有票面金额股是指在股票上标明一定金额的股票。无票面金额股票是指在股票上并不标明金额的股票。

债券和股票虽然都是直接融资工具,但是,二者存在着区别。首先,股票一般无偿还期限,股票一经认购,持有者不能以任何理由要求退还股本,只能通过股票流通市场将其转让;而债券具有偿还期限,到期日必须偿还本金,因而对于公司来说发行过多的债券就可能资不抵债而破产,而公司发行越多的股票,其破产的可能性就越小。其次,股东从公司税后利润中分享股息与红利,普通股股息及红利与公司经营状况紧密相关;债券持有者则从公司税前利润中得到固定利息收入。第三,当公司由于经营不善等原因破产时,债券持有人有优先取得公司破产财产的权利,之后是优先股股东,最后才是普通股股东。第四,普通股股票持有人具有参与公司决策的权利,而债券持有人通常没有此权利。第五,股票价格波动的幅度大于债券价格波动的幅度,股票不涉及质押担保问题,而债券可以要求某一或某些特定资产作为保证偿还的质押,从而降低了债务人无法按期还本付息的风险,因此,股票的风险高于债券。第六,在选择权方面,股票主要表现为可转换优先股的可赎回优先股,而债券则更为普遍。一方面多数公司在公开发行债券时都附有赎回条款,在某一特定条件下,由公司决定是否按预定价格(一般高于债券面值)提前从债券持有人手中购回债券;另一方面,许多债券附有可转换性,这些可转换债券在到期日或到期日之前的某一期限内可以按预先确定的比例(称为转换比率)或预先确定的价格(转换价格)转换成股票。第七,发行主体有差异。股票只有股份有限公司才能发行;债券则是任何有预期收益的机构和单位都能发行。

四、金融衍生信用工具

金融衍生信用工具(financial derivative instrument)是指以杠杆或信用交易为特征,以货币、债券、股票等基础信用工具为基础而衍生的信用工具或金融产品。它既指一类特定的交易方式,也指由这种交易方式形成的一系列合约。衍生信用工具也称金融衍生工具或金融衍生产品。它的出现,可以说给当代金融市场带来了划时代的意义。它除了让人们重新认识金融资产保值和规避风险的方式手段外,还具有很强的杠杆作用,让人们充分体会到了"四两拨千斤"的快感。特别是20世纪70年代出现的各种金融衍生工具,更是向人们展示了金融资产保值和风险规避的全新概念。因此,人们把衍生信用工具称之为"双刃剑",如果运用得当,可给金融业带来许多好处,能起到传统避险工具无法起到的保值、创收作用,否则,也会使市场参与者遭受严重损失,甚至危及整个金融市场的稳定与安全。

金融衍生信用工具主要包括:远期合约、金融期货、金融期权和金融互换等类型,详细内容参阅第四章第四节金融衍生工具市场。

思考题

1. 如何理解道德范畴信用与经济范畴信用的关系?
2. 试举例说明什么是直接信用?什么是间接信用?
3. 什么是商业信用?什么是间接信用?如何理解二者的关系?
4. 什么是国家信用?国家信用的形式有哪些?
5. 什么是消费信用?大力发展消费信用对经济有什么作用?

第三章　利息与利息率

【本章要点】

➢ 利息和利息率；
➢ 利率的种类及利率的功能；
➢ 利率的决定理论；
➢ 利率的结构；
➢ 影响利率变动的因素。

第一节　利息的来源与本质

一、利息的含义

一般认为，利息是在借贷关系中借款人支付给贷款人超过本金部分的报酬。利息是伴随着信用关系的发展而产生的经济范畴，并构成信用的基础。

在远古时期，就有了借贷行为，利息作为一种占有使用权的报酬就已经出现了。不过当时是以实物形式，如谷物、布匹等进行利息的支付。随着商品货币经济的发展，产生了货币借贷，利息的支付也就渐渐过渡到以货币形式作为计量，特别是生息资本的出现和发展，利息也发生了根本变化，它不仅变成了信用发生和发展的基本条件，同时也变成了资本增值的特殊手段。事实上，具有真正意义的利息是资本主义的利息，因为在资本主义社会，利息是借贷资本家因贷出货币资本而从职能资本家那里获得的报酬。在我国社会主义初级阶段，以公有制为主体的多种所有制经济共同发展，由于各经济主体之间存在着利益差别，利息便成为资金借入方向资金贷出方支付的报酬。在现代市场经济活动中，因为所有的信用活动都是以偿还本金和支付利息为条件的特殊价值运动形式，中国的社会主义市场经济也不例外。

二、利息的来源与本质

利息的存在，使人们对货币产生了一种神秘的感觉：似乎货币可以自行增值。这就涉及利息的来源与本质问题。对于这个问题，古往今来，人们一直存在着争议。这种争论最早可追溯到古希腊的奴隶制度时期。古希腊哲学家柏拉图在其著作《理想国》和《法律论》中论述了货币与高利贷问题。主张禁止放款收息，因为那样会养成人们利己和贪欲之心。其学生亚里士多德认为，高利贷是“最违反自然”的。并认为货币是交换的手段，不应当是交换的目的。高利贷不以买卖为基础，而是以“货币生出更多的货币”为目的，当然属于“最违反自然”之列。

英国古典政治经济学的创始人威廉·配第通过对地租理论的分析引证出了利率理论。他认为,既然出租土地能够收取地租,那么,出租货币也应收取货币出租金即利息。利息是因为暂时放弃货币的使用权而获得的报酬。英国古典政治经济学家亚当·斯密对利息曾这样说明:以资本贷人取息,实无异由出借人以一定部分的年产物,让与借用人。作为报答这种让与,借用人须在借用期内,每年以较小部分的年产物,让与出租人,称作利息;在借期满后,又以相等于原来由出借人让给他的那部分年产物,让与出借人,称作还本。而18世纪的马西第一次指出,利息是利润的一部分。他认为,取息的合理性,不是取决于借入者是否赚得利润,而是取决于它(所借的东西)在适当使用时能够生产到利润……富人不亲自使用自己的货币……而是把它贷给别人,让别人用这些货币去谋取利润,并且把由此获得的利润一部分为原主保留下来。

凯恩斯认为,利息是在一个特定时期内,放弃周转灵活性的报酬。在他看来,只有将自己所持货币转借于他人时,人们才是真正放弃了货币的流动性。如果人们的储蓄不是转借给他人,而是手持现金或窖藏,则他们依然在储蓄、在等待,同样在延期消费,但他们得不到任何利息,原因是他们实际上并未放弃货币的"流动性"。因此,他认为,利息并非储蓄本身或等待本身的报酬,而是对人们放弃货币流动性的补偿。

马克思从借贷资本特殊运动形式的分析中,深刻揭示了利息的来源,分析了利息的本质。马克思认为,在资本主义制度下,资本所有权和使用权分离,货币资本家将货币资本贷给职能资本家,然后职能资本家用货币购买生产资料和劳动力。职能资本家把生产出来含有剩余价值的商品销售出去,取得货币,并将所借资本归还给货币资本家。在借贷资本回流中,职能资本家除了还本以外,还要将增值的一部分作为利息支付给货币资本家。因此,借贷资本的运动与现实资本的运动和资本主义再生产过程密切相关,借贷资本只有转化为现实资本,进入生产,才能增值。由于货币资本家在货币资本贷出期内,将资本商品的使用价值即生产利润的能力让渡给了职能资本家,职能资本家运用借入的资本,购买生产要素并进行生产,所获得的剩余价值转化为利润后,必须分割一部分给货币资本家,作为使用资本商品的报酬,这便是利息。

三、货币的时间价值与利息

货币的时间价值(Time Value of Money),是指一定量的货币在不同时点上价值量的差额。在现实生活中,我们都知道现在的1元钱和1年后的1元钱其经济价值不相等,现在的1元钱一般比1年后的1元钱经济价值要大一些,即使不存在通货膨胀也是如此。因为我们可以把现在拥有的1元钱存入银行,1年后从银行取出的货币总额将大于1元,两者的差额就是我们通常所说的利息。对这种现象,金融理论用"货币的时间价值"进行概括。这意味着同等金额的货币其现在的价值要大于其未来的价值。而利息就是货币时间价值的体现。

货币的时间价值从来源看,是资本投入周转使用而形成的增值。货币资金的本质是资本,资本既有保值的要求,还有内在的增值要求,并在流转中完成增值的过程。货币资金的时间价值,是资金使用者为使用资金所有者提供的资金而必须向其支付的报酬,这也就是资金所有者放弃使用拥有资金的投资机会所要求的最低报酬。所以,货币时间价值对于借贷来说就是利息;对于投资过程来说就是利润。

四、利息与收益的一般形态

(一)利息转化为收益的一般形态

从上面的分析可以看出,利息是资金所有者由于借出资金而取得的报酬,它来源于生产者使用该笔资金发挥生产职能而形成的利润的一部分。显然,没有借贷,就没有利息。但在现实生活中,利息被人们看作是收益的一般形态:无论贷出资金与否,利息都被看作是资金所有者理所当然的收入——可能取得的或将会取得的收入;与此相对应,无论借入资金与否,生产经营者也总是把自己的利润分成利息和企业收入两部分,似乎只有扣除利息所余下的利润才是经营所得。于是,利息就成了一个尺度:如果所获利润与投资额之比低于利息率,则根本不应该投资;如果扣除利息,所余利润与投资的比甚低,则说明经营的效益不高。从理论上讲,在资本主义社会,利息是剩余价值及其转化形式利润的一部分;在社会主义社会,利息是劳动者所创造的归社会分配的收入及其转化形态利润的一部分。但事实上,无论是资本主义社会还是社会主义社会,在会计制度中,利息支出都列入费用,而利润则只是收入扣除利息支出后所余的那部分收入。于是,利率就成为用来衡量投资收益或经济效益的尺度,即人们通常都用利率来衡量收益率,用利息来表示收益,从而使利息转化为收益的一般形态。

(二)收益的资本化

利息转化为收益的一般形态发挥着非常重要的作用,它可以将任何有收益的事物通过收益与利率的对比倒算出该事物相当于多大的资本金额,这便是收益的资本化。

收益的资本化是从本金、收益和利息率诸多关系中套算出来的,一般来说,收益是本金与利息率的乘积,可用公式表示为

$$C=Pr \tag{3.1}$$

式中,C 代表收益;P 代表本金;r 代表利率。

同样,在已知 C 与 r 时,可求出

$$P=C/r \tag{3.2}$$

公式(3.2)就是收益资本化公式。

例如,已知一笔期限为 1 年的贷款,利息收益为 50 元,当市场年平均利率为 5% 时,利用公式(3.2),可知本金 $P=50/0.05=1\ 000$(元)。

收益资本化是商品经济中的规律,只要利息成为收益的一般形态,这个规律就发挥作用。收益资本化规律作用的领域非常广泛,土地交易,证券买卖,人力资本的衡量等,都是这一规律发挥作用的场所。

以土地交易为例。土地本身没有决定其自身价格大小的内在根据,但土地可以有收益。例如,一块土地每亩的年平均收益为 1 000 元,假定年利率为 5%,则这块土地就会以每亩 20 000 元(1 000/0.05)的价格买卖成交。在利率不变的情况下,如果这块土地因房地产的开发而使每亩的年预期收益增长到 10 000 元,则这块土地的买卖价格会涨到 200 000(10 000/0.05)。如果土地的预期收益没有发生变化,但市场利率由原来的年利率 5% 上升到 10%,则这块土地每亩的售价则会降到 10 000 元(1 000/0.1)。这就是市场竞争过程中土地价格形成的规律。

收益的资本化发挥作用最突出的领域是有价证券的价格形成，本书下一节和金融市场的相关章节中将会具体谈及。

第二节 利息率及其作用

利息率(interest rate)简称利率，是指在借贷期内所形成的利息额与所贷资金额的比例。用公式可以表示为

$$利息率=利息额/本金$$

利率体现着借贷资本或生息资本增值的程度，是衡量利息量的尺度。利息是借款者为取得货币资本的使用权而支付给资金贷款者的一定代价，或者说是货币所有者暂时让渡货币资本使用权而从借款者处获得的一定报酬。现实生活中利率的计量并不像利息的概念那样表述简单，要理解利率的计量指标，首先要清楚两对概念：单利和复利、现值和终值。利率的种类很多，有许多具体的表现形式，如 3 个月期储蓄存款利率、1 年期贷款利率、同业拆借利率，等等。这些利率共同构成一个国家的利率体系。

一、利息率的表示方法及计量

(一)单利和复利

单利和复利是计算利息的两种最基本的方法。单利利息是指只按本金计算利息，而不将已取得的利息额加入本金再计算利息。其计算公式

$$I=P\times r\times n \tag{3.3}$$

式中，I 表示利息；P 表示本金；r 表示利率；n 表示年限。

单利本利和

$$S=P(1+r\times n) \tag{3.4}$$

复利利息与单利利息相对应，是指除了用本金计算利息外，还将每一期利息分别加入下一期本金中一起计算利息，逐期滚算，俗称“利滚利”。货币时间价值通常是按复利计算的。如按年利息，第一年按本金利息，第一年年末所得利息并入本金，第二年则按第一年年末的本利和计算利息，第二年年末得到的利息还要并入本金，第三年按第二年末的本利和计算利息，依此类推，直到契约期满。其计算公式是

$$S=P(1+r)^n \tag{3.5}$$

式中，S 表示本利和；其他符号与式(3.3)相同。

要计算利息，只需用本利和减去本金。用公式表示为

$$I=P(1+r)^n-P=P[(1+r)^n-1] \tag{3.6}$$

例如，某银行向借款人甲发放一笔 10 000 元的贷款，约期三年后偿还，利率为 5%，单利利息，则到期后借款人要向银行支付的利息为

$$I=Prn=10\ 000\times 5\%\times 3=1\ 500(元)$$

上例中，若某银行向借款人乙发放一笔 10 000 元的贷款，约定 3 年后偿还，若利率为 5%，复利利息，则到期后借款人乙要向银行支付的利息为

$$I=P[(1+r)^n-1]=10\ 000\times[(1+5\%)^3-1]=10\ 000\times 0.157\ 625=1\ 576.25(元)$$

应该说，复利较之单利，是更能符合利息定义的计算利息的方法，因为货币具有时间价值，按期结算出的利息理应在下一期再为其所有者带来利息收入。一般来说，单利计算适用于短期借贷，而长期借贷则多采用复利计算。

（二）现值与终值

由于利息成为收益的一般形态，所以任何一笔货币金额，不论将怎样运用，甚至还没有考虑怎样运用，都可根据利率计算出在未来的某个时点上，将会是一个多大的金额。这个金额就是前面提到的本利和，通常也被称作“终值”。与终值相对应，这笔货币资金的本金额被称为现值，是指未来某一时点上的一定量现金折算到现在的价值。即未来本利和的现在价值。

上例中，10 000 元的本金是现值，本利和 11 576.25 元（本金 10 000 元加上 1 576.25 元的利息）就是这笔货币资金 3 年后的终值。复利终值的计算可以用公式（3.5）本利和的计算公式，而现值的计算公式则可从式（3.5）倒推，即

$$S=P(1+r)^n$$

式中，S 为按复利计算的本利和，也即复利终值。

将复利终值公式变形，得复利现值公式

$$P=S/(1+r)^n \tag{3.7}$$

即 $P=S(1+r)^{-n}$ 公式中的 $(1+r)^{-n}$ 是把终值折算为现值的系数，称复利现值系数或一元复利现值，用符号 $(P/S,r,n)$ 来表示，为便于计算，可以通过给定的利率与计息期数在相关附表中的“复利终值系数表”里直接查找对应的复利终值系数。

例如，某人欲于 5 年后有 5 500 元支付学费，假设存款年利率为 2%，则现在此人需存入银行的本金为

$$P=S/(1+r)^n=5\,500\times(1+2\%)^{(-5)}=5\,500\times1.02^{(-5)}=4\,981.43(\text{元})$$

可见，现在此人至少应存入 4 981.35 元，5 年后才能有 5 500 元。

二、利率的种类

利率按照不同的标准，可以划分为不同的种类。以下对几种主要利率类别进行介绍。

（一）按照利率的地位可划分为基准利率和一般利率

在一国的利率体系中，有一个非常重要的利率范畴，即基准利率。基准利率是指在多种利率并存的条件下起决定作用的利率。一般来说，作为基准利率，必须满足以下几个条件：一是市场参与程度高，关联性强。作为基准利率的载体——信用工具，其日常交易活跃且成交量巨大，能客观反映金融市场资金供求状况，市场影响力大，并与其他利率有较强的关联性。二是有较好的稳定性，风险较小。在现行的金融体制下，作为基准利率的信用工具，其价格的变动应该相对稳定，波动较小。三是可控性要好。作为基准利率，要便于中央银行的公开市场操作与调控，有利于中央银行进行宏观调节的政策意图。

由于金融体制的差异和金融市场发达程度不同，在各国金融市场上充当基准利率的利率也不一样。其中，在许多国家曾充当过基准利率的主要有再贴现率、同业拆借利率、一年期国债利率、一年期银行存款利率或一年期贷款利率等。目前，基准利率，在西方国家通常是中央银行的再贴现率，在我国主要是中央银行对各金融机构的贷款利率。

一般利率指不享受任何优惠条件下的利率。优惠利率指商业银行等金融机构对某些部门、行业、个人所制定的利率优惠政策。

(二)按照利率的决定方式可划分为市场利率、官定利率、公定利率

市场利率是在金融市场上由借贷资金供求关系直接决定并由借贷双方自由制定的利率,市场利率按市场供求规律而自由变动,它是借贷资金供求状况变化的指示器。包括借贷双方直接融资时协商的利率和金融市场买卖各种有价证券时的利率。市场利率的决定和波动,不受政府的直接行政管制。若社会资金供过于求,则市场利率下跌;若社会资金供不应求,则市场利率会上升。

官定利率是一国政府货币管理当局或中央银行确定发布的,各级金融机构都必须执行的各种利率,它是政府调控宏观经济的一种政策手段。由于市场经济条件下利率对资金活动的规模、趋势、效率等影响极大,甚至直接影响国家的货币政策的贯彻执行,所以,国家不能任其自由涨落,必须经常采取积极的干预措施,实行必要的管制,这种利率的生成机制带有极强的行政性色彩。如中央银行直接规定商业银行的利率最高限以及商业银行的存贷款利率等。

公定利率是指由金融机构或行业公会、协会(如银行公会、银行业协会等)等协商的办法确定的利率。这种利率只对金融机构中参加该公会或协会的会员有约束作用,而对其他金融机构则没有约束力。但是,公定利率却对整个金融市场利率有着重要影响。

(三)按照借贷期内利率是否变动可分为固定利率与浮动利率

固定利率是指在整个贷款期限内,利率不随市场上货币资金供求状况而变化的利率。实行固定利率对于借贷双方准确计算成本与收益十分方便,一般适用于借贷期限较短或市场利率变化不大的情况,而当借贷期限较长、市场利率波动较大的时期,则不宜采用固定利率。

浮动利率则是指在借贷款期内,随市场利率的变化情况而定期进行调整的利率。即利率根据市场上货币资金供求状况的变化情况而定期进行调整的利率。多用于较长期的借贷及国际金融市场。浮动利率能够灵活反应市场上资金供求状况,更好地发挥利率的调节作用,有利于减少利率波动所造成的风险,从而克服了固定利率的缺陷。但由于浮动利率变化不定,使借贷成本的计算和考核相对复杂,且可能加重贷款者的负担。

(四)按照利率的真实水平可划分为实际利率与名义利率

在货币借贷过程中,债权人不仅要承担债务人到期无法归还本金的信用风险,还要承担因货币贬值而引发的通货膨胀风险。实际利率与名义利率的划分,正是从这一角度进行的。实际利率是指在物价不变从而货币的实际购买力不变条件下的利率。它是在没有通货膨胀风险前提下,物价不变、货币购买力相对稳定时的利率;名义利率则是包含了通货膨胀因素的利率。实际利率较名义利率更能观察借款方的资金成本。用公式表示实际利率与名义利率的关系,可大致写成

$$r=i+p \tag{3.8}$$

式中,r 为名义利率;i 为实际利率;p 为借贷期内物价水平的变动率。

在现实的经济生活中,实际利率代表着人们获得的真实投资收益,因此是实际利率对经

济活动发挥实质性影响。但通常在经济管理中,能够操作的只是名义利率。实际利率越低,借款人愿意借入资金的意愿越强,贷款人愿意贷出资金的意愿越弱。

因此,当名义利率高于通货膨胀率时,实际利率为正利率;当名义利率等于通货膨胀率时,实际利率为零;当名义利率低于通货膨胀率时,实际利率为负利率。在不同的实际利率状况时,借贷双方和企业会有不同的经济行为。

(五)按照利率的表示方法可划分为年利率、月利率和日利率

根据计算利息的不同期限单位,利息率有不同的表示方法。年利率是以年为单位计算利息,通常以本金的百分之几(%)表示,在中国称为“分”;月利率是以月为单位计算利息,通常以本金的千分之几表示,在中国称为“厘”;日利率是以日为单位计算利息,通常以本金的万分之几表示,在中国称为“毫”。例如,对于同样一笔贷款,年利率为7.2%,则也可以用月利率6‰(7.2%/12)或日利率2‱(每年按360天计,7.2%/360)表示。

(六)按照信用行为的期限可划分为短期利率和长期利率

一般来说,一年期以内的信用行为被称为短期行为,相应的利率为短期利率;一年期以上的信用行为通常称之为长期信用,相应的利率则是长期利率。短期利率与长期利率之中又各有不同长短期之分。较长时期的利率一般高于较短期的利率。

当然,按照不同的标准,利率还可以划分为许多种类。如按照借贷主体的不同,可划分为中央银行利率、商业银行利率和非银行利率;按照利率是否具有优惠性质,可以划分为一般利率和优惠利率等。

三、利率的功能

利率是经济生活中最受关注的经济变量。因为利率的波动不仅直接影响着人们每天的生活,而且对经济的健康发展有着重要的影响。在发达的市场经济中具有“牵一发而动全身”的效应,它不仅影响个人的决策(消费与储蓄孰轻孰重?是买房子还是买债券?还是把资金存入储蓄账户?),而且还影响工商企业的决策(当企业资金不足时,是向金融机构贷款筹资还是通过发行债券融资?抑或向其他企业融资?)。在发达的市场经济中,无论是微观经济活动领域还是在宏观经济调控领域,利率都发挥着非常重要的作用。

(一)利率在微观经济活动中的作用

1. 利率的变动影响个人收入在消费和储蓄之间的分配

对个人而言,在收入不变的情况下,利率往往影响其经济行为。利率能诱发和引导人们的储蓄行为,合理的利率水平能够增强人们的储蓄愿望和热情,不合理的利率水平则会削弱人们的储蓄愿望和热情。利率上升将会使人们减少即期消费,增加储蓄。之所以会如此,是因为高利率被视为消费的机会成本,即在利率提高的情况下,如果人们减少消费而将其转化为储蓄,则它可以获得更多的利息收入;相反,如果此时人们不改变其消费量,则它将丧失更多的利息收入,这丧失的利息收入就是它消费的机会成本。因此,利率的变动,在某种程度上可以调节个人的消费倾向和储蓄倾向。

2. 利率的变动影响金融资产的价格,进而影响人们对金融资产的选择

人们在将收入转化为金融资产进行财富保存时,通常会考虑资产的安全性、流动性和收

益性。在金融投资产品多样化的今天,在保证投资产品安全性与流动性的前提下,主要由利率决定的收益率的高低往往是人们重点考虑的因素。因为利率的变动将会引起股票、债券等金融资产市场价格的相应调整,这些价格的调整会让人们重新权衡手持现金、存款货币、债券、股票等各类金融资产的收益率水平,进而对自己的资产组合进行相应的调整,以获得更大的投资收益。因此,金融产品的利率差别将成为引导人们选择金融资产的有效依据。

3. 利率的变动影响企业的投资决策和经营管理

利率变化对企业的投资决策和经营管理的影响机制,是企业对投资收益率与利率水平的对比,利率是企业融入资金的成本,对企业而言,利率能够促进企业加强经济核算,提高经济效益。因为企业利润 = 收入-(产品成本 + 利息 + 税金)。在通常情况下,产品成本和税金是相对稳定的。如果企业的收入不变,企业的利润就取决于应付利息的多少,而利息又与企业占有信贷资金的多少、占用时间长短以及利率的高低密切相关。若企业占用信贷资金多,占用时间长,利率高,则支付的利息就多,企业所得利润就少,反之亦然。由此可见,企业作为追求最大利润的经济主体,自然会加强对本企业的经营管理,加速资金周转,努力节约资金成本,提高资金使用效率。

相反,低利率水平将引致企业的投资扩张动机,甚至导致其疏于经济核算,资金使用效率低下,也正因为此,一些发展中国家政府实施的低利率管制政策产生了两方面的结果:一方面,投资的快速增长促进了其经济的快速增长;另一方面却是资金使用效率的低下,单位资金的产出水平低下。

(二)利率在宏观经济中的作用

1. 利率能够调节社会资金供求状况

在市场经济运行中,利率是一个重要的经济杠杆,这种杠杆作用首先表现在对资金供求的影响上。一般而言,生产的发展会带动资本需求的扩大,足够的资本供给是生产发展的必要条件。马克思曾指出:"随着银行制度的发展,特别是自银行对存款支付利息以来,一切阶级的货币储蓄和暂时不用的货币,都会存入银行。小的金额是不能单独作为货币资本发挥作用的,但它们结合成巨额,就形成一个货币力量。"因此,通过调节银行利率,就能调节国民储蓄水平,调节借贷资本的供给,调节银行集中资金的能力,以及调节储蓄向投资转化的程度。在其他条件不变的情况下,如果提高利率,会引起国民储蓄率上升,借贷资本增多,社会资本供给就增加;反之,社会资本供给就会减少。然而,在经济活动中,由于生产的季节性变化和收入、支出的非同步性等原因,总有一部分资金处于暂时闲置状态,即出现资金盈余。这部分处于闲置状态的资金是不能增值的,对资金所有者来讲是一种损失,而对整个社会来说,则是一种资源浪费。利息的存在却能较好地吸引资金盈余者将处于暂时闲置状态的资金让渡出去,从而满足资金短缺者的需求。

需要说明的是,在现实经济生活中,利率对社会资本供给的调节作用较为明显,但利率升降对借贷资本数量增减的影响却是有限的。因为,一个国家或地区的资本供给最终决定于生产的发展和积累的扩大,以及国民收入水平。因此,在实际经济运行中不能高估利率对资本供给的作用。

2. 利率是调节信用规模的工具

中央银行的再贷款利率、再贴现利率的变动将直接作用于中央银行对商业银行和其他金融机构的信用规模。当中央银行提高再贴现率时,会使商业银行和其他金融机构的融资成本上升，金融机构为了实现其既定的利润目标，就会相应提高贷款利率，从而使市场利率水平上升；反之则反。此外，商业银行和其他金融机构还可以根据中央银行变动再贴现利率这一举措来预测市场资金供求状况和中央银行的货币政策趋向。一般而言，中央银行提高再贴现利率表明要实行紧缩的货币政策，或表明市场资金供应比较紧张，此时，商业银行就会紧缩信贷规模，减少贷款供给，从而导致市场利率进一步提高，其结果会进一步抑制投资需求，刺激储蓄增长。相反，当中央银行降低再贴现利率时，商业银行和其他金融机构则会扩大贷款规模。

中央银行也可以通过公开市场操作业务来影响市场利率水平。当中央银行持续大量买进有价证券时，一方面会导致市场上对有价证券的需求增加，使有价证券价格上升；另一方面，又会使商业银行的超额准备金增加，导致贷款规模扩大，引起利率水平下降。当中央银行持续大量卖出有价证券时，除了会导致有价证券价格下降外，还会引起利率水平的上升。

3. 利率能够调节一国国际收支状况

当一国国际收支出现严重失衡时，即出现大量持续逆差或大量持续顺差时，会给该国经济带来不利的影响。如长期的巨额逆差会使该国货币贬值，从而削弱其对外国商品、劳务和技术等的购买力，从而影响国内经济的发展；而长期的巨额顺差则会使该国面临较大的通货膨胀的压力，并可能给其带来较大的外交压力。因此，一国货币当局往往通过变动利率的方式来调节国际收支，特别是当引起国际收支失衡的原因主要来自资本项目时，中央银行可以通过调整利率水平实现其政策目标。如当发生严重逆差时，可以提高本国短期利率水平，以吸引外国短期资本流入，达到减少或消除大量逆差的目的；当发生过大的顺差时，可调低本国利率水平，限制外资流入，达到减少或消除顺差过大的目的。

第三节 利息率的决定及影响因素

一、利率决定理论

利率决定理论是西方金融理论中非常重要的一个内容。其重要性来源于利率的作用，正是因为利率在宏微经济运行中有着重要的调节作用，所以才会有众多的经济学家对其决定因素进行研究，期望能够判断或通过政策操作影响利率的走势，进而达到调控的目的。

（一）马克思的利率决定理论

马克思的利率决定理论是在批判和继承古典经济学派利息理论的基础上，以剩余价值在不同资本家之间的分割作为起点建立和发展起来的。马克思揭示，利息是贷出资本的资本家（借贷资本家）从借入资本的资本家（职能资本家）那里分割出来的一部分剩余价值，利息是利润的一部分，是剩余价值的转化形式。利息的这种质的规定性决定了它的量的规定性，也就是说，利息量的多少取决于利润总额，利息率取决于平均利润率。

因此，马克思认为利息率主要由平均利润率和借贷资本供求关系两个因素决定。在其他条件不变的条件下，利息率与平均利润率成正比关系。正如马克思所说：“因为利息只是利润的一部分，……是由产业资本家付与货币资本家的，所以利润本身就表现为利息的最高界限；如果是这样，归到职能资本家的部分就等于零了。”可见，平均利润率构成了利息率的最高界限。利率的最低界限从理论上讲是难以确定的,因为它取决于职能资本家与借贷资本家之间的竞争。但不管怎样总不会低于或等于零,否则借贷资本家因无利可图,就不会把资本贷出。因此,利息率的变化范围在零与平均利润率之间。当然,也不排除利息率超过平均利润率的特殊情况。

马克思又进一步指出,在货币市场上,借贷资本的供给和借贷资本的需求之间的关系,决定着当时市场的利息状况。一般情况下,利率的波动受借贷资本供求状况的影响。当平均利润率提高时,资本家投资动机会变得强烈起来,营业的扩展自然增加对货币的需求,当货币供给量一定时,货币需求增加,利率就要提高;相反,平均利润率下降,资本家投资动机减弱,货币需求下降时,利率也随之下降。此外,一个国家或地区的法律、习惯等因素对利率的变化也有较大的作用。马克思的理论对于社会化大生产条件下的利率决定问题有着重要的指导意义。

(二)古典学派的利率决定理论

19 世纪 80 ~90 年代,英国经济学家马歇尔、瑞典经济学家维克塞尔和美国经济学家费雪等人对支配和影响资本供给和需求的因素进行了深入的探讨,建立了储蓄和投资决定利率的理论,即利率是由储蓄和投资决定的。该理论由马歇尔首倡,受到不少经济学家的认同。

马歇尔认为,利率是一种价格,而这一价格决定于资本供给与资本需求的均衡关系。即资本供给与资本需求达到均衡时,就形成一个均衡利率水平。因此,要说明利率的决定,就必须说明资本的供给和资本的需求。

资本的供给源于储蓄,而储蓄意味着要以牺牲现在的消费为代价,增加未来的消费。人们用未来的消费与现在的消费进行交换时,必须打一定的折扣,即必须为这种交换而产生的“延期消费”或“等待”行为进行补偿,利息便是这种补偿。在其他条件不变的情况下,利率越高,利息额越大,意味着这种补偿就越大,人们也就有更大的愿望延期消费,进行储蓄;反之,则减少储蓄,增加消费。由此可见,储蓄与利率之间存在正相关关系,用函数可表示为

$$S=S(r)$$

式中,S 表示储蓄;r 表示利率。

马歇尔还认为,资本本身具有生产性,人们从对资本的使用中可以获得一定的收益,人们对资本的需求程度,取决于资本的边际收益。在这里,资本的需求实际上就是投资,因此,资本的边际收益代表投资的收益。与之相反,利息则代表了投资的成本,因为利息是企业为获得用于投资的资本而必须向资本所有者支付的代价,因此,投资取决于资本边际收益率与利率的比较。只有当资本的边际收益率高于利率时,投资才有利可图,企业也就倾向于增加投资。由于资本的收益率随资本投入的增加而递减,因此,企业增加投资的行为将持续到资本的边际收益率下降到与利率相等为止,此时企业实现了投资的利润最大化。即利率越高,投资越少;利率越低,投资将越多。可见投资与利率成反相关关系,用函数可表示为

$$I=I(r)$$

式中,I 表示投资;r 表示利率。

当资本的供给和资本需求均衡时,即储蓄等于投资时就决定了一个均衡的利率水平,以及与此相适应的储蓄和投资的数量。

古典利率决定过程可用图 3.1 表示,图中的 S 为储蓄曲线,它是一条自左下方向右上方

倾斜的曲线，表明随着利率的提高，储蓄增加，资本供给将增加；I 为投资曲线，它是一条自左上方向右下方倾斜的曲线，表明随着利率的降低，投资增加，资本需求将增大。E 点是储蓄(S)与投资(I)两条曲线的交点。在该点上，储蓄(S)与投资(I)相等，资本的供给与资本需求达到均衡，r_E 为 E 点决定的均衡利率。因此，利率是由储蓄和投资决定的，但反过来，利率对于投资和储蓄具有自发的调节作用，当投资大于储蓄，即 $I>S$ 时，利率就会上升；当投资小于储蓄，即 $I<S$ 时，利率就会下降；当投资等于储蓄，即 $I=S$ 时，利率便达到均衡水平。

如果某些因素引起边际投资倾向提高，即当投资增加时，投资曲线从图中的曲线 I 向右平移到曲线 I_1，均衡点从 E 移向 E_1，均衡利率也从 r_E 上升到 r_1。同时，如果某些因素引起边际储蓄倾向提高，即当储蓄增加时，储蓄曲线从图中的曲线 S 向右平移到曲线 S_1，均衡点从 E_1 移向 E_2，均衡利率也从 r_1 下降到 r_2，即曲线 S_1 与曲线 I 的交点确定了新的利率均衡点 r_2。

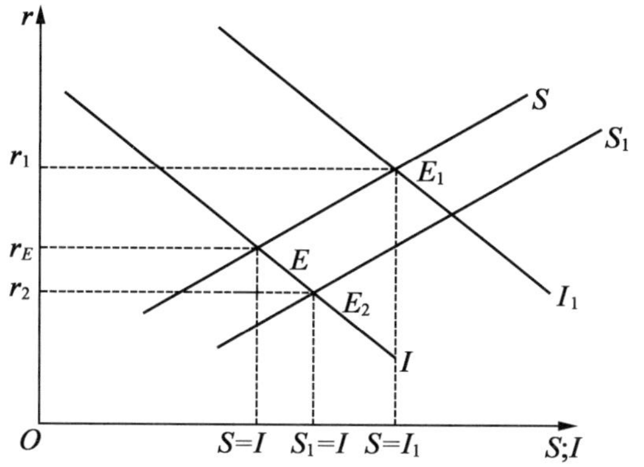

图 3.1　古典利率决定理论

正因如此，古典经济学家们认为，经济不会出现长期的供求失衡，它将通过利率的自发调节作用自动趋于充分就业。需要说明的是，该理论隐含的假定是，当实体经济部门的储蓄等于投资时，整个国民经济达到均衡状态，因此，该理论属于“纯实物分析”的框架。

（三）凯恩斯的流动性偏好理论

流动性偏好理论是由英国经济学家凯恩斯在 20 世纪 30 年代资本主义经济大危机背景下提出的。与古典利率理论强调储蓄、投资等实物因素决定利率的观点相反，凯恩斯则从货币因素出发讨论利率决定，从而创造了其利率决定理论。

凯恩斯认为，现代货币经济的一个重要特征就是未来充满不确定性，人们无法准确预测未来。货币虽然也是一种资产，但却是一种能够随时转化为其他商品的特殊形式的资产，具有完全的流动性和最小的风险性。但是，在一定时期内，货币供给量有限，人们要取得货币，就必须以支付一定的报酬为条件来使他人让渡一部分货币。在凯恩斯看来，这种为取得货币支付的报酬就是利息，它是对社会公众在一定时期内放弃对货币流动性的控制权所支付的报酬，而不是对储蓄或等待的报酬。凯恩斯认为，利息完全是一种货币现象，其数量的大小，即利率的高低是由货币供求关系所决定的。

凯恩斯认为，利率决定于货币供求数量，而货币需求量又基本取决于人们的流动性偏好。若人们对流动性的偏好强，愿意持有的货币数量就增加，当货币需求大于货币供给时，利率上升；若人们的流动性偏好转弱时，愿意持有的货币数量就减少，即货币需求减少，利率就下降。因此,利率由流动性偏好曲线与货币供给曲线共同决定(图3.2)。

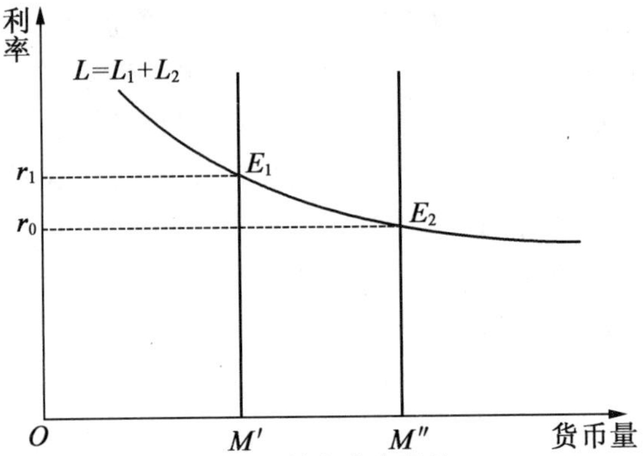

图3.2　利率决定理论

货币供给曲线 Ms 由中央银行决定,流动性偏好曲线 $L=L_1+L_2$,是一条由上而下、自左向右的曲线,越向右,曲线越与横轴平行。[①] 当货币供给曲线与流动性偏好曲线的平行部分相交时,利率将不再发生变动,即无论增加货币供给,货币均会被储存起来,不会对利率产生任何影响。这便是凯恩斯利率理论中的“流动性陷阱”说。“流动性陷阱”可以用来解释扩张性货币政策的有效性问题,在此区间,货币政策是无效的,此时只能依靠财政政策。

(四)可贷资金利率理论

凯恩斯的流动性偏好理论改变了古典经济学家仅仅从实物因素角度来考察利率决定的传统,但他将利率纯粹看作是一种货币现象,而完全忽视储蓄、投资等实际因素对利率的影响,在学术界曾引起争论。反对方的典型代表是英国的罗伯逊和瑞典的俄林。他们提出的“可贷资金论”(loanable funds theory of interest)一方面反对古典学派忽视货币因素,仅以储蓄和投资来分析利率决定问题的片面性;另一方面,也抨击凯恩斯完全否定非货币因素在利率决定中的作用的观点。

可贷资金论的主张是利率为借贷资金的价格,借贷资金的价格决定于金融市场上的资金供求关系,而借贷资金的供求关系既有实物市场的因素,又有货币市场的因素,既包括存量又包括流量。其中借贷资金的供给包括某一期间的储蓄量和该期间货币供给量的变动额,可贷资金的需求包括同一期间的投资量和该期间货币需求量的变化额。用公式可表示为

$$F_s = S + \Delta M_s$$

$$F_d = I + \Delta M_d$$

式中,F_s 代表可贷资金的供给;F_d 代表可贷资金的需求;S、I 分别为某一时期的储蓄量和投资量;ΔM_s、ΔM_d 分别为同一时期的货币供给量和货币需求量的变动额。

可见,储蓄、投资、货币供给、货币需求任一因素的变动都会引起利率的波动。

二、利率的结构

利率结构(structure of interest rates),是指利率体系中各种利率的组合情况。利率结构

---

① 对货币需求与货币供给的理论解释,详见第九章。

包括利率的风险结构和利率的期限结构。

(一)利率的风险结构

利率的风险结构(risk structure of interest rates),是指各种期限相同的债券但利率不同的现象。按照利息是“等待的报酬”或利息是货币的时间价值,可以推断出同样期限的债券似乎应该有相同的利率。可实际上,期限相同的债券却有着各种不同的利率,而且这些利率之间的差额还会随着时间的不同而变动。造成这种现象的原因在于:违约风险、流动性和所得税等因素。

1. 违约风险

违约风险(default risk),又称信用风险,是指证券发行人在证券到期时无法还本付息而使投资者遭受损失的可能性,它通常针对债券而言。由于债券存在违约风险,投资人在购买这些包含违约风险的债券时,就应获得一定的风险补偿,这种风险补偿往往通过债券利率水平的高低得以体现。一般而言,债券利率水平同违约风险的高低成正相关关系,即债券的违约风险越大,债券投资人要求的补偿越高,债券的利率水平也就越高;反之,债券利率水平则越低。

2. 流动性风险

流动性是指资产能够以一个合理的价格顺利变现的能力,它是一种投资的时间尺度(卖出它所需多长时间)和价格尺度(与公平市场价格相比的折扣)之间的关系,反映资产持有人将此资产迅速转换成现金而其不发生损失的能力。流动性风险(liquidity risk)是指债券持有人在需要资金时不能把债券迅速转换成现金的可能性。在收益率和风险既定的条件下,人们总是偏好流动性更强的债券,因为它可以随时变现以满足持有人对临时资金的需要。对流动性较差的债券,投资人自然要求得到额外的补偿,即流动性溢价,它构成了债券风险的另一部分。

债券流动性的大小可用变现成本来衡量。通常情况下,债券的变现成本主要由佣金和债券的买卖差价构成。前者是指投资人买卖债券时必须向经纪商支付的手续费;后者指债券的卖出价和买入价之间的差价。当投资者买入债券时支付的是卖出价,而当投资者将其手中的债券变现时,得到的却是买入价,二者之间的差价就构成了变现成本的一部分。此外,债券是否可转换等方面的不同,变现所需要的时间或成本也不相同,流动性也不同。

一般来说,在交易活跃的证券市场上,由于存在大量的买者和卖者,所以买卖差价通常较小,流动性风险较小;而在交易不活跃的市场上,由于买者与卖者数量较少,导致债券出售者需要花费较长时间才有可能找到合适的买家,有时为了将债券迅速变现,甚至不得不接受一个比较低的价格,债券买卖差价越大,流动性风险也就越大。

3. 税收因素

债券投资人之所以持有债券,是因为投资于债券可以为其带来一定的收益,而且债券投资人真正关心的是债券投资给他带来的实际收益,即债券的税后收益。因此,在同等条件下,具有免税特征的债券利率要低,否则债券利率要高些。在美国,市政债券的违约风险高于联邦政府债券,流动性也低于政府债券,但由于市政债券的利息收入是免税的,使得市政债券的预期收益率相对较高,长期以来,美国市政债券的利率低于联邦政府债券的利率。

(二)利率的期限结构

利率的期限结构(term structure of interest rates)是指具有相同违约风险、流动性风险和税收等因素条件下,因期限不同的债券具有不同利率水平,它反映了期限长短对债券收益率的影响。利率期限结构主要讨论债券到期时的收益与到期期限这两者之间的关系及变化。这种关系通常用收益率曲线加以描述。收益率曲线是指那些期限不同、却有着相同流动性、税收因素与信用风险的金融资产的利率曲线。而金融资产收益率曲线反映了这样一种现象,即期限不同的有价证券,其利率变动有相同的特征。

在现实中,收益曲线的表现形态主要有三种:一是正常的收益曲线(上升曲线),即常态曲线,指有价证券期限与利率成正相关关系的曲线。表明长期利率高于短期利率。二是颠倒的收益曲线(下降曲线),指有价证券期限与利率成负相关关系的曲线。表明长期利率低于短期利率。三是水平的收益曲线,表明长期利率等于短期利率。如图 3.3 所示。通常情况下,收益率曲线大多是向上倾斜的,偶尔呈水平状或向下倾斜,为了诠释上述现象,人们提出了以下几种理论。

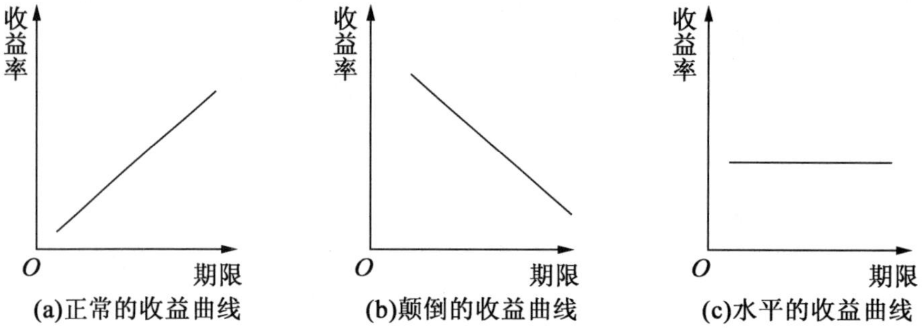

图 3.3 收益曲线

1. 预期理论

预期理论是一种最古老的利率期限结构理论。它把当前对未来利率的预期作为决定当前利率期限结构的关键因素。该理论认为任何债券的利率都同短期债券的预期利率有关。预期理论首先假定:

(1)买卖债券的交易成本为零。

(2)没有违约的风险。

(3)金融市场是完全竞争的。

(4)对债券未来利率水平的预期是确定的。

(5)在投资人的资产组合中,期限不同的债券是可以完全相互替代的。

在以上假定的前提下,预期理论认为,如果人们预期未来短期利率上升,则长期债券利率就高于短期债券利率,收益曲线就向上倾斜;如果人们预期未来的短期债券利率下降,则长期债券利率就低于短期债券利率,收益率曲线就向下倾斜;如果人们预期未来短期债券利率水平不变,长期债券利率就等于短期债券利率,收益率曲线就呈水平状。因此,该理论较全面地解释了收益率曲线的三种情形,但无法解释收益率曲线为什么一般是向上倾斜的,即长期债券利率一般高于短期债券利率。

2. 市场分割理论

市场分割理论认为,不同期限债券间的替代性极差,可贷资金供给方(贷款人)和需求方(需求方)对特定期限有极强的偏好。这种低替代性,使任何期限的收益率仅由该期限债券的供求因素决定,很少受其他期限债券的影响。

市场分割理论认为,造成市场分割的原因主要有五个方面:

(1)法律上的限制,如在分业经营管理模式下,我国政府限制信贷资金进入股市等。

(2)缺少远期债券交易市场,而且这种债券的远期价格不能与现期价格连接起来。

(3)国内市场上缺乏统一的债务工具。

(4)债券的风险具有不确定性。

(5)期限不同的债券之间不能完全替代。

市场分割理论认为,不同期限的债券之间不能完全替代,这一点与预期理论相反。之所以这样假定,是因为该理论认为投资者对债券的偏好主要表现在债券的持有期的长短上。即投资者对所要投资的债券都有一个具体的预期持有期,而且只对这种期限的债券有强烈的偏好,对其他期限的债券偏好较弱。如在实践中,有些投资者偏好短期债券,有的则偏好长期债券,前者看重流动性,后者看重收入的稳定性,人寿保险公司或养老基金等机构投资者对流动性要求很低,因而基本上投资于长期债券。从而使得长短期资金市场各有其独立性。而资金的借入者常在需要资金的期限内到适当的资金市场上去寻求所需资金,为避免承担风险贴水,他不会借入期限更长的资金。资金的贷出者买进同期债券,为避免资本风险,他不会买进更长期限的债券。因此,资金的借贷双方都会在运用或需要资金的期限内借贷资金。但是,由于市场分割理论假设不同期限的债券市场是彻底隔离开来的,各种债券的预期收益率相对独立,因此,它无法解释为什么不同期限债券的利率会同向波动,因而市场分割理论仍然存在一定的局限性。

3. 期限偏好理论

期限偏好理论是在克服预期理论和市场分割理论各自的缺陷基础上,发展起来的利率期限理论。该理论在解释不同形态的期限结构时,同样是以对未来短期利率的不同预期为基础的,它与预期理论的区别仅在于曲线弯曲的幅度不同。在利率期限结构呈上升态势时,由于流动性升水的存在,该理论认为未来短期利率的上升幅度会大于运用预期理论所计算的上升幅度,利率的期限结构呈现出稍微向上倾斜的态势。这种情况的存在,使得偏好理论可以解释收益率曲线一般是上升形态这一事实。

偏好理论认为不同期限的债券相互之间是可以替代的,这也就意味着一种债券的预期收益率会影响其他债券的预期收益率。同时,还强调这种替代性并不是完全的,即人们对不同期限的债券具有不同的偏好。由此可见,该理论合理地将预期理论和市场分割理论综合起来,解释了利率期限结构的主要现实特征,因而成为目前最为流行的利率期限结构理论。

三、影响利率变动的因素

利率决定理论探讨的是决定利率水平的根本性因素,由此形成的利率即为上一节所提及的市场无风险利率,它真实地反映着市场中的资金供求关系。除了这些决定性因素之外,还有许多其他的因素影响着现实中的利率水平。

(一)经济周期

在经济周期波动中,社会再生产过程,表现为危机、萧条、复苏、繁荣四个阶段的循环往复。利率在经济周期各个不同阶段,随生产状况的变化而发生变化。在危机阶段,许多工商企业因商品销售困难而不能按期偿还债务,出现支付困难,易引发信用危机,商业信用量减少,取而代之的是用现金支付。由于对现金的需求急剧增加,使得借贷资金供给不能满足需要,将使利率水平上升;进入萧条阶段,物价已跌至低点,企业不再进一步缩减生产,整个社会生产处于停滞状态，此时对借贷资金的需求减少，市场存在大量游资，利率会不断降低；进入复苏阶段，社会投资规模逐渐增大，物价回升，市场对借贷资金需求增加，由于借贷资金供给充足，企业可以低利率融资；进入繁荣阶段，社会生产发展迅速，物价稳定上升，企业利率急剧增长，新企业不断建立，对借贷资金的需求进一步扩大，但由于资金回流迅速，信用周转灵活，此时利率并不会很高。但随着生产的继续扩张，对借贷资金的需求将日益扩大，特别是在下一次危机到来之前，利率会不断上升。

（二）风险因素

在现实经济生活中，借贷资金发生的风险无处不在，违约风险，流动性风险，政策变动风险等使每一个债权人不得不面对与承担。风险承担与风险补偿相对应，因此，风险因素将是影响利率水平的一个十分重要的因素。

（三）通货膨胀或通货紧缩

目前，从世界范围看，各国流通的货币都是纸币，纸币的流通就存在通货膨胀的可能性。

通货膨胀所引起的物价上涨，使货币购买力下降，纸币贬值，必然给资本贷出者造成损失，不仅造成借贷本金的贬值，而且也会使利息额的实际价值下降而造成利息贬值。通货膨胀越严重，本金的贬值程度越深，资金贷出者的损失就越大。因此，为了避免通货膨胀中本金的损失，资金贷出者通常要求名义利率伴随着通货膨胀率的上升而相应的上升。只有名义利率与通货膨胀同比例地上升，实际利率才不会发生变化，不致降低资金贷款者贷出资金的意愿。同样，在通货紧缩的情况下，由于本金升值、实际利率提高，在借贷过程中，名义利率就要低一些，以此减少因通货紧缩给债务人带来的损失。

（四）政策因素

一个国家或地区的货币政策、财政政策、汇率政策等经济政策的实施也会引起利率的变化。其中，以货币政策对利率的影响最为直接和明显。如中央银行根据经济形势及国家预定的经济目标，运用传统的货币政策工具——法定存款准备金率、再贴现率、公开市场业务都会影响市场利率，达到扩张或紧缩银根的目的。以中央银行在公开市场买卖有价证券为例，说明中央银行货币政策的调整对利率的影响程度。当中央银行买进有价证券时，一方面，使证券需求增加，引起证券价格上升，导致市场利率下调；另一方面，会使商业银行准备金数量发生变化，通过乘数作用导致货币供给增加，这会进一步引起市场利率水平的下降。而当中央银行卖出证券时，通过这两个途径的传导，市场上货币供给量减少，引起市场利率上升。此外，中央银行在公开市场上买卖不同期限的有价证券，还可以直接改变市场对不同期限证券的供求状况，从而使利率结构发生变化。

（五）制度因素

影响利率变动的因素还有制度方面的原因，主要是利率管制。利率管制是指由政府有关部门直接规定利率水平或利率变动的界限。由此可见，在实施利率管制的国家或地区，利率管制是影响利率水平的一个重要因素。由于管制利率排斥各类经济因素对利率的直接影响，政府确定的管制利率难以确定反映市场中的资金供求关系，不均衡的利率水平容易引起资金的错误配置，降低资金的使用效率，因此，发达市场经济国家通常都实行利率市场化政策，取消利率管制。相比较之下，多数发展中国家对利率实行管制，原因在于：在经济贫困、国内储蓄不足、投资资金紧张的背景下，政府希望通过人为管制的低利率政策促使经济的较快发展，防止过高利率给经济带来不良影响。同时，在一定时期内实行利率管制，既有利于抑制较严重的通货膨胀或通货紧缩，也有利于政府对经济的宏观调控。我国在改革开放的计划经济体制下，实施的也是利率管制政策，改革开放后，随着市场经济体制的逐步确立，我国逐步放松了对利率的管制，利率市场化改革在稳步推进。

第四节 利率管理体制

在现代经济中，利率是反映市场供求状况的“晴雨表”，它对引导资金流向、配置社会资源、调节经济结构、促进经济发展具有相当重要的作用。为了有效发挥利率在市场经济中的作用，各国都不再任利率自由波动，而对利率实行不同程度的管理。

利率管理体制（interest rate regulation system），是指一个国家或地区金融管理当局对利率管理的权限、范围、程度、措施及利率传导机制的总称。它是一国或地区经济管理体制的重要组成部分，随着各国经济体制和经济管理水平的变化，利率管理体制也在发生变化，从世界范围看，各国的利率管理体制大致分为三种类型：自由化利率体制、管制利率体制和市场化利率管理体制。

一、自由化利率体制

自由化利率体制产生于 19 世纪 30 年代之前的自由竞争的市场经济时期。当时人们认为资本主义经济既可以自动调节市场供求，又能调节个人与社会之间的利益，加之当时没有健全的中央银行制度，商业银行处于无序竞争的状态，利率因此不受政府的任何限制和调控。与此相适应，古典利率理论认为，由储蓄、投资均衡决定的市场利率反过来能自动调节储蓄与投资并使其达到均衡，因此，应实行没有任何管理的自由化利率体制。然而，这种自由化利率体制实行的结果往往伴随经济动荡并导致危机的爆发。所以，自由利率理论和自由化利率体制受到 20 世纪 30 年代全球性的经济危机和凯恩斯理论的挑战，基本上已经没有国家采用这种体制，自由化利率体制被管制利率体制所取代。

二、管制利率体制

20 世纪 30 年代初期，随着西方国家自由资本主义经济的不断发展，现代信用货币制度取代了传统的金银本位制，经济的货币化、信用化和证券化不断加深，金融业出现了严重的无序竞争局面。使得银行间竞相提高存款利率，造成银行的融资成本增加，促使银行发放高风险的高利率贷款和高风险投资，尤其是银行业将资金投资于证券业，导致 20 世纪 30 年代的经济大危机。因此，一些国家相继实行了金融业分业经营和限制性的利率管理体制。随着现代信用经济的进一步发展，市场均衡利率因受管制的不断显现出来。从宏观上看，政府对利率的限制掩盖了资金供求的真实状况，使利率缺乏弹性，导致价格信号被扭曲，无法发挥其应有的经济杠杆作用，使资源配置效率低下。从微观上看，由于利率由政府确定，一方面，企业和金融机构很难预测它的变化，导致其经营具有很大的盲目性，而且行为目标短期化；另一方面，低利率虽能刺激投资增加，但同时也容易造成投资效率低下。对金融机构而言，低利率甚至出现不合理的存贷款利差倒挂，既容易造成其资金来源不足，又能引起其经营状况恶化，从而对整个银行业的发展产生很强的抑制作用。因此，当前世界上许多国家先后实行了由利率管制体制向利率市场化体制的转化。

三、市场化利率管理体制

该体制又称利率市场化，是指国家控制基准利率，其他利率基本放开并由市场决定，即由资金供求关系决定的利率。市场化利率管理体制是针对管制利率体制而提出的概念，它不同于20世纪30年代以前的自由竞争的市场经济时期的自由化利率体制。现代市场经济条件下的利率市场化，是在引入制度管理和国家调控下的充分、灵活反映市场资金供求状况的利率自由化。这种利率自由化不是向无政府监控的利率自由化的简单回复，而是一种与现代信用经济相适应的有监管和调控的、由市场充分自由决定的市场化利率体制，是有管理的具有充分弹性的利率管理体制，从管理利率体制到市场化利率体制是一个质的飞跃。

1. 市场化利率管理体制包括以下内容

（1）金融交易主体享有利率决定权。

（2）同业拆借利率或短期国债利率将成为利率的基本指针。

（3）利率的数量结构、期限结构和风险结构由市场自发选择。

（4）中央银行拥有间接影响金融资产利率的权力。

2. 市场化利率的社会经济效应

（1）利率水平可能大幅攀升。对大多数发展中国家来说，资本短缺是普遍存在的问题。我国作为一个发展中国家，毫无例外地存在资本短缺，当利率市场化以后，受供求关系的影响，必然会导致利率水平的大幅度上升，从而隐含风险。主要表现为：一是社会筹资成本大幅提高，导致投资规模萎缩；二是吸引外资大量流入，易引发通货膨胀，加重金融市场投机行为，从而可能造成宏观经济运行的不稳定。

（2）高利率的贷款需求可能得到满足。一般来说，高收益与高风险成正相关关系。但在传统利率管制条件下，这一关系却很难发挥作用。因为当银行感觉贷款风险大却得不到较高收益时，往往不愿放款，从而使市场的贷款需求得不到满足。利率市场化以后，商业银行就可能冒着高风险去发放贷款，以此牟取高额收益，无形中加大了借款人的筹资成本，从而使那些可以承受高利率贷款的企业得到满足。

（3）引起信贷资金分流。由于房地产市场和证券市场的高回报，利率市场化后，将导致信贷资金分流。当信贷资金分流到这两个市场后，必然引起其价格飙升，从而诱发“泡沫经济”。这是被发达国家在利率市场化进程中的先例所充分证明了的。

（4）商业银行拥有信贷资金价格制定权。在传统利率管理体制下，商业银行只是利率的接受者和执行者，只有贷与不贷的权利。利率市场化后，商业银行便拥有制定信贷资金价格的权利，既是利率的执行者，又是利率的制定者。这也就对商业银行的定价能力和竞争能力提出了挑战。

(5)社会公众将获得更大的收益空间。利率市场化后,灵活的资金价格,无论是升降,还是直接与间接,都会给社会公众带来更多的好处。主要表现在除了社会公众对金融产品的选择空间增大外,还可以像买卖商品那样与银行等金融机构进行讨价还价,并有充分的理由做到"货比三家",选择自己需要的投资方式或投资种类。当然,社会公众也应注意自己的信用行为,以免因不良的信用记录行为而被金融部门拒绝贷款。

思考题

1. 利息为什么成为收益的一般形态？利息成为受益的一般形态有什么作用？
2. 经济学家为什么将到期收益率作为计量利率最精确的指标？
3. 什么是基准利率？其作用有哪些？
4. 实际利率与名义利率是怎样的一种关系？对经济活动发挥实质影响的是哪种利率？
5. 关于利率的决定有哪些代表性的观点？其内容是什么？
6. 在经济运行中,利率有着怎样重要的作用？
7. 利率作用的发挥需要什么样的前提条件？
8. 什么是利率市场化？我国为什么要实行利率市场化？

第四章　金融市场

【本章要点】

- 金融市场的构成要素及其功能；
- 货币市场及其子市场；
- 资本市场及其子市场；
- 金融衍生工具市场和金融衍生工具。

第一节　金融市场概述

一、金融市场的概念

金融市场(financial market)即资金融通的市场,是指资金供给者与资金需求者以金融资产为交易对象而形成的供求关系及其机制的总和。这一概念包括三层含义:首先,金融市场反映了金融资产的供给者和需求者之间所形成的供求关系;其次,资金供给者与资金需求者交易的对象是金融资产;第三,金融市场包含了金融资产交易过程中所产生的运行机制,其中最主要的是价格(如利率、汇率及各种有价证券的价格)机制。金融资产是指单位或个人所拥有的以价值形态存在的资产,是一种索取实物资产的权利。

金融市场有广义和狭义之分。在现代经济社会中,总会有资金盈余者与资金短缺者,他们形成资金的供求双方。资金供求双方之间货币资金余缺的调剂构成金融市场的主要活动内容。但他们之间资金余缺的调剂可以采取直接融资和间接融资两种方式进行(关于直接融资与间接融资,可参见第二章第二节的相关内容)。一般来说,广义金融市场既包括直接金融市场,又包括间接金融市场,包括资本借贷及证券、外汇、黄金的买卖;狭义金融市场则仅包括直接金融市场,包括资本借贷及有价证券买卖这两个主要部分。

二、金融市场的构成要素

世界各国的金融市场由于其发达程度不同,构成市场的要素也不尽相同,但都主要由五大基本要素组成,即金融市场主体、金融市场客体、金融市场中介、金融市场价格和交易的组织形式。

在金融市场中,资金供求双方构成了市场参与主体,市场参与主体之间的资金余缺调剂借助于金融工具完成,因此各类金融工具成为市场交易的客体。当市场参与主体间通过买卖金融工具进行资金交易时,会形成一定的交易价格,与商品市场一样,交易价格在金融市场中发挥着重要的作用,合理有效的资金配置通过价格机制完成。除此之外,不同的资金交易在不同的场所进行,采取不同的组织方式。

(一)金融市场的主体

金融市场的主体是指在金融市场上交易的参与者。根据交易者与资金的关系,金融市场主体可分为资金供给者和资金需求者。资金供给者是金融市场的投资人,也是金融工具的购买者;资金需求者是金融市场的筹资人,也是金融工具的发行人和出售者。金融市场的组成机构一般包括金融机构、政府、中央银行、企业、居民个人与家庭。

1. 金融机构

金融机构是指专门从事货币信用活动的中介组织。它是金融市场上最活跃的交易者,它们既是资金的供给者和需求者,同时还是金融市场上最重要的中介机构。按金融机构的业务特点,金融机构可分为银行性金融机构和非银行性金融机构。银行性金融机构是指经营各种存、贷款业务并提供信用中介服务以获取收益的金融机构,包括商业银行、储蓄机构、信用合作社等。非银行性金融机构是指不直接吸收公众存款,而是通过发行证券或以契约形式聚集社会闲散资金的金融机构,主要包括保险公司,信托投资公司,投资银行(证券公司),财务公司,投资基金管理公司等银行体系以外的金融机构。

2. 政府

政府包括中央政府和地方政府,政府通常是金融市场上的资金需求者。政府为了解决先支后收的暂时补缺,或为了弥补财政赤字,或为了筹集一笔专用款项,往往通过发行各种国债、举借外债等形式筹集所需资金,成为金融市场的资金需求者。当然,政府也会利用贷款等形式,成为国内金融市场以及国际金融市场上的暂时资金供给者。

3. 中央银行

中央银行在金融市场上处于一种特殊的地位,既是金融市场中重要的交易主体,又是主要的监管机构之一。从参与金融市场交易的角度来看,中央银行作为银行的银行,充当最后贷款人,从而成为金融市场资金的供给者。此外,为了执行货币政策,中央银行通过在金融市场上买卖证券,进行公开市场操作,虽不以营利为目的,但却会影响到金融市场上资金供求双方的行为和金融工具的价格,达到调节货币供给量、引导市场利率的目的。

4. 企业

企业在金融市场上既是资金的需求者,又是资金的供给者。一方面为了扩大生产规模或弥补暂时性的资金不足,它可以通过发行股票或债券,从金融市场上筹集自有资金或借入资金,成为资金的需求者;另一方面,由于企业的资金收入和支出在时间上往往是不对称的,因此,在生产经营过程中会积累一部分暂时闲置资金,为了实现资金保值和增值,企业会将其投入到金融市场,便以资金供给者的身份出现在金融市场上。除此之外,企业还是金融衍生品市场上重要的套期保值主体。

5. 居民个人与家庭

在我国,居民个人与家庭主要以资金供给者的身份参与金融市场交易。居民个人与家庭通常会将收入中除去一部分用于日常生活开支外,把剩余部分资金存入银行,以获取利息收入;也可能会把部分闲置资金投资于金融市场以获得投资收益,因此成为金融市场上的资金供给者。近年来,随着我国个人消费观念的转变,以及收入水平的提高,个人消费信贷得到长足发展,以住房、汽车等耐用消费品贷款为主的消费信贷不断扩大,个人与家庭作为资金需求者的特征也越来越明显。

(二)金融市场的客体

金融市场的客体即金融工具,也称信用工具,是指金融市场上的交易对象或交易标的物。金融市场中所有的货币资金交易都以金融工具为载体,因此,资金供求双方便可通过买卖金融工具实现资金的相互融通。金融工具既是一种具有法律效力的债权债务凭证(如票据、债券等)和所有权凭证(如股票),又是金融市场至关重要的构成要素,金融工具种类很多,随着金融创新的推进,更多的金融工具品种涌入经济生活中。

1. 金融工具的分类

(1)按期限不同,金融工具可分为货币市场金融工具和资本市场金融工具。货币市场金融工具是期限在一年或一年以内的金融工具,包括国库券、商业票据、银行承兑汇票、大额可转让定期存单、回购协议等。资本市场金融工具是指期限在一年以上,表明债权或股权关系的金融工具,包括国债、公司债券、股票等。

(2)按发行者是否为金融机构,金融工具可分为直接融资工具和间接融资工具。直接融资工具是非金融机构的融资者发行的,目的主要是为自己获取资金,如政府债券、商业票据、公司股票、企业债券等;间接融资工具是由金融机构自己发行的融资工具,如银行承兑汇票、大额可转让定期存单、人寿保险单等。

(3)按权利与义务的不同,金融工具可分为债务凭证和所有权凭证。债务凭证是发行人以法定程序发行、并约定在一定期限内还本付息的有价证券,它反映了持有人与发行人之间的债权债务关系。所有权凭证主要指股票,是股份有限公司依法发行的,用以证明投资者的股东身份和权益,并据以取得股息红利的有价证券,它反映了持有人与对公司的所有权。

(4)按是否与实际信用活动直接相关,金融工具可分为基础性金融工具和衍生性金融工具。基础性金融工具是指在实际信用活动中出具的,能证明信用关系的合法凭证,如商业票据、股票、债券等;衍生性金融工具则是在基础性金融工具之上派生出来的用于交易的凭证,如各种金融期货合约、期权合约、掉期合约等。

2. 金融工具的基本特征

金融工具是在信用活动中产生、发展起来的,能够证明金融交易的金额、期限、价格等具体事项的书面凭证,它对债权债务双方所享有的权利和承担的义务均具有法律约束力。关于金融工具的基本特征可参阅第二章的相关内容。

(三)金融市场中介

金融市场中介是指在金融市场上充当交易媒介,从事交易或促使交易完成的组织、机构或个人。它与金融市场主体一样,都是金融市场中的参与者,但二者之间又存在着重要区别。因为金融市场中介参与金融市场活动的目的是获取佣金,其本身并非真正的资金供给者或资金需求者。金融市场中介可分为两类:一类是金融市场交易者的受托人,如经纪人、承销商等;另一类是以提供服务为主的中介机构,如投资咨询公司、投资与保险代理机构、证券交易所、信用评估公司、会计师事务所等。

(四)金融市场的价格

金融市场的价格是构成金融市场的另一个重要因素。金融市场上各种交易都是在一定的价格下实现的,但金融市场的交易价格不同于商品市场的商品交易价格,商品的交易价格反映交易对象的全部价值，如一吨大米的交易价格为4 000元人民币，一辆汽车交易价格为20万元人民币等。由于金融市场上的交易对象是货币资金，交易后所实现的只是货币资金使用权的转移，而不是所有权的转移。因此，交易价格与交易者的实际收益及风险密切相关，这一价格反映的是在一定时期内转让货币资金使用权的报酬。由于本金不变，货币资金借贷时的交易价格通常表现为利率，例如以10%的利率出让100元货币资金的使用权1年，其中的10%或10元便是这100元货币资金使用权的交易价格。而且，金融工具的价格通常表现为它的总值，即本金加收益。如100元的1年期债券，年利率为10%，交易价格为110元。实际上，货币资金交易的价格一方面取决于社会资金平均盈利率，另一方面取决于货币资金的供求状况，此外，金融工具的价格还受供给与需求状况、其他金融工具价格以及交易者心理预期等众多外在因素的影响。

（五）交易的组织方式

如何组织资金供求双方进行交易涉及金融市场的交易组织方式问题。一般来说，金融市场交易主要有三种组织方式：

（1）有固定场所的有组织、有制度、集中进行交易的方式，如交易所交易方式，通常又称作场内交易的方式。交易所由金融管理部门批准建立，为金融工具的集中交易提供固定的场所和有关设施，制定各项规则，监督市场交易活动，管理公布市场信息。交易所的种类主要有证券交易所、期货交易所等。

（2）在各种金融机构柜台上买卖，双方进行价格面议的分散交易方式，如柜台交易方式。

（3）无形交易方式，既没有固定场所，也不直接接触，而主要借助电信手段来完成交易的方式。

通常情况下，将（2）、（3）称为场外交易。场外交易方式是相对于交易所方式而言的，凡是在交易所之外、没有固定的集中场所，分散于各地的交易都可称为场外交易。

上述五个主要因素仅仅构成金融市场的基本框架，它们之间紧密联系、相互促进、相互影响。其中，金融市场主体和金融市场客体是构成金融市场最基本的要素，是金融市场形成的基础，金融市场中介、金融市场价格则是随金融市场交易的组织方式产生的，它们是金融市场中不可或缺的构成要素，对促进金融市场的繁荣和发展具有重要意义。

当然，金融市场交易活动的正常运行还必须有健全的内在机制和必要的外部管理。健全的内在机制是指根据金融市场资金供求状况灵活调节的利率体系。在金融市场上，利率作为借贷资金的“价格”，一方面，它的高低主要取决于社会平均利润率和货币资金供求状况；另一方面，它又起着调节货币资金供求和引导资金流向的作用。必要的外部管理是指中央银行及专设的市场监管机构为维护金融市场的秩序而实行的管理。这种管理可通过颁布各种金融法规，为金融交易活动制定行为规范，提供法律保障，以及运用经济手段作为政策性工具，调节金融市场主体的活动，必要时也可利用行政手段进行管理。

三、金融市场的分类

在金融市场上，各种金融交易对象、方式、条件、期限等都不尽相同。目前，按照不同标准有以下几种分类方式：

(一)按照金融交易的期限,金融市场可分为货币市场和资本市场

(1)货币市场是交易期限在 1 年以内的短期金融交易市场,其功能在于满足交易者的资金流动性需求,如国库券市场、银行同业拆借市场、贴现市场、短期债券市场以及商业票据市场等。

(2)资本市场是交易期限在 1 年以上的长期金融交易市场,主要满足工商企业的中长期投资需求和政府弥补财政赤字的资金需要,如银行中长期贷款市场、国债市场、公司债券市场、股票市场等。

(二)按照金融交易中交割的方式和时间,金融市场可分为现货交易市场和期货交易市场

1. 现货交易市场

现货交易市场也称即期交易市场,是指交易双方达成成交协议后,在 1 ~ 3 日内立即进行付款交割的市场。由于现货市场的成交日与结算日之间没有间隔,所以,其价格变动风险较小。

2. 期货交易市场

期货交易市场是指交易双方达成成交协议后,并不立即进行交割,而是在一定时间后,如 1 个月、2 个月或者更长时间后进行交割。在期货交易中,成交与交割的时间相分离,由于交割时要按成交时的协议价格进行,因此,在成交与交割之间,金融工具价格的波动会引起交易双方的收益或损失,风险较高。

(三)按照证券交易的程序,金融市场可分为发行市场和流通市场

1. 发行市场也称一级市场或初级市场,是指金融工具初次发行的场所

在一级市场上,投资银行、经纪人和证券商等作为经营者,承担政府和公司企业新发行债券的承购和分销业务。在这个市场中,筹资者将金融工具出售给最初始的投资者。因此,发行市场的主要功能是资金筹集。

2. 流通市场也称二级市场或次级市场,是对已发行金融工具在投资者之间买卖流通、转让交易的市场

当金融工具的持有者在金融工具未到期前想要将其转让出去,进行变现,则需要在流通市场上寻找买方。因此,流通市场最重要的功能在于实现金融资产的流动性。

发行市场与流通市场有着紧密的依存关系。发行市场是流通市场存在的前提和基础,没有发行市场中金融工具的发行,就不会有流通市场中金融工具的转让;同时,流通市场的出现与发展将进一步促进发行市场的完善,因为如果没有流通市场,新发行的金融工具就会由于缺乏流动性而难以推销,从而导致发行市场的萎缩以致无法继续存在。

(四)按照有无固定的交易场所,金融市场可分为有形市场和无形市场

1. 有形市场

有形市场是指有固定交易场所、集中进行交易的市场,一般指证券交易所、期货交易所等固定的交易场所。

2. 无形市场

无形市场是指在证券交易所以外进行金融资产交易的总称，它本身并没有集中固定的交易场所，而是通过现代化的电信工具和网络实现交易。在现实经济中，大部分的金融交易是在无形市场上进行的。

（五）按照地域范围，金融市场可分为国内金融市场和国际金融市场

1. 国内金融市场

国内金融市场是指金融交易的范围仅限于一国之内的市场。它在一国内部，交易以本币计价受本国法律制度的规范和保护。国内金融市场又包括全国性金融市场、地区性金融市场和区域性金融市场等。

2. 国际金融市场

国际金融市场是指国际性的资金借贷、证券交易、黄金和外汇买卖等活动所形成的金融市场。其金融交易涉及的不是一个国家，而是多个国家。典型的国际金融市场是欧洲货币市场及其延伸——石油美元市场、亚洲货币市场等。交易的对象包括以境外美元、境外欧元、境外英镑、境外日元等计价的票据。国际金融市场大多数没有固定的交易场所，属于无形市场。

（六）按照融资是否与金融中介构成债权债务关系，金融市场可分为直接金融市场和间接金融市场

1. 直接金融市场

直接金融市场是指资金供求双方借助金融工具直接实现资金转移与融通，而不通过金融机构作为债权债务媒介的市场。一般指政府、企业等通过发行债券或股份有限公司以发行股票的方式在金融市场上筹集资金。

2. 间接金融市场

间接金融市场是指资金供求双方都与作为金融媒介的金融机构构成债权债务关系的融资活动市场。在间接金融市场上，资金供给者将闲置资金贷放给银行等中介机构，再由这些信用中介转贷给资金需求者。

需要注意的是，直接金融市场和间接金融市场的差别并不在于是否有金融中介机构的参与，而在于金融中介机构在交易中的地位和性质。在直接金融市场上尽管也有金融中介机构参与，但这些机构并不作为资金的中介，而仅仅是充当信息中介和服务中介。

（七）按照金融交易的标的物，即金融资产的形式，金融市场可分为货币市场、资本市场、外汇市场、黄金市场和保险市场等，这里就黄金市场和保险市场作一介绍

黄金市场（gold market）是专门集中进行黄金交易的场所。目前，由于黄金仍具有世界货币性质，可以充作国际结算的最后手段，因此，黄金市场仍被看作金融市场的主要组成部分。

早在19世纪初期，黄金市场就已形成，它是最古老的金融市场。现在，世界上已经发展到40多个黄金市场，其中伦敦、纽约、苏黎世、芝加哥和中国香港的黄金市场被称为五大国际黄金市场。其中，伦敦黄金市场是世界上历史最悠久的黄金市场。苏黎世黄金市场是第二次世界大战后发展起来的，以黄金现货交易为主，但与伦敦黄金市场不同：一是无报价制

度;二是基本经营零售业务,金币交易是其零售业务的一个重要方面。纽约和芝加哥黄金市场是世界最大的黄金期货市场。中国香港黄金市场是在1971年1月香港取消金银进口管制后迅速发展起来的,并兼做现货交易和期货交易。特点是交割中没有时间限制,实际上是不定日期的期货市场。香港还是民用金饰品的重要贸易中心,是联系伦敦、纽约等黄金市场的重要时区。因此,香港在世界特别是在亚太地区具有举足轻重的地位。此外,1978年11月,新加坡黄金交易所正式开业,使市场由现货交易扩大到期货交易。近年来,随着新加坡政府鼓励性措施的实施,新加坡黄金市场作为亚太地区主要市场的地位逐渐加强,对世界黄金市场的影响正在扩大。

保险市场指保险商品交换关系的总和或是保险商品供给与需求关系的总和。保险市场的主体是指保险市场交易活动的参与者,包括保险市场的供给方和需求方以及充当供需双方媒介的中介方。详细内容将在第七章第二节讲授。

四、金融市场的功能

(一)资金聚集与资金配置功能

一个国家经济的发展,离不开资金的推动,而金融市场在聚集和资金配置方面具有极其重要的作用。之所以如此,是因为在现代经济运行中,国民经济各部门内部的不同经济主体,如各种类型的企业、居民个人及家庭,都会经常出现货币资金收入与支出在时间上不一致的情况,即一些经济主体在一定的时间内可能存在货币资金盈余,而另一些经济主体则可能存在货币资金短缺。金融市场可以帮助资金盈余者与资金短缺者之间实现资金调剂,发挥资金聚集与配置的功能,具体表现在:

(1)金融市场为资金盈余者提供了多种金融工具,为资金聚集创造了条件。由于金融市场行情变化多端,资金盈余者为给自己资金寻求出路,便可以根据其资金闲置的时间、自己可承受的风险程度和预期收益率等因素,兼顾安全性、流动性和效益性,选择具有不同特征的金融工具进行投资,以实现货币资金保值与增值的目的。金融市场上各种金融工具的自由买卖和灵活多样的金融交易活动,进一步增强了金融工具的流动性和安全性,融资效率的提高为资金供应者灵活地调整其闲置资金的保存形式,达到既能获得投资收益,又能保证安全性和流动性的目的。所以,金融市场对于资金供求双方都具有极大的吸引力,是投资和筹资的理想场所。

(2)金融市场中金融工具价格的差异和波动,将引导货币资金流向,有利于资金配置。金融市场中拥有各种类型的金融工具,不同金融工具在金融市场上的交易价格实际上反映了不同金融工具发行主体的资信状况、经营状况、盈利能力、发展前景等综合信息,投资者可以通过各种公开信息及金融工具价格的波动所反映出的信息来判断各种金融工具发行主体的状况,从而决定其货币资金的投向。通过优胜劣汰的市场竞争,以及受有价证券价格的影响,能够引导资金流向最需要的地方,流向那些经营管理好、产品畅销、有发展前景的朝阳产业。从而有利于提高投资效益,实现资金在各单位、各部门、各地区间的合理流动,以实现资源的优化配置。

(二)风险分散和风险转移功能

金融市场具有较大的风险,同时又为市场参与者提供了防范资产风险和收入风险的手段,具有分散风险的功能。金融市场的风险分散功能体现在两个方面:一是金融市场上多样化的金融工具为资金盈余者的投资提供了多种选择,他可以根据自己对风险、收益的偏好程度,将自己的盈余资金投资在不同的金融工具上,进行投资组合;二是在金融市场上筹集资金的资金需求者面对众多的投资者发行自己的金融工具(如股票),可以将大额投资分散为小额零散资金投资,将较大的投资风险分由大量的投资者共同承担,风险的承担者由企业分散到众多的投资者,一旦经营失败,企业损失的也仅仅是自己持股部分,从而分散了资金需求者运用这笔资金而带来的经营风险。

金融市场上的风险转移功能主要体现在金融工具能在金融市场进行流通转让。规范的交易组织、交易规则和管理制度,使得金融工具大都具有较高的流动性,能更加便捷地进行交易和支付。当某种金融工具的持有者认为继续持有该金融工具的风险过高时,他可以通过在金融市场上卖出该金融资产,实现风险转移的目的。当然金融工具的转让不会从根本上消除风险,只是将风险转移给了购买该金融工具的另一个投资者而已。

(三)灵活地调度和转化资金,提高资本使用效率

金融市场上多种形式的金融交易,形成纵横交错的金融活动,可以不受部门、行业、地区或国家的限制,灵活地调度资金,充分运用不同期限、不同性质、不同额度的资金。同时,金融市场的存在,促进了资本的流动,使资金在期限上、性质上的转化成为可能。例如,股票、债券的发行能将消费或储蓄资金转化为生产资金,将流动的短期资金转化为相对稳定的长期资金;有价证券的转让出售又能将投资者的长期投资即刻转变为现金;远期票据的贴现业务又能使将来的收入转变成现实收入。从而扩大了社会资本总量,提高了资本使用效率。

(四)对宏观经济的反映与调控功能

由于金融市场连接着一国经济的各个部门和环节,与整个国民经济的关系十分密切,成熟而发达的金融市场的运行情况代表了国民经济的运行状况。因此,金融市场中的证券市场常被称为国民经济的“晴雨表”,是公认的国民经济信号系统。从宏观经济角度看,每次宏观经济的繁荣都会提前表现为金融市场上的活跃与上涨,而每次金融市场的衰退与萧条,一般也都预示着宏观经济发展速度的放缓,甚至可能出现崩溃。这便是金融市场对宏观经济运行的反映功能。此外,由于金融市场上拥有大量的专业人员长期从事市场行情的研究,他们每天跟各类工商企业直接接触,并随时对企业公开披露的经营信息和财务报告进行专业分析和研究,以此判断该企业的运行发展前景,并决定是否买入或卖出该企业的证券,从而引起该企业证券价格的波动。

市场经济的缺陷是导致政府对宏观经济运行的干预与调控的直接原因。现代金融市场是中央银行实施宏观金融间接调控的理想场所。货币政策与财政政策是国家对宏观经济进行调控的两大主要政策,而这两大调控政策的实施都离不开金融市场。首先,金融市场是中央银行实施货币政策的场所。中央银行通过金融市场可以进行公开市场业务操作,吞吐有价证券来调节货币供给量,影响利率水平的变化;通过调整再贴现率和再贷款利率政策影响信贷规模,引导市场利率水平的变化,进而通过利率对投资、消费的影响引起各微观经济主体经济活动的改变,最终达到调节整个宏观经济运行的目的。其次,财政政策的实施也离不开金融市场。当政府要实施扩张性的财政政策刺激经济增长时,便可在金融市场上通过发行国债的方式来为其财政支出筹集资金,因此,一个成熟、规模庞大的金融市场也是财政政策能够顺利发挥其调控作用的前提条件。

当然,金融市场功能的发挥程度,主要取决于金融市场的建立基础与完善程度。世界各

国金融市场发展的历史与现实表明，一个发展完善、运行良好的金融市场需要有健全的法律制度、优良的信用基础、理性的市场参与主体、多种多样的金融工具以及成熟的市场运行机制等，而这些基础性条件的建立需要一个相对漫长的发展历程，不可能一蹴而就。否则，不仅难以发挥金融市场的基本功能，而且还会出现诈骗、操纵市场、泡沫等不良现象，从而加大金融风险，破坏金融市场的正常运行，影响经济稳定，甚至引发经济危机并在国际间迅速传播。20 世纪 30 年代由华尔街股市暴跌引发的世界性大萧条、80 年代日本的“泡沫经济”、90 年代的东南亚金融危机以及 2007 年由华尔街次贷危机引发的世界性金融危机都是典型的例子。中国共产党第十八届中央委员会第三次全体会议审议通过的《中共中央关于全面深化改革若干重大问题的决议》指出：“经济体制改革是全面深化改革的重点，核心问题是处理好政府和市场的关系，使市场在资源配置中起决定性作用和更好发挥政府作用。”因此，各国都必须对金融市场进行必要的管理，确保金融市场的有效性，只有这样才能保证交易成本低廉、交易商品众多和市场管理健全，并吸引大批投资者，保证金融市场的运转效率和分配效率，使之稳健发展和更好地为经济发展服务。

第二节　货币市场

货币市场（money market）是指以融资期限在一年以内的金融工具为媒介进行短期资金融通的市场。由于货币市场主要进行短期资金交易，故又称为短期资金市场。与资本市场相比，货币市场的特点主要包括以下三点：第一，交易期限短。货币市场中的金融工具最短的期限只有半天，最长的不超过 1 年，因此，货币市场的资金来源主要是居民、企业和金融机构等暂时闲置的资金。第二，流动性强。货币市场的交易活动所使用的金融工具期限短，价格相对平稳，具有高度的流动性，随时可以将金融工具兑换成现金，因而接近于货币，具有“准货币”特性。第三，安全性高。货币市场是个安全性较高的市场，除了交易期限短、流动性强等原因外，还在于货币市场的金融工具发行主体一般是具有信用等级较高的企业或机构，也只有这样的企业或机构发行的短期金融工具才会被主要追求安全性和流动性的投资者所接受。货币市场通常按交易对象划分，主要包括同业拆借市场、国库券市场、票据市场、回购协议市场、大额可转让存单市场等几个子市场。

一、同业拆借市场

（一）同业拆借市场的概念

同业拆借市场（inter-bank market）也称同业拆放市场，是指具有法人资格的金融机构或经过法人授权的金融分支机构之间进行短期资金头寸调节、融通的市场。它是满足金融机构之间在日常经营活动中发生资金余缺而相互调剂需要的场所。在这种融资活动中，从资金贷出者看来是拆放，而从资金借入者来看则是拆借。同业拆借市场的形成源于中央银行对商业银行法定存款准备金的要求。按中央银行规定，商业银行将吸收来的存款必须按照一定的比率缴存到其在中央银行开立的准备金账户上，用以保证商业银行的支付清偿能力（流动性）。如果商业银行缴存的法定存款准备金达不到中央银行规定的比率，则商业银行将受到中央银行的处罚；反之，如果商业银行缴存的法定存款准备金超过了中央银行规定的比率，对超过部分的超额存款准备金，中央银行一般不付利息或仅支付极低的利息。因此，法定存款准备金不足的银行或金融机构便从法定存款准备金盈余的金融机构拆入资金，以补足其法定存款准备金。这样就产生了同业拆借市场。

（二）同业拆借市场的特点

1. 期限短

同业拆借市场的拆借期限有隔夜、7 天、14 天、20 天、1 个月、2 个月、3 个月、4 个月、6 个月、9 个月、1 年等，最长期限不得超过一年，其中最普遍的是隔夜拆借。根据中国人民银行 2007 年颁布的《同业拆借管理办法》，可以看出，不同类型金融机构可拆入资金的最长期限有很大的差别。如政策性银行、中资商业银行、中资商业银行授权的一级分支机构、外商独资银行、外国银行分行、城市信用合作社、农村信用合作社县级联合社拆入资金的最长期限为 1 年；金融资产管理公司、金融租赁公司、汽车金融公司、保险公司拆入资金的最长期限为 3 个月；企业集团财务公司、信托公司、证券公司、保险资产管理公司拆入资金的最长期限为 7 天。

2. 参与者广泛

现代同业拆借市场的参与者非常广泛，商业银行、非银行金融机构都是同业拆借市场的主要参与者。纵观当今世界各国的拆借市场，较其形成之时，无论在交易内容、开放程度，还是在融资规模等方面，都发生了深刻变化，拆借交易不仅发生在银行之间，还扩展到银行与其他金融机构之间。

3. 同业拆借的资金

在同业拆借市场上交易的主要是金融机构存放在中央银行账户上的超额存款准备金。

4. 信用拆借

同业拆借都是在金融机构之间进行的，市场准入条件比较严格，金融机构主要以其信誉参与资金拆借活动，即同业拆借是在无担保的条件下进行的活动。也就是说，同业拆借市场基本上都是信用拆借。同业拆借利率是一个竞争性的市场利率，同业拆借市场上资金的供给与需求决定了同业拆借利率的变动。同业拆借利率是货币市场的基准利率，在整个利率体系中处于相对重要的地位，它能够及时、灵敏、准确地反映货币市场的资金供求关系，对货币市场上其他金融工具的利率具有重要的导向和牵动作用，因此，同业拆借利率通常被视为观察市场利率趋势变化的风向标。

（三）同业拆借市场具有以下功能

1. 有利于调剂金融机构间资金余缺，提高资金使用效率

同业拆借市场的存在，可以使金融机构在不用保持大量的超额存款准备金的前提下，满足存款支付及汇兑清算的需要。同业拆借市场使具有超额存款准备金头寸的金融机构可以及时拆出资金，减少闲置资金，从而提高资金使用效率和盈利水平；同时，也为法定存款准备金不足的金融机构提供高效率、低成本获得资金的途径。

2. 同业拆借市场是中央银行实施货币政策，进行金融宏观调控的重要场所

同业拆借市场利率能有效地反映货币市场上短期资金的供求状况，中央银行根据同业拆借利率水平，可以了解市场资金的松紧状况，并适时运用货币政策工具进行金融宏观调控，调节货币供给量，实现货币政策目标。

我国的同业拆借市场起步于 1984 年。1984 年，中国人民银行专门行使中央银行职能后，确立了新的“统一计划、划分资金、实贷实存、相互融通”信贷资金管理体制，鼓励金融机构利用资金的行际差、地区差和时间差进行同业拆借。1990 年,中国人民银行下发了《同业拆借管理试行办法》,第一次用法规形式对同业拆借市场管理做出了比较系统的规定。1992 年至 1993 年,受到当时金融环境的影响,同业拆借市场又出现了严重的违规现象,影响了银行的正常运营,扰乱了金融秩序。1993 年 7 月,中国人民银行根据国务院整顿拆借市场的要求,把规范拆借市场作为整顿金融秩序的一个突破口,出台了一系列的措施,撤销了各商业银行及其他金融机构办理同业拆借业务的中介机构,规定了同业拆借的最高利率,拆借秩序开始好转。

1995 年,中国人民银行参考意大利屏幕市场模式,决定建立一个全国联网的拆借网络系统,以形成全国统一的同业拆借市场。1996 年 1 月,全国统一的同业拆借市场网络开始运行,标志着我国同业拆借市场进入了一个新的规范发展时期。1996 年 6 月,人民银行放开对同业拆借利率的管制,拆借利率由拆借双方根据市场资金供求状况自行决定,由此形成了全国统一的拆借市场利率——Chibor。1998 年之后,中国人民银行努力增加全国银行间同业拆借市场的交易成员,保险公司、证券公司、财务公司等非银行金融机构陆续被允许进入银行间同业拆借市场进行交易,市场交易量不断扩大,拆借期限不断缩短,同业拆借市场已经成为金融机构管理流动性的重要场所。

2007 年 1 月 4 日上海银行间同业拆放利率(Shibor)的正式运行,标志着中国货币市场基准利率培育工作的全面启动。Shibor 的建设对于完善中国人民银行的货币政策传导机制将发挥着日益巨大的作用。

2021 年 7 月 26 日,上海银行间隔夜同业拆借利率(Shibor)和隔夜回购定盘利率均收于 2.20%,中国人民银行公开市场方面,当日进行逆回购操作 100 亿元。Shibor 已逐步发展成我国金融市场重要的标志性利率,为利率市场化的持续推进发挥了关键性作用。

二、票据市场

票据市场是以票据为交易媒介而进行的票据发行、流通和转让的市场。票据市场是金融市场的基础和重要组成部分,它属于货币市场的范畴,包括商业票据市场、银行承兑汇票市场、票据贴现市场等。

(一)商业票据市场

商业票据(commercial paper)是一种由企业开具,无担保、可流通、期限短的债务性融资本票。由于商业票据没有担保,完全依靠发行人的信用发行,所以只有信誉卓越的大公司才有资格发行商业票据。事实上,商业票据的发行主体并不仅仅局限于工商企业,各类财务公司(finance company)也是商业票据市场重要的筹资主体。财务公司是一种金融中介机构,它常常附属于某家制造公司,其主要业务就是为购买该公司的消费者提供贷款支持。商业票据具有融资成本低、融资方式灵活等特点,并且发行票据还能提高公司的声誉,低成本的融资特征使商业票据成为银行贷款的重要替代品。因此,无论对于发行者还是投资者而言,商业票据都是一种理想的货币市场工具。商业票据的期限较短,在世界最发达的美国商业票据市场上,商业票据的期限不超过 270 天,通常在 20 天至 45 天。

商业票据的发行方式包括直接募集和交易商募集两种方式。直接募集方式是指商业票据的发行人不经过交易商或中介机构,直接将票据出售给投资人,这样可以从中节约付给交易商的租金。它是目前被大多数金融公司和一些大型的公司经常采用的一种融资方式。交易商募集则是指发行人通过交易商来销售自己的商业票据,市场中交易商既有证券机构,也有商业银行。无论是直接募集方式还是交易商募集方式，商业票据大都以贴现方式发行。

(二)银行承兑汇票市场

汇票是由出票人签发的委托付款人在见票后或票据到期时，对收款人无条件支付一定金额的信用凭证。承兑(acceptance)是指商业汇票到期前，汇票付款人或指定银行确认票据记明事项，承诺在汇票到期日支付汇票金额给汇票持有人并在汇票上签名盖章的票据行为。银行承兑汇票(bankers acceptancebill)则是由银行作为付款人，并在汇票上签名盖章，承诺在汇票到期日支付汇票金额的票据。它是货币市场上的一种重要的金融工具。

银行承兑汇票市场主要由一级市场和二级市场构成。一级市场又称发行市场，主要涉及银行承兑汇票的出票和承兑行为；二级市场相当于流通市场，涉及银行承兑汇票的贴现和再贴现过程。

银行承兑汇票具有以下特征：第一，安全性高。与商业票据相比，由于银行承兑汇票的主债务人是银行，因此它的信用度较高，投资者的收益能够得到更好的保障。第二，流动性强。银行承兑汇票是以银行信用作为付款保证的，在流通市场上易于转让或贴现，变现能力较强。第三，灵活性好。银行承兑汇票的持有人既可以选择在流通市场上出售此票据，也可一直持有该票据到期获得收益。鉴于上述优点，银行承兑汇票也就成为货币市场上最受欢迎的短期信用工具之一。第四，节约资金成本。对于实力较强，银行比较信得过的企业，只需交纳规定的保证金，就能申请开立银行承兑汇票，用以进行正常的购销业务，待付款日期临近，再将资金交付银行。由于银行承兑汇票具有上述优点，因而受到企业欢迎。

(三)票据贴现市场

贴现(discount)是一种票据转让方式，是指持票人在需要资金时，将其持有的未到期的商业汇票经过背书转让给银行，银行从票面金额中扣除一定贴现利息后，将余款支付给申请贴现人的票据买卖行为。它是持票人向银行融通资金的一种方式。票据贴现市场所转让的商业票据主要是经过背书转让的本票和汇票。票据到期前，持有商业票据的金融机构若需要现款，可办理再贴现或转贴现。再贴现是指商业银行将其贴现收进的未到期票据向中央银行再办理贴现的融资行为，也称重贴现。正因如此，再贴现是中央银行的一种信用业务，中央银行可以通过调整再贴现率或其他条件，调节市场利率和货币供给量。转贴现指商业银行遇到资金临时不足时，将已经贴现但仍未到期的票据，再转让交给其他商业银行或贴现机构，以取得资金融通的行为。票据贴现市场上的贴现、再贴现和转贴现业务，形式上是贴现机构买进未到期的票据，实质上是债权的转移；表面上是票据的转让与再转让，实际上是资金的买卖行为。

因此，票据的贴现直接为企业提供了融资服务；转贴现满足了商业银行等金融机构间相互融资的需要；而再贴现则成为中央银行调节市场利率和货币供给量，实施货币政策而运用的一种货币政策工具。贴现利息与票据到期时应得款项的金额之比叫贴现率。

会计部门在收到做成转让背书的汇票和贴现凭证后，按照支付结算办法的有关规定进行审查，当贴现凭证的填写与汇票核对相符后，按照贴现期限和规定的贴现率计算出贴现利息和实付贴现金额。其计算方法是

$$贴现利息=汇票金额\times贴现天数\times(月贴现率\div30\text{天})$$

$$贴现金额=汇票金额-贴现利息$$

需要注意的是，在计算贴现期时，每年按 360 天计算，每月按 30 天计算，零星天数按实

际天数计算。贴现率要与时间单位一致,如贴现时间单位是月,则贴现率应使用月利率。在通常情况下,贴现率往往参照市场利率确定。

例 4.1 某贴现申请人于 2020 年 12 月 5 日,持有一张面额为 100 万元人民币的银行承兑汇票,到其开户银行申请办理贴现,票据到期日为 2021 年 2 月 15 日,假设银行年贴现率为 7.2% ,则贴现申请人获得的金额为

$$贴现金额=100-100\times(7.2\%\div360)\times70=98.6(万元)$$

票据市场快速发展的原因在于:第一,票据融资具有的便利与低成本的特点使企业对票据融资的需求不断提高。企业办理贴现一般只需 2 天到 3 天,所需时间比短期贷款少,可极大地提高融资效率。此外,商业银行对企业贴现利率一般以再贴现利率为下限,而再贴现利率比半年以内和半年至 1 年贷款利率低 2 ~ 3 个百分点,通过票据融资可以降低融资成本,尤其对于大型企业,其降低成本的效益更为显著。第二,随着商业银行竞争日益激烈,票据融资成为商业银行争夺优质客户、合理配置资产、保持流动性、增加盈利点的重要手段,商业银行参与票据市场的主动性越来越强。从对企业贴现看,贴现票据以银行承兑汇票为主,允许开立商业承兑汇票的企业数量少,信用等级高,到期拒付风险小;转贴现经过商业银行贴现的审核,其拒付风险进一步降低。此外,对企业贴现还可以带来派生存款、支付结算等综合服务的利益;同时,由于票据转贴现市场的存在,当商业银行需要资金时,可以非常便利地通过卖出票据实现流动性。因此,票据市场能够很好满足商业银行对收益性、安全性、流动性的综合需要。

三、回购协议市场

回购协议市场是指通过证券回购协议进行短期货币资金借贷所形成的市场。回购协议(repurchase agreement)是指证券持有人在卖出一定数量证券的同时,与证券买入方签订协议,双方约定在将来某一日期由证券的出售方按约定的价格再将其出售的证券如数赎回的协议。从表面上看,回购协议是一种证券买卖,但实际上是一种以证券为质押品的短期融资行为。证券的卖方以一定数量的证券进行质押借款,条件是一定时期内再购回证券,且购回价格高于卖出价格,两者的差额即为借款的利息。在证券回购协议中,作为标的物的主要是国库券、政府债券或其他有担保的债券,也可以是商业票据、大额可转让定期存单等其他货币市场工具。

回购协议是一份合约,可分为正回购协议和逆回购协议两种。上述回购协议是正回购协议,与上述证券交易方向相反的操作被称为逆回购协议,即证券的买入方在获得证券的同时,与证券的卖方签订协议,双方约定在将来某一日起由证券的买方按约定的价格再将其购入的证券如数返还。实际上,回购协议和逆回购协议是一个事物的两个方面,同一项交易,从证券提供者的角度看,是回购,从资金提供者的角度看,是逆回购,一项交易究竟被称为回购或是逆回购主要取决于站在哪一方的立场上。因此,回购协议市场就是指通过回购协议进行短期资金融通的市场。

回购协议市场的交易具有明显的特征:一是期限短,回购协议的期限从 1 天到数月不等,期限只有一天的称为隔夜回购,1 天以上的称为期限回购协议。最常见的回购协议期限在 14 天之内。二是回购的标的物都是流动性好,安全性高的金融工具,如国库券或政府债券。三是回购协议的买卖价格即回购利率是交易双方最关注的因素。约定的回购价格与售出价格之间的差额反映了借出资金的利息收益,它取决于回购利率的水平。回购利率与证券本身的年利率无关,它与证券的流动性、回购的期限有着密切的关系;四是回购协议市场

的参与者十分广泛，中央银行、商业银行等金融机构、非金融性企业都是这个市场的重要参与者，在美国等一些国家，甚至地方政府也参与这个市场的交易活动。

四、国库券市场

国库券市场（treasury bill market）是指国库券的发行、转让、贴现及偿还等所形成的市场。短期政府债券历来是货币市场上主要的交易工具，其中绝大部分是国库券。早在1877年，英国财政大臣诺司考特爵士（Stafford Northcote）求教于《西方经济学》刊物主编巴佐特（Walter Bagehot）先生：政府筹措款项困难怎么办？巴佐特认为，政府拥有最佳信用，不妨仿照商业的习惯发行短期政府债券来筹资。于是，在英国出现了世界上最早的、以贴现方式发行的政府债券。美国于1929年11月正式发行国库券。

国库券的发行人是政府或政府的授权部门，尤其以财政部为主。在大多数发达国家，所有由政府（无论是中央政府还是地方政府）发行的债券统称为公债，以区别于非政府部门发行的“私债”，只有中央政府发行的1年期以内的债券才成为国库券。作为短期债券，国库券通常采取贴现发行方式，即政府以低于国库券面值的价格向投资者发售国库券，国库券到期后按面值支付，面值与购买价之间的差额即为投资者的利息收益。通常用收益率来表示，国库券的收益率计算公式为

$$i=(F-P)/P\times 360/n\times 100\%$$

式中，i 为国库券投资的年收益率；F 为国库券面值；P 为国库券购买价格；n 为距到期日的天数。

例 4.2　计算国库券的年收益率。

假设某投资者甲以 9 750 元的价格购买 1 张 91 天期的面额为 10 000 元的国库券，那么，当他持有此张国库券到期时，能获得的年收益率是多少？

解　$i=(F-P)/P\times 360/n\times 100\%=(10\ 000-9\ 750)/9\ 750\times(360/91)\times 100\%=10.14\%$

这项投资给甲带来的年收益率是10.14%。

国库券市场的功能主要包括：一是对发行人而言，可以融通短期资金调节财政年度收支的暂时不平衡，弥补年度财政赤字。在一个财政年度内，政府财政状况经常出现支出大于收入的情况，于是，政府便可通过发行国库券解决这个问题。此外，通过滚动发行国库券，政府可以获得低息、长期资金来源用以弥补年度的财政赤字。二是对投资者来说，是短期资金投资的重要市场。由于国库券及其交易具有信用风险低、流通性强、投资者一般可享税收优惠等优点，国库券在市场上很受欢迎，而且发展十分迅速。三是对中央银行来讲，是贯彻其货币政策的重要场所。作为一项重要的财政政策工具，国库券的发行已被赋予了调控宏观经济的功能。

五、大额可转让定期存单市场

大额可转让定期存单，是由商业银行发行的具有固定面额、固定期限和一定利率并且可以流通转让的大额存款凭证。它是对传统定期存款的一种创新。这种金融工具的发行和流通市场所形成的市场称为可转让定期存单市场。可转让定期存单是银行实行负债管理的主要金融中介工具，也是一种重要的货币市场工具。

大额可转让定期存单市场起源于20世纪60年代的美国。当时美国政府为了抑制经济的持续过度扩张和不断上升的通货膨胀趋势，美联储体系采取了抑制活期存款增长的货币政策，同时颁布《联邦储备制度》的Q条例，禁止商业银行对活期存款支付利息。1961年2

月，为了规避"Q 条例"对银行存款利率的限制，克服银行活期存款数量因通货膨胀的发生而持续下降的局面，花旗银行开始向大公司和其他客户发行大额可转让定期存款。这种存单的特点具体表现在：第一，大额可转让定期存单面额固定且一般金额较大，在美国最低面额为 10 万美元，最高可达 1 000 万美元，以 100 万美元面额的最受欢迎。第二，大额可转让定期存单不记名，便利存单持有人在存单到期前在二级市场上将存单转让。第三，大额可转让定期存单具有自由流通的能力，它虽然不能提前支取，但可以自由转让流通，有比较活跃的二级市场。第四，大额可转让定期存单的发行人一般为实力雄厚的大银行，虽然小银行也发行存单，但其发行量和流通量远远小于大银行。第五，大额可转让定期存单存款期限为 3 ~ 12个月不等，但以 3 个月居多，最短的 14 天。第六，大额可转让定期存单的存单持有人可获得接近金融市场利率的利息收益。大额可转让定期存单的利率有固定的、也有浮动的。浮动利率的存单期限较长。而发行银行的信用评级、存单的期限和存单的供求量是决定大额可转让定期存单利率水平的主要因素。由此可见，大额可转让定期存单将活期存款的流动性和定期存款的收益性融为一体，从而吸引了大批客户。

大额可转让定期存单的发行价格有两种，一是按票面价格出售，到期支付本金和利息。另一种是贴现发行，即低于存单面值发行，到期按存单面额兑现。在发行市场上购买存单的投资者，如急需资金可在二级市场上将其卖掉。通常买入这些存单的交易商可将它们持至到期日，以兑取本息，也可以再到二级市场上出售，形成连续的市场转让，直到最终持单人。

大额可转让定期存单市场的投资者种类繁多，商业银行、非银行性金融机构、企业、甚至富裕个人都是这个市场的积极参与者。其中，商业银行等存款性金融机构是大额可转让定期存单的主要筹资者。商业银行通过发行大额可转让定期存单能主动、灵活地以较低成本吸收数额庞大、期限稳定的资金。大额可转让定期存单市场的出现，甚至改变了商业银行等存款性金融机构的经营管理理念。之前，商业银行通常认为其对于负债是无能为力的，因为存款人是否到银行存款、存多少款主要取决于存款人的经济行为，商业银行处于被动地位，因而其流动性的保持主要依赖于数额巨大的流动资产，但这会影响其盈利能力。如今，商业银行便可通过主动发行大额可转让定期存单，用增加负债的方式获取资金，满足其对流动性的需求，因此，其不必再持有大量的、收益较低的流动性资产。于是，大额可转让定期存单市场便成为商业银行调整流动性的重要场所，商业银行的经营管理策略也在资产管理的基础上引入了负债管理的概念。

我国的大额可转让定期存单市场产生于 1986 年。中国银行和交通银行开始发行大额可转让定期存单，之后逐渐扩展到所有的商业银行。1989 年 5 月和 11 月，中国人民银行下发两个文件：《大额可转让定期存单管理办法》和《关于大额可转让定期存单转让问题的通知》，分别对大额可转让定期存单的期限、面值、利率、计息办法和转让问题做出了统一规定。在 1990 ~ 1993 年，每年各商业银行发行大额可转让定期存单总量约为 500 亿元，均由中国人民银行实行指标管理，其利率可以比同期限的定期存款利率高 5% ~ 10%，此时我国的大额可转让定期存单市场有着不同于国外典型存单市场的独特特征：一是面额小。我国的大额可转让定期存单个人购买的最低面额仅 500 元，企业购买的最低面额也仅为 1 万元，大大低于国外的最低面额。二是存单的购买者绝大部分是城乡居民个人，少数为企业和事业单位。三是由于存单的利率比同期限的定期存款利率高 5% ~ 10%，因此投资者购入存单后通常都持有到期，流动性很差，始终未能形成二级市场。可见，我国的大额可转让定期存单恰恰缺失了此类存单的典型特征：面额大，流通转让。大额可转让定期存单成为我国商业银行变相高息揽存的手段。于是，1998 年，中国人民银行下文停止了大额可转让存单的发行，该市场消失。2004年，中国人民银行在第四季度《中国货币政策执行报告》中正式提出开展对大额定期存单的研究工作。

2015年6月中旬，工商银行、建设银行、农业银行、中国银行、交通银行、中信银行、浦发银行、招商银行、兴业银行等9家银行推出各自的首期大额存单。此次大额存单具有三大亮点。一是利率比中国人民银行同期定存基准上浮40%，对期限为3个月、6个月和12个月的产品利率分别为2.60%、2.90%和3.15%，购买当日即起息。二是保本保息，大额存单产品纳入存款保险保障范围，存款安全无忧。三是支取灵活，大额存单产品可提前支取，客户急需用钱时不用等产品到期。从2023年9月工商银行、农业银行、中国银行、建设银行、交通银行、邮储银行这六大国有控股商业银行大额存单看，具有存单期限丰富，有1个月、3个月、6个月、9个月、1年、18个月、2年、3年、5年等9个期限，但起存额至少20万元人民币等特点。以工商银行为例，其大额存单产品种类比较齐全，按存款期限、起存金额、特定群体划分，最新一共有12款产品可供选择。1个月、3个月、6个月的都只有一款，均为20万元起存，年利率分别为1.6%、1.6%、1.8%；1年期的有3款，年利率都是1.9%，都是20万元起存，分别是新客、商户、可转让；2年期的有3款，年利率都是2.15%，分别是20万起存面向新客群体，25万起存可以转让；3年期的有4款，年利率都是2.65%，20万起存分普通的和面向新客群体的，30万起存的可以转让，300万起存的面向高端客群，相比于常规储蓄，大额存单有一个很特殊的地方，那就是可以转让。根据融360数字科技研究院监测的数据，受市场供求关系影响，2023年10月大额存单各期限平均利率均环比下跌，长期利率跌幅相对较大，其中2年期降幅最大，环比下跌9.4BP。因此，商业银行发行大额定期存单将进一步丰富存款产品种类，完善市场体系，满足投资者多样化的需求。同时，大额存单的推出也提高了商业银行存款定价的市场化程度和负债主动性，有利于提高风险定价能力，构建市场化的风险约束机制和激励机制，为中国商业银行进一步市场化经营创造条件。

第三节　资本市场

资本市场（capital market）又称长期资金市场，是指以期限在1年以上的金融工具为媒介进行长期资金融通交易活动的场所。广义的证券市场包括银行中长期信贷市场和有价证券市场（指中长期债券市场和股票市场）；狭义的资本市场专指证券市场，包括发行和流通股票、债券、基金等有价证券的市场。与货币市场相比较，资本市场具有以下特点：一是资本市场所交易的金融工具的期限长。如中长期债券的期限都在1年以上，最长可达数10年；股票则没有偿还日期，属于永久性债券；封闭式基金的存续期限一般都在15～30年。二是交易的目的主要是满足长期投资性资金的供求需要。在资本市场筹集的长期资金主要是用于补充固定资本，扩大生产能力，如开办新企业、厂房或设备的更新改造以及国家长期建设性项目等的投资。三是筹资和交易的规模大。如企业在资本市场初始发行或增资发行的债券或股票的规模比通过银行借贷筹资规模明显要大。四是在交易过程中，金融工具的收益性具有不确定性。作为资本市场上交易工具的有价证券与短期金融工具相比，价格变动幅度大，收益具有不确定性，风险较大。五是流动性相对较差。在资本市场上筹集到的资金多用于解决中长期融资需求，故流动性和变现性相对较弱。

本章重点介绍狭义的资本市场。其交易对象主要是政府中长期债券、公司债券和股票等有价证券以及银行中长期贷款。在我国,资本市场主要包括债券市场、股票市场和投资基金市场。

一、债券市场

(一)债券的概念与种类

债券是债务人依照法定程序发行,承诺按约定的利率和日期支付利息,并在约定日期偿还本金的书面债务凭证。由此可见,债券反映了筹资者和投资者之间的债权债务关系。

根据发行主体的不同,债券可分为政府债券、公司债券和金融债券。根据偿还期限的不同,债券可分为短期债券、中期债券和长期债券。根据利率是否固定,债券可分为固定利率债券和浮动利率债券。根据利息支付方式不同,债券可分为付息债券、一次还本付息债券、贴现债券和零息债券。根据性质不同,债券又分为信用债券、抵押债券、担保债券等。

债券市场是债券发行和流通市场的统称,是金融市场的一个重要组成部分。纵观世界各个成熟的金融市场,无不有一个发达的债券市场。

(二)债券发行市场

债券发行市场又称一级市场、初级市场,它是将新发行的债券从发行人手中转移到初始投资者手中的市场。其基本功能是将政府债券、金融机构和工商企业为筹集资金而发行的债券分散发行给投资者。债券发行市场由发行人、认购人、中介机构和管理者组成。

1. 债券发行市场的参与者

(1)发行人。即资金的需求者。在债权债务关系中称为债务人,资金需求者对外筹集资金主要通过两条途径:向商业银行借款和发行证券,即间接融资和直接融资。随着市场经济的发展,发行证券已成为资金需求者最基本的筹资手段。发行人主要是政府、金融机构和工商企业等。

(2)认购人。即债券的投资者,是指以取得利息或资本收益为目的而买入债券的机构或个人,他们是市场上资金的供应者和债券需求者,在债权债务关系中称为债权人。我国债券市场的认购人主要有:特殊结算成员,包括中国人民银行、财政部、政策性银行、交易所、中央国债公司和中国证券登记结算公司等机构;商业银行;信用社;非银行金融机构;非金融结构;个人投资者以及其他市场参与者等。

(3)中介机构。在债券发行市场上的中介机构主要是指那些为债券发行提供服务的机构,包括投资银行、会计师事务所、律师事务所、资产评估事务所等为债券发行与投资服务的中介机构。它们是发行人和认购人之间的中介,在发行市场占有重要地位。

(4)管理者。债券发行市场上的管理者的一项重要职能就是对发行市场进行监督管理,包括债券的募集发行以及买卖等经营行为,维护债券市场的正常秩序。

2. 债券的发行价格与发行方式

债券的发行价格就是债券发行人将债券公开销售给投资人所采用的价格。债券的发行价格分为三种:一是按票面值发行,称为平价发行,我国目前发行的债券大多数是这种形式;

二是低于票面值的价格发行,称为折价发行,折价发行的债券又称贴水债券或无息债券,发行价格与票面值之间的差额就是债券利息;三是以高于票面值的价格发行,称为溢价发行。债券的发行者可根据市场利率和市场供求状况来决定债券的发行价格。

债券的发行方式有两种:一种是公募发行,又称公开发行,它是由承销商组织承销团将债券销售给不特定的投资者的发行方式。公募发行的优点是面向公众投资者,发行面广,投资者众多,任何合法投资者都可以认购,因此,这种发行方式筹集的资金量大,债权分散,不易被少数大债权人控制,发行后上市交易也很方便,流动性强。但是公募发行的要求较高,手续复杂,需要承销商参与,而且发行时间长,费用较私募发行高。另一种是私募发行,又称不公开发行或定向发行,即面向少数特定投资者发行债券的一种发行方式。私募发行有时不需要承销商参与,由债券发行人与某些机构投资者,如金融机构、人寿保险公司、养老基金直接接触,洽谈发行条件和其他具体事务。与公募发行相比,私募发行手续简便、发行时间较短,且效率高,投资者通常事先已确定,可不必担心发行失败,因而对债券发行者比较有利,但私募发行的债券一般流动性比较差,所以投资者要求其提供的债券比公募发行的债券具有更高的收益率。

(三)债券流通市场

债券流通市场又称二级市场或次级市场,是指已发行债券买卖转让的市场。债券一经认购,就确定了一定期限的债权债务关系,但通过债券流通市场,投资者可以转让债权,把债券变现。

1. 债券流通市场的组织形式

(1)场内交易市场——证券交易所。证券交易所(stock exchange)是证券买卖双方公开交易的场所。是一个有组织、有固定地点、集中进行证券交易的市场,在证券交易所内买卖债券所形成的市场,就是场内交易市场,它是整个证券市场的核心。如我国的上海证券交易所和深圳证券交易所。证券交易所本身并不买卖证券,也不决定证券的价格,而是为证券交易提供一定的场所和设施,配备必要的管理和服务人员,并对证券交易进行周密的组织和严格的管理,为证券交易顺利进行提供一个稳定、公开、高效的市场。

(2)场外交易市场。由于进入证券交易所交易的必须是符合一定上市标准的证券,并经过交易所的会员才能买卖,为此,还要向经纪会员交付一定数额的佣金,因而为规避严格的法律条件,降低交易成本,在资本市场发达的国家,场外交易市场便应运而生了。所谓场外交易市场是在证券交易所以外进行债券交易的市场。它没有固定的、集中的交易场所,而是由许多各自独立经营的证券经营机构分别进行交易的,并且主要是依靠电话、电报、电传和计算机网络联系成交。在场外交易市场上,债券买卖采取一对一交易方式,由交易双方协商议价,因而也就不存在公开的竞争机制。柜台市场是场外交易市场的重要组成部分。许多证券经营机构都设有专门的证券柜台,通过柜台进行债券买卖。在柜台市场中,证券经营机构既是交易的组织者,又是交易的参与者。此外,按市场细分化原则,场外交易市场还包括第三市场和第四市场。所谓第三市场是指那些已经在证券交易所上市交易的证券却在交易所以外进行交易而形成的市场;第四市场是指证券交易不通过经纪人进行,而是通过电子计算机网络直接进行大宗证券交易的场外交易市场。

2. **债券的交易价格**

债券发行后,一部分可流通债券在流通市场上按不同的价格进行交易。债券交易价格是指债券在流通市场上的买卖价格。反映在行情表上主要有开盘价、最新价、最高价、最低价、收盘价等。在一天的交易中,最高的成交价为最高价、最低的成交价为最低价;当天开市的第一笔交易价为开盘价,闭市前的最后一笔成交价为收盘价。从理论上讲,债券的票面值、票面利率、市场利率、偿还期限是决定债券交易价格的主要因素。以最通常的定期付息、到期还本债券为例,计算其交易价格的理论公式为

$$Pb=C/(1+r)+C/(1+r)^2+C/(1+r)^3+\cdots+C/(1+r)^n+F/(1+r)^n$$

式中,C 为票面年利率;F 为债券的面值;n 为距到期日的年限;r 是当期市场利率。

实际上,这个公式就是以前讲过的计算到期收益率的公式。

从债券交易价格的理论公式可以看出,市场利率的变动是引起债券价格波动的关键因素,因为票面值、票面利率、偿还期在债券发行时就被确定了,通常来说,当市场利率等于债券的票面利率时,债券的交易价格将等于其面值;当市场利率高于债券的票面利率时,债券的交易价格将低于其面值;当市场利率低于债券的票面利率时,债券的交易价格将高于其面值。由此可见,市场利率上升将导致债券交易价格下跌,市场利率下降将导致债券交易价格上升,二者成反向相关。此外,随着债券到期日的接近,债券的交易价格会越来越接近其面值,直至到期日,债券的交易价格将等于债券的面值。

当然,现实市场交易中债券的实际交易价格并不一定等于用上述公式计算的理论价格,有些时候二者还有可能差距很大,因为在现实的债券交易中,影响债券交易价格的因素多种多样,比如债券的供求状况、人们对未来通货膨胀率和货币政策的预期、一国政治经济形势的变化等。所有这些,都会影响到债券的实际交易价格。在假定这些因素都不变的情况下,投资者可以根据某一债券实际与理论教义的差异,来决定是否应该买入或者卖出该种债券,以从中获利。

3. **债券收益率的衡量指标**

由于债券本身没有价值,仅仅是持有者取得收益的法律凭证,因此,人们投资债券的直接目的在于获得债券收益。一般情况下,衡量债券收益率的指标有:名义收益率、现时收益率、持有期收益率和到期收益率等指标。

(1)名义收益率。即债券的票面收益率,它是债券的票面年收益与票面值的比率。它是衡量债券收益最简单的一个指标。

计算公式为

$$名义收益率=票面年利息\div票面值\times100\%$$

例4.3　假设某公司发行的债券的票面值为100元,偿还期为5年,年息为6元,则该债券的名义收益率为6%。

(2)现时收益率。即债券的票面年收益与当期市场价格的比率。

计算公式为

$$现时收益率=票面年利息\div当期市场价格\times100\%$$

例4.4　假设某公司发行的债券的票面值为100元,偿还期为5年,年息为6元,若债券的市场价格为105元,则该债券的现时收益率为5.71%。

现时收益率＝票面年利息÷当期市场价格×100%＝6÷105×100%＝5.71%

需要说明的是，债券现时收益率只是部分反映了债券的收益，因为这一指标只反映了利息收益，而没有考虑当期买入价格与未来卖出价格之间的差异，即没有考虑资本利得（卖出价格大于买入价格的差额）或资本利失（买入价格小于卖出价格的差额）。

（3）持有期收益率。即从买入债券到卖出债券之间所获得的收益率。在此期间的收益不仅包括利息收益，还包括债券的买卖差价。

计算公式为

持有期收益率＝[（卖出价－买入价）÷持有年数＋票面年利息]÷买入价格×100%

在上述公式中，只是将买卖差价带来的资本利得或资本利失简单地平均到每年中，而没有考虑更复杂的利得或利失的利息等。

例4.5　假设某公司发行的债券的票面值为100元，偿还期为5年，年息为6元，投资者以105元的价格买入了此债券，且一直持至到期日，则他只能收回100元的本金额，造成5元的资本利失。如果他是在债券发行后1年买入的，则他4年的资本利失为5元，平均每年为5÷4＝1.25元。如果将资本利失与票面年利息收入一同考虑，可得出债券的持有期收益率。

持有期收益率＝[（100－105）÷4＋6]÷105×100%＝4.52%

（4）到期收益率。即采用复利法计算的以当期市场价格买入债券持有到期能够获得的收益率，是衡量债券收益率最重要的指标。其计算公式前面已经介绍过，此处不再赘述。

4.债券投资的风险与信用评级

（1）债券投资的风险。我们知道，债券投资有收益，但同时也有风险。债券投资的风险是指债券投资者不能获得预期收益的可能性。主要包括：利率风险、价格变动风险、通货膨胀风险、违约风险、流动性风险、汇率风险等。

①利率风险。即由于市场利率的变动而给债券收益带来的不确定性就是债券的利率风险。如前所述，由于债券的交易价格与市场利率呈反向变动，在市场利率升高时，债券的价格往往会下降，如果投资者此时卖出债券可能会有资本损失。

②价格变动风险。由于债券的市场价格常常变化，难以预料，当债券市场价格的变化与投资者的预测一致时，会给投资者带来资本的增值；否则，投资者的资本将遭受损失。

③通货膨胀风险。投资债券的实际收益率＝名义收益率－通货膨胀率。当通货膨胀发生时，债券的实际收益率会下降。因此，投资于固定利率债券将面临通货膨胀的风险较大，特别是在通货膨胀无法预期的情况下。

④违约风险，是指债券的发行人不能按时还本付息而给投资人带来损失的可能性。对个人投资者来说，靠其自己的力量识别违约风险往往很难，信用评级机构对债券的信用评级就是为投资者正确识别和评价违约风险提供一个相对客观的标准。一般来说，国债的违约风险最低，金融债券次之，企业债券风险相对较大。因此，通常情况下，违约风险越高，债券投资者要求的投资收益率也越高。

⑤流动性风险。债券的流动性是指其变现能力的强弱。当投资者需要货币，需将其手中持有的债券转让出去，其可能面临流动性风险。这种风险体现在，由于各种原因，市场中

无人愿意购买该债券，或者即使有人购买，但价格较低，有可能使投资者损失本金。

⑥汇率风险。当债券的本金或利息的支付币种是外国货币时，投资者就会面临汇率变动风险，由于汇率变动引起的风险称为汇率风险。

综上所述，影响债券投资的风险可以分为系统性风险和非系统性风险。前者是指由于全局性的共同因素引起的投资收益的可能变动，这种因素会以同样的方式对所有证券的收益产生影响，如利率风险、通货膨胀风险等；后者是指由某一特殊的因素引起，只对个别或少数证券的收益产生影响的风险，如违约风险，流动性风险等。因此，在进行债券投资时，对系统性风险的防范，就要根据不同的风险类别采取相应的防范措施，最大限度避免风险对债券价格的不利影响；而对非系统性风险的防范，最主要的是通过投资分散化来降低风险。

(2)债券的信用评级。债券的信用评级是指由专门的信用评级机构对各类企业和金融机构发行的债券按其按期还本付息的可靠程度进行评估，并标示其信用程度的等级。国债由于有政府信用担保，因此，国债通常不参与债券的信用评级。之所以要对债券进行信用评级，主要出于以下两个原因：一是方便投资者进行债券投资决策。二是可以减少信誉高的发行人的筹资成本。

目前，国际上公认的最具权威性的信用评级机构，主要有美国标准普尔公司和穆迪投资者服务公司。两家机构信用等级划分大同小异，标准普尔公司信用等级标准从高到低可划分为：AAA 级、AA 级、A 级、BBB 级、BB 级、B 级、CCC 级、CC 级、C 级和 D 级(表 4.1)，穆迪投资服务公司信用等级标准从高到低分为：Aaa 级、Aa 级、A 级、Bbb 级、Bb 级、B 级、Ccc 级、Cc 级、C 级和 D 级。两家公司的前四个级别债券信誉高，风险小，是"投资级债券"，从第五级开始以后的债券信誉低，是"投机级债券"。

我国目前的债券信用评级还处在发展的初级阶段。近几年随着我国债券市场，尤其是企业债券市场，对债券信用评级的需求日益提升，必将促进我国债券信用评级机构的发展和债券信用评级水平的提高。

表 4.1 标准普尔公司信用等级标准

信用等级	评　述
AAA	清偿能力很强，风险很小
AA	清偿能力较强，风险小
A	清偿能力强，有时会受经营环境和其他内外部条件不良变化的影响，但风险较小
BBB	有一定的清偿能力，但易受经营环境和其他内外部条件不良变化的影响，风险程度一般
BB	清偿能力较弱，风险相对较大，对经营环境和其他内外部条件变化较为敏感，容易受到冲击，具有较大的不确定性
B	清偿能力较弱，违约可能性较"BB"高，风险相对越来越大，对经营环境和其他内外部条件变化较为敏感，容易受到冲击，具有较大的不确定性
CCC	清偿能力弱，风险相对越来越大，对经营环境和其他内外部条件变化较为敏感，容易受到冲击，具有较大的不确定性
CC	清偿能力很弱，违约的可能性较高。风险相对越来越大，对经营环境和其他内外部条件变化较为敏感，容易受到冲击，具有很大的不确定性
C	濒临破产，债务清偿能力极低
D	为破产倒闭的机构

二、股票市场

股票市场是资本市场的另一基本形态和重要组成部分。与债券市场一样，股票市场也由发行市场和流通市场组成。

（一）股票发行市场

股票发行市场是指股份有限公司直接或通过中介机构向投资者出售新发行股票的市场。当一家股份公司刚刚成立需要通过发行股票筹集股本金，或者一家老的股份公司因业务发展需要增发股票，它们都在股票发行市场上进行运作。

1. 股票的发行方式

与债券的发行方式相同，股票的发行方式也有公募发行和私募发行两种形式。另外，股份有限公司在增发股票时，还可以采取优先认购股权方式，也称配股，它给予现有股东以低于市场价值的价格优先购买一部分新发行的股票。其优点是发行费用低并可维持现有股东在公司的权益比例不变。在认股权发行期间，公司设置一个除权日，在这一天之前，股票带权交易，即购的股票同时也取得认股权；而除权日之后，股票不再附有认股权。

2. 公开发行股票的运作程序

私募发行股票的运作程序比较简单，是以特定的少数投资者为对象发行证券的一种方式。私募发行的对象主要包括个人投资者和机构投资者。私募发行不受公开发售的规定和条件的约束，因而各种规模的信用水平的公司都可以通过进入私募市场来满足自身的资金需求。公开发行股票的程序要复杂得多。

（1）选择承销商。公开发行股票一般都需要承销商的参与。投资银行通常充当承销商这一角色。承销商的作用主要有：与发行人就有关发行方式、日期、发行价格、发行费用等内容进行磋商，达成一致；编制向主管机构提供的有关文件；在股票发行数量很大时，组织承销团，筹划组织召开承销会议，承担承销团对发行股票的管理，协助发行人申办有关法律方面的手续；向认购人交付股票并清算价款，包销未能售出的股票，做好发行人的宣传工作和促进其股票在流通市场的流动性；其他跟进服务，如协助发行人筹谋新的融资方式或融资渠道等。

（2）准备招股说明书。招股说明书是股份有限公司公开发行股票计划的书面说明，是投资者决定是否购买该股票的主要依据。招股说明书包括公司的财务信息和公司经营历史的陈述，高级管理人员的状况，筹集目的和使用计划，公司内部悬而未决的问题如诉讼等。

（3）发行定价。发行定价是股票发行的一个关键环节。定价过高，会使股票的发行数量减少，进而使发行公司不能筹到所需资金；定价过低，发行公司则会蒙受损失。与债券发行价格一样，股票发行价格主要有平价发行、溢价发行和折价发行三种。所不同的是在股票发行中，由于平价发行会减少公司筹资数量，一般不为实力雄厚的大公司所采用，常常是不知名的小公司或在资本市场不发达时期采用；另外，由于股票溢价发行可以使发行人获得一定量的资本公积金，所以大多数公司发行股票都采用溢价发行方式；第三，根据我国《公司法》第 131 条规定，股票发行价格可以按票面金额，也可以超过票面金额，但不得低于票面金额。

（4）认购与销售股票。股票发行公司完成准备工作后，即可按照约定的方案发售股票。承销商销售股票时有包销和代销两种方式。包销是指承销商将发行人的股票按照协议全部购入或者在承销期结束时将售后剩余股票全部自行购入,再将其转卖给投资者的发行方式。包销发行方式中,承销商承担很大的风险,因而需要较高的承销费用。代销是指承销商代理股票发行公司发行股票,在合同规定的承销期内,承销商按规定的发行条件,推销股票,在承销结束时,将未售出的股票全部退还给发行公司的股票发行方式。在代销方式中,承销商不承担销售风险,因此代销佣金较低。

(二)股票的流通市场

公开发行的股票可以在股票的流通市场上进行转让。股票流通市场主要包括证券交易所和场外交易市场。

1. 证券交易所

(1)股票上市交易。公开发行的股票达到一定的条件后可以进入证券交易所进行交易,这种行为通常被称为股票上市交易,相应的股份公司被称为上市公司。股票的上市交易可以提高上市公司的声望和知名度,提高股票的流动性。各国的证券管理机构或证券交易所对股票上市都有相应的规定。《中华人民共和国证券法》第四十三条至第五十七条对股票上市的条件也做了详细的规定,并列出了暂停和终止股票市场的各种情形。

股票市场的一般程序通常为:股份公司达到上市条件后由保荐人保荐,向证券交易所提出上市申请,用证券交易所设立的上市委员会对上市申请进行审议。审议通过后,股票发行公司要与证券交易所签订上市协议书,并将股东名册送交证券公司或证券登记公司备案。之后,其股票可以进入证券交易所挂牌交易。股票投资者要进入证券交易所参与上市股票交易,要求与债券交易相同,在此不再赘述。

(2)股票价格指数。股票价格指数(share price index)是反映股票价格水平变动综合情况的指标。在一个国家或地区,股票种类很多,各种股票价格都不相同,而且经常变动。为了反映股票价格的总水平,掌握股票和经济的变化趋势,世界各大金融市场、证券交易所一般均编制股票价格指数,从而为社会提供信息。

股票价格指数通常以某一年为基期,并以基期的样本股票价格为100,用以后各时期的样本股票价格和基期价格相比较,就是该时期的价格指数。编制方法基本上有两种,即简单平均法和加权平均法。

简单平均法是不考虑样本股票各自的发行量或成交量而将选定的样本股票一样看待,其计算公式为

$$\text{股票价格指数} = (\sum \text{每种股票报告期价格} / \sum \text{每种股票基期价格}) \div \text{样本股票数} \times 100\%$$

加权平均法是在计算股票指数时,以各样本股的报告期(或基期)发行量或成交量为权数加以计算,计算公式为

$$\text{股票价格指数} = [\sum(\text{每种股票报告期价格} \times \text{该股票报告期发行量或成交量})] / [\sum(\text{每种股票基期价格} \times \text{该股票基期发行量或成交量})] \times 100\%$$

目前,世界上比较著名的股票价格指数有美国的道·琼斯股价指数和标准·普尔股价指数,英国的《金融时报》股价指数,日本的日经225股价指数,中国香港的恒生股价指数等,在我国,上海和深圳证券交易所每日都要分别编制和发布“上证股价指数”和“深证股价指数”,2012年6月6日,央视财经50指数在深圳证券交易所正式发布,指数简称央视50,

代码399550,指数挂牌当日开盘点位是3 402.72点。

(3)股票交易价格。在不同的交易制度下,股票交易价格的决定方式不同。目前,证券交易所采取两种基本的交易制度:即做市商交易制度和竞价交易制度。

做市商交易制度(报价驱动制度):是指证券交易的买卖价格均由做市商给出,证券买卖双方并不直接成交,而是向做市商买进或卖出证券。做市商的利润主要来自买卖差价。做市商要根据买卖双方的需求状况、自己的存货水平以及其他做市商的竞争程度来不断调整买卖报价,直接决定了价格的涨跌。

竞价交易制度(委托驱动制度):是指买卖双方直接进行交易或将委托通过各自的经纪商送到交易中心,由交易中心进行撮合成交。目前,我国的证券交易所实行的是竞价交易制度,交易过程与债券交易相同。

(4)股票价值评估。证券交易所中的股票交易价格似乎变化莫测,股份公司的经营状况、市场利率、政府的经济政策、投资者的心理变化、甚至天灾人祸等诸多因素的变化都会引起股票交易价格的波动。但无论股价如何波动,从总体来说,股票市场交易价格总是围绕着股票的内在价值在一定的区间内上下波动。股票市场中,人们之所以卖出自己手中持有的股票,通常是认为该股票的价值被高估了,而买入某只股票的,通常是认为该股票的价值被市场低估了。正是由于投资者对错估股票的持续不断的寻找,才使股票市场维持着持续性的交易。由此可见,对股票内在价值的评估,是投资者制定正确投资选择的基础。股票内在价值又称股票的理论价值或真实价值,是考虑了股份公司未来盈利能力,将股票未来收入进行折现的现值。评估一只股票内在价值最通常的方法是现金流贴现法和市盈率估值法。

现金流贴现法是从股票内在价值定义出发演绎出来的一种评估方法:由于投资股票的目的是为了在未来取得投资收益,那么,未来可能形成收益的多少就在本质上决定了股票内在价值的高低。因此,用现金流贴现法评估一只股票内在价值的基本公式为

$$P_s = D_1/(1+r) + D_2/(1+r)^2 + D_3/(1+r)^3 + \cdots = \sum_{i=1}^{t} [D_t/(1+r)^t]$$

式中,D_t 为第 t 年的股息红利;r 为与股票风险相匹配的贴现率;P_s 为股票的内在价值。

由公式可见,用现金流贴现法评估股票内在价值首先需要估计投资一只股票未来每年能够获得的股息与红利,其次需要选择与该股票风险匹配的贴现率。用现金流贴现法评估出股票的内在价值,将此内在价值与股票的现期市场价格进行对比,如果现期市场价格低于内在价值,则将来该只股票的市场价格可能会上涨,现在就可以买入;反之,就可以卖出。

市盈率估值法是一种相对简单的评估股票内在价值的方法。市盈率是股票的每股市价与每股盈利的比率,计算公式为

市盈率=每股市价÷每股盈利

而我国几家大的证券报刊在每日股市行情报表中都附有市盈率指标,其计算方法为

市盈率=每股市价÷上一年每股税后利润

作为评估股票价值的一种方法,上式可转换为

股票价格=预期每股盈利×市盈率

由此可见,如果可以找到一个能够参照的合理的市盈率,再乘以预期的每股盈利水平,就可以简便地评估出一只股票的价值。对投资者来说,由于市盈率在很大程度上反映着股票价格与其盈利能力的偏离程度,因此,可依据市盈率的高低进行股票投资的选择。通常情况下,如果一只股票的市盈率太高,可能意味着该股票的价格较大地高于其价值,此时需要

卖出该股票;相反,如果一只股票的市盈率过低,可能意味着该只股票的价值被低估,此时可以买入该股票。事实上,这种判断并不绝对,因为影响股票市盈率的因素主要包括:首先,市盈率与行业有关,不同的行业,由于其成长性不同,市盈率也不同,比如高科技、新能源产业的市盈率要比基础设施行业的市盈率高;其次,在同一行业中,不同股票的市盈率也不同,同行业中拥有更多自主产权,拥有更多定价权,具备更大成长性的公司,其股票应该具有更高的市盈率。因此,确定一只股票的市盈率,可先根据该公司所处行业的平均市盈率,再依据该公司在其行业中的地位来测算。

(5)股票交易方式。在证券交易所里,股票的交易方式主要有现货交易、期货交易、期权交易和信用交易。

①现货交易。是指股票买卖成交后,交易双方在1~3个交易日内办理交割手续的交易方式。它是股票交易中最古老的交易方式。最初的股票交易都采用这种方式进行。现货交易的特点是:第一,成交和交割基本上同时进行。第二,是实物交易,即卖方必须实实在在地向买方转移证券,没有对冲。第三,在交割时,购买者必须支付现款。第四,交易技术简单,易于操作,便于管理。

②期货交易。期货交易是相对于现货交易而言的,在期货交易中,股票买卖双方就买卖股票的数量、成交的价格及交割时间达成协议,但双方并不马上进行交割,而是在规定的时间履行交割,买方交付款项,卖方交付股票。

③期权交易。实际上是一种选择权交易,规定期权的买方在支付一定的期权费后,其有权在一定期限内按交易双方所商定的协议价格购买或出售一定数量的股票。对期权的买方来说,可以在规定的期限以内任何时间(美式期权)或期满日(欧式期权)行使其购买标的资产的权利,也可以不行使这个权利,任其选择;而对期权卖方来说,只有履行合约的义务,而没有不履行合约的权利。

在期权交易中,应重点考虑一下三个方面的因素:一是期权的期限,即期权的有效期。它是期权交易的重要内容,一般为三个月左右,各交易所对此都定有上限;二是交易股票的种类、数量和协议价格;三是期权费,也称保险费,是指期权的价格。

期权交易最显著的特点表现在:第一,交易的对象是一种权利,一种关于买进或卖出股票的权利,而不是任何实物。这种权利具有很强的时间性,它只能在合约规定的有效期内行使,超出规定期限,就被视为自动弃权而失效。第二,交易双方享有的权利和承担的义务不一样。对期权的买入者,享有选择权,他有权在规定的时间内,根据市场情况,决定是否执行合约。第三,期权买方的风险较小。对期权的买方来说,利用期权交易进行股票买卖其最大的风险不过是购买期权的费用。

④信用交易。信用交易又称垫头交易或保证金交易,是指股票的买方或卖方通过交付一定数额的保证金,得到证券经纪人的信用而进行的股票买卖。各国因法律规定不同,保证金交易的数量各异,大约在30%。我国股票市场酝酿多时的“融资融券”业务实际上就是信用交易。

2. 场外交易市场

场外交易是相对于证券交易所交易而言的,凡是在证券交易所之外的股票交易活动都可以称为场外交易。由于这种交易起先主要是在各证券商柜台上进行的,因而也称为柜台交易。股票的场外交易与债券的场外交易基本相同,此处不再重复。

(三)股票投资分析

为在股票投资中规避风险,获取更大收益,投资者需要对股票投资进行分析,其内容主要包括基本面分析和技术分析两部分内容。

1. 基本面分析

对股票投资基本面分析可从宏观经济分析、行业分析和公司分析三个方面进行。

(1)宏观经济分析。股票市场是一国宏观经济运行的晴雨表。其原因在于:首先,股票市场的表现是宏观经济的先行指标,股票市场的行情、走势会提前反映宏观经济的运行趋势;其次,宏观经济的走向又决定股票市场走势。而且宏观经济因素是决定股价的最基本因素,一些非经济因素可以暂时改变股票市场的中期和短期走势,但改变不了股票市场的长期走势。投资者要想在股票市场中得到理想的收益,就应该了解宏观经济的走势和国家的宏观经济政策。

(2)行业分析。行业是由许多企业构成的群体,对行业分析可以更好地为企业分析奠定基础。正如当宏观经济处于萧条时期时处于其中的行业不可能获得好发展的道理一样,在某个行业陷入困境时,其中的一个公司也很难创造出惊人的业绩。更何况由于各国之间的经济状况千差万别,因此,在不同行业间可能会有各不相同的发展业绩。上市公司所属的行业与股票价格变化有着密切关系。

因为行业所处的生命周期的位置制约或决定着企业的生存和发展。如果一个行业处于衰退期,则属于这个行业中的企业,尽管资金雄厚,经营管理能力强,但都摆脱不了其阴暗的前景。如果只进行企业分析,虽然投资者可以知道某个企业的经营和财务状况,但不能知道其他同类企业的状况,因此,也就无法通过横向比较了解该企业在同行业中的位置。

(3)公司分析。投资上市公司的股票,不仅要了解宏观经济的运行状况,国家的宏观经济政策、产业政策,了解所投资公司所处的行业位于行业生命周期的阶段,更要了解所投资公司的全面信息。作为一个上市公司,如果没有竞争力,即使处于很好的行业也是徒劳的。通过分析公司的客户、供应商、竞争者、潜在对手、替代品等基本竞争力量,并分析公司的基本财务数据,才能对上市公司的基本面做出综合评价,为股票投资提供前提。

2. 技术分析

(1)技术分析的理论基础。技术分析是通过分析证券市场的市场行为,对市场未来的价格变化趋势进行预测的研究活动。其目的就是预测市场的价格未来的趋势。技术分析的理论基础主要是三大假设,即市场行为包含一切信息、价格沿趋势波动并保持趋势和历史会重演。

市场行为包含一切信息这一假设是进行技术分析的基础。其主要思想就是认为任何一个影响证券市场的因素,最终都必须体现在股票价格的变动上。如果不承认这一假设前提,技术分析所做的任何结论都将是无效的。

价格沿趋势波动这一假设是进行技术分析最根本、最核心的条件。其主要思想是股票价格的变动是按一定规律进行的,股票价格有保持原来方向运动的惯性。既然股票价格有趋势,则股票投资应顺势而行。

历史会重演这一假设是从人的心理因素方面考虑的。在证券市场中,一个人在某种情况下按一种方法进行操作取得成功,那么日后当遇到相同或相似的情况时,他就会按同一方法进行操作;如果失败了,以后就不会按前一次的方法操作。即证券市场的某个市场行为给投资者留下的阴影或快乐是会长期存在的。

(2)技术分析的方法。技术分析最基本的出发点就是从不同角度对市场进行分析,寻找和发现其中不直接显露的实质内容。股票技术分析是运用市场每日波动的价位,包括每日开盘价、最高价、最低价、收盘价和成交量等数据,通过图表的方式表示这些价位走势,从而推测股价未来的走向。由于侧重点和观测角度不同,技术分析的研究方法也就不同。

按目前市场流行的说法,技术分析方法大致可以分为技术指标法、切线法、形态法、K 线图、波浪法和周期法等。下面就上述技术分析法做一简单介绍:

①技术指标法。技术指标法是要考虑市场行为的各个方面,建立一个数学模型,给出数学上的计算公式,对股票交易中的原始数据进行处理,得出相应的技术分析指标,将该指标的值绘成图表,用定量的分析方法对股价走势进行预测,就是股票技术分析中的指标分析方法。股票交易中的原始数据就是股票的开盘价、最高价、最低价、收盘价、成交量和成交金额等。

一般情况下,在股票交易中,常用的技术指标有:平滑异同移动平均线指标(MACD)、随机指标(KDJ)、容量比率指标(VR)、相对强弱指标(RSI)、心理线(PSY)等。这些都是常用的技术指标,在市场中被广泛应用。随着时间的推移和人们认识事物能力的提高,还将涌现出新的技术指标。

②切线法。切线法是指按照一定的方式和原则在根据价格数据绘制的图表中画出一些直线,然后根据这些直线的情况推测出证券价格的未来走势,这些直线就是切线。切线主要起分析价格支撑和压力位置的作用,因而也被称为支撑线或压力线。一般说来,价格从下向上抬升的过程中触及压力线,甚至远未触及,就会调头向下;如果压力线被突破,则是价格继续上涨的标志。

目前,画切线的方法有很多种,著名的有趋势线、通道线、黄金分割线、甘氏线和速度线等。

③形态法。股价运动有按趋势发展的规律,并且类似情况会重复出现,可以通过过去和现在的股价资料分析预测股价的变动方向。其中重要的方法之一是把过去和现在的股价变动数据在以时间(可取一个固定的时间段,如 1 天、1 周、1 月、1 年或者 5 分钟、1 小时等)为横轴,以股价为纵轴的平面直角坐标系上,以股价图形的形态分析未来趋势。

著名的形态有双顶(M 头)、双底(W 底)、头肩顶底、反三角形和 V 字形等多种。

④K 线图。K 线源于日本,又名日本线。由于形状如蜡烛,又有人称之为蜡烛线。K 线记录的是一只股票一定时段的价格波动情况。K 线是由影线和实体组成的一个柱状的线条。影线在实体上方的部分称为上影线,下方的部分称为下影线。实体分为阳线和阴线两种。上影线、下影线及中间实体部分,分别用来表示当天的最高价、最低价以及开盘价、收盘价,如果当日收盘价高于开盘价则 K 线实体部分为空白或填以红色;如果当日收盘价低于开盘价则 K 线实体部分为黑色或蓝色。实体线为白色或红色时称为阳线,实体线为黑色或蓝色时称为阴线。单独一天的 K 线形状有 12 种,如图 4.1 所示。

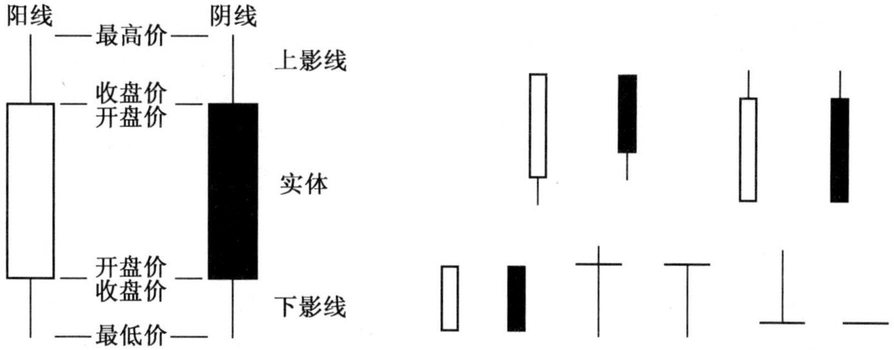

图 4.1　K 线形状

⑤波浪法。波浪理论是把股价的上下波动和波动的持续看成与波浪的上下起伏一样，遵循波浪起伏的规律。简单地说，推动浪和调整浪是价格波动两个基本形态，推动浪（即与大市走向一致的波浪也称主浪）可以再分割成 5 个小浪，一般用第 1、2、3、4、5 浪来表示；调整浪划分成三个小浪，通常用 A、B、C 浪表示，推动浪是波动的主体，调整浪是对推动浪的补充。8 个波浪（5 上 3 落）完毕之后，一个循环即告完成，走势将进入下一个 8 波浪循环。时间的长短不会改变波浪的形态，即波浪可以拉长，也可以缩短。数清楚了每个浪就能准确地预见到跌势已经接近尾声，牛市即将来临；或者牛市已经到了强弩之末，熊市将不可避免。

⑥周期法。循环周期理论认为，股价高点和低点的出现时间上存在一定的规律性。正如事物有发展周期一样，股价的上升和下降也存在某些周期性特征。如果投资者掌握了股价高低出现时间上的规律，对证券的实际交易就会有一定的帮助。

三、投资基金市场

（一）投资基金与投资基金市场

投资基金（investment fund）是通过发行基金份额或收益凭证，将众多投资者分散的资金集中起来，由专业管理人员分散投资于股票、债券或其他金融资产，投资者按出资比例分享收益并承担风险的一种融资活动。

投资基金市场是指各类基金的发行、赎回及转让所形成的市场。

（二）投资基金的特点

投资基金体现了基金持有人与管理人之间的一种信托关系，是一种间接融资工具。具体来看，它有以下特点：

1. 组合投资、分散风险

投资基金通过汇集众多中小投资者的小额资金，形成雄厚的资金实力，可以将资金分散投资到多种证券或资产上，通过有效组合最大限度地降低非系统风险。

2. 集中管理、专业理财

与普通投资者相比，基金资产由专业的基金管理公司负责管理，基金管理公司配备了大量的投资理财专业人员，它们不仅掌握了广博的投资组合理论知识，而且在投资领域也积累了相当丰富的经验，可以更好地抓住资本市场的投资机会，创造更好的收益。

3. 利益共享、风险共担

证券投资基金实行“利益共享,风险共担”的投资原则。基金投资者是基金所有者,基金投资收益在扣除由基金承担的费用后的盈余全部由基金投资者所有,并依据各投资者所持有的基金份额比例进行分配。同样,投资风险也由基金投资者承担。为基金提供服务的基金托管人,基金管理人只能按规定收取一定的托管费、管理费,并不参与基金收益的分配。

(三)投资基金的种类

1. 按组织形式和法律地位不同,可将投资基金分为契约型基金和公司型基金

契约型基金又称为信托型基金,是依据一定的信托契约而组织起来的基金,其活动属于代理投资行为。契约型基金的参与人有四方,即基金管理人、基金托管人、投资人和基金承销人(此部分内容,可参见投资基金的机构设置)。

公司型基金是依公司法成立,通过发行基金股份或受益凭证的方式来筹集资金并将资金投资于各种有价证券。公司型基金与股份有限公司类似,投资者通过购买该公司的股份而成为基金公司的股东并以股份比例承担风险、享受收益。并由股东选举董事会,由董事会选举公司的总经理,由总经理负责管理基金公司的业务。公司型基金主要存在于美国。

2. 按投资运作和变现方式的不同,可将投资基金分为开放式基金和封闭式基金

开放式基金是指基金管理公司在设立基金时,发行的基金单位份额不固定,基金总额也不封顶,可根据经营策略和实际需要连续发行的基金。投资者可随时购买基金单位,也可以随时将手中持有的基金单位在基金管理公司设定的内部交易营业日内转卖给基金管理公司。购买和赎回基金单位的价格以基金的净资产值为基础计算。

封闭式基金是指基金管理公司在设立基金时,限定了基金的发行数额,在初次发行达到预定发行计划后,基金即告完成,并进行封闭,在一定时期内不再追加发行新的基金单位。在基金封闭期限内投资者不得向基金管理公司提出赎回,只能寻找在二级市场上挂牌转让。

3. 按投资基金投资对象不同,可分为股票基金、债券基金、货币基金、衍生基金、对冲基金、套利基金等

股票基金是投资基金中最原始、最常见、最基本的一种,它以股票为投资对象。它的投资目标以追求资本成长为主,但也必须面对股票价格波动的风险。股票基金可进一步划分为优先股基金、普通基金和专门基金。优先股基金是一种可获取收益和风险较小的股票基金,以各公司发行的优先股为投资对象,收益分配主要是股利;普通基金以追求资本利得和长期资本增值为投资目标,基金大部分资本投资于普通股,只有少部分投资于短期政府债券或商业票据,以方便资本周转或适应投资机会变化;专门基金也称次级股票基金,是将基金资产投资于某些特定行业股票上,风险较大,但可能具有较好的潜在收益。

债券基金,即基金的投资对象是债券,它是基金市场上规模仅次于股票基金的另一种重要品种,其收益较低、较稳定。债券基金定期分红派息,适合于稳定收益的投资者。

货币基金是货币市场上从事短期有价证券投资的一种基金。它的投资对象是国库券、可转让大额定期存单、商业票据、公司短期债券等。在基金市场上,货币基金属于低风险的安全基金,具有避风港作用,具有本金保值和长期收入两大主要优点。

衍生基金,即投资于衍生金融工具,包括期货、期权、互换等,并利用其杠杆比率进行交易的基金。

对冲基金又称套期保值基金,是在金融市场上进行套期保值交易,利用现货市场和衍生市场对冲的基金。这种基金能最大限度地避免和降低风险,因而也称避险基金。

套利基金是在不同的金融市场上利用其价格差异低买高卖进行套利的基金,也属于低风险稳回报基金。

4. 按投资目的不同,投资基金可分为成长型基金、收入型基金和平衡型基金

成长型基金是以追求资本的长期增值为目标的投资基金,主要投资于具有良好发展潜力,但目前盈利水平不高的企业股票,即主要投资于成长性好的股票。其特点是风险较大,可以获取的收益也较大,适合能承受高风险的投资者。

收入型基金是指以追求稳定的经常性收入为基本目标的基金,它主要投资于盈利长期稳定、分红高的质优蓝筹股和公司债券、政府债券等稳定收益证券,适合较保守的投资者。

平衡型基金界于成长型基金与收入型基金之间,它将一部分资金投资于成长性好的股票,又将一部分资金投资于业绩长期稳定的蓝筹股,是既注重资本的长期增值,又注重当期收入的一类基金。

5. 其他类型的投资基金

(1)指数型基金与 ETF。指数型基金是股票型基金中的一种特殊品种,是指以目标指数中的成分股为投资对象,以取得与指数同步收益的基金。指数型基金首先要确定目标指数,如上证 180 指数、上证 50 指数、沪深 300 指数、中小板指数等,目标指数包括哪些股票,基金就主要买这些股票,而且所购买的这些股票的持股比例与目标指数中各股票的权重基本相同。

指数基金的目标是获得大体上相当于市场平均水平的投资回报。美国华尔街的经验表明,20 世纪 90 年代以来,美国大多数股票基金的业绩都低于同期市场指数的表现。基金公司很辛苦地进行投资组合操作,但大部分基金所获得的收益却低于整个股票市场的平均表现,也即基金的收益不如指数涨得多,通俗地讲就是“跑不赢大盘”。因此,许多人认为,与其进行辛苦的投资组合操作,还不如直接买指数来的简单。但指数又不能直接买卖,由此就产生指数基金,将基金的投资根据指数中股票的组成来投资成分股,已获得与指数基本同步的收益。

ETF 是“Exchange Traded Fund”的英文缩写,直译为“交易型开放式指数基金”,我国一般译为“交易型开放式基金”,是指数型基金中的一个品种。ETF 与普通指数基金的区别在于 ETF 是在交易所上市交易,交易手续与股票完全相同。

(2)LOF 与 FOF。LOF 是英文“Listed Open-Ended Fund”的缩写,意为“上市型开放式基金”。它是开放式基金中的一个类型。该类型的基金发行结束后,投资者既可以在指定网点申购与赎回基金份额,也可以在交易所买卖该基金。不过投资者如果是在指定网点申购的基金份额,想要上网抛出,须办理一定的转托管手续;同样,如果是在交易所网上买进的基金份额,想要在指定网点赎回,也要办理一定的转托管手续。

FOF 是英文“Fund of Fund”的缩写,意为“基金中的基金”,是金融机构推出的一种理财产品组合。它投资于各种不同类型的基金,并根据市场波动情况及时调整和优化基金组合,力争使基金组合能达到一个有效配置。FOF 产品由专业投资团队运作,选出具有一个相对优化的基金组合进行投资,使普通投资者免去筛选基金的苦恼。目前国内市场上没有真正的 FOF,但市场上有类似集合理财产品,如招商证券的“招商基金宝”、光大证券的“光大阳光 2 号”等。

(四)投资基金的机构设置及其功能

公司型基金与契约型基金是投资基金的两大基本类型。但无论是公司型基金还是契约型基金,都由四方面的当事人组成,即投资人、基金管理人、基金托管人和基金承销人,统称为投资基金组织的四大要素。

1. 投资人

基金投资人又称受益人,是基金单位的持有人和出资者。他们是基金资产的最终拥有人,享有基金资产的一切权利,并对基金资产负有限责任。一般情况下,投资人在基金内的权益均由基金管理人为其代表,以基金管理人的名义保管和控制所有的基金财产,由管理人代为投资,但是一切投资风险均由投资人自行承担。

2. 基金管理人

基金管理人,是指凭借专门的知识与经验,运用所管理基金的资产,根据法律、法规及基金章程或基金契约的规定,按照科学的投资组合原理进行投资决策,谋求所管理的基金资产不断增值,并使基金持有人获取尽可能多收益的机构。根据《中华人民共和国证券投资基金法》的规定,证券投资基金管理人由依法设立的基金管理公司担任,担任基金管理人,应当由国务院证券监督管理机构核准。

基金管理人在不同国家(或地区)有不同的名称。例如,在英国称投资管理公司,在美国称基金管理公司,在日本多称投资信托公司,在我国台湾称证券投资信托事业,但其职责都是基本一致的,即运用和管理基金资产。

3. 基金托管人

为保证投资基金资产的安全,投资基金应按资产管理和保管分开的原则进行运作,并由专门的基金托管人保管基金资产。由于基金主要投资于证券市场,为保证基金资产的独立性和安全性,基金托管人应为基金开设独立的银行存款账户,并负责账户的管理。基金管理人的主要职责是负责投资分析、决策,并向基金托管人发出买进或卖出证券及相关指令。因此,不管银行存款账户的款项收付,还是证券账户的资金和证券清算,基金托管人都是按照基金管理人的指令行事,而基金管理人的指令也必须通过基金托管人来执行。因此,基金托管人与基金管理人是一种既相互合作,又相互制衡、相互监督的关系。鉴于此,有人把基金托管人誉为“基金安全的守护神”。

4. 基金承销人

证券投资基金通过销售来筹集投资者的资金和向认购基金的投资人发放受益凭证的工作,一般是由专业化的基金承销公司来完成。

(五)基金净值与基金的业绩

1. 基金净值、单位净值与累计单位净值的含义

基金净值也称为基金资产净值,是指某一时点上基金资产的总市值扣除总负债后的余额,它代表了资金持有人的权益。

基金单位净值又称为基金份额净值,是指每一基金单位(份额)所代表的基金资产净值。

基金单位净值=(总资产-总负债)÷基金总份额=基金资产净值÷基金总份额

其中,总资产指基金拥有的所有资产,包括股票、债券、银行存款和其他有价证券等金融资产;总负债指基金运作及融资时所形成的负债,包括应付给他人的各项费用,应付基金利息等;基金总份额是指当时发行在外的基金单位的总数。

基金累计单位净值=基金单位净值+基金成立后累计基金单位派息金额

例4.6 某基金于2020年9月1日发行,发行时的基金单位净值为1元。至2022年9月1日,该基金的总资产市值为115亿元,无负债,当日共有基金份额100亿份。期间该基金共有现金分红4次,分别是2020年12月30日每份基金分红0.09元,2021年4月30日每份基金分红0.16元,2021年12月31日每份基金分红0.06元,2022年6月30日每份基金分红0.08元。求该基金在2022年9月1日的基金单位净值与基金累计单位净值。

基金单位净值=基金资产净值÷基金总份额=115÷100=1.15(元)

基金累计单位净值=基金单位净值+基金成立后累计基金单位派息金额

=1.15+0.09+0.16+0.06+0.08=1.54(元)

2. 基金净值与基金的业绩

基金单位净值表示了单位基金内含的价值,但基金单位净值的高低并不代表基金业绩的好坏,而基金净值增长能力才是判断基金业绩的关键。一般来说,若基金成立时间较长,而且基金在存续期间分红少,则基金的净值就会相对高些。相反,若基金成立的时间短,或是基金在存续期间分红多,则基金的单位净值就相对低些。因此,基金的累计单位净值就可以反映出基金的业绩。因为国内基金发行时的单位净值一般为1元,若基金累计单位净值高,则说明基金在前期获得更多的增值,相反,则基金在前期所获得的增值少,如果把基金累计单位净值与基金存续时间结合起来,就更能准确地反映基金的获利能力,若两只基金同时发行,经过一段时间后其中一只基金的累计单位净值要远高于另一只,则前一只基金的获利能力或业绩相对较好。

(六)基金的收益与费用

基金单位净值在一定时期内增长快,则说明基金的业绩好,基金的业绩好,则表现在一定时期内基金取得的净收益高,而基金的净收益等于基金的收益扣除基金的费用后的净额。

1. 基金的收益

基金的收益是基金资产在运作过程中产生的超过本金部分的价值。基金收益主要来源于基金投资所获得红利、股息、债券利息、买卖证券价差、银行存款利息以及其他收入。

2. 基金的费用

基金在运作过程中,所发生的运营费用主要包括管理费、托管费。

基金管理人是基金资产的管理者和运营者,对基金资产的保值和增值起着决定性的作用。基金管理费是支付给基金管理人的管理报酬,其数额一般按照基金资产净值的一定比例从基金资产中提取。这一比例的高低与基金规模、基金类别有关。一般而言,基金规模越大,基金管理费费率越低;基金风险程度越高,其管理费费率也越高。

基金托管费是指基金托管人托管基金资产所收取的费用,通常按基金资产净值的一定比例逐日计提,按月支付。基金托管费收取的比例也与基金规模、基金类型有关。一般而言,基金规模越大,基金托管费率越低;基金风险程度越高,其托管费率越高。

(七)投资基金的交易

1. 开放式基金的认购、申购与赎回

(1)开放式基金的认购。即投资者在基金募集期内购买一定的基金份额。认购份额的计算公式为

认购份额=认购金额×(1-认购费率)÷基金单位面值

例 4.7 某基金公司现发售单位面值为 1 元的基金,并规定凡一次购买金额在 1 万元(含 1 万元)-1 000 万元(不含 1 000 万元)之间,认购费率取 1.5%;一次认购金额在1 000万元(包含1 000 万元)以上,认购费率取1.2%。如果某投资者认购金额为 10 万元,则可以认购的基金份额为

认购份额=认购金额×(1-认购费率)÷基金单位面值=100 000×(1-1.5%)÷1=98 500÷1=98 500(份)

如果某投资者认购金额为 1 000 万元,则可以认购的基金份额为

认购份额=认购金额×(1-认购费率)÷基金单位面值
=10 000 000×(1-1.2%)÷1=9 880 000÷1=9 880 000(份)

(2)开放式基金的申购。即投资者在基金募集期结束后购买基金份额的行为。基金购买股票、债券等有价证券后,基金的资产价值会随着股票、债券等证券的市场价格的变化而变化,从而基金净值也变化。因此,申购份额的计算与认购份额的计算有所不同。基金申购份额的计算如下:

申购份额=申购金额×(1-申购费率)÷申购日基金单位净值

例 4.8 2021 年 4 月 26 日某基金单位净值为 1.036 元,有两笔申购,金额分别是 1 万元、100 万元。那么这两笔申购所负担的申购费用和可获得的基金份额数如表 4.2 所示。

表 4.2 申购费用和可获得的基金份额数 金额单位:元

	申购 1	申购 2
申购金额(A)	10 000	1 000 000
适用费率(B)	2.0%	1.8%
申购费用($C=A\times B$)	200	18 000
净申购金额($D=A-C$)	9 800	982 000
申购份数($E=D\div 1.036$)	9 459	947 876

(3)开放式基金的赎回。即投资者将手中持有的基金份额按规定的价格卖给基金管理人并收回现金的过程,是与申购相对应的反向操作过程。基金持有人赎回基金份额时,采用未知价法,先以份额赎回,然后换算成相应的货币金额。赎回金额的计算公式为

赎回金额=(赎回份数×赎回日基金单位净值)×(1-赎回费率)

例 4.9 某投资者持有某基金 10 万份,2022 年 10 月 20 日赎回,赎回当日基金单位净值为 1.8 元,赎回费率为 0.5%,试计算该投资者的赎回金额。

赎回金额=(赎回份数×赎回日基金单位净值)×(1-赎回费率)
=(100 000×1.8)×(1-0.5%)=180 000×99.5%=179 100(元)

2. 封闭式基金的转让

基金证券的转让是针对封闭式基金而言的,在转让过程中,与其他证券的转让类似。按

国际惯例,封闭式基金的投资者不能向基金管理人申请赎回基金证券,但可以将基金证券拿到证券市场上自由买卖。通常情况下,封闭式基金在其正式成立后3个月才允许按一定的交易规则上市交易。投资者转让封闭式基金证券的方式与股票转让方式一样,可通过证券商在二级市场上随行就市,进行转让交易,因此,其价格容易受到市场行情的影响。在我国,封闭式基金在沪、深两个证券交易所和全国各地证券交易中心进行交易,尚未上市的封闭式基金,按有关规定,也可以在交易所之外通过柜台方式转让。

第四节　金融衍生工具市场

一、金融衍生工具市场的产生与发展

金融衍生工具(financial derivatives),又称金融衍生品,与基础性金融工具(underlying financialinstrument)相对应,是指在一定的基础性金融工具的基础上派生出来的金融工具,一般表现为一些合约,其价值由作为标的物的基础性金融工具的价格决定。目前,在国际金融市场上最为普遍运用的金融衍生工具有金融远期、金融期货、金融期权和金融互换。

20世纪70年代以后,随着美元危机的不断爆发,布雷顿森林体系崩溃,金融环境发生了很大变化,西方各国纷纷放弃固定汇率制,实行浮动汇率制。国际资本的频繁流动,特别是欧洲美元和石油危机的冲击,使得外汇市场的汇率变动无常,大起大落,汇率的频繁波动增加了国际贸易和跨国金融交易的汇率风险。与此同时,金融自由化浪潮推动各国放松管制,利率逐渐走向市场化,20世纪70年代的两次石油危机更是使国际金融市场的利率水平扶摇直上,把金融市场的投资者和借贷者暴露在高利率风险中。汇率和利率的波动加大了各种金融交易的市场风险,为避免或减少因汇率、利率过分波动所引起的市场风险,金融衍生工具市场应运而生。

20世纪80年代,货币互换出现,1981年,美国所罗门兄弟公司为IBM公司和世界银行进行了美元和联邦德国马克、瑞士法郎之间的互换,开创了互换市场的先河。1982年,第一笔利率互换在美国完成,随后出现期权与互换技术的结合,衍生出互换期权。

由此可见,金融衍生工具市场产生的初衷是用以规避汇率、利率等价格变动的风险,因此,风险管理是金融衍生工具市场最早具有的、基本的功能。但是,由于金融衍生工具具有高杠杆效应,诱使市场投机者利用衍生金融工具进行大规模的投机活动。如果投机成功,可以获得很高的收益,如果失败,则会造成严重的后果,甚至危及整个国际金融市场的稳定。1994年,美国加州奥兰治县政府因投资衍生工具损失15亿美元而一夜破产;1995年,震惊全球的巴林银行破产案,也是由于其新加坡期货公司首席交易员里森运用日经股票指数期货进行投资,亏损8.5亿英镑所致。此外,国际投机资本还会利用金融衍生工具交易冲击一国金融市场,造成该国金融动荡,甚至金融危机,如1997年东南亚金融危机的爆发。再如发端于2007年美国华尔街的金融风暴,导致2008年全球金融危机的全面爆发,给世界经济造成严重损失。可见,金融衍生工具市场的发展是一把“双刃剑”,它在为市场参与者提供灵活便利的避险工具的同时,也促成了巨大的世界性投资活动,加剧了国际金融市场的不稳定性。

二、金融衍生工具市场的功能

(一)套期保值

套期保值功能是金融衍生工具市场最早具有的基本功能。套期保值是指交易者为了配合现货市场的交易,而在期货等金融衍生工具市场上进行与现货市场方向相反的交易,以便达到转移、规避价格变动风险的交易行为。套期保值是一种有意识的风险防御性措施,它是通过现货市场与期货等金融衍生工具市场的反方向运作,形成现货与期货一盈一亏的结果,在将风险转移给愿意且有能力承担风险的投资者的同时,也将潜在的利润转移了出去。

(二)价格发现

金融衍生工具交易不同于现货交易,属于跨期交易。衍生工具通常是一些规范化、标准化的合约,合约中载明了买卖双方交易的标的物、数量、价格、价格时间和交割地点等内容。交易标的物的价格在合约签订时就已确定,这个价格的确定是建立在买卖双方对交易标的物未来价格的预期。在衍生工具的存续期内,衍生工具的市场价格会伴随着交易者对交易标的物未来价格预期的改变而波动,因此,如果市场竞争是充分和有效的,那么金融衍生工具的市场价格就是对标的物未来价格的事先发现,能够相对准确地反映交易标的物未来价格的预期。

(三)交易成本较低

金融衍生工具的交易成本通常低于其基础性金融工具,其流动性(由于其可以卖空)也比其他基础性金融工具相对强得多,而交易成本和流动性正是提高市场交易效率不可缺少的重要因素。因此,许多投资者以金融衍生工具取代其基础性金融工具,在金融市场开展交易活动,以提高交易效率。据统计,期货交易比现货交易节约80%以上的成本。

(四)有利于投机获利

金融衍生工具市场的出现为投机获利者提供了更多的盈利机会。随着通信技术和电子计算机信息处理技术的飞速发展及其在金融业的运用,大大降低了金融交易成本,主要存在资产价格的波动,就有投机获取价差的可能。投机者通过对标的物资产市场价格变化的预测,随时买卖金融衍生工具,期望在价格出现对自己有利的变动时对冲平仓获取利润。投机者与套期保值者所不同的是,投机者的行为完全是一种买空卖空行为,他们没有也不需要在现货市场上拥有现货资产。当他们预测资产价格会上升时,便做多头,买进期货等金融合约,并在价格涨到自己期望的价位时卖出合约平仓,从而获得价差收益;相反,当投资者预测资产价格下跌时,便做空头卖出期货等金融合约,并在价格下跌过程中适时买回相同的期货合约平仓,获取低买高卖的价差收益。

(五)优化资源配置

金融衍生工具市场扩大了金融市场的广度和深度,从而扩大了金融服务的范围和基础性金融工具市场的资源配置作用。一方面,金融衍生工具以基础性金融工具为标的物,达到了为基础性金融工具避险增值的目的;另一方面,金融衍生工具市场是从基础性金融工具市场中派生出来的,金融衍生工具的价格在很大程度上取决于对基础性金融工具价格的预期,有利于基础性金融工具的流动性及其价格的稳定。

三、金融衍生工具的特点

(一)价值受制于基础性金融工具

金融衍生工具是由传统的基础性金融工具派生出来的。由于它是衍生物,不能独立存在,因此,其价值的大小在相当程度上受制于相应的基础性金融工具价格的变化。我们知道,基础性金融工具主要有三大类:货币(包括本币和外币)、债务工具和股权工具。金融衍生工具借助各种技术在基础性金融工具的基础上,可以设计出品种繁多、特性不一的金融衍生工具来。

(二)跨期交易

金融衍生工具是为规避或防范未来价格、利率、汇率等变化风险而创设的合约,合约标的物的实际交割、交收或清算都是在未来约定的时间进行,因此,金融衍生工具所载明标的物的交易是跨期交易。这种跨期交易可以是即期与远期的跨期交易,也可以是远期与远期的跨期交易。

(三)具有高杠杆性和高风险性

金融衍生工具具有以小博大的能量,即采用缴纳保证金的方式进入市场交易。通常借助不到合约标的物市场价值5% ~10%的保证金,或支付一定比例的权益费而获得一定数量合约标的物在未来时间交易的权利。无论是保证金还是权益费,与合约标的物价值相比都是很小的数目,金融衍生工具交易相当于以0.5 ~1折买到商品或金融资产,具有10 ~20倍的交易放大效应。

(四)构造复杂,设计灵活

相对于基础性金融工具而言,金融衍生工具具有构造复杂,设计灵活的特征。期货、期权等金融衍生工具本身已是在基础性金融工具基础上的派生物,其构造已较为复杂,更何况,在基本的期货、期权的基础上,运用灵活的组合技术,又创新出众多组合性的金融衍生工具,如期货与期货组合、期货与期权组合、期权与期权组合,等等。不同的组合会产生不同的效果,可以满足交易者日益复杂的需要,但也使新的金融衍生工具的构造更加复杂,难以为一般投资者所理解,难以把握其风险所在,更不容易完全正确地运用与把握,从而蕴含更大的交易风险。

四、金融衍生工具的分类

同一种金融衍生工具按照不同的分类标准可以归入不同的集合中。一般的,金融衍生工具可以有以下几种分类法。

(一)按金融衍生工具的法律形式不同,可分为契约型金融衍生工具和证券型金融衍生工具

金融衍生工具的本质是合约,依据相关的法律和法规创设。契约型金融衍生工具是以标准化的合约方式存在,交易双方约定了合约标的物的执行价格、数量、交割方式、交割时间

与交割地点等，远期、期货、期权、互换等都属于此类。

证券型金融衍生工具是以证券的形式存在，如可转换债券、权证、可抵押贷款为基础发行的债券等。从形式上看，这些金融衍生工具是标准的有价证券，但是，它们都隐含着一定的权利。

（二）按原生工具种类可以将金融衍生工具分为商品类金融衍生工具、金融类衍生工具和其他金融衍生工具

商品类金融衍生工具一般将农产品、能源产品、有色金属产品、建筑材料产品等作为标的物。期货、期权、互换所占比重大。

金融类衍生工具的合约标的物是金融工具或股票价格指数，还可细分为股权式金融衍生工具、货币衍生工具、利率衍生工具。股权式金融衍生工具是指以股票或股票指数为基本工具的金融衍生工具，如可转换债券、权证、股票期货与期权、股票指数期货与期权等；货币衍生工具是以各种货币为基础工具的金融衍生工具，主要包括远期外汇合约、货币期权、货币期货、货币互换等；利率金融衍生工具是以利率或利率载体为基础工具，包括远期利率协议、利率期货、利率期权、利率互换等。

其他金融衍生工具的合约标的物既不是商品，又不是金融工具，更不是金融衍生工具，而是一些特殊的事物，如天气、空气污染物、工业排污权、节能指标等。这些标的物一旦被合约化、标准化，便可以金融衍生工具的形式进行交易。

（三）按风险-收益的对称性划分，分为风险-收益对称型金融衍生工具和风险-收益不对称型金融衍生工具

风险-收益对称型金融衍生工具的交易是“零和游戏”，它不考虑交易手续成本，交易双方一方的收益等于另一方的损失。远期、期货、互换等属于此类金融衍生工具。

风险-收益不对称型金融衍生工具的交易带给合约双方的收益和损失不对称。期权、权证类工具等属于此类金融衍生工具。期权的签发人一般要求承受比较大的风险，而期权的持有人只承受损失期权费的风险。

（四）按金融衍生工具是否赋予持有人选择权划分，分为期货型金融衍生工具和期权型金融衍生工具

期货型金融衍生工具对于持有人而言没有履约与不履约的选择权，无论是买方，还是卖方，合约到期前对冲平仓，现金结算，或者交割履约。

期权型金融衍生工具对于持有人来说是有执行或放弃的选择权利。期权型金融衍生工具对于签发人来说是没有选择权的，只能被动接受。持有人则依据标的物价格是否对自己有利而做出执行或放弃期权的选择。

五、远期合约、期货交易与国内外期货市场

（一）远期合约交易

远期合约是相对简单的一种金融衍生工具。合约双方约定在未来某一时刻按约定的价格买卖约定数量的金融资产。其交易对象除了农产品外，还有货币，本节主要介绍远期外汇

交易和利率远期交易品种中的远期利率协议。

1. 远期外汇交易(Forward Exchange Transaction)

远期外汇交易又称期汇交易，是指交易双方在成交后并不立即办理交割，而是约定币种、金额、汇率、交割时间等交易条件，到期进行实际交割的外汇交易。远期外汇交易规模大，交易目的主要是为了保值，避免汇率波动的风险，外汇银行与客户签订的合同除了必须经外汇经纪人担保外，客户还应该缴存一定数量的押金或抵押品。当汇率变化不大时，银行可以把押金或抵押品抵补应负担的损失，否则，银行就应通知客户加存押金或抵押品，不然的话，合同无效。客户所存的押金，银行视其为存款予以计息。

汇率变动是经常性的，在商品贸易往来中，时间越长，由汇率变动所带来的风险也就越大，而进出口商从签订买卖合同到交货、付款通常需要一段较长的时间(一般达30～90天，有的会更长)，他们有可能会因汇率变动而遭受损失，为避免汇率波动所带来的风险，进出口商便进行远期外汇交易，实质上是把汇率变动风险转嫁给外汇银行。外汇银行持有的外汇头寸(foreign exchange position)就处于汇率变动的风险之中。为此，外汇银行对不同期限不同货币头寸的余缺进行抛售或补进，由此求得远期外汇头寸的平衡。当然，具体买卖时还需要考虑现汇汇率的变动，以及现汇汇率与远期汇率差额的大小。

事实上，远期外汇交易市场还是国际套利交易的平台。在没有外汇管制的情况下，如果一国的利率低于他国，该国的资金就会流出以谋求高利息。

2. 远期利率协议(Forward Rate Agreement，FRA)

远期利率协议是一种远期合约，合约的买卖双方约定未来某一时间点作为利息起算日，以及某期限的协议利率、市场参照利率和计息名义本金数额，在利息起算日，双方按规定的协议利率、期限和名义本金数额，由一方向另一方支付协议利率与参照利率之间的利息差额的贴现值。具体交易步骤如下：

第一步，交易双方签订远期利率协议，成交后等待结算日结算利息。

第二步，计算远期利率协议期限内利息差。银行通常按结算日前两个营业日使用伦敦同业拆借利率(LIBOR)[①]来确定结算日的参照利率，计算协议利率与参照利率之间的利差。由于远期利率协议差额的支付是在协议期限的期初(即利息起算日)，而不是协议利率到期日，因此，利息起算日所交付的差额要按参照利率折算为现值。

第三步，确定一方向另一方支付的利差金额。如果计算结果大于0，则由FRA的卖方将利息差贴现值付给FRA的买方；否则，由FRA的买方将利息差贴现值付给FRA的卖方。

第四步，利差支付完毕，交易结束，远期利率协议自动失效。

远期利率协议交易双方结算时采用的利差计算公式为

$$A=[P\times(R_m-R_s)\times(t/360)]/[1+R_m\times(t/360)]$$

式中，A表示远期利率协议交易双方结算时采用的利差；P表示协议规定计算利差的名义本金额；R_m表示参照利率；R_s表示协议利率；t表示计息天数。

远期利率协议的价格是指从利息起算日开始的一定期限的协议利率，远期利率的报价

---

① 伦敦同业拆借利率(LIBOR)，是大型国际银行愿意向其他大型国际银行借贷时所要求的利率。它是在伦敦银行内部交易市场上的商业银行对存于非美国银行的美元进行交易时所涉及的利率。LIBOR常常作为商业贷款、抵押、发行债务利率的基准。

方式和市场拆借利率表达方式类似,但远期利率协议的报价多了合约指定的协议利率期限。

(二)期货交易

期货交易(futures trading)是在现货交易和远期合约交易的基础上发展起来的,是交易双方通过在期货交易所买卖标准化的期货合约而进行的一种有组织的交易。期货市场交易主体大部分是公司、机构,买卖期货合约的目的是为了规避现货交易价格波动的风险,他们属于套期保值者;而个人参与者、投资基金等一般是为了获得价格波动的差额,他们是市场投机者。无论是套期保值者还是投机者,很少有人愿意参与商品的最终实物交割,在合约到期前,都以对冲的形式了结结算差额。所谓对冲是指买进远期合约的人,在合约到期前会将合约卖掉,而卖出期货合约的人,在合约到期前会买进合约来平仓。

1. 期货交易的特点

期货交易的特点一般包括:一是期货交易是一种双向交易,市场的参与者在交易过程中既可以先买入后卖出,也可以先卖出后买入,双向交易都可以获利。只要价格有波动,涨跌都有交易获利的空间。由于期货交易实行的是T+0的交易制度,即买入的合约可以在当日平仓。二是期货交易一般需要缴纳交易保证金,交易保证金占合约价值的比重通常在5% ~20%,交易杠杆比率为5~20倍,"以小博大"的特征非常明显。三是期货交易实施每日无负债结算制度,对交易者持有的未平仓合约,结算所会以每日的结算价(合约的当日均价或收盘价)计算客户的持仓合约盈亏和权益状况,当客户权益低于保证金水平时,期货经纪公司会向客户下达追加保证金通知,如果客户在规定的时间未能将保证金存入账户,经纪公司有权将客户持有的合约部分或全部强制平仓,以控制风险。

2. 期货合约规格与期货合约报价

期货合约规格是指对交易标的物的质量、数量、最小单位、合约月份、交易时间、交易结算日、交割方式、保证金等内容做出的详细规定。

期货合约报价与外汇报价基本相同,分为买入价和卖出价。在具体交易过程中,还会产生一个结算价,一般为当日成交合约的加权平均价,或者直接采用收盘价作为结算价。

3. 期货交易过程的一般步骤

第一步,客户或交易者在一家经纪公司开户。在开户过程中,需要签订"风险揭示声明书""交易账户协议书"、授权经纪公司代为签订买卖合同及缴付手续费的授权书,缴存初始保证金。

第二步,客户交易要在经纪人的建议下进行,当经纪人接到客户的订单以后,立即用电话、电传或其他方式迅速通知经纪公司交易下单员。下单员将收到的订单打上时间图章,传递给本公司派到交易所场内的出市代表,场内出市代表将客户的指令输入计算机进行交易。

第三步,交易指令成交后,场内出市代表须将交易记录通知场外经纪人,并由其通知客户。

第四步,在每天或每周按当天交易所结算价格结算一次。如果账面出现亏损,客户需要暂时补交亏损差额;账面出现盈余时,就由经纪公司补交盈利差额给客户。直到客户平仓时,再结算实际盈亏额。

第五步,当客户要求将期货合约平仓时,要立即通知经纪人,由经纪人用电话通知交易所的交易代表,由其将该笔期货合约进行对冲,同时,通知交易计算机进行清算,并由经纪人将对冲后的纯利或亏损报表寄给客户。

由此可见,期货交易为客户提供了规避价格风险的机制。

(三)国内外期货市场

1. 国内期货市场

中国第一家商品期货交易所——深圳有色金属交易所成立后,各地掀起了期货热,纷纷设立交易所,到1993年底,长春、沈阳、大连、北京、天津、苏州、上海、成都、广州、海口等城市都有商品交易所,交易所数量有40多家。我国第一个商品交易市场—郑州商品交易所于1993年5月28日正式成立,开始推出标准化的期货合约,形成场内交易市场。1995年中国证监会对期货市场进行了整顿,将40多家撤并为15家,很快将长春商品交易所并入大连商品交易所,保留了14家期货交易所。又经三年多的试点运行,1998年,中国证监会将原来的14家期货交易所合并调整为3家,即大连商品交易所、郑州商品交易所和上海期货交易所。

2010年4月16日,沪深300股指期货合约在中国金融期货交易所上市交易。股指期货的推出及平稳交易,打通了资本市场、金融市场与期货市场,实现了整个虚拟经济的大融通,迎来了中国金融期货时代的到来。据中国期货业协会发布的《2022年度期货市场发展概述》显示,2022年,我国期货市场成交量67.68亿手,成交金额534.9万亿元。截至2022年底,我国上市期货品种数量由2010年底的23个,增加到72个,包括商品类期货65个,金融类期货7个。总体看,这期间期货行业结构得到优化,内外部驱动能力日益增强,已经基本具备了在更高层次服务国民经济发展的能力,处于从量的扩张向质的提升转变的时期。

2. 国际主要期货市场

世界主要金融期货市场集中在北美、欧洲和亚太地区。美国是现代金融期货交易发祥地,重要的交易所有芝加哥商业交易集团、纽约商品交易所等;加拿大的蒙特利尔交易所、多伦多期货交易所也具有代表性。欧洲地区的交易所有英国的伦敦国际金融期货期权交易所、法国国际期货交易所、德国期货交易所、瑞士期权与金融期货交易所等。亚太地区主要有东京国际期货交易所、新加坡国际金融交易所、香港交易所、澳大利亚悉尼期货交易所等。

六、期权交易与期权市场

(一)期权交易

期权交易是从期货交易中发展来的,也是出于规避价格、利率、汇率等风险的需要而开发设计的金融衍生工具,它比期货更灵活、便利。表4.3列出了金融期权合约与金融期货合约区别。

1. 期权交易的构成要素

期权交易过程的构成要素一般涉及期权交易的参加者、敲定价格、合约商品、有效期限和期权费等要素。期权交易的参加者包括期权的买方(taker)和卖方(grantor),期权买方是指购买期权的一方,是拥有期权载明的权利的人;期权卖方是指出售权利的人,或者是期权签发人。敲定价格是在合约中,约定的买卖双方行使权利买卖标的物的资产时事先规定的买卖价格,也称执行价格或履约价格。这一价格一经确定,在期权有效期内,无论期权标的物的市场价格上涨或下跌到什么水平,只要期权买方或卖方要求执行期权,期权卖方或者期权买方都必须以此执行价格履行其必须履行的义务。合约商品是期权合约中约定的特定标的物,也称期权的“标的资产”或“基础资产”。有效期限是指期权的买方所拥有的买卖标的资产的权利是有一定的时间限制的,这种权利只是在规定的时期内(或规定的日期)有效。其中期权的到期日期(expiration date),也称期满日,是指预先确定的合约执行日,它是期权合同有效期的终点。期权费是指期权的买方为了获得这种权利,必须向期权的卖方支付一定的费用,又称期权的权利金、期权价格,相当于保险费。

表 4.3 金融期权合约与金融期货合约的区别

	金融期权合约	金融期货合约
标准化程度与交易场所	既有标准化合约,也有非标准化的合约。标准化合约在交易所内进行交易,非标准化合约在场外进行交易	都是标准化合约,都在交易所内交易
交易双方的权利与义务	交易双方的权利和义务是不对等的。合约的买方只拥有权利,不承担义务;相反,合约的卖方只承担义务,不拥有权利。当合约的买方行使权利时,卖方必须承担相应的义务	交易双方的权利和义务是平等的。除非用相反的合约冲销,这种权利和义务在到期日必须行使,也只能在到期日行使
盈亏风险承担	合约的买方损失有限(以期权费为限),盈利可能无限;合约卖方损失可能无限,但盈利有限(以期权费为限)	交易双方所承担的盈亏、风险都是无限的
保证金要求	合约买方不用缴纳保证金,合约卖方需要缴纳保证金	交易的买卖双方都要缴纳保证金
结算方式	到期结算	每日结算

2. 期权合约

期权合约按标的物不同,可分为商品期权合约和金融期权合约,前者如石油期权、天然气期权等;后者如外汇期权、利率期权、股票期权等。下面仅就外汇期权合约为例,简要说明期权合约的规格和期权报价。

(1)期权合约的规格。外汇期权合约一般规定交易外汇的协议价格、到期月份、到期日、合约单位、卖方保证金、期权费等。协议价格是未来双方买卖外汇的交割价,国际市场上日元以外的货币采用百分之一美元标示,日元则采用万分之一美元标示。到期月份多为 3、6、9、12 月,也有按月交割的期权合约。合约单位是一份合约规定的交易外汇数量,通常的标准为 12 500 加拿大元,6 250 000 日元,62 500 瑞士法郎等。

(2)期权报价。期权交易报价涉及两个性质的价格,一是合约标的物的执行价格;另一个是期权费。期权费又分为看涨期权费和看跌期权费。

(3)期权保值交易。以外汇期权为例,外汇期权交易是客户对未来外汇资金进行保值的有效手段。在到期日之前,期权的买方有权利决定是否按照合同约定的价格买入或卖出约定数量的外汇。为了获得这一权利,期权的买方需要在交易之初付出一笔费用,如果合同期满期权的买方不行使权利,则权利失效,期权费并不退还。

(二)期权市场

从世界范围看,标准化的期权合约交易是在期货交易之后出现的。自 1973 年芝加哥期权交易所(CBOE)正式成立之后,芝加哥商业交易所、芝加哥期货交易所、纽约商品交易所等纷纷推出期权交易。1987 年 5 月 29 日,伦敦金属交易所正式开办期权交易。20 世纪 90

年代以来,世界期权交易实现了规范化,交易规模迅速扩大,期权标的物从商品、金融资产、股票价格指数等,扩大到天气、衍生工具等。目前,全球交易量比较大的交易所有费城交易所、芝加哥商品交易所、纽约商品交易所、阿姆斯特丹交易所、蒙特利尔交易所、伦敦国际金融期货交易所和香港联合交易所等。期权交易已成为现代国际金融市场上颇为流行的一种交易方式,是重要的规避风险和投机的工具。

截至2008年10月,中国内地尚未建立专门的期权市场,带有期权性质的股票权证交易在上海和深圳两个证券交易所进行交易。黄金、白银和外汇期权柜台交易曾于1985年和1986年出现,由中国银行代客户进行国际盘交易。2013年国内期货市场创新步伐不断加大,期权再次成为关注焦点。2022年我国期权上市速度进一步加快,当前期权品种已达33个,覆盖金融、农产品、能源、化工、黑色、有色、贵金属等板块。由于商品市场波动明显加大,企业和投资者风险对冲的意愿和内在需求也在不断提升,期权凭借其独有非线性的优势,成为投资和风险对冲管理工具的"新星"。随着我国金融改革的深入,期权市场规模将进一步扩容,未来将有更多的ETF、指数、商品乃至个股都将有机会迎接相对应的期权品种的上市。这将为我国资本市场的开放、增强我国在国际大宗商品市场上的定价权和话语权打下坚实的基础。

七、互换交易

(一)互换的含义与原理

互换(swap)是指交易双方利用各自筹资机会的相对优势,以商定的条件将不同币种或不同利息的资产或负债在约定的期限内互相交换,以避免将来汇率、利率变动的风险,获取常规筹资方法难以得到的币种或较低的利息,实现筹资成本降低的一种交易活动。互换的具体对象包括货币、利率等。

比较优势理论是金融互换合约产生的理论基础。比较优势理论是英国著名经济学家大卫·李嘉图提出的。他认为,在两国都能生产两种产品,且一国在这两种产品的生产上均处于有利地位,而另一国均处于不利地位的条件下,如果两国进行专业化分工,各自专门生产自己具有比较优势的产品,那么通过国际贸易,双方能够从中获益。根据比较优势理论,只要满足以下两个条件,就可以进行互换:第一,双方对对方的资产或负债具有需求;第二,双方在两种资产或负债上存在比较优势。

20世纪70年代,汇率、利率的自由化加大了金融风险,而同时存在的一些金融管制又与经济发展不相适应。如英国政府为增加国内投资,振兴本国经济,曾对资本外流特别是流入美国做了严格的限制。英美的一些跨国公司和银行为了规避这一约束,推出了平行信贷。平行信贷可以视为互换的雏形。通过互换交易能够防范汇率和利率风险,更加灵活地满足多种多样的金融需求,降低融资成本和经营成本,因而,互换交易被越来越多的人认识、接受、运用,并获得了异常迅猛的发展。

(二)互换交易的功能

1.保值功能

互换交易的保值功能体现在应对汇率与利率风险方面。由于国际性企业的资产和负债以多种货币计价,货币互换可使与计价货币相关的汇率风险最小化。在防范利率风险方面,对于一种货币来说,无论是固定利率还是浮动利率债权债务的持有者,都会面临利率变化的风险,而利率互换可以实现降低利率风险的目标。

2. 降低融资成本功能

在国际借贷领域,有些投资者或融资者由于其信用等级比较低,难以获得低利率的融资,通过货币或利率互换可以得到比直接融资成本低的资金,从而节省了费用。

3. 财务结构调整功能

互换交易可以是国际性企业的资产与负债的计价货币实现匹配,减少货币暴露,降低因汇率波动而造成的资产与负债不对称产生的风险。

4. 规避管制功能

许多国家实行外汇管制,在外汇管制比较严格的国家获得贷款、发行债券融资是比较困难的,而且资金汇出汇入的成本也比较高。通过货币互换,可以避开部分外汇管制,降低交易成本。

(三)货币互换和利率互换

1. 货币互换(currency swap)

货币互换交易是指交易双方互相交换金额相同、期限相同、计算利率方法相同,但货币币种不同的两笔资金及其利息的业务。货币互换交易的进行,必须存在两个期限和金额上具有共同利益但币种需求相反的交易方,交换双方交易的是货币,它们之间的各自债权债务关系并没有改变。

货币互换交易的要点主要包括:第一,交易双方以约定的协议汇率进行本金的互换;第二,在协议有效期内,双方以约定的利率和本金为基础进行利息支付的互换;第三,协议到期时,交易双方以预先商定的协议汇率将原来的本金换回。下面是一个货币互换的交易的案例。

例 4.10 1981 年,美元对瑞士法郎、联邦德国马克急剧升值,货币之间出现了一定的汇兑差额,所罗门兄弟公司利用外汇市场中的汇差以及世界银行与 IBM 公司的不同需求,通过协商,撮合双方达成互换协议。当时,世界银行希望筹集固定利率的德国马克和瑞士法郎低利率资金,但无法通过直接发行债券来筹集,只能从市场上筹措到利率优惠的美元借款。IBM 公司则需要筹集一笔数额较大的美元资金,但集中于一个资本市场筹集有困难,只能采用在不同市场上筹措多种货币的办法来解决,包括筹措联邦德国马克和瑞士法郎债务资金。世界银行将它的 2.9 亿美元的固定利率债务与 IBM 公司已有的瑞士法郎和德国马克的债务互换,双方各自取得了所需要的货币资金。

2. 利率互换

利率互换(interest rate swap)是根据交易双方存在的信用等级、筹集资金的成本和负债结构的差异,利用各自在国际金融市场上筹集资金的相对优势,将同一种货币的不同利率的债务进行对双方有利的安排。

下面我们用一个例子来说明利率互换的交易过程及其功能。

例 4.11 假定甲、乙两个公司都想通过发行债券的方式筹集资金,债券期限为 5 年,总额为 100 万美元的借款,但甲公司为了与其资产相匹配,想以固定利率方式借入资金,而乙公司想以浮动利率借入资金。但两家公司信用等级不同,甲公司信用等级低于乙公司,故市场向它们提供的利率也不同,如表 4.4 所示。

表 4.4　甲、乙公司发行 5 年期债券的市场利率

	固定利率	浮动利率
甲公司	16%	Libor+2%
乙公司	14%	Libor+1%

从表 4.4 可以看出，甲公司无论是在发行固定利率债券还是发行浮动利率债券其发行成本均高于乙公司，但其在发行浮动利率债券上有比较优势，乙公司在发行固定利率债券上有比较优势。此时双方可以利用各自的比较优势，甲公司发行浮动利率债券，利率为 Libor+2%，乙公司发行固定利率债券，利率为 14%，然后进行利率互换。由于本金相同，故双方不必交换本金，而只交换利息的现金流即可。

通过商业银行等互换中介的参与，使甲、乙两公司达成了利率互换协议。甲公司同意定期向乙公司支付 13.55% 的固定利率以换取 Libor 浮动利率，乙公司同意定期向甲公司支付 Libor 浮动利率以换取 13.45% 的固定利率。13.55% 与 13.45% 之间的利差为互换中介获得的手续费。经过利率互换交易，甲、乙两公司都降低了自己的筹资成本。其中，甲公司的筹资成本变为：Libor+0.55%（即支付 Libor 换取 13.45%，而 13.45% 与发行债券要支付的利率为 14% 相差 0.55%），比其自己发行浮动利率债券的成本低 0.45%；乙公司的筹资成本变为 15.55%（13.55%+2%，即支付 13.55% 换取 Libor，而换取的 Libor 与其发行债券要支付的利率 Libor+2% 还相差 2%），比其自己发行固定利率债券的成本低 0.45%。由此可见，通过利率互换交易，甲、乙两公司都降低了各自的筹资成本。

在上述金融衍生工具中，远期合约是其他金融衍生工具的始祖，其他金融衍生工具均可认为是远期合约的延伸或变形。此外，由两种、三种甚至更多不同种类的金融衍生产品及其他金融产品，经过变化、组合等方式，还可创造出无限丰富的金融衍生产品，如期货期权、互换期权、远期互换等。

思考题

1. 金融市场的构成要素有哪些？
2. 金融工具的基本特征是什么？
3. 金融市场的功能有哪些？
4. 普通股和优先股的区别有哪些？
5. 债券和股票的区别包括哪几个方面？
6. 什么是同业拆借市场？什么是回购协议？
7. 为什么我国的再贴现规模持续萎缩？
8. 证券投资基金的特点是什么？
9. 如何计算基金单位净值？基金净值和基金业绩的关系是什么？
10. 如何计算开放式基金的认购份额、申购份额和回购份额？
11. 什么是金融衍生工具？其特点包括哪些？
12. 金融衍生工具市场具有哪些功能？
13. 金融期权合约与金融期货合约有哪些区别？

第五章　金融机构体系

【本章要点】

➢ 金融机构的界定、种类及功能；

➢ 国际金融机构体系；

➢ 我国现行的金融机构体系。

金融是现代市场经济的核心。金融业的发展离不开金融机构体系，而金融机构体系的构建完全取决于不同国家、不同社会制度下的不同生产方式和生产关系。随着经济全球化进程的加快，各国金融业发展的国际化趋势显得越来越突出，金融机构体系也处在不断变化和整合过程中，因此，金融机构体系是一个动态演进变化的过程。一般来说，金融机构体系是实现货币资金借贷、办理各种票据和有价证券买卖的一个系统，它由资金盈余者和资金短缺者，金融中介机构和金融市场，以及对该系统进行管理的金融监管机构组成。金融机构体系的有效运行，是保证一国国民经济健康发展的关键。

第一节　金融机构的界定、种类与功能

一、金融机构的界定

（一）金融机构的含义

金融机构也称金融中介机构（financial intermediaries），是资金盈余者与资金短缺者之间融通资金的信用中介，是专门化的融资中介。它通常以一定量的自有资金为运营资本，通过吸收存款、发行各种证券、接受他人的财产委托等形式形成资金来源，而后通过贷款、投资等形式运营资金，并且在向社会提供各种金融产品和金融服务的过程中取得收益。金融机构产生于经济社会发展中的各种需求，是商品经济和金融发展的必然产物，其发展也与经济社会的发展紧密相连。

（二）金融机构与一般经济组织的共性及特殊性

金融机构与一般经济组织之间既有共性，又有特殊性。共性主要表现在金融机构首先需要具备普通企业的基本要素，如有一定的自有资本、向社会提供特定的商品（金融工具）和服务、必须依法经营、独立核算、自负盈亏、照章纳税等。特殊性主要表现在以下几个方面：

1. 经营对象与经营内容的特殊性

一般经济组织的经营对象是具有一定使用价值的商品或普通劳务。经营内容主要是从事商品生产与流通活动；而金融机构的经营对象是货币资金这种特殊的商品，经营内容主要

是货币的收付、借贷及各种与货币资金运动有关的金融活动。

2. 经营关系与经营原则的特殊性

一般经济组织与客户之间是商品或劳务的买卖关系，其经营活动遵循等价交换的原则；而金融机构与客户之间主要是货币资金的借贷或投融资的信用关系，在经营过程中遵循安全性、流动性和盈利性原则。

3. 经营风险及影响程度的特殊性

一般经济组织的经营风险主要来自于商品生产过程与流通过程，集中表现为商品是否产销对路。这种风险所带来的至多是因商品滞销、资不抵债而使其宣布破产。而就单个普通企业破产所造成的损失对整体经济的影响较小，冲击力不大。而金融机构因其业务大多是以还本付息为条件的货币信用业务，故其风险主要表现为信用风险、挤兑风险、利率风险、汇率风险等。这一系列风险所带来的后果往往不局限于对金融机构自身的影响，一家大型金融机构因经营不善而出现的危机有可能对整个金融体系的稳健运行构成威胁。而一旦发生系统性风险，导致金融体系运转失灵，在现代货币经济中必然会危及整个社会再生产过程，引发社会经济的混乱，甚至会爆发严重的社会或政治危机。2007 年美国爆发的次贷危机就是金融机构风险外溢引发连锁反应的典型案例。

二、金融机构的种类

金融机构的种类众多，各不相同的金融机构构成整体的金融机构体系。按照不同的标准，金融机构可以划分为不同的种类。

（一）按照业务性质和功能的不同，将金融机构分为管理性金融机构、商业性金融机构和政策性金融机构

管理性金融机构是在一个国家或地区具有金融管理监督职能的机构，例如，我国主要有中国人民银行、中国银行保险监督管理委员会和中国证券监督管理委员会等。商业性金融机构是指以经营存放款、证券交易与发行、资金管理等一种或多种业务，以追求利润为其主要经营目标，自主经营、自负盈亏、自求平衡、自我发展的金融企业，包括商业银行、商业性保险公司、投资银行、信托公司、投资基金、租赁公司等。政策性金融机构的业务经营不以盈利为目的，主要是贯彻落实政府的经济政策，如开发银行、进出口银行等。

（二）按照融资方式的不同，将金融机构分为直接金融机构和间接金融机构

直接金融机构是在直接融资领域，为投资者和筹资者提供中介服务的金融机构。其主要业务包括证券的发行、经纪、保管、登记、清算、资信评估等，如证券公司、证券经纪人等。

间接金融机构是指一方面以债务人的身份从资金盈余者手中筹集资金，另一方面又以债权人的身份向资金短缺者提供资金的金融机构。商业银行是典型的间接金融机构。

直接金融机构与间接金融机构最明显的区别在于前者在中介融资中一般不发行以自己为债务人的融资工具，只是协助将筹资者发行的金融工具销售给投资者；而后者则发行以自己为债务人的融资工具来筹集资金，然后又以各种资产业务分配运用这些资金。

(三)按照金融机构业务的特点,金融机构分为银行性金融机构和非银行性金融机构

银行性金融机构是以吸收存款、发放贷款为主要业务的金融机构,包括中央银行、商业银行、专业银行等。

非银行性金融机构的资金来源不是以吸收存款而是以提供各种金融工具或特定契约进行筹资,并通过特定方式加以运用的金融机构,主要有保险公司、信托投资公司、证券公司等。

(四)按照是否承担政策性业务,金融机构分为政策性金融机构和商业性金融机构

政策性金融机构通常是一国为加强本国政府对经济的干预能力,实现政府的产业政策,保证宏观经济协调发展而设立,不以盈利为目的,但可以获得政府资金或税收方面支持的金融机构。

商业性金融机构是以追求利润最大化为经营目标,是自主经营、自负盈亏、自我发展的金融企业。

(五)按照金融机构业务活动所辖的地理范围,金融机构分为国际性金融机构、全国性金融机构和地方性金融机构

国际性金融机构主要是指业务活动跨越不同国家和地区的金融机构,如花旗银行、汇丰银行等。此外,国际货币基金组织、世界银行以及区域性的开发银行也可归为此类,但基本从事政策性金融业务。全国性金融机构的业务活动局限在一国的范围之内。地方性金融机构业务活动的地域范围更加狭小,主要局限在某一地域内,如一省内,一个城市内。目前我国大多数的城市商业银行都属于地方性金融机构。

金融机构还有其他的分类方法,例如依据资本和业务规模等可以划分为大、中、小型金融机构,等等。需要指出的是,不同的分类是从不同的角度认识金融机构,实际生活中的某一种金融机构可能分属上述不同类别的金融机构,例如商业银行可以同时属于银行性金融机构、商业性金融机构、国内或国际金融机构、大型或中小型金融机构等。可见,金融机构的分类都是相对的,各类金融机构之间以及每一类金融机构内部是相互关联的。

三、金融机构的功能

(一)信用中介

信用中介是金融机构最基本、最能反映其经营活动特征的职能。信用中介的实质是金融机构借助于信用,一方面通过负债业务,集中社会闲置货币资金;另一方面又通过资产业务把这些资金投向有关经济部门。金融机构通过信用中介职能,在不改变社会资金总量的条件下,实现资金盈余方和资金短缺方的资金融通,使资金得到有效利用,从而有效推动社会扩大再生产的规模,促使社会再生产更快速发展。而金融机构则从吸收资金的成本与发放贷款的利息收入,以及投资等收益差额中获取自身利润。

（二）提供支付结算服务

金融机构提供支付结算服务功能是指金融机构在为客户开立存款账户的基础上，通过一定的技术手段和流程设计，为客户办理存款在账户上的资金转移，代理客户支付，从而完成货币收付或清偿因交易引起的债权债务关系服务。提供有效的支付结算服务是金融机构适应经济发展需求而较早产生的功能。银行业的前身——货币兑换商最初提供的主要业务之一就是汇兑。金融机构尤其是商业银行为社会提供的支付结算服务，对商品交易的顺利实现，货币支付与清算和社会交易成本的节约具有重要的意义。金融机构提供支付结算功能的强弱主要通过其效率来体现，一般可以从办理支付结算的安全性大小、便利度高低、时速性快慢和成本多少等方面来评价。

（三）降低金融交易成本

金融交易成本包括对资金商品的定价（即利率）、交易过程中的费用和时间的付出以及机会成本等，对个体借贷者而言，由于其提供的资金数量有限、期限相对较短，与借款人对资金的数量、期限要求上难以一致，因此，融资交易的单位成本相对较高，资金供应也比较紧张，这样的融资环境极易产生高利贷行为。此外，融资交易的完成需要经调查、谈判、签约等环节才能最终完成，在每个环节都要有一定的费用和时间的支出成本。对个体投资者来说，需要付出大量的时间与成本支出用于搜集、掌握、分析和评估与投资有关的信息；而借款人在考虑借入资金时，除了资金商品价格（利率）的高低因素外，还要考虑其他费用支出等成本因素。因此，能否以较低的融资交易成本完成融资活动，成为社会融资活动顺畅进行的关键。

金融机构利用筹集到的各种期限不同、数量大小不一的资金进行规模经营，可以合理控制利率、费用、时间等成本，使融资活动能够最终以适应社会经济发展需要的交易成本来进行，从而满足不断增长的投融资需要。

（四）创造信用工具

这项职能是信用中介和支付结算服务功能的延伸。依托信用中介和支付结算职能，金融机构创造出银行券、存单、保险单、支票等银行票据作为信用工具投入流通，代替了现金的流通，既节约了流通费用，又为经济运行提供了更多且便利的流通手段和支付手段，进一步推动了生产经营的发展。

（五）提供金融服务便利

由于金融机构联系面广，信息比较灵通，特别是计算机在业务中的广泛应用，使其具备了为客户提供信息服务的条件，与此相关的咨询和决策服务应运而生。金融机构还为企业办理代发工资、代理支付各项费用，以及办理租赁业务、信托业务等金融服务性业务。此外，在金融服务作用下，个人消费也由原来的单纯现金支付的钱物交换，发展为可通过转账结算办理的交易。

第二节 国际金融机构体系

一、国际金融机构体系概述

国际金融机构泛指从事国际金融业务,协调国际金融关系,维护国际货币、信用体系正常运作的超国家机构。国际金融机构有广义和狭义之分。广义的国际金融机构包括政府间国际金融机构,跨国银行,多国银行集团等。狭义的国际金融机构主要指各国政府或联合国建立的国际金融机构组织,分为全球性国际金融机构和区域性国际金融机构,本章介绍的国际金融机构主要指后者。国际金融体系就是由这些金融机构组成的整体系统。

(一)国际金融机构的产生与发展

国际金融机构的产生与发展是同世界政治经济形势及其变化密切相关的。第一次世界大战爆发后,由于各主要资本主义国家政治经济发展的不平衡,使得它们之间的矛盾日益尖锐,利用国际经济组织控制或影响他国成为必然。同时,战争、通货膨胀以及国际收支恶化,又造成许多工业国家面临国际贸易和国际资本流动的困境,希望借助国际经济力量加以改善。因此,建立国际性金融机构便成为多数工业国家的共同愿望。

1930 年 5 月,英国、法国、意大利、德国、比利时、日本等国家在瑞士的巴塞尔成立了国际清算银行(bank for international settlements)。这是建立国际金融机构的重要开端,其主要任务是处理德国赔款的支付及协约国之间债务清算问题。在以后的发展中,国际清算银行在促进各国中央银行合作,特别是在推动各国银行监管合作方面,发挥着越来越重要的作用。

1944 年 7 月,建立了国际货币基金组织和国际复兴开发银行即世界银行,目的在于重建一个开放的世界经济及稳定的汇率制度,并对世界经济及社会发展提供资金。1956 年国际金融公司成立后,扩大了对发展中国家私人企业的国际贷款,促进了外国私人资本在这些国家的投资。1959 年 10 月,在美国财政部的建议下,成立了国际开发协会,作为世界银行的附属机构,目的是向更贫穷的发展中国家提供更为优惠的贷款,以加速这些地区的经济发展。与此同时,随着国际经济金融关系的发展,大量的区域开发合作性国际金融机构也迅速发展起来。这些金融机构的产生与发展,在当时为缓和国际支付危机,帮助调节国际收支,促进发展中国家的经济发展,以及促进国际贸易的发展发挥了重要的作用,但是,这些国际金融机构在运作过程中,它不但没有使发展中国家的利益得到很好的满足,反而给发展中国家的经济发展产生了新的负担,并对这些国家的经济政策的选择和实行干预过多等问题。

(二)国际金融机构的分类

国际金融机构可分为两种类型:一是全球性金融机构,如国际货币基金组织和世界银行集团;二是区域性金融机构。具体包括两种类型:一类是联合国附属的区域性金融机构,可称为准全球性金融机构,如亚洲开发银行、泛美开发银行、非洲开发银行等;另一种是真正意义上的区域性金融机构,如欧洲投资银行、阿拉伯货币基金组织、伊斯兰开发银行、国际投资银行、加勒比开发银行等。

二、全球性国际金融机构

目前,全球性的国际金融机构主要有国际货币基金组织,世界银行集团,国际清算银行。

(一)国际货币基金组织

1. 国际货币基金组织的建立及宗旨

国际货币基金组织(International Monetary Fund,IMF)是根据布雷顿森林会议通过的《国际货币基金组织协定》成立的旨在为协调国际的货币政策和金融关系,加强货币合作而建立的国际性金融机构。1944 年 7 月 1 日至 22 日,44 个国家的代表在美国新罕布什尔州的布雷顿森林举行了"联合与联盟国家货币金融会议",签订了"布雷顿森林协定"(Britton Woods Agreement),决定成立国际货币基金组织和国际复兴开发银行。会议通过了《国际货币基金组织协定》,1946 年 3 月国际货币基金组织正式成立,总部设在华盛顿。1947 年 3 月 1 日开始活动,成立初期,成员国只有 39 个,到 2008 年 9 月 26 日增至 185 个,基金总份额为 2 173.727 亿特别提款权,总的投票权为 221.619 3 万个。1978 年,党的十一届三中全会关于改革开放的决议为我国加入国际金融组织创造了有利的内部环境。1979 年 1 月,中、美建交正常化后,我国加入国际金融组织的外部条件最终趋于成熟。1980 才正式恢复席位。

2. 国际货币基金组织的组织机构

国际货币基金组织的最高权力机构是理事会,其成员国由各国中央银行行长或财政部部长组成。每年 9 月举行一次会议,各理事会单独行使本国的投票权(各国投票权的大小由其所缴基金份额的多少决定),理事会对有关国际金融重大事务的方针、政策做出决策,并就一些重大问题提交国际货币基金组织的常设机构——执行董事会处理。执行董事会负责日常工作,行使理事会委托的一切权力,由 24 名执行董事组成,其中 8 名由基金份额最大的 5 个国家(美国、日本、德国、法国和英国)和另外 3 个国家(中国、俄罗斯和沙特阿拉伯)任命。其余 16 名执行董事由其他成员国分别组成 16 个选区选举产生;中国为单独选区,也有一席。执行董事每两年选举一次;总裁由执行董事会推选,负责基金组织的业务工作,任期 5 年,可连任,另外还有四名副总裁。

另外,国际货币基金组织还有两个机构:一个是临时委员会,另一个是发展委员会。这两个委员会都是部长级委员会,每年举行 2 ~ 4 次会议,讨论有关国际货币体系和开发援助的重大事项。由于这两个委员会的成员级别高,又来自主要国家,大多数情况下,委员会的决议就等于理事会的决议。

3. 国际货币基金组织的资金来源及业务

基金组织成员国认缴的基金份额是国际货币基金组织最主要的资金来源。份额大小的重要性表现在两个方面:一是份额多少决定一国的地位和投票权,认缴的份额占总份额的比例越大,投票权就越多,进而一国在决定重大国际金融事务中就具有重要的影响作用。2015 年 11 月 30 日,国际货币基金组织执行董事会批准人民币加入特别提款权(Special Drawing Right,SDR:特别提款权是国际货币基金组织创设的一种储备资产和记账单位,也称"纸黄金 paper gold",它是基金组织分配给会员国的一种使用资金的权利)货币篮子,2016 年 10 月 1 日,特别提款权的价值由美元、欧元、人民币、日元、英镑五种货币构成的一篮子货币的当期汇率确定,所占权重分别为 41.73%、30.93%、10.92%、8.33% 和 8.09%。二是份额的多少决定成员国获得基金组织贷款的多少。除此之外,国际货币基金组织的资金来源还包括：通过资金运用取得的利息和其他收入；某些成员国的捐赠款或认缴的特种基金；向官方和市场的借款。其中，借款只是一种临时性的周转措施或特种安排。为了保证国际货币基金组织贷款的优惠性质，国际货币基金组织一般不从市场借款，而是从各国政府或政府集团及其他金融机构借款。

国际货币基金组织的业务活动主要包括：汇率监督、国际储备创造和金融贷款等。汇率监督的目的在于保障有秩序的汇兑安排和汇率体系的稳定，消除不利于国际贸易发展的外汇管制，避免成员国操纵汇率或以歧视性汇率政策谋取不公平的竞争利益。国际储备创造是针对国际储备不足和多边支付的需要，国际货币基金组织在 1969 年的年会上通过设立“特别提款权”的正式方案，并于 1970 年 1 月开始分配特别提款权。特别提款权（Special Drawing Right，SDR）是国际货币基金组织创设的一种储备资产和记账单位，也称“纸黄金（paper gold）”。它是基金组织分配给会员国的一种使用资金的权利。会员国在发生国际收支逆差时，可用它向基金组织指定的其他会员国换取外汇，以偿付国际收支逆差或偿还基金组织的贷款，还可与黄金、自由兑换货币一样充当国际储备。但由于其只是一种记账单位，不是真正货币，使用时必须先换成其他货币，不能直接用于贸易或非贸易的支付。因为它是国际货币基金组织原有的普通提款权以外的一种补充，所以称为特别提款权。国际货币基金组织的贷款对象只限于成员国官方财政金融当局，而不与任何私营企业进行业务往来；贷款用途只限于弥补成员国国际收支逆差或用于经常项目的国际支付；国际货币基金组织的贷款都是短期贷款，1 年至 5 年不等，贷款利率按贷款期限和额度的累进递增收取；贷款额度有限制，与借款国认缴的基金份额大小成正比；贷款种类目前主要有普通贷款、出口波动主要贷款、缓冲库存贷款、中期贷款、补充贷款、信托基金贷款等。

（二）世界银行集团

世界银行集团（World Bank Group）是一个与国际货币基金组织紧密联系、互相配合的国际性金融机构，也是布雷顿森林体系的产物。它由世界银行、国际金融公司、国际开发协会、国际投资争端处理中心和多边投资担保机构五个机构构成。

1. 世界银行

世界银行又称国际复兴开发银行（International Bank of Reconstruction and Development，IBRD），它于 1945 年 12 月正式宣告成立，总部设在华盛顿，1946 年 6 月正式营业，其最高权力机构是理事会，由各会员国委派理事和副理事各 1 名组成。世界银行与国际货币基金组织的组织结构相似，但世界银行历任行长都是美国人。与国际货币基金组织一样，世界银行的资金来源主要包括：一是会员缴纳的股金。由于实际缴付额小于应交额（约 80% 为代缴股金），所以银行实有资本是有限的。二是借款。即向国际金融市场借款是世界银行资金来源的主要方面。三是通过将贷出款项的债权转让给私人投资者（主要是商业银行），收回一部分资金。四是银行利润。世界银行的资金运用，主要是通过长期贷款和投资解决会员在第二次世界大战后恢复和发展经济的资金需要。因此，战后贷款主要集中于欧洲国家的战后复兴。1948 年以后，贷款转向为亚非拉发展中国家提供开发资金，贷款额度逐年增加。贷款方式有两类，一类是按收入组别分配资金，贷款的主要对象是中等发展中国家；另一类是按经济部门分配资金，重点是各种基础设施。世界银行贷款中的主导部分是部门和项目贷款。同时，世界银行还从事向会员国提供技术援助，担任国际银团贷款的组织工作，协调与其他机构的关系等活动。世界银行的贷款对象可以是成员国政府，而国有企业和私有企业则是要由政府担保。世界银行的贷款用途较广，包括交通、农业、能源、运输、通信、卫生、教育等项目贷款。贷款期限为20年左右，并有5年宽限期，利率比较优惠。贷款额度要考虑借款国人均国民生产总值，还债信用强弱，借款国发展目标和需要，投资项目的可行性及在世界经济发展中的次序等。只有国际货币基金组织的会员才有资格申请加入世界银行，中国是世界银行的创始国之一，1980年5月恢复合法席位。

2. 国际金融公司

国际金融公司（International Finance Corporation，IFC）是专门向经济不发达成员国的私有企业提供贷款和投资的国际性金融组织，是世界银行的一个附属机构，但在法律上却是独立实体。1956年7月24日成立，总部在华盛顿，公司的最高权力机构是理事会，下设执行董事会主持日常事务，其正副理事、正副执行董事同时也是世界银行的正副理事和正副执行董事，公司经理由世界银行行长兼任。国际金融公司是世界上为发展中国家提供贷款最多的多边金融机构。资金来源主要是成员国认缴的股本；从世界银行和其他途径借入的资本金，或以发行国际债券获取的资金以及业务经营的净收益积累等。公司的主要活动是对会员国私人企业贷款。这种贷款不需要政府担保，期限为7～15年，以原借入的货币偿还，利率一般高于世界银行的贷款，有时高达10%。其业务宗旨是专门对会员私人企业的新建、改建和扩建等项目提供资金，促进不发达国家中私营经济的增长及其市场的发展。只有世界银行的成员国才能成为国际金融公司的成员。国际金融公司利用自有资源和在国际金融市场上筹集的资金为项目融资，同时向政府和企业提供技术援助和咨询。

3. 国际开发协会

国际开发协会（International Development Association，IDA）是世界银行的附属机构，成立于1960年，总部设在华盛顿。国际开发协会名义上是独立的机构，但实际上经营方针、贷款原则都与世界银行相同，在组织机构上，它与世界银行是一套人马、两块牌子，故有“第二世界银行”之称，通常提及的世界银行是国际复兴开发银行和国际开发协会的总称。与世界银行不同的是国际开发协会主要是对更为贫穷的发展中国家发放条件较宽的长期优惠贷款，作为世界银行贷款的补充，以促进这些国家经济发展和生活水平的提高。我国曾是这类无息贷款的承受国，但随着综合国力的增强，于1999年7月1日不再接受国际开发协会无息贷款。国际开发协会的资金来源主要包括：一是会员认缴的股本；二是补充资金，即根据协会规定，会员在一定时期内还须认缴一部分资金作为补充，以保证协会的资金来源；三是世界银行拨款；四是协会自身的经营利润。国际开发协会的贷款只给予政府，不收利息，但计收0.75%的手续费。贷款期限长达50年，宽限期为10年，可以部分或全部用本国货币偿还。短期贷款多用于较贫穷的成员国中的农业、交通运输和能源以及乡村发展项目等。

4. 国际投资争端处理中心

国际投资争端处理中心（International Centre for Settlement of Investment Disputes，ICSID）是根据1966年10月正式生效的《关于解决国家和其他国家国民投资争端公约》（1965年华盛顿公约）成立的国际组织，总部设在华盛顿的世界银行内。作为解决缔约国与其他缔约国国民投资争议的常设机构，具有独立的国际法人地位，其最高权力机构是理事会，由各成员国派1名代表组成，每年举行一次会议，世界银行行长为理事会主席，秘书处，由秘书长负责，处理日常事务。其成员包括世界银行成员国和其他被邀请国。

国际投资争端解决中心的宗旨和任务是，制定调解或仲裁投资争端规则，受理调解或仲裁投资纠纷的请求，处理投资争端等问题，为解决会员国和外国投资者之间争端提供便利，促进投资者与东道国之间的互相信任,从而鼓励国际私人资本向发展中国家流动。该中心解决争端的程序分为调停和仲裁两种。

5. 多边投资担保机构

多边投资担保机构(Multinational Investment Guarantee Agency ,MIGA)成立于1988年,是世界银行集团里成立时间最短的机构,但成立机构的建议早在1961年就提出过,世界银行也曾于1966年起草“机构”协议草案,并先后28次讨论并修改这一草案。但因各方分歧很大,草案一直未获得通过,世界银行决定停止有关“机构”的讨论工作。1981年,世界银行决定重新讨论建立“机构”的问题。经过4年的工作,1985年世界银行通过了《多边投资担保机构条约》(也称《汉城公约》)。提出公约生效必须满足以下条件:一是必须有5个一类国家(发达国家)和15个二类国家(发展中国家)签署并核准;二是这些国家认购股份总额须达到“机构”法定资本的33%。1987年10月,有关国家召集会议,决定1988年4月30日前核准《公约》的国家为创始会员国。1988年6月8日,在华盛顿举行成立大会,多边投资担保机构正式成立。

多边投资担保机构的宗旨是向外国私人投资者提供政治风险担保,包括征收风险、货币转移限制、违约、战争和内乱风险担保,并向成员国政府提供投资促进服务,加强成员国吸引外资的能力,从而推动外商直接投资流入发展中国家。作为担保业务的一部分,多边投资担保机构也帮助投资者和政府解决可能对其担保的投资项目造成不利影响的争端,防止潜在索赔要求升级,使项目得以继续。多边投资担保机构还帮助各国制定和实施吸引和保持外国直接投资的战略,并以在线服务的形式免费提供有关投资商机、商业运营环境和政治风险担保的信息。多边投资担保机构积极支持中国吸引外国直接投资,曾为我国的制造业,基础设施等提供了多项担保。

(三)国际清算银行

国际清算银行(Bank for International Settlements,BIS)是世界上历史最悠久的国际金融组织,最初是根据1930年1月20日海牙国际协定,由英国、法国、德国、意大利、比利时、日本6国的中央银行,以及代表美国银行界利益的摩根银行、纽约花旗银行和芝加哥花旗银行所组成的银团共同建立的国际金融组织,成立于1930年5月17日,总部设在瑞士巴塞尔。创建的最初目的是处理第一次世界大战后德国赔款的支付和解决协约国之间的债务清算问题。国际货币基金组织成立后,国际清算银行主要办理国际清算,接受各国中央银行存款并代理买卖黄金、外汇和有价证券,办理国库券和其他债券的贴现,再贴现等,它是国际上唯一办理中央银行业务的机构,故有“央行的央行”之称。

现阶段,国际清算银行是国际货币合作领域的论坛,特别是该行定期举办十国集团(英国、美国、法国、德国、意大利、日本、荷兰、加拿大、比利时、瑞典)及瑞士中央银行行长例会,以及各类高级别专门委员会如巴塞尔银行委员会、支付和清算系统委员会、欧洲货币常设委员会、黄金与外汇委员会等例会;促进各国中央银行之间的合作并为国际金融业务提供新的便利;促进国际金融稳定;为各国中央银行提供各种金融服务,帮助各国中央银行管理外汇储备;研究货币与经济问题,并协调国家间的货币政策;协助执行各种国际金融协定等。

中国人民银行于1984年同国际清算银行建立业务关系,每年派代表团以客户身份参加该行年会。1996年9月9日,该行董事会通过决议,决定接纳中国、巴西、印度、韩国、墨西哥、俄罗斯、沙特阿拉伯、新加坡及中国香港的中央银行及货币当局为成员。目前国际清算银行在香港设有代表处。

2022 年 6 月 25 日,中国人民银行与国际清算银行(BIS)签署了参加人民币流动性安排(RMBLA)的协议。人民币流动性安排是由国际清算银行发起并设计的一项金融制度性安排,旨在通过构建储备资金池,在金融市场波动时为参加该安排的央行提供流动性支持。中国人民银行积极参与了该安排的设计,其他首批参加方还有印度尼西亚中央银行、马来西亚中央银行、香港金融管理局、新加坡金融管理局和智利中央银行。中国人民银行参加人民币流动性安排有利于加强与国际清算银行的合作,满足国际市场对人民币的合理需求,并为加强区域金融安全网做出积极贡献。

国际清算银行领导下的常设监督机构称作巴塞尔银行监督委员会,致力于跨国性银行的监管工作。该委员会签署的《巴塞尔协议》和《〈巴塞尔资本充足协议〉的补充协议》成为国际统一的银行监督管理协议。

三、区域性的金融机构

(一)亚洲开发银行

亚洲开发银行(Asian Development Bank,ADB)是一家仅次于世界银行的第二大开发性国际金融机构,也是亚太地区最大的政府间金融机构。是西方国家与亚洲太平洋地区发展中国家合办的政府间的金融机构,1966 年在东京成立,总行设在菲律宾的首都马尼拉。我国于 1986 年 3 月正式恢复在亚洲开发银行的合法席位。按各国认股份额,中国居第三位(6.44%),日本和美国并列第一(15.60%),中国是亚洲开发银行第三大股东,在该行投票权为 5.437%。中国与亚洲开发银行合作良好,截至 2022 年 12 月,该行共批准了 1 193 个在华公共部门贷款项目,贷款承诺额总计 429 亿美元。中国向亚行亚洲发展基金(ADF)累计捐款 3.3 亿美元,并参与亚行项目联合融资。

亚洲开发银行的宗旨是促进亚洲和太平洋地区的经济增长与合作,并协助地区的发展中成员集体和单独地经济发展的进程。为此,其主要任务包括:一是促进为开发目的而在本地区进行的公私资本投资。二是利用本行拥有的资金,为本地区的发展中成员提供资金支持。其中特别考虑本地区较小或较不发达成员的需要。三是帮助本地区成员协调其发展政策和计划,并为拟定、资助和执行发展项目和计划提供技术援助。四是以适当方式同联合国及其附属机构以及参加本地区开发基金投资的国际公共组织、其他国际机构和各国公司进行合作。

亚洲开发银行的最高权力机构是理事会。理事一般由各成员国的财政部长或中央银行行长充任,代表本国政府行使投票权。理事会下设执行董事会,负责日常业务。亚洲开发银行的最高行政负责人是行长,由理事会选举产生,任期 5 年,可以连选连任。

亚洲开发银行的资金来源主要包括:一是普通资金,这是亚行开展业务活动的主要资金来源,用于“硬贷款”。由 6 部分构成,即股本,借款,普通储备金,特别储备金,净收益和预缴股本。二是亚洲开发基金,是由发达成员国捐赠的资金。三是技术援助特别基金,用于资助发展中成员国聘请咨询专家、培训人员、购置设备进行项目准备,制定战略规划,加强机构建设和技术力量等。四是日本特别基金,由日本政府捐赠,用于向成员国赠款和股本投资等。亚行的主要业务是向亚太地区的成员国政府及其所属机构,境内公私企业以及与发展本地区有关的国际性或地区性组织提供长期贷款。贷款分为普通贷款和特别基金贷款两种。普通贷款期限为12年至25年,年利率为7.5%;特别基金贷款期限为25年至30年,有的长达40年,年利率为1%至3%。自亚行成立以来,其贷款业务发展十分迅速,涉及众多部门,其中农业、农产品加工业、能源及交通运输业是亚行发放贷款的重点部门。除此之外,亚洲开发银行还向成员国提供咨询服务、技术援助、股本投资、联合融资等,以及派遣顾问团。同时,亚洲开发银行还协调各国的合作或与其他国际组织合作开发项目,执行开发计划。

(二)亚洲基础设施投资银行

亚洲基础设施投资银行(Asian Infrastructure Investment Bank ,AIIB)简称亚投行,是一个政府间性质的亚洲区域多边开发机构。由习近平主席于2013年10月2日提出筹建倡议,2014年10月24日,包括中国、印度、新加坡等在内的21个首批意向创始成员国的财长和授权代表在北京签约,共同决定成立亚投行,2015年12月25日,亚投行正式成立,法定资本1 000亿美元。2016年1月16日至18日,亚投行开业仪式暨理事会和董事会成立大会在北京举行,标志着全球首个由中国倡议设立的多边金融机构开张运营。

亚投行的治理结构分理事会、董事会、管理层。理事会是最高决策机构,每个成员在亚投行有正副理事各一名。董事会有12名董事,其中域内9名,域外3名。管理层由行长和5位副行长组成。亚投行总部设在北京,位于奥林匹克公园中心区B27-2地块。其宗旨是通过在基础设施及其他生产性领域的投资,促进亚洲经济可持续发展、创造财富并改善基础设施互联互通;与其他多边和双边开发机构紧密合作,推进区域合作和伙伴关系,应对发展挑战。主要职能是推动区域内发展领域的公共和私营资本投资,尤其是基础设施和其他生产性领域的发展;利用其可支配资金为本区域发展事业提供融资支持;鼓励私营资本参与投资有利于区域经济发展,尤其是基础设施和其他生产性领域发展的项目、企业和活动,并在无法以合理条件获取私营资本融资时,对私营投资进行补充;并且,为强化这些职能开展的其他活动和提供的其他服务。截至2019年4月22日,亚投行理事会已经批准科特迪瓦、几内亚、突尼斯和乌拉圭为新一批成员。至此,亚投行成员达到97个。

(三)非洲开发银行

非洲开发银行(Africa Development Bank,AFDB)是非洲国家政府合办的互助性国际金融机构,成立于1964年9月,1966年7月正式开业,总部设在科特迪瓦首都阿比让。最初只有除南非以外的非洲国家才能加入该行。为了广泛吸收资金和扩大该行的贷款能力,该行理事会在1980年5月第十五届年会上通过决议欢迎非洲以外的国家入股。1985年5月,我国正式参加了非洲开发银行。截至2023年6月,非洲开发银行有81个成员国,非洲54个国家全部为成员,此外还有包括中国在内的区外成员27个。

非洲开发银行的最高权力机构是理事会,理事由各成员国派出,表决权的份额按各国缴纳的股份多少计算。理事会选派董事会负责银行的全部业务。非洲开发银行的宗旨是为成员国经济和社会发展提供资金,促进成员国的经济发展和社会进步,帮助非洲大陆制定发展的总体规划,协调各国的发展计划。

非洲开发银行的资金主要来源是成员国认缴的股本,主要任务是向成员国提供普通贷款和特别贷款。普通贷款是用以该行的普通股本资金提供或担保的贷款,特别贷款是用该行设立的专门用途的特别基金来放贷,条件比较宽松,期限很长,最长可达50年,贷款不计利息,主要用于大型工程项目建设,贷款对象仅限于成员国。

(四)泛美开发银行

泛美开发银行(Inter-American Development Bank,IADB)是以美国和拉美国家为主,联合一些西方国家、日本及前南斯拉夫合办的区域性国际金融机构。成立于1959年12月,1960年10月正式营业,行址设在华盛顿。1991年中国成为泛美开发银行的观察员,1993年正式提出加入该行的申请,2007年3月19日中国人民银行行长周小川代表中国政府与泛美开发银行行长签署了关于中国加入该行的谅解备忘录。2023年3月,第63届年会在巴拿马举行,围绕减贫和改善不平等、生物多样性和可持续发展、基础设施和地区一体化、粮食安全和可持续能源、气候变化、性别和多元化等议题展开讨论,发布《为恢复增长创造宏观环境》的报告,并决定在下届年会讨论美洲投资公司增资方案。

泛美开发银行的宗旨是动员美洲以外的资金,为拉美成员的经济和社会发展提供项目贷款和技术援助,以促进拉美经济的发展和"泛美体制"的实现。

泛美开发银行的最高权力机构是理事会,由成员国委派一名理事和候补理事组成,人选一般由成员国财政部部长或中央银行行长充任。理事会下设执行董事,负责日常业务,最高领导人是行长。该银行的资金来源有成员国认缴的股本和银行借款两大部分,资金运用主要是向成员国提供贷款,包括普通贷款和特别业务基金贷款。普通贷款向政府,公私团体的特定经济项目提供,特别业务基金贷款对象为以公共工程为主的特别经济项目,贷款期限为20~40年,利率低于普通贷款利率,并可部分或全部用本国货币偿还。

四、国际金融机构的作用与局限性

在现行的国际货币制度和国际金融活动中,国际金融机构的作用主要体现在以下几个方面:一是维持汇率稳定;二是对金融业的国际业务活动进行规范、监督与协调;三是提供长、短期贷款以调节国际收支的不平衡和促进经济发展;四是积极防范并解救国际金融危机;五是就国际经济、金融领域中的重大事件进行磋商;六是提供多种技术援助、人员培训、信息咨询等服务,以此加强各国经济与金融的往来,推动全球经济共同发展。

但是,目前国际金融机构的作用也有其局限性,主要表现在:一些金融机构的领导权被主要的发达国家控制,发展中国家的呼声和建议往往得不到重视;在向受援国提供贷款时往往附加限制性的条件,并要求受援国满足某些前提性的要求之后才能使用贷款,所有这些要求大多是对一国经济体系甚至政治体系的不恰当干预,不对症的干预方案常常会削弱或抵消优惠贷款所能带来的积极作用。

第三节 中国金融机构体系的形成与发展

随着商品经济的发展、金融需求的扩大及其多样化,种类各异的金融机构逐渐产生并发展起来。一个国家建立怎样的金融机构体系,主要取决于该国一定时期的社会经济发展水平和基本的经济管理制度,同时也受到社会公众对金融服务的需求变化、法律法规制度的演进以及新技术发展变化的影响。中国金融机构体系的建立基础相当薄弱,国内现行的金融机构体系是自中华人民共和国建立以来,通过不断摸索,逐渐发展壮大起来的。

一、1949 年前的金融机构体系

据史料记载,我国远在西周时期就有专司政府信用的机构“泉府”,西汉时期有私营高利贷机构“子钱家”。唐朝时期,金融业逐渐发展起来。到了明末清初,以票号、钱庄为代表的旧式金融业已十分发达。但数千年的封建社会使我国的商品经济发展十分缓慢,金融机构长期处于分散、落后的状态。当西方资本主义国家先后建立起现代的金融机构体系的时候,我国的金融领域仍被具有高利贷性质的典当行、钱庄、票号所占据。

19 世纪中叶,我国东南沿海门户被打开,资本主义大工业生产经营方式在我国的推进,票号、钱庄等旧式的金融业已不能适应生产方式发展的需要。为适应中外贸易和民族资本主义工商业发展的需要,1845 年英商东方银行在香港和广州设分行和分理处,1847 年设立上海分行,即丽如银行,成为我国第一家外商新式银行。1897 年,我国民族资本自建的第一家股份制银行——中国通商银行在上海设立,标志着中国现代银行信用制度的开端。我国首家民族保险企业是 1865 年华商设立的义和公司保险行。1882 年,首家民族证券公司——上海平准股票公司成立。之后,各类现代金融机构陆续建立起来。

国民党经济时期,官僚资本开始了对我国刚刚发展的金融业的垄断,形成了以四大家族为垄断核心的金融机构体系“四行二局一库”。“四行”是中央银行、中国银行、交通银行、中国农业银行;“二局”是中央信托局和邮政储金汇业局;“一库”是指中央合作金库。而中国民族资本主义银行则与民族工商业一样,栖身于帝国主义、官僚资本主义的双重压力之下,规模小,发展缓慢。

与此同时,中国共产党在各个革命根据地也建立了自己的金融机构,其中影响较大的主要有:第一次国内革命战争时期在瑞金成立的中华苏维埃共和国国家银行;以及抗日战争时候在各抗日根据地成立的陕甘宁边区银行、华北银行等。这些银行的建立,为中华人民共和国的成立做出了重大贡献。

二、中华人民共和国金融机构体系的建立与发展

中华人民共和国金融机构体系的建立与发展大致可分为以下几个阶段。

(一)初步形成阶段(1948 ~ 1953 年)

1948 年 12 月 1 日,在原华北银行、北海银行、西北农民银行的基础上建立了中国人民银行,它标志着中华人民共和国金融机构体系的开始。中华人民共和国成立以后,中国人民银行接管和没收了官僚资本银行,将革命根据地和解放区的银行分别改选为中国人民银行的分支机构,并对民族资本主义银行、私人钱庄进行了社会主义改造。通过这些措施,中国人民银行逐渐成为全国唯一的国家银行,奠定了中华人民共和国金融机构体系的基础。

(二)“大一统”的金融机构体系(1953 ~ 1978 年)

1953 年,我国开始大规模、有计划地进行经济建设,在经济体制与管理方式上实行了高度集中统一的计划经济体制及计划管理方式。与之相应,金融机构体系也实行了高度集中的“大一统”模式。这个模式的基本特征为:中国人民银行是全国唯一一家办理各项银行业务的金融机构,集中央银行和普通银行于一身,其内部实行高度集中管理,利润分配实行统收统支。这种模式对当时的经济发展起到了一定的促进作用,但统得过死,不利于有效地组

织资金融通,不利于调动各级银行的积极性。

(三)改革初期和突破“大一统”的金融机构体系(1979~1983年8月)

1979年开始的经济体制改革客观上要求改变“大一统”的金融机构体系。1979年中国银行从中国人民银行中分离出来,作为外汇专业银行,负责管理外汇资金并经营对外金融业务;同年,恢复中国农业银行,负责管理和经营农业资金;1980年我国实行基本建设投资“拨改贷”后,中国人民建设银行从财政部分设出来,最初专门负责管理基本建设资金,1983年开始经营一般银行业务。这些金融机构各有明确的分工,从而打破了中国人民银行一家包揽全国银行业务的格局。但中国人民银行仍然集货币发行和信贷于一身,不能有效地对专业银行和金融全局进行领导、调控与管理。因此,建立一个有权威的中央银行和商业银行相分离的二级银行体系势在必行。

(四)多样化的金融机构体系初具规模(1983年9月~1993年)

为了在搞活经济的同时加强宏观金融调控,我国进行了一系列改革:1983年9月,国务院决定中国人民银行专门行使中央银行职能;1984年1月,单独成立中国工商银行,承担原来由中国人民银行办理的工商信贷和储蓄业务;1986年以后,增设了全国性综合银行如交通银行、中信实业银行等,还设立了区域性银行如广东发展银行、招商银行等;同时批准成立了一些非银行金融机构如中国人民保险公司、中国国际信托投资公司、中国投资银行、光大金融公司、各类财务公司、城乡信用合作社及金融租赁公司等。在金融机构体系加大改革力度的同时,金融业进一步实行对外开放,允许部分合格的营业性外资金融机构在我国开业,使我国金融机构体系从封闭走向开放。通过改革,我国在1994年形成了以中国人民银行为核心,以工、农、中、建四大专业银行为主体,其他各种金融机构并存和分工协作的金融机构体系初具规模。

(五)建设和完善社会主义市场金融机构体系的阶段(1994年至今)

为适应建立社会主义市场经济体制的需要,更好地发挥金融在国民经济中的宏观调控和优化资源配置作用,1994年国务院决定进一步改革金融体制。改革的目标之一是建立在中央银行宏观调控下的政策性金融与商业性金融分离,以国有商业银行为主体的多种金融机构并存的金融机构体系。改革的主要措施有:分离政策性金融与商业性金融,成立三大政策性银行;国家四大专业银行向国有商业银行转化;建立以国有商业银行为主体的多层次商业银行体系。1995年组建了第一家民营商业银行——中国民生银行;同年在清理、整顿和规范已有的城市信用社基础上,在各大中城市开始组建城市合作银行,1998年更名为城市商业银行;大力发展证券投资基金等非银行金融机构;不断深化金融业的对外开放。为了加强对金融机构的监管,1992年成立中国证券业监督管理委员会,1998年成立了中国保险业监督管理委员会,2003年成立了中国银行业监督管理委员会,形成了符合我国国情的“分业经营、分业监督”的基本框架。形成了“一行三会”分业监管的金融管理体制。2018年4月,设立中国银行保险监督管理委员会,演化为“一行两会”的监管体制。2023年3月,中共中央、国务院印发了《党和国家机构改革方案》,决定在中国银行保险监督管理委员会基础上组建国家金融监督管理总局,不再保留中国银行保险监督管理委员会。国家金融监督管理总局取代银保监会,突破原有银保监会的“银行”与“保险”的概念,同年5月,国家金融监督管理总局在北京金融街揭牌。至此,中国金融监管体系从“一行两会”迈入“一行总局一会”新格局。7 月 20 日,国家金融监督管理总局 31 家省级监管局和 5 家计划单列市监管局、306 家地市监管分局统一挂牌。这一新金融机构体系目前仍处于不断完善发展过程之中。

第四节 中国现行的金融机构体系

中国金融机构体系日臻完善,目前已形成了由“一行两会”(中国人民银行、中国银行保险监督管理委员会、证券业监督管理委员会)为主导、大中小型商业银行为主体、多种非银行金融机构为辅翼的层次丰富、种类较为齐全、服务功能比较完备的金融机构体系,在国民经济发展中,发挥着重要的作用。

一、金融监督管理机构

(一)中国人民银行

中国人民银行是我国的中央银行(The People's Bank of China)。1995 年 3 月 18 日,《中国人民银行法》以法律形式确定了中国人民银行是我国的中央银行,并依法履行其职责,对金融业实施监督管理。中国人民银行实行行长负责制并设立了货币政策委员会,根据履行职能的需要,在总行内部设置职能部门,在全国各地设置派出机构并实行统一领导和管理。其分支机构原是按行政区划设置,1999 年改为按经济区域设置,全国共设九个大区行,中国人民银行总行分别位于北京和上海,2005 年 8 月 10 日在上海设立中国人民银行上海总部。

作为我国的中央银行,中国人民银行垄断人民币的发行权,管理人民币流通,是“发行的银行”;依法管理存款准备金、基准利率,对商业银行发放再贷款再贴现,在金融机构出现风险时,根据情况实施必要的求助,防范和化解系统性金融风险,维护国家金融稳定,是“银行的银行”;依法制定和执行货币政策,持有、管理和经营国家外汇储备和黄金储备,负责监督管理银行间同业拆借市场和银行间债券市场、银行间外汇市场、黄金市场,负责建立和管理全国银行系统的征信系统,代表国家从事有关国际金融活动等,是“国家的银行”。

中国人民银行的性质决定了它的特殊地位。根据法律规定,它在国务院的领导下依法独立执行货币政策,履行职责,开展业务,不受各级政府部门、社会团体和个人行为干涉。中国人民银行所属的分支机构是中国人民银行的派出机构,执行全国统一的货币政策,维护本辖区的金融稳定,其职责的履行也不受地方政府干预。

2023 年 3 月,中共中央、国务院印发了《党和国家机构改革方案》。在中国银行保险监督管理委员会基础上组建国家金融监督管理总局,将中国人民银行对金融控股公司等金融集团的日常监管职责、有关金融消费者保护职责,中国证券监督管理委员会的投资者保护职责划入国家金融监督管理总局。撤销中国人民银行大区分行及分行营业管理部、总行直属营业管理部和省会城市中心支行,在 31 个省(自治区、直辖市)设立省级分行,在深圳、大连、宁波、青岛、厦门设立计划单列市分行。运行 20 余年的中国人民银行大区分行成为历史,省分行制度再度回归。

（二）中国银行保险监督管理委员会

在1994年的金融体制改革中，我国确定了“分业经营、分业监管”的金融监管体制。为了实现对银行业监管的规范化与专业化，2003年4月，中国银行业监督管理委员会（简称“中国银监会”）成立，银行业的监管职能由中国人民银行划转给中国银行业监督管理委员会。中国银监会的成立使我国金融业分业经营、分业监管的局面正式形成。

中国银监会隶属于国务院，根据国务院授权，统一监督管理商业银行、城市信用合作社、农村信用合作社、政策性银行等银行业金融机构，以及金融资产管理公司、信托投资公司、财务公司、金融租赁公司和由中国银监会批准设立的其他金融机构，维护银行业的合法、稳健运行。

中国保险监督管理委员会（简称中国保监会）成立于1998年11月18日，是全国商业保险的主管部门，为国务院直属单位，专司全国商业保险市场的监管职能。2018年3月，按国务院机构改革方案，将中国银监会、中国保监会的职责整合，组建中国银行保险监督委员会，作为国务院直属事业单位。并将中国银监会和中国保监会拟订银行业、保险业重要法规草案和审慎监管基本制度的职责划入中国人民银行，同年4月8日，中国银行保险监督管理委员会正式挂牌。至此，我国对于金融机构分业监管的时代已经终结，混业监管的格局初步形成。2023年3月，中共中央、国务院印发了《党和国家机构改革方案》。在中国银行保险监督管理委员会基础上组建国家金融监督管理总局，不再保留中国银行保险监督管理委员会。5月18日，国家金融监督管理总局正式揭牌。这意味着，中国银保监会正式退出历史舞台。

（三）中国证券监督管理委员会

改革开放以来，随着中国证券市场的发展，建立集中统一的市场监管体制势在必行。1992年10月，国务院证券委员会（简称国务院证券委）和中国证券监督管理委员会（简称中国证监会）成立，标志着中国证券市场统一监管体制开始形成。1995年3月，国务院确定中国证监会为国务院证券委的监管执行机构，依照法律、法规的规定，对证券期货市场进行监管。2023年3月，中共中央、国务院印发了《党和国家机构改革方案》。中国证券监督管理委员会调整为国务院直属机构。依照法律、法规和国务院授权，统一监督管理全国证券期货市场，维护证券期货市场秩序，保障其合法运行。

二、商业银行体系

在我国的金融机构体系中，银行业是我国金融业的主体，以银行信贷为主的间接融资在社会总融资中占主导地位，因此，建设一个稳健而富有活力的商业银行体系对于我国具有重要的意义。

（一）国有控股大型商业银行

包括中国工商银行、中国银行、中国建设银行、中国农业银行和交通银行。其中前四家银行是由原来的国家专业银行转化而来的，1995年《中华人民共和国商业银行法》颁布实施后称为国有独资商业银行，自2003年起陆续进行了股份制改造，借助资本市场的力量，通过财务重组和增资扩股改善财务状况，建立并陆续完善了公司治理结构。目前这五家国有控股商业银行均经营全面的银行业务。自2009年1月15日，中国农业银行的股份制改造完成,至 2022 年年底,根据五家银行的资产负债表年报显示,五家银行的资产总额为 1 500 214.64 亿元,负债总额为 1 373 592.18 亿元,其中,中国工商银行、中国银行、中国建设银行、中国农业银行和交通银行的不良贷款率分别是 1.38%、1.32%、1.38%、1.37%和 1.35%。其中,中国工商银行、中国银行、中国建设银行、中国农业银行这四大国有控股商业银行股份制改革的目标是建成资本充足,内控严密,运营安全,服务和效益良好,具有国际竞争力的现代化股份制商业银行。

1. 中国工商银行

1983 年 9 月,国务院决定中国人民银行专门行使中央银行职能,同时建立中国工商银行(Industrial and Commercial Bank of China,ICBC)。承办原来由中国人民银行办理的工商信贷和储蓄业务。1984 年 1 月 1 日,中国工商银行正式成立。2005 年 10 月 28 日,中国工商银行整体改制为股份有限公司,并于 2006 年 10 月 27 日在上海证券交易所和香港联合交易所同步上市。

中国工商银行(亚洲)凭借中国工商银行的庞大分行网络优势、领导地位及丰富经验,将继续开拓广泛的银行及财务业务,包括各类存款与贷款、贸易融资、汇款、清算、工商业贷款、银团贷款、出入口押汇、中国业务咨询及融资、证券业务及黄金买卖的经纪服务及保险代理等。截至 2022 年年末,中国工商银行总资产总额是 396 101.46 亿元,在境内主要的银行业务领域中均保持着最大的市场份额。

2. 中国农业银行

中国农业银行(Agricultural Bank of China,ABC),前身最早可追溯至 1951 年成立的农业合作银行,是在中华人民共和国成立的第一家专业银行。为了加强国家对支农资金的管理,适应农村经济体制改革的需要,1979 年初中国农业银行得以恢复,成为专门负责农村金融业务的国家专业银行。1994 年中国农业发展银行分设,1996 年农村信用社与中国农业银行脱离行政隶属关系,中国农业银行开始向国有独资商业银行转变。2009 年 1 月 5 日,中国农业银行整体改制为股份有限公司。

2010 年 7 月中国农业银行股份有限公司在上海、香港两地面向全球挂牌上市,成功创造了截至 2010 年全球资本市场最大规模的 IPO,募集资金达 221 亿美金,标志着农业银行改革发展进入了崭新时期。

作为中国主要的综合性金融服务提供商之一,中国农业银行致力于建设面向"三农"、城乡联动、融入国际、服务多元的一流商业银行。截至 2022 年年末,本行资产总额达 339 254.88 亿元,存款总额 251 210.40 亿元,贷款总额 197 209.07 亿元,资本杠杆率 7.52%,不良贷款率 1.37%,各项指标均达到国内金融业领先水平。

3. 中国银行

中国银行(Bank of China,BOC)于 1912 年经孙中山先生批准在上海成立,是中国历史最为悠久的银行之一。1912 ~ 1928 年,中国银行履行中央银行职能,负责代理国库、承汇公款、发行钞票等。1928 ~ 1942 年,中国银行作为政府特许的国际汇兑银行,积极借鉴国际先进经验改革管理机制,在中国金融界率先走向国际市场,先后在伦敦、新加坡、纽约等国际金融中心设立分行。1942 ~ 1949 年,中国银行作为国际贸易专业银行,负责政府国外款项收付,发展国外贸易并办理有关贷款与投资。

1979 年,中国银行成为国家指定的外汇外贸专业银行。1994 年,随着金融体制改革的深化,中国银行成为国有独资商业银行。2004 年 8 月 26 日,中国银行整体改制为股份有限公司,并于 2006 年 6 月 1 日在香港联合交易所上市,于 2006 年 7 月 5 日在上海证券交易所上市。

2011 年,国际金融监督和咨询机构金融稳定理事会在法国戛纳发布全球 29 家具有系统性影响力的银行名单,中国银行成为中国乃至新兴经济体国家和地区中唯一入选的机构。

4. 中国建设银行

中国建设银行(China Construction Bank,CCB),原名为中国人民建设银行,于 1954 年 10 月 1 日正式成立,曾隶属财政部。1979 年成为独立的经营长期信用业务的专业银行。2004 年 9 月 17 日,中国建设银行整体改制为股份有限公司,并于 2005 年 10 月 27 日在香港联合交易所上市。2007 年 9 月 3 日,中国证监会发行审核委员会公告,定于 2007 年 9 月 7 日召开 2007 年第 118 次发行审核委员会工作会议,审核中国建设银行股份有限公司首次公开发行 90 亿股 A 股的申请。

2022 年 7 月,中国建设银行位居英国《银行家》杂志公布的"2022 年全球银行 1 000 强"榜单第二位。截至 2022 年年底,中国建设银行资产总额达人民币 346 007.11 亿元,突破 34 万亿元;实现利润总额 3 820.17 亿元。

5. 交通银行

交通银行(Bank of Communications,BOCOM)始建于 1908 年(光绪三十四年),是中国早期四大银行之一,也是中国早期的发钞行之一。1958 年,除香港分行仍继续营业外,交通银行国内业务分别并入当地中国人民银行和在交通银行基础上组建起来的中国人民建设银行。1987 年 4 月 1 日,交通银行重新组建成中华人民共和国第一家全国性的股份制商业银行,2004 年 6 月,在我国金融改革深化的过程中,国务院批准了交通银行深化股份制改革的整体方案,其目标是要把交通银行办成一家公司治理结构完善,资本充足,内控严密,运营安全,服务和效益良好,具有较强国际竞争力和百年民族品牌的现代金融企业。在深化股份制改革中,交通银行完成了财务重组,成功引进了汇丰银行、社保基金、中央汇金公司等境内外战略投资者,并着力推进体制机制的良性转变。

通过不断发展以及深化股份制改革,交通银行已经成为一家"发展战略明确、公司治理完善、机构网络健全、经营管理先进、金融服务优质、财务状况良好"的具有百年民族品牌的现代化商业银行。2005 年 6 月 23 日在香港联合交易所上市,于 2007 年 5 月 15 日在上海证券交易所上市。交通银行是唯一总部设在上海的国有控股大型商业银行。2019 年 12 月,交通银行入选 2019 中国品牌强国盛典榜样 100 品牌;2021 年 9 月,位列 2021 年《亚洲品牌 500 强》排行榜第 105 位;2022 年 5 月,入选福布斯 2022 全球企业 2 000 强榜单,排名第 62 位。

(二)股份制商业银行

随着金融体制改革的不断深入,我国陆续组建了一批股份制商业银行。继 1986 年我国第一家股份制商业银行——交通银行建立后,我国又相继成立了中信银行、光大银行、华夏银行、广东发展银行、深圳发展银行、招商银行、上海浦东发展银行、兴业银行、民生银行、恒丰银行、浙商银行、渤海银行。这些银行成立之初就采取了股份制的企业组织形式,股本金来源除了国家投资外,还包括境内外企业法人投资和社会公众投资。从业务范围来看,这些商业银行在初建时分为全国性商业银行和区域性商业银行,但随着金融改革的深化,银行业务在不断延伸,目前均已成为全国性的商业银行。

（三）城市商业银行

城市商业银行是1995年在原城市信用社的基础上，由城市企业、居民和地方财政投资入股组成的地方性股份制商业银行。最初称作城市合作银行，1998年改名为城市商业银行。这类银行均实行一级法人、多级核算经营体制，主要功能是为本地区经济发展融通资金，重点为城市中小企业的发展提供金融服务。目前全国已形成100多家城市商业银行，其中北京银行、宁波银行、南京银行的股票已经上市。

（四）农村银行机构

目前，我国的农村银行机构主要包括农村商业银行、农村合作银行和村镇银行三种形式。农村商业银行和农村合作银行是在农村信用社产权制度及经营机制改革的基础上成立的农村银行机构。随着农村金融体制改革的不断深化和农村经济发展的需要，经中国人民银行批准，2001年11月，在农村信用社基础上改制组建的首批股份制农村商业银行在江苏省张家港、常熟、江阴组建成立。在农村信用社基础上改制组建股份制商业银行，是我国农村金融体系改革的一大突破。

农村商业银行是由辖区内农民、农村工商户、企业法人和其他经济组织共同发起成立的股份制地方金融机构。主要以农村信用社和农村信用社县（市）联社为基础组建，是独立的企业法人。其主要任务是为当地农民、农业和农村经济发展提供金融服务，促进城乡经济协调发展。

农村合作银行是由辖区内农民、农村工商户、企业法人和其他经济组织入股组成的股份合作制社区性地方金融机构。所谓股份合作制是在合作制的基础上，吸收股份制运作机制的一种企业组织形式。其主要任务是为当地农民、农业和农村经济发展提供金融服务，促进城乡经济协调发展。

村镇银行是指依据有关法律规定，由境内外金融机构、境内非金融机构企业法人、境内自然人出资，在农村地区设立的主要为当地农民、农业和农村经济发展提供金融服务的银行业金融机构。村镇银行是独立的企业法人。2007年3月1日，我国第一家村镇银行——四川仪陇惠民村镇银行开业，标志着一类崭新的农村金融机构正式诞生。截至2013年10月，我国村镇银行已达1 000家。

（五）中国邮政储蓄银行

中国邮政储蓄银行是中国邮政集团公司以全资方式出资组建的有限责任性质的银行，该银行于2006年12月经国家批准开业，它是在原邮政储蓄机构的基础上改革建立的。目的是为方便群众，聚集更多的社会闲散资金，为国民经济发展提供资金支持。

中国邮政储蓄银行依托邮政网络经营，按照公司治理架构和商业银行管理要求，建立内部控制和风险管理体系，实行市场化经营管理。该行的市场定位是：充分依托和发挥网络优势，完善城乡金融服务功能，以零售业务和中间业务为主，为城市社区和广大农村地区居民提供基础金融服务，与其他商业银行形成互补关系，支持社会主义新农村建设。

2012年1月，中国邮政储蓄银行整体改制为股份有限公司。2019年12月，在上海证券交易所上市，根据沪港两地证券监管机构的相关规定该行进一步调整了董事会、监事会和下设专门委员会的人员构成，并修订了公司章程、股东大会议事规则、董事会议事规则、监事会议事规则等公司治理文件,公司治理结构进一步完善。

(六)外资商业银行

自1979年首家外资金融机构在我国设立代表处以来,外资银行已成为我国金融体系中的一支重要力量。目前,我国境内设立的外资银行可分为四类:一是外资独资银行,指在中国境内注册,拥有全部外国资本股份的银行;二是中外合资银行;三是外国银行在中国境内的分行;四是外国银行驻华代表机构。

2006年12月11日,我国加入WTO满5周年,为履行加入世贸组织五年保护期结束后全面开放银行业的承诺,以及适应对外开放和经济发展的需要,实施银行业的审慎监管,促进银行业的稳健运行,我国于当日开始实施《中华人民共和国外资银行管理条例》,对在我国的外资银行实现国民待遇做出相关法律规定。这次条例修订也是在世贸组织规则下,按照国际通行的做法,制定了一些新的审慎监管规则。

(七)QFII

QFII是英文Qualified Foreign Institutional Investors的缩写,是指合格的境外机构投资者。加入WTO以后,随着对外开放程度的加深,我国内地允许合格的境外机构投资者在一定规定和限制下汇入一定额度的外汇资金,并转换为当地货币,通过严格监管的专门账户投资当地证券市场,其资本利得、股息等经批准后可转为外汇汇出。

随着我国经济发展水平的不断提高和市场竞争程度的不断加剧,2002年11月7日,中国证监会和中国人民银行联合颁布《合格境外机构投资者境内证券投资管理暂行办法》,自2002年12月1日起施行。2003年5月27日,瑞士银行有限公司、野村证券株式会社获得中国证券监督管理委员会批准,成为首批取得证券投资业务许可证的合格境外机构投资者(QFII)。同年6月7日,国家外汇管理局批准瑞士银行有限公司QFII投资额度为3亿美元,野村株式会社QFII投资额度为5 000万美元。意味着这两家QFII即可开始委托境内证券公司投资我国股市。这也标志着QFII制度在我国的正式建立。

2020年5月7日,国家外汇管理局发布政策,为进一步扩大我国金融市场对外开放,经国务院批准,决定取消合格境外机构投资者(QFII)和人民币合格境外机构投资者(RQFII)投资额度限制。

三、政策性银行体系

政策性银行是指由政府出资创立、参股或保证的,以配合政府社会经济政策或意图为目的,在特定的业务领域内,规定有特殊的融资原则,不以盈利为目的、不与商业银行争利的金融机构。1994年,为适应建立社会主义市场经济体制的需要,更好地发挥金融在国民经济中宏观调控和优化资源配置的作用,国务院决定建立在中央银行宏观调控之下的政策性金融与商业性金融相分离的金融机构体系,为此建立了国家开发银行、中国农业发展银行、中国进出口银行三家政策性银行,将各专业银行原有政策性业务与经营性业务分离。分别承担国家重点建设项目融资、支持进出口贸易融资和农业政策性贷款的任务。

(一)国家开发银行

开发银行是指专门为经济开发提供长期投资性贷款的银行。设立开发银行,是世界许多国家特别是发展中国家通行的做法。由于国家经济建设的长期投资具有需要量大、占用时间长、见效慢、风险高等特点,商业银行等机构不愿承担或无力承担。但这些投资又是国家宏观的、长期的经济发展所必需的,于是便由政府创办不以盈利为目的的开发银行或类似的机构来服务或管理这类开发性投资活动。

在我国,国家开发银行(China Development Bank)是国务院直属的具有国家信用的开发性金融机构,成立于 1994 年 3 月,总行在北京,下设总行营业部、中国内地分行和香港代表处。国家开发银行目前在中国内地设有 37 家一级分行和 4 家二级分行,境外设有 11 家代表处。旗下拥有国开金融、国开证券、国银金租、中非基金、华芯公司、国开发展基金、国开基础设施基金等子公司。截至 2022 年末,国家开发银行集团总资产人民币 18.2 万亿元。其主要任务是:按照国家的法律法规和方针政策。筹集和引导境内外资金,向国家基础设施、基础产业、支柱产业(称为"两基一支"的大中型基本建设)和技术改造等政策性项目及配套工程发放贷款,从资金来源上对固定资产总量进行控制和调节,优化投资结构,提高投资效益。国家开发银行办理政策性金融业务,实行独立核算,自主、保本经营。

(二)中国进出口银行

进出口银行是指专门为本国商品进出口提供信贷及相关服务的银行。世界各国创建进出口银行的目的是促进本国商品输出,协助出口商对国外买主提供分期或延期支付,承担民间出口商和金融机构无力或不愿承担的政治风险及信用风险,并通过优惠信贷增强本国商品出口竞争能力。同时,进出口银行往往也是执行本国政府对外投资和对外援助的特定金融机构。

在我国,中国进出口银行(The Export-Import Bank of China)是直属国务院领导的、政府全资拥有的国家政策性银行,其国际信用评级与国家主权评级一致,成立于 1994 年 4 月,总行设在北京。依托国家信用支持,中国进出口银行在稳增长、调结构、支持外贸发展、实施"走出去"战略等方面发挥着重要作用,加大对重点领域和薄弱环节的支持力度,促进经济社会持续健康发展。截至 2020 年年末,在国内设有 32 家营业性分支机构和香港代表处;在海外设有巴黎分行、东南非代表处、圣彼得堡代表处、西北非代表处。

(三)中国农业发展银行

农业发展银行是指专门向农业提供信贷及其相关金融服务的银行。这是许多以农业为基础的国家普遍设立的一类专业金融机构。原因在于:首先,农业受自然因素影响较大,使得农业对资金的需求具有明显的季节性,农业资金的运用具有一定的风险性;其次,农村地域广阔,资金需求分散,占用时间长,而利息负担能力又较低;第三,农业贷款中的抵押品管理困难,使得许多贷款主要凭借农户信誉。所有这些都表明,经营农业贷款具有风险大、期限长、收益低等特点,一般商业银行或其他商业性金融机构大多不愿或不宜承做的业务。因此。许多国家专设由政府出资并直接管理或由政府直接控制,以支持农业发展为主要职责的国家农业发展银行。

中国农业发展银行(Agricultural Development Bank of China)成立于 1994 年4 月,总行设在北京,国内设有两千多家分支机构。其注册资本金为 200 亿元人民币,由国家财政全额拨付。中国农业发展银行实行独立核算,自主、保本经营,企业化管理的经营方针。其主要任务是:按照国家的法律、法规、方针、政策,以国家信用为基础,筹集农业政策性信贷资金,承担国家规定的农业政策性金融业务,代理财政性支农资金的拨付。截至 2022 年年末,中国农业发展银行资产总额达 90 863.99 亿元,负债总计 88 326.76 亿元,实现利润总额 392.72 亿元。

四、信用合作机构

信用合作机构是一种群众性合作制金融组织,典型的组织形式是城市信用合作社和农村信用合作社。城市信用合作社是在城市中按一定社区范围,由城市居民和法人集资入股建立的合作金融组织;农村信用社是由农民或农村的其他个人集资联合组成,以互助为主要宗旨的合作金融组织。信用合作社的本质特征是:由社员入股组成,实行民主管理(即各级合作社的方针和重大事项由社员参与决定,实行"一人一票"制),主要为社员提供信用服务。

1979 年,我国第一家城市信用社在河南成立,之后,得到迅速发展,到 1998 年年末,全国城市信用社达到 3 265 家,存贷款余额分别达到 169 亿元和 156 亿元。但这一时期城市信用社的发展很不规范,恶性竞争,资产质量很差,风险很高,基于此,国家开始对城市信用社进行治理整顿和规范重组。1995 年国务院决定在京、津、沪等 35 个城市开始组建城市合作银行(后更名为城市商业银行),至 1997 年,1 638 家城市信用社纳入了新组建的 71 家城市商业银行。2000 年中国人民银行又下发专门文件,进一步明确采取保留、改制、合并重组、收购、组建城市商业银行和撤销六种方式整顿城市信用社。

2005 年 11 月,中国银监会、中国人民银行、财政部、国家税务总局联合制定并发布了《关于进一步推进城市信用社整顿工作的意见》,提出切实推进城市信用社整顿工作,推进被撤销和停业整顿城市信用社的市场退出工作等要求。此后,全国 251 家待处置城市信用社得到了有效处置,230 家停业整顿城市信用社完成了市场退出工作。2012 年 3 月 29 日,全国最后一家城市信用社宁波象山县绿叶城市信用社,改制为城市商业银行,即宁波东海银行股份有限公司(简称宁波东海银行),城市信用社正式退出了历史舞台。

我国农村信用社是以社员互助合作、民主管理和服务社区社员为特点的具有法人资格的金融机构,是我国金融体系的重要组成部分。我国农村信用社实行自主经营、独立核算、自负盈亏。农村信用社入股组成农村信用联社,主要为入股的农村信用社提供服务,同时,对农村信用社实行管理、监督和协调。中华人民共和国成立以来,我国农村信用社在社会主义发展的各个历史时期都发挥过重要作用。特别是改革开放以来,农村信用社以服务"三农"为导向,满足农民和中小企业信贷需求,促进农业和农村经济发展,已经成为农村金融的主力军。

五、金融资产管理公司

资产管理公司是美国、日本、韩国等一些国家,对从金融机构中剥离出来的不良资产实施公司化经营而设立的专业金融机构,在我国称金融资产管理公司(Assets Management Company,AMC),它是在特定时期,政府为解决银行不良资产,由政府出资专门收购和集中处置银行业不良资产的机构,并以最大限度保全被剥离资产、尽可能减少资产处置过程中的损失为主要经营目标。

1999 年 4 月 20 日,我国第一家经营商业银行不良资产的公司——中国信达资产管理公司在北京成立。同年 8 月 3 日,华融、长城、东方三家资产管理公司同时成立。我国成立的四家金融资产管理公司,即中国信达资产管理公司、中国长城资产管理公司、中国东方资产管理公司和中国华融资产管理公司,分别接收从中国建设银行、中国农业银行、中国银行、中国工商银行剥离出来的不良资产。

2010 年 6 月 29 日,中国信达资产管理公司经国务院批准,改制为股份有限公司,完成商业化转型性质为非银行金融机构。2013 年 12 月 12 日,中国信达在香港联合交易所主板上市成为首家登陆国际资本市场的中国金融资产管理公司;2015 年 10 月 30 日,中国华融在香港联交所主板上市;中国长城资产管理股份有限公司成立于 2016 年 12 月 11 日,注册资本 512.34 亿元,公司前身是国务院 1999 年批准设立的中国长城资产管理公司;中国东方资产管理公司的前身是中国东方资产管理公司,于 2016 年 9 月改制为股份有限公司。公司自成立以来,始终以"保全国有资产、化解金融风险、促进国企改革"为使命 ,为国家金融系统的稳定做出了积极贡献。截至 2022 年末,中国东方资产管理股份有限公司总资产 12 479 亿元 ,在全国共设 26 家分公司。

我国设立金融资产管理公司的目的有三:一是改善四家国有商业银行的资产负债状况,提高其国内外资信,同时深化国有商业银行改革,对不良贷款剥离后的银行实行严格的考核,不允许不良贷款率继续上升,从而把国有商业银行办成真正意义上的现代商业银行;二是运用金融资产管理公司的特殊法律地位和专业化优势,通过建立资产回收责任制和专业化经营,实现不良货款价值回收最大化;三是通过金融资产管理,对符合条件的企业实施债权转股权,支持国有大中型亏损企业摆脱困境。

六、金融租赁公司

金融租赁公司(Financial Leasing Companies)是以经营融资租赁业务为其主要业务的非银行金融机构。所谓融资租赁业务,是指出租人根据承租人对租赁物和供货人的选择或认可,将其从供货人处取得的租赁物按合同约定出租给承租人占有、使用,并向承租人收取租金的交易活动。适用于融资租赁交易的租赁物为固定资产。一般来说,融资租赁活动通过直接融物满足客户实际上的融资需求,或者说,它是融资与融物相统一的信用活动。

从世界各国作为金融机构的租赁公司看,其组织形式主要包括两种类型:一种是银行或与银行有关的金融机构所属的租赁公司;另一种是独立经营的租赁公司。租赁公司的业务几乎涉及从单机设备到成套工程设备、从生产资料到工业产品、从工商业设施到办公设备各领域,而且许多公司还大量经营国际租赁业务。

我国的金融租赁(Financial Leasing)业起始于 20 世纪 80 年代。1981 年 2 月,我国第一家租赁公司——中国东方租赁公司成立,这是与日本东方租赁公司合资的中外合资企业,其原始动机是引进外资。同年 7 月,中国租赁公司成立,这是国内第一家股份制租赁公司。1986 年 11 月,为更好地促进国内租赁业的发展,中国人民银行批准中国租赁公司为第一家持有金融营业许可证的金融租赁公司。金融租赁公司作为主要从事融资租赁业务的非银行金融机构,在促进企业产品销售、探索新的融资渠道和融资方式等方面做出了积极有益的尝试和贡献。

2007 年 1 月,中国银监会颁布《金融租赁公司管理办法》规定:金融租赁公司的出资人分为主要出资人和一般出资人。主要出资人是指出资额占拟设金融租赁公司注册资本 50% 以上的出资人;一般出资人是指除主要出资人以外的其他出资人。具备相关条件的以下四类机构可作为金融租赁公司的主要出资人:在中国境内注册具有独立法人资格的商业银行;中国境内外注册的租赁公司;在中国境内注册、主营业务为制造适合融资租赁交易产品的大型企业;以及中国银行业监督管理委员会认可的可以担任主要出资人的其他金融机构。金融机构一般出资人应符合中国银行业监督管理委员会投资入股金融机构的相关规定。金融租赁公司可以经营的业务有：融资租赁业务；吸收股东 1 年期（含）以上定期存款；接受承租人的租赁保证金；向商业银行转让相应收租赁款；经批准发行金融债券；同业拆借；向金融机构借款；境外外汇借款；租赁物品残值变卖及处理业务；经济咨询；中国银行业监督管理委员会批准的其他业务。

七、财务公司

财务公司（Finance Houses）也称金融公司，指以消费信贷及工商企业信贷为主的非银行金融机构。我国的财务公司也称企业集团财务公司，是以加强企业集团资金集中管理和提高企业集团资金使用效率为目的，为企业集团成员单位提供财务管理服务的非银行金融机构。国外的财务公司以为企业集团服务为重点，但并不限于企业集团，财务公司一般不能吸收存款，主要通过在货币市场上发行商业票据和在资本市场上发行债券来筹资，资产业务以发放消费信贷为主。

我国第一家企业集团财务公司——东风汽车工业财务公司，成立于 1987 年。经过 20 多年的发展，企业集团财务公司已具有一定的规模，在促进我国大型企业发展方面发挥了应有的作用。2006 年，中国银监会颁布修订后的《企业集团财务公司管理办法》，规定我国企业集团财务公司可以经营下列部分或者全部业务：对成员单位办理财务和融资顾问、信用鉴定及相关的咨询、代理业务；协助成员单位实现交易款项的收付；经批准的保险代理业务；对成员单位提供担保；办理成员单位之间的委托贷款及委托投资；对成员单位办理票据承兑与贴现；办理成员单位之间的内部转账结算及相应的结算、清算方案设计；吸收成员单位的存款；对成员单位办理贷款及融资租赁；从事同业拆借；以及中国银行业监督管理委员会批准的其他业务。

此外，《企业集团财务公司管理办法》还规定，对一些资本充足、经营状况良好、风险控制制度健全的财务公司，还可以向中国银行业监督管理委员会申请从事下列业务：经批准发行财务公司债券；承销成员单位的企业债券；对金融机构的股权投资；有价证券投资；企业集团成员单位产品的消费信贷、买方信贷及融资租赁等。

八、信托投资公司

“受人之托，代人理财”是信托的基本特征。信托以信任为基础，在此基础上，委托人将其财产权委托给受托人，受托人按委托人的意愿，为受益人的利益或者特定目的对信托财产进行管理或者处分，因此，信托的实质是一种财产管理制度。信托投资公司（Trust and Investment Company）也称信托公司，它是以资金及其他财产为信托标的，根据委托者的意愿，以受托人的身份管理和运用信托资财的非银行金融机构。

信托投资公司在我国的发展几经起伏，历经发展与整顿。早期的信托投资公司由于缺乏法律规范和相应的制度约束等种种原因，没有真正办成“受人之托，代人理财”的金融机构，实际上成为以吸收存款、发放贷款为主要业务的准银行金融机构。同时，信托投资公司在发展过程中由于缺乏相应的监控措施，盲目竞争、扩张机构、资本金不实、管理混乱等问题非常严重，隐藏着巨大的金融风险。由此，国家曾数次对信托投资公司进行清理整顿，规范信托投资公司的经营与发展。2001 年，《中华人民共和国信托法》颁布；2007 年，银监会公布了《信托公司管理办法》，中国的信托投资公司开始新的发展，向“受人之托，代人理财”的基本功能回归。

中国信托投资机构体系由两类机构组成。一类是银行系统的信托投资公司,包括中国工商银行、中国农业银行、中国银行和中国建设银行等系统的信托投资公司。另一类是政府部门主办的信托投资公司,包括中央政府主办的信托投资公司以及地方政府主办的信托投资公司等。1994 年后,随着金融体制改革的不断深入,信托投资公司逐渐与母体脱钩,成为独立经营的市场主体。2013 年,受宏观经济下行、往期信托产品所积累的兑付压力、利率市场化等因素的影响,信托公司的发展开始由攻转守。据中国信托业协会发布的 2013 年至 2017 年信托公司主要业务数据显示,自 2013 年以后,信托资产规模增速开始下降,但信托资产规模仍然维持较快的增长幅度并于 2017 年达到历史峰值,同时,业务规模结构持续优化,单一资金信托占比整体呈下降趋势,集合资金信托和财产权信托占比上升,信托资金来源向均衡化和多样化方向发展。

九、汽车金融公司

汽车金融公司(Auto Finance Company)是在我国加入世界贸易组织后,为履行开放汽车消费信贷的承诺而新设立的一类非银行金融机构。汽车金融公司的主要职能是提供汽车消费信贷及其他与汽车相关的金融服务。与商业银行开办汽车消费信贷业务相比,汽车金融公司是提供汽车销售融资的专门机构,其专业化程度更高,更具有专业优势。

我国汽车金融公司的设立必须经中国银监会批准。为规范汽车金融公司经营行为,中国银监会颁布了《汽车金融公司管理办法》,规定汽车金融公司可经营的业务主要有:接受境外股东及其所在集团在华全资子公司和境内股东 3 个月(含)以上定期存款;接受汽车经销商采购车辆贷款保证金和承租人汽车租赁保证金;经批准发行金融债券;从事同业拆借;向金融机构借款;提供购车贷款业务;提供汽车经销商采购车辆贷款和劳动设备贷款,包括展示厅建设贷款和零配件贷款以及维修设备贷款等;提供汽车融资租赁业务(售后回租业务除外);向金融机构出售或回购汽车贷款应收款和汽车融资租赁应收款业务;办理租赁汽车残值变卖及处理业务;从事与购车融资活动相关的咨询、代理业务;经批准,从事与汽车金融业务相关的金融机构股权投资业务等。

为加强对汽车金融公司的监督管理,促进我国汽车金融业的健康发展,2023 年 7 月 11 日,国家金融监督管理总局修订发布了《汽车金融公司管理办法》,于同年 8 月 11 日起施行。原《汽车金融公司管理办法》(中国银监会令 2008 年第 1 号)废止。

十、小额贷款公司

小额贷款公司是由自然人、企业法人与其他社会组织投资设立,不吸收公众存款,经营小额贷款业务,以有限责任公司或股份有限责任公司形式开展经营活动的金融机构。

2008 年以来,为全面落实科学发展观,有效配置金融资源,引导资金流向农村和欠发达地区,改善农村地区金融服务,促进农业、农村、农民经济发展,支持社会主义新农村建设,国务院有关部门就小额贷款公司试点事项提出指导意见,推动开展小额贷款公司试点与发展工作。小额贷款公司的资金来源为股东缴纳的资本金、捐赠资金,以及来自不超过两个银行业金融机构的融入资金。根据相关法律规定,小额贷款公司从银行业金融机构获得融入资金的余额,不得超过其资本净额的 50% 。

小额贷款公司在坚持为农民、农村和农业经济发展服务的原则下,自主选择贷款对象。

小额贷款公司发放贷款应坚持“小额、分散”的原则，鼓励小额贷款公司面向农户和微型企业提供信贷服务。截至 2023 年 6 月末，全国共有小额贷款公司 5 688 家，贷款余额 8 270 亿元。

十一、证券机构

证券机构是指在一国或一个地区依法设立的，在资本市场上从事证券服务业务的法人机构。我国证券机构主要包括证券公司、证券交易所、证券登记结算公司、证券投资咨询公司和投资基金管理公司等。

（一）证券公司

证券公司（Securities Company）又称券商，是经由证券主管部门批准设立的在证券市场上经营证券业务的非银行金融机构。证券公司的主要职能是：推销政府债券、企业债券和股票；代理买卖和自营买卖已上市流通的各类有价证券；参与企业收购、兼并；充当企业财务顾问等。证券公司在各国的称谓有所不同，美国和欧洲大陆称为投资银行，英国称为商人银行，日本和我国则称为证券公司。

我国证券公司的主要业务包括：代理证券承销与发行业务；自营或代理证券买卖业务；代理证券还本付息和红利的支付；证券的代保管和保荐；接收委托办理证券的登记和过户；提供证券投资咨询等。

（二）证券交易所

证券交易所是指依法设立的，不以营利为目的，为证券的集中和有组织的交易提供场所、设施，并履行相关职责，实行自律性管理的会员制事业法人。

目前我国经国务院批准设立的证券交易所有两家，即上海证券交易所和深圳证券交易所。上海证券交易所成立于 1990 年 11 月 26 日，深圳证券交易所成立于 1990 年 12 月 1 日，都归属中国证监会直接管理。证券交易所的主要职能包括：提供证券交易的场所和设施；制定证券交易所的业务规则；接受上市申请，安排证券上市；组织、监督证券交易；对会员、上市公司进行监管；设立证券登记结算公司；管理和公布市场信息以及中国证监会批准的其他职能。

2021 年 11 月 15 日上午，北京证券交易所揭牌暨开市仪式举行。北交所揭牌开市，是我国资本市场改革发展的又一重要标志性事件，也是新三板市场运营八年多来积极探索具有中国特色资本市场普惠金融之路的新起点。至此，中国大陆有三家证券交易所，即 1990 年 11 月 26 日成立的上海证券交易所和 1990 年 12 月 1 日成立的深圳证券交易所，以及 2021 年 11 月 15 日成立的北京证券交易所。

（三）证券登记结算公司

证券登记结算公司是为证券交易提供集中登记、存管与结算服务，不以营利为目的的法人机构。证券交易的结果，必然带来证券所有权的转移和资金流动，为确保过户准确和资金及时、足额到账，证券交易所一般都附设证券登记结算公司。证券登记结算公司在每个交易日结束后负责清算。

2001 年 3 月 30 日，中国证券登记结算有限责任公司成立，标志着中国建立全国集中、统一的证券登记结算体制的组织构架已经基本形成。按照《证券法》和《证券印记结算管理办法》的相关规定，证券登记结算公司履行的职能包括：证券账户、结算账户的设立和管理；证券的存管和过户；证券持有人名册印记及权益登记；证券和资金的清算交收及相关管理；受发行人的委托派发证券权益；依法提供与证券登记结算业务有关的查询、信息、咨询和培训服务；中国证监会批准的其他业务。

我国上海和深圳证券交易所已实现了无纸化和电子化交易，建立了相应的高效、快捷、安全的结算系统，每日的结算和交收于次日开始前即可完成，两市均实行 T+1 的交割方式完成清算交易。

（四）证券投资咨询公司

投资咨询公司在西方国家称为投资顾问，它是证券投资者的职业性指导者，包括机构和个人。主要是向顾客提供参考性的证券市场统计分析资料，对证券买卖提出建议，代拟某种形式的证券投资计划等业务。证券投资咨询公司又称证券投资顾问公司，是指对证券投资者和客户的投融资、证券交易活动和资本营运提供咨询服务的专业机构。其最大的特点是根据客户的要求，收集大量的基础信息资料，进行系统的研究分析，向客户提供分析报告和操作建议，帮助客户建立投资策略，确定投资方向。

目前，我国证券投资咨询公司主要有两种类型：一是专门从事证券咨询业务的专营咨询机构，另一类是兼作证券投资咨询业务的兼营咨询机构。

（五）投资基金管理公司

证券投资基金管理公司是指经中国证券监督管理委员会批准，在中华人民共和国境内设立，从事证券投资基金管理业务的企业法人。

证券投资基金管理公司是专门为中小投资者服务的投资机构，通过发售基金份额，将众多投资资金集中起来，形成独立财产，并通过专家理财，按照科学的投资组合原理进行投资，与投资者利益共享、风险共担。其经营特点是“专业管理、分散投资、利益共享”。投资基金管理公司是基金产品的募集者和管理者，其最主要职责就是按照基金合同的约定，负责基金资产的投资运作，在有效控制风险的基础上为基金投资者争取最大的投资收益。

十二、保险公司

保险公司（Insurance Company）是以收取保费并承担风险补偿责任，拥有专业化风险管理技术的非银行金融机构，它是金融机构体系的一个重要组成部分。保险公司的资金来源于投保人缴纳的保险费或发行人寿保险单，资金在运用上除保留部分以应赔偿所需外，其余主要投向国债等长期债券。保险公司的社会功能主要有：提供有形的经济补偿，提供无形的、精神上的“安全保障”，强化投保人的风险意识。其经济功能主要表现在能够促进储蓄资金向生产资金转化，详见第七章第二节。

思考题

1. 与一般经济组织相比，金融机构有哪些特殊性？
2. 金融机构的功能有哪些？
3. 中华人民共和国金融机构体系的建立与发展经历了哪几个阶段？

4. 如何进一步完善我国现行的金融机构体系？

5. 目前我国的金融管理机构有哪几家？各自的职责主要是什么？

6. 国际金融机构主要有哪些类型？如何理解其作用？

7. 对我国从 20 世纪 90 年代中期以来实行的金融分业经营、分业监管的格局、背景及当前的发展变化趋势，你有何看法？

第六章　商业银行

【本章要点】

➢ 商业银行的性质与职能；
➢ 商业银行的资产负债表；
➢ 商业银行的资产与负债；
➢ 商业银行的经营与管理；
➢ 商业银行的资本管理与绩效评估。

商业银行是金融体系中的一个重要金融机构。一般而言，商业银行在绝大多数国家和地区的金融体系中居于主导地位，在微观领域，商业银行充当间接融资的中介；在宏观金融领域，商业银行发挥信用创造功能。由于它在存款货币的创造中起着主要作用，因此，又被称为“存款货币银行”。从业务上看，商业银行能为客户提供全面的金融服务，其资产负债业务规模对货币供给量有着直接影响。本章主要论述商业银行的特征和职能、类型、组织形式及主要业务，商业银行的经营管理以及国家对商业银行的管理，等等。

第一节　商业银行概述

一、商业银行的产生与发展

商业银行(commercial bank)是在人类社会经济发展的推动下产生和发展起来的，是商品经济发展到一定阶段的必然产物，并随着商品经济的发展不断完善，其产生与货币经营业是分不开的。货币经营业是在货币产生以后出现的从事与货币有关的技术性业务的行业，主要包括：

(一)铸币的鉴定和兑换业务

商业银行的产生与货币兑换业有着密切的关系。14、15世纪的欧洲，由于社会生产力的较大发展，各国以及各地之间的经贸往来逐渐扩大。但因欧洲国家数量众多，国内封建割据，存在多种货币，不同名称的货币、成色、重量方面存在很大差异，给商业发展带来很多不便。因此，要实现商品的顺利交换，必须对铸币进行鉴定和兑换。在此背景下，就出现了专门的货币兑换商，从事铸币鉴定和兑换业务，这是货币经营的基础业务。

(二)铸币的保管业务

货币经营业要从事铸币兑换必须备有种类不同的铸币，并有专门的设施存放。铸币所有者为了安全起见，通常将铸币委托给货币经营业者代为保管，与现代银行存款业务不同的是，铸币所有者不仅得不到利息，反而还要交纳一定的保管费。

（三）支付和汇兑业务

货币经营者利用与同业往来关系的便利性，为客户办理支付和汇兑业务，即在进行异地商品交易时，商人可将款项交给货币经营者，换取相应的凭据，便可在异地持此凭据到指定地点提取款项，从而避免了长途携带款项的风险和不便。如在英格兰，早期的金匠可以通过账面的划转帮客户结清相互间的债务，甚至还利用自身的信用签发票据，避免客户携带金属货币的麻烦，形成了最早的支票，从而出现了早期的银行业务。

在办理铸币的兑换、保管以及支付和汇兑业务的基础上，货币经营业主便聚集了大量的货币，这样，当商人的资金出现短缺时，货币经营业主便运用这些货币向他们发放贷款，收取利息。为了扩大贷款业务，货币经营业主对存款人以少收或不收保管费用，后来以支付利息和提供服务为条件吸引更多的人存款，以此增加货币资金来源，从此，货币保管业务转变为存款业务，这也标志着古老的货币经营业转变为银行业。

因此，现代资本主义银行体系的建立主要通过两条途径：一是根据资本主义发展的需要而建立起来的股份制银行，如1694年建立的英格兰银行；二是改造旧的高利贷性质的银行，使之适应资本主义需要而转变为资本主义银行。

二、商业银行的性质与职能

（一）商业银行的性质

商业银行是以追逐利润为目标，能够吸收存款，以经营多种金融资产和金融负债为对象，并向客户提供多功能、综合性服务的金融企业。在我国，对商业银行性质的界定，可根据《中华人民共和国商业银行法》第二条规定，“本法所称的商业银行是指依照本法和《中华人民共和国公司法》设立的吸收公共存款、发放贷款、办理结算等业务的企业法人”。因此，商业银行的性质主要包括：

1. 商业银行是企业，它具有企业的共性

商业银行隶属于企业范畴，是依法设立的企业法人，有独立的法人财产，并以其全部财产对其债务承担民事责任。与一般工商企业相同，以营利为目的，独立核算、自主经营，自担风险，自负盈亏，依法合规经营，照章纳税等。

2. 商业银行是特殊的企业

商业银行的经营对象与一般工商企业截然不同。首先，经营对象的特殊性。工商企业经营的对象是具有一定使用价值的商品或服务，而商业银行经营的对象是以金融资产和金融负债为经营对象，经营的是一种特殊商品——货币。经营对象的不同导致了它们在经营方式上的差异，与一般工商企业相比，商业银行主要依靠借贷的方式从事经营，自有资本在其资金来源中所占的比例非常低，大量资金来自于存款、借贷等负债。这使得商业银行能够获得比一般企业更高的财务杠杆效应，但同时也会面临着更高的经营风险。其次，经营内容的特殊性。一般工商企业从事的是商品的生产和流通，而商业银行经营的内容包括货币的收付、借贷以及各种与货币运动相关联的金融服务。从社会扩大再生产的整个过程来看，商业银行的经营活动服务于生产和流通的各个环节，而且不直接创造价值，它所获得的利润是产业利润的再分配。最后，对社会经济的影响程度以及国家对商业银行的管理要求不同。

商业银行对社会经济的影响远大于一般工商企业，一般工商企业生产经营状况对社会经济的影响面比较小，基本局限于企业投资人、员工和用户，而商业银行的经营状况将直接关系到整个社会经济生活的安全与稳定。基于此，国家对商业银行的经营管理要比一般工商企业的管理更严格，管理范围更广泛。因此，商业银行的设立和运作不仅要受专门的《商业银行法》约束，还要符合《中华人民共和国公司法》的有关规定——这也正是商业银行区别于中央银行和政策性银行的关键所在。

3. 商业银行是特殊的金融企业

在金融企业中，商业银行也有其特殊性。首先，与中央银行相比，中央银行不以营利为目的，其服务对象是政府和金融机构，不对普通居民和企业办理具体的信贷业务，而商业银行以利润最大化为目标，服务对象是工商企业、社会公众及政府。其次，与保险公司、证券公司、基金管理公司等非银行金融机构相比，商业银行还有一个非常重要的特性——银行性，即商业银行能够吸收公众存款，尤其是能够签发支票的活期存款，同时能够办理贷款和转账结算业务，并具有信用创造的功能。因此，商业银行通常也被称为存款货币银行。我国《商业银行法》第十一条就明确规定："未经国务院银行业监督管理机构批准，任何单位和个人不得从事吸收公众存款等商业银行业务，任何单位不得在名称中使用'银行'字样。"

（二）商业银行的职能

商业银行的性质决定了其职能。在现代经济中，商业银行的职能主要表现在：

1. 充当信用中介

这是商业银行最基本的、最能反映其经营活动特征的职能。即商业银行通过负债业务（如吸收存款），把社会上的各种闲置货币资金集中到银行，再通过资产业务（如贷款），将这些资金提供给资金需求者，充当了资金供给者和资金需求者之间的中介人，实现了货币资金的融通。

商业银行通过发挥信用中介职能，在资金供给者与资金需求者之间架起一座桥梁，将社会各阶层的货币性收入和储蓄转化为资本，从而在资金所有权不发生转移的前提下，使闲置的资金来源得到最大程度的利用，扩大了社会资本总额，有效地促进了生产和流通的发展。

2. 充当支付中介

这是指商业银行利用客户在银行开立活期存款账户，为其办理各种货币结算、货币支付、货币兑换和转移存款等业务活动。在现代经济中，各种经济活动如商品交易、对外投资、国际贸易等所产生的债权债务关系，最终都要通过货币的支付来清偿。在这方面，用现金结算所带来的局限性是显而易见的，取而代之的则是以银行为中心的非现金结算方式。充当支付中介使商业银行持续拥有比较稳定的廉价资金来源，同时，可以最大限度地节约现金的使用和降低流通成本，加快结算过程和资本的周转，为社会化大生产的顺利进行提供前提条件。

3. 信用创造功能

这是指商业银行在充当信用中介和支付中介的基础上产生的特殊职能。这也是商业银行区别于其他金融机构的明显特征之一。商业银行在经营业务基础上，创造了可以发挥货币作用的信用流通工具——银行券和存款货币。银行券最初是为代替金属货币流通而由各商业银行分散发行的，后来由中央银行垄断了发行权；但是商业银行仍可以通过其业务，创造存款货币，在信用货币制度条件下，存款货币在经济中发挥着重要作用。当然商业银行的信用创造是有条件的，关于商业银行信用创造将在第九章讲授。

4. 提供金融服务

现代化的社会经济生活向商业银行提出了各种各样的金融服务需求。商业银行因其业务面广，信息资源丰富，特别是电子技术在银行业务中的广泛运用，使其具备了为客户提供多种金融服务的条件。如为企业在金融市场融资提供安排、包销、配售等服务，为企业代发工资，代理居民支付水电气费、电话费等其他费用，以及提供投资咨询服务、财务管理、资信调查服务等。居民个人的消费也由原来单纯的钱物交易，发展成转账结算、银行卡服务、网上银行支付等方式，银行服务已深入到百姓家庭生活。商业银行通过提供多种金融服务，不仅满足了社会经济发展中的服务性需求，而且也为自身发展开辟了新的业务领域，通过提供金融服务，还可以进一步扩大资产负债业务和结算业务，为提高银行的盈利能力奠定了基础。

三、商业银行的类型

按分类标准不同，商业银行可以分为不同的类型：

1. 按商业银行产权结构的不同，分为股份制商业银行和独资商业银行

股份制商业银行是按照股份有限公司的形式组建起来的商业银行，其产权结构呈多元化，具有产权明晰，责任明确，能够迅速、广泛、大量地集中资金等显著优势。因此，它已成为现代商业银行的主要形式。

独资商业银行是指由一个出资人出资组建的商业银行，其产权结构单一。其中由政府出资组建的商业银行称为国有独资商业银行，这种体制在发展中国家比较普遍，如中国农业银行在实行股份制改造前，属于国有独资商业银行。在一些发达国家，也曾出现过商业银行国有化的现象，如法国的巴黎国民银行、里昂信贷银行等都曾被收归国有。由个人出资组建的商业银行称为私人银行，它是早期实业银行的一种组织形式，但随着资本主义经济的发展，私人银行因筹资规模小，难以满足大额货币资本的需求，逐渐被股份制商业银行所代替。

2. 按商业银行组织形式不同，分为单一制商业银行、总分行制商业银行、连锁商业银行和持股公司制商业银行

所谓商业银行的组织形式是指一个国家用法律形式所确定的该国商业银行体系、结构及组成这一体系的原则的总和。

单一制商业银行也称单元商业银行、独家制商业银行，即每家商业银行只有一个独立的银行机构，不设立分支机构。实行单一制银行制度，银行在管理经营上灵活、自主，但其经营范围受地域的限制，难以在大范围内调配资金，抵御风险能力较弱。这种银行主要集中在美国，其主要目的是为了防止在金融领域形成垄断，以利于自由竞争，这一制度的实施促进银行与地方经济的协调等方面起到了积极的作用，但同时也带来了许多弊端，不利于银行的发展。1994 年美国国会通过《里格—尼尔银行跨州经营与跨州设立分支机构效率法》(*The Riegle-Neal Interstate Banking and Branching Efficiency Act*)，取消了对银行跨州经营和设立分支机构的管制。由于历史原因，至今在美国仍有不少单一制商业银行。

总分行制商业银行是指法律上允许在总行以外，在该市及国内外设立分支机构的商业银行制度。这种银行一般在大城市设立总行，在中小城市设立分支机构，所有分支机构统一由总行领导。实行总分行制的商业银行通常都有一个以总行为中心的、庞大的银行网络。它是目前国际上普遍采用的一种商业银行体制。

连锁商业银行又称联合银行制，是指由某一个人或某一个集团购买若干家独立银行的多数股票,达到控制这些银行的目的。这些被控制的银行在法律上仍然保持其独立性,但其经营政策与业务要受到控股方的控制。连锁银行制没有持股公司的存在,而是由某一控股方直接控制若干银行,由控股方确定银行的发展策略和业务模式。这种制度曾在美国中西部实行较多,它与持股公司制一样,都是为了弥补单一银行制的不足,以回避对设立分支行的限制而成立的。

持股公司制商业银行又称集团银行制,是指由一个集团成立持股公司,再由该公司收购或控制两家以上的若干独立的银行或金融机构而成立的一种银行制度。这些被收购的或控制的银行在法律上仍然是独立的,但它们的经营策略和业务受持股公司的控制。最初,这种制度主要兴起于二战后的美国,其目的在于弥补单一银行制的缺点。实行持股公司制的商业银行可以通过外部并购的方式,更有效地扩大资本,增强实力,提高抵御风险和参与市场竞争的能力。

3. 按商业银行业务经营模式的不同,分为职能分工型商业银行和全能型商业银行

职能分工型商业银行又称分业经营模式商业银行、专业化商业银行,是指在金融机构体系中,各个金融机构从事的业务具有明显的分工,各自经营专门的金融业务,如有的专营长期金融业务,有的专营证券业务,有的专营信托及保险等业务。在这种模式下,商业银行主要经营银行业务,特别是短期信贷业务。

全能型商业银行,也称综合性银行、混业经营商业银行,是指不受金融业务分工的限制,能够全面经营各种业务的商业银行。全能型商业银行不仅可以经营所有的银行业务,而且还能经营证券、保险、金融衍生业务以及其他新型金融业务。全能型商业银行业务领域更加广阔,通过为客户提供全面多样化的业务,可以对客户进行深入了解,以减少贷款风险,同时商业银行通过各项业务的盈亏调剂,有利于银行分散风险,从而保证经营的稳定。

4. 按商业银行业务覆盖地域的不同,分为地方性商业银行、全国性商业银行和国际性商业银行

地方性商业银行是指业务范围受地域限制的银行类金融机构,它以所在地区的客户为服务对象,业务经营活动范围有明显的地域性特征。例如我国的城市商业银行和农村信用合作社等。

全国性商业银行以国内所有的客户为服务对象,业务覆盖全国。与地方性商业银行相比,设立全国性商业银行的资质更高。按照我国现行的法律规定,设立城市商业银行和农村商业银行的注册资本最低限额分别为 1 亿元和 5 千万元人民币,而设立全国性商业银行的注册资本最低限额则为 10 亿元人民币。

国际性商业银行是指那些以国际性大企业客户为主要对象,在国际金融中心占据重要地位、国际影响力较大的商业银行。例如,花旗银行、汇丰银行、德意志银行等。

第二节　商业银行的业务

一、商业银行的资产负债表

商业银行资产负债表是商业银行在一定时点上的资产、负债和资本(所有者出资)的全部情况,说明在某一时点上银行的资金存量,反映了商业银行在经营过程中资金的流出、入状况。商业银行作为信用中介,其资金流入主要体现在负债和资本项下,它们是银行经营的资金来源;其资金的流出则主要表现在资产项下,它们是银行筹集到的资金去向。同时,商业银行作为支付中介,还办理多种中间性、服务性的业务。商业银行的资产负债业务在资产负债表上有直接详细的反映,而其他业务不直接反映在资产负债表上。表6.1是高度简化的资产负债表,从中可以概要地看出商业银行重要的资产负债业务项目。

表6.1　简化的商业银行资产负债表

资　产	负　债
现金	存款
存放中央银行款项	活期存款
存放同业的款项	定期存款
贴现	储蓄存款
发放贷款和垫款	借入款项
衍生金融资产	发行债券
证券投资	所有者权益
长期股权投资	实收资本
固定资产	资本公积
其他资产	盈余公积
	一般风险准备
	未分配利润
资产总计	负债总计

商业银行的性质与职能决定了它的业务内容。为了更好地认识和学习这些业务,通常按其是否计入资产负债表,把它划分为两部分内容:即表内业务和表外业务。其中,表内业务又分为负债业务和资产业务。

二、负债业务

负债业务(liability business)是商业银行筹措资金,借以形成资金来源的业务,是商业银行资产业务和其他业务的基础。负债业务主要包括:存款、借款、其他负债和自有资本等。银行负债的数量、结构和成本的变化,在很大程度上决定着商业银行的规模、利润和风险状况。

(一)存款负债

存款负债是指存款人在保留所有权的条件下,把货币款项的使用权暂时让渡给银行,存款人可随时或按约定时间支取款项,商业银行则按约定支付利息或提供相应服务的业务。它是银行的一项传统性业务,也是商业银行的重要特征之一。作为信用机构,银行经营所需大部分资金来源都是通过存款业务获得的。但存款人向银行提供这种负债的多少以及期限,在很大程度上取决于存款人本身,而不是由商业银行所决定,由此可见,商业银行吸收的存款是一种被动型的负债业务。

(1)按照中国人民银行颁布的《人民币银行结算账户管理办法》(2003年9月1日起施行)的规定,银行结算账户按照存款对象不同,分为单位银行结算账户和个人存款结算账户。

①单位银行结算账户。单位银行结算账户是指存款人以单位名称开立的银行结算账户。此类账户一般是活期存款账户,按照用途不同,又可分为基本存款账户、一般存款账户、专用存款账户、临时存款账户。基本存款账户是存款人因办理日常转账结算和现金收付需要开立的银行结算账户,存款人的工资、奖金等现金的支取,只能通过基本存款账户办理,单位银行结算账户的存款人只能开立一个基本存款账户;一般存款账户是存款人因借款或其他结算的需要,在基本存款账户开户行以外的银行营业机构开立的结算账户;专用存款账户是存款人按照法律、行政法规和规章,对其特定用途资金进行专项管理和使用而开立的银行结算账户;临时存款账户是存款人因临时需要并在规定期限内(有效期最长不得超过 2 年)使用而开立的银行结算账户。其中,存款人开立基本存款账户、临时存款账户(存款人因注册验资需要开立的临时存款账户除外)、预算单位开立专用存款账户以及合格境外机构投资者在境内从事证券投资开立的人民币特殊账户(简称 QFII 专用存款账户)实行核准制度,经中国人民银行核准后由开户银行核发开户许可证(核准制);其他银行结算账户(包括一般存款账户、其他专用存款账户、个人银行结算账户)的开立则实行备案制。

②个人存款结算账户。个人存款结算账户是指存款人凭个人身份证件以自然人名称开立的银行结算账户。这里的个人包括中国公民(含港、澳、台居民)和外国公民。个人因投资、消费使用各种支付工具,包括借记卡、信用卡在银行开立的银行结算账户,纳入个人银行结算账户管理。

(2)按照传统方式,商业银行的存款业务主要分为活期存款、定期存款、储蓄存款和通知存款等几类。

①活期存款。活期存款指可由存款人随时存取和支付的存款。这种存款主要用于交易和支付用途的款项,它没有确切的期限规定,银行也无权要求存款人取款时做事先的书面通知。活期存款能满足存款人存取方便、运用灵活的需要。存款人可以用各种方式提取存款,如开出支票、本票、汇票,电话转账,使用自动取款机(ATM),等等。由于各种经济交易,包括信用卡、商业零售等,都是通过活期存款账户进行的,所以在国外又把活期存款账户称为交易账户。在各种取款方式中,最传统的是支票取款,因此活期存款也被称为支票存款。

活期存款人开立活期存款账户的目的主要是为了通过银行进行各种支付结算。由于活期存款流动性强,同时,银行利用这种账户为存款人办理支付业务时成本费用很大,因此,银行对活期存款支付的利息较低,有时甚至不支付任何利息。但另一方面,由于存款人间交易支付量是相互的,且存取是交替进行的,因此,在存取交错之中总会在银行形成一笔相对稳定、数量可观的余额,成为商业银行重要的资金来源。

②定期存款。定期存款指存款人和银行预先约定存款期限的存款,原则上到期才能支取的存款。存款期限可从数日到数年不等,存款人存入定期存款账户的款项主要是闲置的货币资金。其特点是有效时间较长,存期固定。在我国通常为 3 个月、6 个月、1 年、2 年、3 年和 5 年,甚至更长。由于定期存款有确定的期限,具有投资性,是银行的稳定资金来源,因此银行给予定期存款的利息都要高于活期存款利息。一般而言,定期存款未到期时不能支取,若存款人提出提前支取要求时,银行为了留住自己的客户,吸引存款,银行一般并不执行这一制度,而是要照付本息,但要扣除一部分利息。

定期存款单并不像支票一样可转让流通,只是到期提取存款的凭证,是存款所有权及获取利息的权利证书,但定期存款单可作为存款人质押品取得银行贷款。定期存款的办理形式也有多种,我国目前主要有整存整取、零存整取、整存零取和存本取息等几种。

③储蓄存款。储蓄存款是指银行通过信用方式针对居民个人积蓄货币和取得利息收入之需而开办的一种存款业务。这种存款通常由银行发给存款人存折，以作为存款和提取现金的凭证，储蓄存款一般不能开立支票。储蓄存款主要有定期和活期存款两种，定期存款利率高于活期存款利率。活期储蓄存款无一定期限，只凭存折便可以提取现金，存折一般不能转让流通，存款人不能透支款项。定期储蓄存款有约定期限，如果要提前支取，存款人须提前通知银行。

储蓄的原始意义是贮藏，在经济学中的理解是指货币收入中没有被用于消费的部分。它的持有者可以是包括居民、企业和政府在内的所有经济主体，存在的形式包括在银行的存款、购买的有价证券及手持现金等。然而，不同国家对储蓄存款的定义却存在着明显的差异，例如，在美国，居民个人、政府和企业都可合法地持有储蓄存款，而在我国，储蓄存款则专指居民个人在银行的存款，也称对私存款或个人存款。政府和企业的所有存款称之为对公存款，公款私存则被视为违法。

④通知存款。通知存款指存款人在存入款项时不约定存期、支取时需提前通知银行、约定支取日期和金额才能支取的款项。存款人可以是居民个人，也可以是法人和其他组织。通知存款集活期存款的灵活性和定期存款的收益性于一体，存款人不仅可获得高于活期存款的利率，而且可以随时支取存款，深受存款人喜爱。目前我国银行开办的通知存款按存款人提前通知取款的期限长短可划分为 1 天通知存款和 7 天通知存款两个品种。开办银行往往对通知存款的起存、支取和留存金额设定最低存款限额。

（二）借款

借款是指商业银行为解决流动性不足和周转困难的资金需要通过不同渠道借入资金的方式，从而形成资金来源的一种业务。商业银行的借款方式主要包括向中央银行借款、同业拆借、回购协议、发行金融债券、国际金融市场借款、结算业务过程中的短期资金占用等。

1. 向中央银行借款

中央银行作为银行的银行，在商业银行资金不足或难以通过其他途径获得资金时，可向商业银行提供借款。商业银行向中央银行的借款形式主要有再贴现和再贷款两种。前者是指商业银行将自己办理贴现业务时所买进的未到期的票据，再卖给中央银行，即再次申请贴现，可用于再贴现的票据主要有商品票据和国库券等。后者是指中央银行向商业银行的直接信用贷款或商业银行用自己持有的银行承兑汇票、政府债券等有价证券作为质押品而向中央银行取得的质押贷款。

2. 同业拆借

在第四章中，我们已经学习了同业拆借的相关知识，了解到同业拆借是银行等金融机构之间的融通资金的渠道，具有期限短，利率变化快，利率水平低的特点。同业拆借是商业银行的一项传统业务。它是商业银行为解决短期资金余缺、调剂法定存款准备金头寸而融通资金的重要途径。随着金融市场的发展，同业拆借已成为商业银行日常融资的一种重要形式，其期限也在不断延长。

3. 回购协议

商业银行也可以通过签订回购协议的方式获取短期资金融通。大多数回购协议以政府债券作为担保，期限短的为一个营业日，长的几个月不等。回购协议的实际交易大致有两种方式：第一种是交易双方同意按相同的价格出售和再购回证券，再购回证券时，其金额为本金加参与交易双方约定的利息额;第二种是把回购价格定得高于原出售价格,其差额就是参与交易的双方在合同中约定的收益额。商业银行通过回购协议融资的好处表现在:首先,回购协议是一整套渗透到货币市场各个领域的金融工具中的一种,它是商业银行将负债管理作为调整法定存款准备金头寸的主要方法之一;其次,商业银行办理以政府债券作为担保的再回购协议,可以不提缴存款准备金,从而减少借款成本。关于回购协议的更多内容可参见第四章第二节。

4. 发行金融债券

商业银行除了在利用大量短期借款以外,还需在特定情况下利用长期借款,以弥补长期资金的不足。商业银行的长期借款一般采用发行金融债券的方式。商业银行在金融市场上发行的、按约定还本付息的有价证券统称为金融债券。发行金融债券能有效解决金融机构资金来源不足和期限不匹配的矛盾。一般来说,商业银行的资金来源主要包括吸收存款、向其他金融机构借款和发行金融债券等。而吸收存款在经济出现动荡的时候,容易发生储户争相提款的现象,从而导致商业银行资金来源不稳定现象;向其他金融机构(包括中央银行)借款所得的资金主要是短期资金,而商业银行往往需要进行一些期限较长的投融资业务,这样就出现了资金来源(负债业务)和资金运用(资产业务)在期限上的矛盾。发行金融债券可有效解决这个矛盾,因为债券在到期之前一般不能提前兑换,只能在流通市场上进行转让,从而保证了所筹资金的稳定性。此外,商业银行发行金融债券时,可以灵活规定期限,以此满足一些对长期项目投资。因此,发行金融债券可以使商业银行筹措到稳定且期限灵活的资金,从而有利于优化资产结构,扩大长期投资业务。

次级金融债券是指商业银行发行的、本金和利息清偿顺序列在商业银行其他负债之后、先于商业银行股权资本的债券。此类债券的期限最低不少于5年,期限较长,一般为10年。所筹集到的资金计入银行的附属资本。

混合资本债券同次级金融债券一样,期限更长,一般不低于15年,所筹集到的资金也按规定计入银行的附属资本。不同之处在于,次级金融债券的清偿顺序先于混合资本债券。

可转换债券是银行依照法定程序发行的、在一定期限内按照约定的条件可以转换成银行股份的金融债券。由于可转换债券附有一般债券所没有的选择权,因此,其利率一般低于普通金融债券,银行发行可转换债券有助于降低筹资成本。

5. 国际金融市场借款

国际金融市场借款主要是规模较大的商业银行采用的向国外金融机构借款的一种方式。大型商业银行除了在本国货币市场上取得借款外,还可以从国际金融市场筹集资金补充银行资金的不足。

三、资产业务

资产业务(assets business)是指商业银行运用其资金从事各种信用活动以获得利润的业务,它表明商业银行资金的存在形式以及商业银行所拥有的对外债权,是商业银行盈利的主要来源。资产业务主要包括现金资产、贷款、贴现、证券投资和租赁等。

(一)现金资产

现金资产是指银行为保证资产流动性而持有的可随时用于支付的流动性资产,它是银行资产中最具流动性的部分,也是银行的非盈利性资产。主要包括商业银行的库存现金、存放在中央银行的款项、存放在同业的款项以及应收款项等。

1. 库存现金

库存现金是指商业银行存放在金库中的现金和硬币。主要用于银行应付日常客户提现和银行本身的零星支付的需要。由于库存现金不能给银行带来收益,库存现金太多,会使银行持有现金资产的机会成本增加,影响银行收益;库存现金太少,又不能满足客户提现需求,甚至造成挤提存款,增加银行风险。因此,在通常情况下,银行对现金资产管理的任务就是要在保持满足流动性需要的前提下,尽可能地减少现金账户的规模,通过适时调节,保持现金资产的规模适度性和安全性。而将资金用于盈利性更高的投资项目上。随着电子支付系统的发展,库存现金在银行总资产中所占的比重将越来越小。

2. 存放在中央银行的款项

在中央银行的款项是指商业银行存放在中央银行的资金,即存款准备金。此部分存款由两部分构成:法定存款准备金和超额存款准备金。法定存款准备金是商业银行按法定存款准备金率,将吸收的存款缴存中央银行的款项;超额存款准备金是商业银行在中央银行的总准备金扣除法定存款准备金后的余额。法定存款准备金一般不能动用,商业银行可以使用的是超额存款准备金,用于银行间票据交换差额的清算、不可预料的现金提存或等待有利的贷款和投资机会等。

3. 存放在同业的款项

存放在同业的款项是指商业银行存放在其他银行和金融机构的存款。这部分款项的主要目的是为了便于同业之间结算收付和开展代理业务。由于存放在金融机构之间的存款账户大多属于活期性质,可以随时支用,因此,商业银行都将此类款项视同现金资产。

4. 其他应收款项

(二)贷款业务

贷款是商业银行按一定的利率和约定的期限为条件,将一定数额的货币资金提供给借款人使用的一种借贷行为。出借资金的银行称为贷款人,借入资金的贷款对象称为借款人。贷款是商业银行的一项基本业务,也是商业银行取得利润的主要途径。商业银行贷款业务种类繁多,按不同的标准,贷款一般分为以下几类:

1. 按贷款是否有抵押分类,贷款可分为信用贷款和担保贷款

(1)信用贷款是指银行依据客户信誉、没有担保而发放的贷款。能够获得信用贷款的客户信誉良好,并与银行有密切的业务往来,银行对信用贷款收取的利息一般都比较高,并附有其他要求。

(2)担保贷款是指银行依据借款人提供的担保方式,由借款人或第三方依法提供担保而发放的贷款,按照具体担保方式的不同,担保贷款又可分为保证贷款、抵押贷款和质押贷款。一般而言,借款人提供的担保品的价值大于银行发放的贷款数额,如果借款人到期不能还款,银行可以拍卖处理担保品,用所获款项抵补贷款。

2. 按贷款期限的长短,贷款可分为短期贷款、中期贷款和长期贷款

(1)短期贷款指贷款期限在1年以内(含1年)的贷款。

(2)中期贷款指贷款期限在1年以上、5年以下(含5年)的贷款。

(3)长期贷款指贷款期限在5年以上的贷款。

短期贷款期限短,流动性强,风险小,利率较低;长期贷款期限长,流动性差,风险大,利率较高。

3. 按贷款的偿还方式不同，贷款可分为一次性偿还和分期偿还两类

(1)一次性偿还贷款是指借款人在贷款到期日一次性还清贷款本金的贷款，其利息可以分期支付，也可以在还本时一次付清。

(2)分期偿还贷款是指借款人按规定的期限分次偿还本金和利息的贷款。此类贷款的期限通常按月、季、年规定，而且期限长，金额较大。

4. 按贷款质量的高低分类，可分为正常贷款、关注贷款、次级贷款、可疑贷款和损失贷款等五类

(1)正常贷款是指借款人能够履行借款合同，不存在任何影响贷款本息及时偿还的消极因素，银行对借款人按时足额偿还贷款本息有充分把握，贷款发生损失的概率为零的贷款。

(2)关注贷款是指借款人还能正常还本付息，但存在一些可能对偿还贷款产生不利的因素，若这些因素继续下去，则有可能影响贷款的偿还，因此需要对其进行关注或监控的贷款。

(3)次级贷款是指借款人的还款能力出现明显问题，完全依靠其正常营业收入已无法足额偿还贷款本息，需要通过处置贷款或对外融资乃至执行抵押担保等方式来还款付息的贷款。

(4)可疑贷款是指借款人已无法足额偿还本息，即使执行抵押或担保等措施，也肯定会给债权人造成损失。只是因为存在借款人重组、兼并、合并、抵押物处理和未决诉讼等待定因素，损失金额的多少还不能确定的贷款。

(5)损失贷款是指借款人已无偿还本息的可能，即使采取了所有可能的措施和一切必要的法律程序之后，仍无法全额收回本息，或只能收回极少部分贷款。

因此，通常将后三类贷款称为不良贷款。

(三)贴现业务

贴现业务是商业银行应客户的要求，以买进客户持有的未到期票据的方式向客户发放贷款。可见，票据贴现的实质是商业银行办理以票据为担保的贷款。票据贴现时，银行从客户手中买进未到期的票据，根据贴现率、票据贴现日期与到期日期的长短计算贴现利息，并从票据面额中扣除贴现利息并将余额部分支付给客户，票据到期时，由银行持该票据向载明的支付人索取票面金额款项。

商业银行的贴现业务从形式上看是银行买进票据，实际上是银行对票据付款人提供了信用。票据付款人在票据贴现前是对持票人的负债，贴现后则变成了对银行的负债。票据贴现业务对银行来说，由于有贴现进的票据作为担保，因此，资金运用风险较小，而且贴现进的票据还可再到中央银行申请再贴现，也可到其他银行转贴现，流动性较强。

(四)证券投资业务

商业银行的证券投资业务是指商业银行在金融市场上运用其资金购买有价证券的一种业务。商业银行进行证券投资业务的主要目的在于：一是为了获得较高的收益。在激烈的市场竞争中，商业银行在没有合适的贷款机会时，为避免资金闲置，可将资金投资于资信等级高的有价证券，以取得稳定的投资收益。二是有利于分散投资。在贷款业务中，银行只能根据客户的申请，被动地贷出款项，有时不得不为照顾客户关系而放宽贷款标准，如果客户不能按期归还贷款，银行就不得不给予延期，造成银行资金调度不灵，引发挤兑风险。而在证券投资业务中，银行几乎可以在足不出户的情况下，投资于任何地区、任何发行人、任何品种的证券，从而能够完全根据投资组合的需要进行分散化管理，降低银行整体风险。而且，证券的流动性和证券的多样性，为商业银行分散风险提供了便利条件。三是有利于商业银行保持流动性。保持一定的流动性是商业银行经营活动必须考虑的重要问题，流动性的高低是银行经营活动是否稳健的标志之一。

商业银行购买的有价证券主要是那些信誉高、流动性强的证券，如政府债券、国库等，此外还有一些大公司发行的债券或股票。但实践中，商业银行证券投资的范围要受本国监管当局的限定。1929 年至 1933 年主要资本主义国家爆发了一场世界性经济危机。当时很多分析人士认为，这场危机的爆发与商业银行大量从事股票承销和投资密切相关。为了防止商业银行滥用客户存款从事高风险投资，各国一般对其所从事的投资都有某些规定，如对股票、房地产投资加以禁止或限制等。其中最有影响的是美国 1933 年颁布的《格拉斯-斯蒂格尔法》。它严格禁止美国商业银行从事股票的承销和投资业务，只允许从事信用级别达到投资级（BBB 级以上）的债券。20 世纪 80 年代以来，随着金融市场规模的不断扩大和金融衍生业务的迅速发展，银行和证券、保险等其他金融业务的联系日益紧密，监管机构对商业银行投资业务也渐渐放松了监管。1999 年美国《金融服务现代化法案》的出台，宣告了金融分业经营时代的终结，商业银行证券投资业务的范围大大拓展。

四、表外业务

表外业务（off-balance sheet business），是指商业银行所从事的，按照通行的会计准则不记入资产负债表内，不会形成银行现实的资产或负债但却能改变银行资产报酬率，影响银行当期损益的业务。商业银行表外业务有狭义和广义之分：狭义的表外业务是指那些虽然不列入资产负债表，但在一定条件下可转换为表内资产或负债的业务，这类业务往往蕴含着较大的风险，所形成的或有资产和或有负债必须按规定在会计报表的附注中予以揭示。广义的表外业务泛指一切不记入资产负债表内的业务，因此，除了狭义的表外业务以外，它还包括银行提供的金融服务类业务，如支付结算、信托、租赁与咨询等业务。在我国，也将此类业务称为中间业务。根据 2001 年出台的《商业银行中间业务暂行规定》，“中间业务是指不构成商业银行表内资产、表内负债，形成银行非利息收入的业务”。可见，中间业务实际上等同于广义的表外业务。

（一）狭义的表外业务

商业银行狭义的表外业务主要包括担保和类似的或有负债、承诺以及与利率或汇率有关的或有项目三类：

1. 担保和类似的或有负债

这类业务工具包括履约保证书、投标证书、贷款担保、备用信用证、跟单信用证和有追偿权的交易等。此类表外业务的共同特点，就是由商业银行向交易活动中的第三方的先行债务提供担保，并承担相应的风险。

履约保证书是商业银行应申请人的请求，向受益人开立的保证申请人履行某项合同项下义务的书面文件。

投标保证书是指银行为客户(投标人)开立的保证投标人履行招标文件所规定的各项义务的书面担保文件,如果投标人违约,则银行在受益人提出索赔时,必须按保证书的规定履行赔偿义务。

贷款担保是指担保银行应借款人的要求,而向贷款人出具的一份保证借款人按贷款协议的规定偿还贷款本息的书面保证文件。

备用信用证是一种特殊的信用证,是银行出具的保函性质的支付承诺,以保证申请人履行某种合约规定的义务,并在申请人没有履行该义务时,凭受益人在信用证有效期间内所提交的与信用证条款相符的文件或单据,向收益人支付一定金额的款项。

2. 承诺

商业银行传统的承诺业务主要是由银行向顾客允诺对未来的经济交易承担某种信贷义务的业务或交易。通常情况下,商业银行所做的承诺交易一般不反映在其资产负债表上,因此,商业银行可能在未来某个时间会面临信贷风险。承诺业务主要包括贷款承诺、票据发行便利等。

贷款承诺(loan commitment)是指商业银行与借款人之间达成的一种具有法律约束力的契约,在未来有效承诺期内,银行按照双方约定的金额、利率等条件,随时应借款人的要求向其提供不超过一定限额的贷款。在贷款承诺下,实际上银行是为借款人提供了一种贷款保证,使其在未来一段时间内,能获得所需的贷款,而银行则收取一定的费用作为提供这种保证的补偿。承诺贷款分为定期贷款承诺、备用贷款承诺和循环贷款承诺三类。

票据发行便利(Note Issuance Facilities,NIFs)是一种具有法律约束力的中期周转性票据发行融资的承诺。借款人根据事先与商业银行等金融机构签订的一系列协议,可以在一个中期内(通常为5~7年),以自己的名义循环发行短期票据,达到中期周转的融资目的,实现以较低的成本取得中长期的资金融通效果。票据发行便利实质上是一种直接融资方式,属于短期信用形式,多为3个月或6个月,但承诺期限通常为中长期。是借款人与投资人之间的直接信用关系,而商业银行充当的则是包销商的角色。一般认为,票据发行便利起源于辛迪加贷款,是近几年来商业银行适应国际金融市场上的证券化趋势而进行的一项成功的金融创新业务。

3. 与利率或汇率有关的或有项目

此项业务是自20世纪80年代以来,商业银行运用最新的计算机技术和各种风险进行对冲而创新的一系列化解、防范利率或汇率风险的金融衍生工具。这类衍生金融工具主要有货币和利率互换、期权、货币和利率期货、远期利率协议等。

自20世纪90年代以来,金融衍生品逐步成为国际活跃商业银行新的利润增长点。值得注意的是,金融衍生品交易往往蕴含着巨大的风险,如控制不当,不仅会给单个商业银行带来巨额损失,还会引致系统性金融风险。2007年爆发于美国并蔓延全球的次贷危机就是一个典型的例证。

(二)中间业务

中间业务(middleman business)是指商业银行不运用或较少运用自己的资金,代理客户承办支付和其他委托事项,并据以收取手续费的业务。它是在商业银行资产负债业务发展的基础上产生的。此外,商业银行通过提供多种金融服务,又可以进一步增加其对存款的吸引力和扩大资产业务的规模。为此,各国商业银行非常注意发展中间业务。

1. **结算业务**

结算业务是商业银行承办的与客户有关的资金收付方面的业务，是由商业银行存款业务衍生出来的一种业务，也是商业银行的传统业务。目前商业银行的结算业务有以下几种：

(1)汇兑结算业务。是指汇款人先把款项交给银行，再委托银行将款项汇给收款人的结算业务。这种方式非常灵活，可适用于企业和个人各种款项的结算，而且客户无论在银行有无开户，均可办理。汇兑可分为电汇、信汇和票汇三种形式。目前银行间大额资金汇兑结算基本上都是通过电子计算机调拨系统处理，结算方式主要有同城结算方式和异地结算方式两种。

(2)信用证结算业务。是指银行根据申请人的要求和指示，向受益人开立的载有一定金额，并在一定期限内凭规定的单据在指定地点付款的书面保证文件。信用证结算方式是付款人先把款项预交给开户行，作为结算保证金，并委托开户行开出信用证，同时，通知异地收款人的开户银行转告收款人，当收款人按合同和信用证所载条款发货后，付款人开户行即按信用证规定代付款人支付货款的结算方式。这种结算方式的特点是能够避免因购货人拖欠货款或不按合同付款而给供货人带来风险。它尤其适用于销货人对购货人信用状况不了解，或异地之间特别是国际非经常性的交易中的货款结算。但这种结算方式速度慢，而且每笔交易占用资金的时间较长。

(3)托收结算业务。是指债权人或售货人为向异地债务人或购货人收取款项而向其开出汇票，并委托其开户银行代为收款的一种结算方式。在办理托收时，通常需要由债权人或售货人开出一份以异地债务人或购货人为付款人的汇票，将汇票和其他单据交给其开户行，然后再由开户行寄给债务人或购货人所在地的该银行的分行或代理行，请其向债务人收取款项并寄回，然后转交给债权人或收货人的结算业务。

(4)支票结算业务。上述三种结算业务属于异地结算业务，而支票结算业务属于同城结算业务。它是银行客户根据其在开户行的存款和透支限额开出支票，命令其开户行从其账户中支付一定款项给收款人，实现资金调拨，了结债权债务关系的过程。这种结算方式代替了现金支付，可以节省与现金收付有关的费用和时间，并可避免因现金运送和保管而带来的风险。支票一般包括现金支票和转账支票两种，现金支票既可以提取现金，又可以办理转账，而转账支票只能通过银行办理款项划拨，不能提取现金。

2. **代理业务**

代理业务是指商业银行接受政府、企业单位、其他金融机构以及居民个人的委托，以代理人的身份为其委托人办理一些经双方议定的经济事务、提供金融服务并收取一定费用的业务。商业银行的代理业务是典型的表外业务，在代理业务中，客户的财产所有权不变，银行不参与财产运用的收益分配，也不会动用自己的资产，而是充分运用自身的信誉、技能、信息等资源优势，代客户办理业务，并据此收取相应的代理手续费。目前商业银行的代理业务主要包括代理发行有价证券业务、代理收付款业务、保管箱出租业务、代理融通业务以及其他代理业务等。

3. **银行卡业务**

银行卡是由经授权的银行向社会发行的具有消费信用、转账结算、存取现金等新型服务工具的总称。包括信用卡、支票卡、记账卡、灵光卡和激光卡等。银行卡的出现，是银行业务与科技相结合的产物，它使商业银行业务有了崭新的面貌。商业银行从事银行卡业务的收入主要包括：一是商户结算手续费，即接受银行卡付款的商户，再通过银行进行结算时按照实际交易金额的一定比例向银行支付的手续费。二是年费,一般情况下,持卡人需向发卡银行每年缴纳一定的固定费用。三是利息和滞纳金的收入,即持有具有透支功能的银行卡客户,在透支后按规定向银行支付的利息及滞纳金。四是其他收入,包括客户在银行卡的挂失、转账、取现等活动中向银行支付的各种费用。

4. 信托业务

信托业务是指商业银行作为受托人而接受客户委托,并代为其经营、管理或处理有关受托的资财或其他事项,并为受托人谋取利益的业务。即"受人之托,代人理财"。依据2001年出台的《中华人民共和国信托法》的定义,信托是指"委托人基于对受托人的信任,将其财产权委托给受托人,由受托人按委托人的意愿以自己的名义,为受益人的利益或特定目的,进行管理或处分的行为"。

信托业务一般涉及三方面当事人,即受托人、委托人和受益人。信托关系围绕信托客体而存在,信托客体是指委托人托付给受托人保管和处理的财产。信托财产多种多样,可以是有形财产,如股票、债券、房屋、银行存款等;也可以是无形财产,如保险单、专利权、商标、商誉等。在信托关系中,委托人提出委托请求,请求受托人代为管理或处理其财产,并将由此得到的利益转移给受益人。受益人就是享受财产利益的人,如果没有受益人,信托行为就无效。但委托人可以同时是受益人,而受托人本人不能同时是受益人。因此,在信托业务中,受托人的角色就显得十分重要,因为它不仅要有很高的信誉度,还要具备管理信托财产所需的专业知识。除了专业性的信托公司外,商业银行也是从事信托业务的主体。就商业银行而言,从事信托业务不仅开辟了新的利润来源渠道,有利于增加收益,而且也扩大了服务范围,丰富了业务种类,从而有利于分散银行的经营风险。在发达国家,较大的商业银行普遍都会经营信托业务。

5. 租赁业务

租赁是指财产所有人(出租人)与使用人(承租人)按契约规定,由出租人将财产的使用权暂时转让给承租人,承租人按期缴纳一定租金给出租人的经济行为。租赁业务历史悠久,其实质是财产所有权与使用权之间的一种借贷关系。租赁也是商业银行运用资金的形式之一,是以融物的形式进行的融资行为,租赁的种类主要有:

(1)经营性租赁。是指出租人向承租人短期出租设备,并提供设备维修保养服务,租赁合同可中途解约,出租人需要向不同承租人反复出租才可收回对租赁设备的投资的经营方式。经营性租赁是一种短期租赁形式。

(2)融资性租赁。又称金融租赁,是指出租人(金融机构或其专属的子公司)根据承租人对出卖人(供货商)、租赁物的选择,向出卖人购买租赁物,然后提供给承租人使用,承租人取得设备使用权,并按期缴纳租金。商业银行融资性租赁业务是以资金形式与商品形态相结合的信用形式,它把"融资"和"融物"结合为一体,在向企业出租设备的同时,也解决了企业对资金需求的问题。典型的融资性租赁关系涉及三方当事人,即出租人、承租人和出卖人(供货人),内容涉及租赁和买卖两个方面。

(3)回租租赁。是指财产所有人将其财产出售以后又租回使用的一种租赁方式。

(4)转租赁。又称再租赁,是指将设备或财产进行两次重复租赁的方式。

6. 信息咨询业务

在市场经济中,企业必须借助于敏锐的信息网络,才有可能在市场中取得竞争优势。而身处金融中枢的商业银行,机构多、分布广,在信息获取方面具有得天独厚的条件。如商业银行通过对资金流量的记录和分析，可进一步了解市场商情变化并做出反应；同时商业银行具有先进的电子设备和拥有大批精通金融实务的专业人才，可以为客户提供利率、汇率、有价证券行市、资本流动、货币政策等方面的信息，从而帮助客户选择最有利的金融资产组合和投资机会。西方国家一些大商业银行均设立了专门的机构，从事信息收集、加工和储存工作，并能全面、及时地为企业提供必要的市场信息、投资决策、财务分析、技术培训等服务，同时，商业银行也通过为客户提供信息咨询服务获得了丰厚的利润。

第三节　商业银行的经营与管理

商业银行是独立法人，是企业，它与所有工商企业一样，都是以获得最大限度的利润为其经营的最根本目标。因此，商业银行必须将其吸收的存款和其他资金投放到最有利可图的地方。但商业银行又与其他工商企业不同，它是经营货币资金授受信用的特殊企业。为了既能保证随时满足存款人的提存需要，又能获得最大限度的利润，商业银行的资金运用又必须兼顾流动性和安全性，即商业银行如何处理好盈利性、安全性和流动性三者的关系，构成商业银行经营与管理的永恒主题。

一、商业银行经营与管理的含义

商业银行是以货币和信用为经营对象的金融中介机构。它的一切活动可以用经营与管理两种性质不同的工作内容加以概括。商业银行的经营是指商业银行对所开展的各种业务活动进行的组织与营销；而商业银行的管理则是对其所开展的各种业务活动的控制与监督。

二、商业银行经营与管理的主要内容

1. 商业银行经营的内容主要包括

(1)资产业务的组织和营销。

(2)负债业务的组织和营销。

(3)表外业务的组织和营销。

2. 商业银行管理的内容主要包括

(1)资产负债管理。

(2)风险管理。

(3)财务管理。

(4)人力资源开发与管理。

三、商业银行经营与管理的关系

在我国以前的有关经济论著及教科书中，都将商业银行的经营与管理混为一谈，没有严格区分，事实上两者是有区别的。在计划经济条件下，由于我国的商业银行不是真正意义上的商业银行，其吸收的存款是企业和个人的自主行为，而发放贷款则是由政府的指令性计划安排，商业银行实质上是政府的“出纳机构”，因此，商业银行并没有进入市场，商业银行本身也不用对其经营的产品进行组织与营销，更谈不上真正的经营与管理。在现代市场经济条件下，商业银行的经营与管理既有区别，又相互联系，二者互为依托。银行的管理是对经

营活动的管理，银行的经营需要靠管理来规划、发展，经营是管理的对象和出发点。同时，经营又是现代商业银行生存和发展的根本，而管理则是服务于经营，有助于经营的效率的提高。

四、商业银行经营与管理的原则

商业银行已有几百年的发展史，在其漫长的发展过程中，人们在不断实践、总结基础上，将安全性、流动性、盈利性归纳为商业银行经营与管理的三大原则。也是商业银行经营业务的“三性”方针。

1. 安全性原则

安全性是指商业银行在经营活动中保证其资产免遭损失的能力。银行业在某种程度上是一种经营风险的行业，其经营活动几乎都要与风险打交道，因此，资金经营安全既是商业银行生存和发展的基础，又是其实现资金流动和盈利、保持银行良好信誉的前提，安全性原则是商业银行业务经营的首要原则。作为商业银行的经营原则，安全性的要求就是尽可能地减少风险。商业银行在经营中所面临的风险通常有以下几种：

(1)信用风险。是指在借贷业务中，交易的另一方不能按照合同约定的还款期限和条件，向银行偿还款项，而使银行资产遭受损失的可能性。信用风险不仅存在于商业银行的表内业务，而且还存在于表外业务。

(2)市场风险。是指由于市场资金价格的变化而给商业银行经营与管理造成损失的可能性。在现代金融市场中，资金的价格随时在发生着变化，它将直接影响到商业银行表内外资金头寸的市场价值。对于经营国际业务的商业银行来说，其风险主要是汇率的变化对商业银行持有的外汇敞口头寸的影响。在没有采取风险抵偿措施的情况下，商业银行很有可能因此遭受不必要的损失。

(3)内部经营风险。是指由于商业银行自身经营管理不善而使银行资产遭受损失的可能性。银行内部管理不善通常会引起银行内部发生错误、欺诈、违规操作以及其他危害银行利益的行为。这种风险往往会给银行造成重大损失，并极大地损害银行的信誉。此外，银行网络系统的崩溃、信息数据资料的意外损失也会给银行带来经营风险。

(4)国家和转移风险。是指由于交易一方所在国的政治、经济环境以及金融政策或金融管制等原因的出现，造成交易另一方无法履行合同，引起银行损失的可能性。这种风险主要存在于银行的跨国经营和开展国际业务中。在国家风险中，因为无法用交易时规定的货币进行偿付而引起的风险，被称为转移风险。

(5)其他风险。除上述风险以外，商业银行因经营业务的特殊性，还面临许多风险。诸如法律风险、信誉风险以及购买力风险等。风险是遭受损失的可能性，这些风险一旦转变为现实，就成为损失，从而直接威胁到银行的安全性。

2. 流动性原则

流动性是指商业银行在其日常经营过程中，能够随时应付客户提存以及银行支付需要的能力。它具体表现为商业银行的支付能力或清偿能力。这也是由商业银行的资金来源和业务经营特点决定的。存款是商业银行负债业务的主体，而客户的存款是以能够随时提取为前提的；商业银行从自身利益出发，对客户的正常合理的贷款要求应予以满足，这就决定了它在业务经营过程中必须贯彻流动性原则。银行的流动性体现在资产和负债两个方面。资产的流动性指银行持有的资产能够随时得以偿付或在不损失价值的条件下迅速变现的能力。衡量资产流动性的指标一般包括两个：一是资产变现的速度，如某项资产变现的速度越快，则该资产的流动性就越强；二是资产变现的成本，若某项资产变现的成本越低，则该资产的流动性就越强。负债的流动性指银行能够以较低的成本随时获得所需资金的能力。衡量负债的流动性的指标一般也有两个：一是可用资金的价格，该资金的价格越低，则该项负债的流动性就越强；二是取得可用资金的时效，若取得可用资金的时效越短，则该项负债的流动性就越强。

3. 盈利性原则

盈利性是指商业银行在其经营活动中，获得利润的能力，它是商业银行经营管理所追求的核心目标。能否盈利直接关系到银行的生存和发展，是银行从事各种活动的动因。盈利性越高，获利能力越强。充足的盈利可以扩充银行资本，扩大其经营，增强银行信誉，提高银行的竞争实力，从而有利于保持银行同社会各界的良好关系，降低业务营运的总成本。如果银行盈利能力差，投资者将丧失信心，银行的信誉会下降，可能会引发银行信用危机，导致客户挤兑，危及银行的生存。

4. 安全性、流动性和盈利性的关系

商业银行经营管理的三原则之间既有同一性又有矛盾性。因此，商业银行的经营管理是一个权衡利弊、趋利避害的过程。一般来说安全性与流动性成正相关关系，流动性越强，风险越小，安全性就越高。而安全性、流动性与盈利性成反相关关系，即安全性越高，流动性越好，而银行盈利水平会越低，反之则会越高。但是，总的来讲商业银行要在保证安全性和流动性前提下，追求最大限度的利润。因为安全性是商业银行经营的前提条件，只有保证资产的安全性，才能获得正常的盈利；而流动性是实现安全性的必要手段，有了较高的流动性，银行的信用中介地位才能得以维护，各项业务才能得以顺利进行，盈利性才能得到保证；盈利性是商业银行经营的目标，保证安全性和流动性的目的就是为了盈利。因此，商业银行在经营管理过程中应对安全性、流动性和盈利性不断地进行均衡协调，做到两利相权取其重，两害相权取其轻。总之，如何使“三性”处于最佳组合，是各国银行家们所共同追求的目标。

五、商业银行的资本管理

（一）银行资本及其构成

商业银行的资本管理可以从不同角度进行。在通常情况下，银行在三种意义上使用“资本”这个概念，即财务会计、银行监管和内部风险管理，所对应的概念分别是会计资本、监管资本和经济资本。

1. 会计资本

会计资本也称账面资本，是指在商业银行资产负债表中的资产总额减去负债总额后的所有者权益部分，包括实收资本、资本公积、盈余公积、一般准备、未分配利润、外币报表折算差额和少数股东权益等，它可以直接从资产负债表上观察到，会计资本有时又称为权益资本。通常情况下，会计资本也是投资者、债权人或其他的外部利益相关者借以判断商业银行实力的重要依据之一。通常认为，会计资本规模越大，商业银行的实力越雄厚。

2. 监管资本

监管资本是监管当局要求商业银行必须保有的最低资本量，指银行监管当局为了满足监管要求，促进银行审慎经营，维持金融体系稳定而规定的银行必须持有的资本。因此，监管资本也可称为法律资本。1988 年的巴塞尔协议对银行所需要满足的监管资本做了明确的定义，规定银行监管资本由两部分组成：

（1）一级资本。也称核心资本，是商业银行资本中最稳定、质量最高的部分，银行可以永久性占用，可以长期用来吸收银行在经营管理过程中所产生的损失，是银行资本的核心，从而获得了“核心”资本的名称，一级资本是永久性的并且被认为是一种高质量的缓冲器，是判断银行资本是否充实最明显的依据，包括股本和公开储备。根据监管资本要求，在银行总资本中，一级资本的占比不应低于 50%。我国商业银行的核心资本由以下五部分组成：

①实收资本，指投资者按照章程或合同、协议的约定，实际投入商业银行的资本。

②资本公积，包括资本溢价和其他资本公积。

③盈余公积，包括法定盈余公积和任意盈余公积。

④未分配利润，指商业银行以前年度实现的未分配利润或未弥补亏损。

⑤少数股权，指在合并报表时包括在核心资本中的非全资子公司中的少数股权，即子公司净经营成果和净资产中不以任何直接或间接方式归属于母银行的部分。

（2）二级资本。也称附属资本，包括未公开储备、重估储备、普通准备金、带有债务性质的资本工具和长期次级债务。相对于一级资本而言，此类资本的稳定性较差，资本作用较弱，有的价值容易发生波动，如重估储备；有的带有债务性质，如长期次级债务和可转换债券等。因此，巴塞尔协议对二级资本的确认有严格的规定，要求计入银行总资本的二级资本不得超过核心资本的 100%，计入二级资本的长期次级债务不得超过核心资本的 50%。

我国商业银行的附属资本包括重估储备、一般准备、优先股、可转换债券、混合资本债券和长期次级债务六部分。由于附属资本在质量上要弱于核心资本，而且其中还包括有一定偿还期限的债务，因此，它在监管资本中所占比例受到了明确的限制。依据《商业银行资本充足率管理办法》，商业银行的附属资本也不得超过核心资本的 100%，计入附属资本的长期次级债务也不得超过核心资本的 50%。

①重估储备，指商业银行经国家有关部门批准，对固定资产进行重估时，固定资产公允价值与账面价值之间的正差额部分。若中国银监会认为重估作价是审慎的，这类重估储备可以列入附属资本，但计入附属资本的部分不超过重估储备的 70%。

②一般准备，指根据全部贷款余额一定比例计提的，用于弥补尚未识别的可能性损失的准备。

③优先股，指商业银行发行的、给予投资者在收益分配、剩余资产分配等方面优先权利的股票。

④可转换债券，指商业银行依照法定程序发行的、在一定期限内依据约定条件可以转换成商业银行普通股的债券。计入附属资本的可转换债券必须符合以下条件：债券持有人对银行的索偿权位于存款人及其他普通债权人之后，并不以银行的资产为抵押或质押；债券不可由持有者主动回售：未经中国银监会事先同意，发行人不准赎回。

⑤混合资本债券，指商业银行发行的带有一定股本性质，又带有一定债务性质的资本工具。混合资本债券对银行收益和净资产的请求权次于长期次级债务和其他债务，优于股权投资。商业银行发行的混合资本债券，要计入附属资本，需要满足如下三个条件：商业银行若未行使混合资本债券的赎回权，在债券距到期日前最后 5 年，其可计入附属资本的数量每年累计折扣 20%；商业银行混合资本债券不得由银行或第三方提供担保，商业银行提前赎回混合资本债券、延期支付利息，或债券到期时延期支付债券本金和应付利息时，需事先得

到中国银监会批准。

⑥长期次级债务，指原始期限最少在 5 年（包括 5 年）以上的次级债务。次级债务是对银行收益和净资产的请求权次于其他债务（如银行存款）的债务。经中国银监会认可，商业银行发行的普通的、无担保的、不以银行资产为抵押或质押的长期次级债务工具可列入附属资本，在距到期日前最后 5 年，其可计入附属资本的数量每年累计折扣 20%。如一笔 10 年期的次级债券，第六年计入附属资本的数量为 100%，第七年为 80%，第八年为 60%，第九年为 40%，第十年为 20%。

根据巴塞尔协议规定，银行在计算以风险加权的资本比率时，下列内容要从监管资本中扣除：一是从一级资本中扣除商誉；二是在总资本中扣除没有合并到银行集团总资产负债表中的、对从事银行业务和金融活动的附属机构的投资。我国商业银行计算资本充足率时，应从监管资本中扣除以下项目：商誉、商业银行对未并表金融机构的资本投资、商业银行对非自用不动产和企业的资本投资。之所以要对这些项目进行扣除，是因为当银行出现损失时，银行不可能拿这些项目所对应的资金来弥补银行所出现的损失。

1996 年，巴塞尔委员会又进一步提出三级资本的概念。三级资本主要是指到期日在 2 年以上的短期次级债务，它必须满足三个条件：一是无担保，非优先偿还，足额支付；二是原始期限不低于 2 年；三是如果监管当局不允许，不可提前偿还。三级资本只能用于覆盖市场风险，且抵押市场风险的三级资本不得超过一级资本的 250%。

3. 经济资本

经济资本是指银行内部风险管理人员根据银行所承担的风险计算出来的、银行需要保有的最低资本量。它用于衡量和防御银行实际承担的损失超出预计损失的那部分损失，是防止银行倒闭的最后防线。由于它直接与银行所承担的风险挂钩，因此也称为风险资本。经济资本的概念是随着金融风险管理技术的演进和银行风险环境的恶化而逐步形成的，在银行实践中变得越来越重要，已成为现代银行经营管理的重要手段。

4. 三种资本概念的比较

会计资本是一个财务会计概念，可以直接从银行资产负债表上观察到，反映的是银行实际拥有的资本水平，也是银行实际可利用的资金来源；而经营资本与监管资本都是虚拟概念，是按照一定的计量方法计算出来的，反映的是不同管理主体对银行资本水平提出的要求，其作用主要在于缓冲风险。或者说，经济资本和监管资本是商业银行应该拥有但不一定是实际拥有的资本。另外，会计资本与经营资本和监管资本的核算范围也不相同，会计资本通常包括实收资本、资本公积、盈余公积和未分配利润等，即资产负债表上的所有者权益；而经济资本和监管资本的范围则大得多，除包括所有者权益外，还包括银行提取的准备金、资产重估增值以及银行发行的、具有资本性特征的金融工具（如前面提到的次级债券、混合性资本债券等）。

经济资本和监管资本之间也存在着区别，前者是由银行管理者从内部来认定和安排对风险的缓冲，经济资本管理不仅要着眼于银行的风险防范与控制，还应着眼于股东价值的保值增值，体现着风险与收益的协调与平衡；而后者则是监管当局从外部来认定这种缓冲，是监管当局按统一标准对银行提出的要求，其主要目的在于防范风险，促使银行稳健经营。最后，经营资本与监管资本的计量方法也会存在差异，经营资本的计量可由银行根据自身情况灵活自主地选择，而监管资本的计量方法往往由监管当局统一确定，银行只能遵照执行。

(二)资本充足性管理

1. 资本充足性的含义

商业银行的资本管理不仅需要考虑如何界定资本范畴和资本构成,还要考虑资本的数量。资本数量过少,不仅会面临着监管当局的惩罚,更严重的会面临破产倒闭的风险。因此,保持充足的资本数量是商业银行首要解决的问题。

但是,资本并不是多多益善。对于一家银行来说,资本越多,其用于支付股息和债券利息的费用越高,即资本的成本越高,这无疑会加重其经营负担。此外,过多的资本占用还说明其经营管理水平较差,筹资能力不强,业务发展能力弱,盈利性不高。因此,资本充足的确切含义是资本数量适度,即商业银行持有的资本数量既能够满足其正常经营的需要,又能满足股东的合理投资回报要求。

2. 资本充足性的衡量

资本充足性的衡量包括两层含义:即资本持有量的计算和对其充足与否的判断。具体到某一家银行,适度资本量要受到多种主客观因素的影响,如管理者的风险偏好、机构的信誉状况、业务构成、经营周期等,很难给出一个统一的、精确的衡量标准。实践中,许多商业银行简单地将一定程度上高于监管当局所规定的最低限额资本作为自己的适度资本量。

长期以来,人们一直在探索银行资本充足性的衡量方法,最早的指标是出现于20世纪初的资本与存款比率,此后,还相继采用过资本与总资产比率、资本与风险资产比率、“纽约公式”等不同衡量指标。

1988年出台的巴塞尔协议对商业银行的资本管理具有革命性的意义,协议不仅对资本的构成做了统一的规定,还对资本充足性规定了统一的标准,即

$$\text{资本充足率} = \text{总资本} \div \text{风险加权资产总额} \geqslant 8\%$$

其中

$$\text{风险加权资产总额} = \sum(\text{资产额} \times \text{风险权重})$$

根据上述公式可知,衡量商业银行资本是否充足,主要是看其总资本是否大于或等于风险资产总额的8%。资本充足率成为国际银行界资本管理的“一条铁律”。

2004年出台的《巴塞尔新资本协议》仍然将资本充足率作为保证银行稳健经营、安全运行的核心指标,仍将银行资本分为核心资本和附属资本两类,但进行了两项重大创新:一是在资本充足率的计算公式中全面反映了信用风险、市场风险、操作风险的资本要求;二是引入了计量信用风险的内部评级法。银行既可以采用外部评级公司的评级结果确定风险权重,也可以用各种内部风险计量模型计算资本要求,资本充足率的计算公式为

$$\text{资本充足率} = (\text{总资本} - \text{扣除项}) / (\text{风险加权资产} + \text{市场风险资本} \times 12.5 + \text{操作风险资本} \times 12.5)$$

巴塞尔协议提出的资本充足实质上是监管资本最低要求,即监管当局要求某家银行持有的最低资本数量。然而,一家银行的监管资本充足并不一定意味着真正意义上的资本充足。从商业银行内部管理的角度来看,资本充足意味着要能满足监管当局的最低资本要求,更重要的,还要能覆盖其所有的风险损失。相对于监管当局而言,银行对自身的风险认识无疑更深刻,资本的计量也更准确。从这个意义上讲,衡量一家银行的资本是否充足,关键是看其实际资本持有量是否大于或等于其经济资本。

3. 提高资本充足率的途径

商业银行提高资本充足率有两个途径：一是增加资本；二是降低风险资产总量。具体内容包括：

(1)增加资本总量。主要包括增加核心资本和附属资本。

(2)收缩业务，压缩资产总规模。

(3)调整资产结构，降低高风险资产占比。

(4)提高自身风险管理水平，降低资产的风险含量。

(三)风险管理

1. 银行风险的含义

银行风险是指银行在经营过程中，由于各种不确定因素的影响，而使其资产和预期收益蒙受损失的可能性。风险虽然通常采用损失的可能性以及潜在的损失规模来计量，但绝不等同于损失本身。损失是一个事后概念，反映的是风险事件发生后所造成的实际结果；而风险却是一个明确的事前概念，反映的是损失发生前的事物发展状态，可以采用概率和统计的方法计算出可能的损失规模和发生的可能性。

与其他行业相比，银行的风险具有独特的特点。主要表现在：银行的自有资本金在其全部资金来源中所占比例很低，属于高负债经营；银行的经营对象是货币，且具有特殊的信用创造功能。银行是市场经济的中枢，其风险的外部负效应很大。风险既是商业银行损失的来源，同时也是盈利的基础。从某种意义上讲，商业银行就是"经营风险"的金融机构，以"经营风险"为其盈利的根本手段。商业银行是否愿意承担风险，是否能够妥善控制和管理风险，将决定商业银行的经营成败。随着业务的发展和竞争的加剧，商业银行面临的风险也呈现出复杂多变的特征，对这些风险进行识别、分析、计量、监测并采取科学的控制手段和方法，是商业银行保持稳健经营，实现安全性、流动性、效益性经营原则的根本所在。风险管理已经成为商业银行经营管理的核心内容之一。

2. 商业银行风险的种类

综合商业银行业务的主要特征，参照国际惯例，按诱发风险的原因，我们将商业银行风险划分为以下类型：

(1)信用风险。是指因债务人与交易对手的直接违约或履约能力的下降而造成损失的风险。信用风险是最古老的风险之一，广泛地存在于一切信用活动中。由于商业银行的最主要功能是充当联结储户和投资者的信用中介，信用风险无疑是其与生俱来的、最主要的风险，无论是贷款、债券投资等传统业务，还是担保、承诺、衍生品交易等表外业务，都面临着信用风险。

(2)市场风险。根据巴塞尔委员会在1996年发布的《资本协议市场风险补充规定》的定义，市场风险是指市场价格波动引起的资产负债表内和表外头寸出现亏损的可能性。根据风险因子的不同，市场风险可分为利率风险、股票风险、汇率风险和商品风险四种。

(3)操作风险。是指由不完善或有问题的内部程序、人员及系统或外部事件所造成损失的可能性。操作风险可以分为由人员、系统、流程和外部事件所引发的四类风险，并由此分为七种表现形式：内部欺诈，外部欺诈，聘用员工做法和工作场所安全性有问题，客户、产品及业务做法有问题，实物资产损坏，业务中断和系统失灵，执行、交割及流程管理不完善。这七种损失事件还可进一步细化为不同的具体业务活动和操作，使银行管理者可以从引起操作风险的具体因素着手采取有效的管理措施。操作风险存在于银行业务和管理的各个方面,经常与市场风险、信用风险等其他风险交织并发,因此,人们往往难以将其与其他风险严格区分开来。近年来,国际银行业监管机构在关注信用风险和市场风险的同时,也越来越重视操作风险的管理。目前,我国银行业监管机构和银行对操作风险也开始逐步重视。

(4)流动性风险。是指无法在不增加成本或资产价值不发生损失的条件下及时满足客户的流动性需求,从而使银行遭受损失的可能性。流动性风险包括资产流动性风险和负债流动性风险。资产流动性风险是指资产到期不能如期足额收回,不能满足到期负债的偿还和新的合理贷款及其他融资需要,从而给银行带来损失的可能性。负债流动性风险是指银行过去筹集的资金特别是存款资金由于内外因素的变化而发生不规则波动,受到冲击并引发相关损失的可能性。通常情况下的流动性不足可能导致经济主体的筹资成本上升或资产价值缩水,极端情况下会诱发严重的流动性危机,甚至破产。

(5)国家风险。是指经济主体在与非本国居民进行国际经贸与金融来往中,由于别国宏观经济、政治环境和社会等方面的变化而遭受损失的可能性。随着经济全球化进程的加快,国家风险引起人们越来越多的关注。产生国家风险的因素很多,既有经济因素,也有政治形势、社会环境的变化,各种因素相互影响,错综复杂。国家风险通常是由债务人所在国家的行为引起的,超出了债权人的控制范围。国家风险可分为政治风险、社会风险和经济风险三类。政治风险是指境外银行受特定国家的政治原因限制,不能把在该国贷款等汇回本国而遭受损失的风险。政治风险包括政权风险、政局风险、政策风险和对外关系风险等多个方面。社会风险是指由于经济或非经济因素造成特定国家的社会环境不稳定,从而使贷款银行不能把在该国的贷款汇回本国而遭受的风险。经济风险是指境外银行仅仅受特定国家直接或间接经济因素的限制,而不能把在该国的贷款等汇回本国而遭受的风险。国家风险有两个特点:一是国家风险发生在国际经济金融活动中,在同一个国家范围内的经济金融活动不存在国家风险;二是在国际经济金融活动中,不论是政府、银行、企业,还是个人,都可能遭受国家风险所带来的损失。

(6)法律风险。是指银行在日常经营活动或各类交易过程中,因为无法满足或违反相关的商业准则和法律要求,导致不能履行合同、发生争议、诉讼或其他法律纠纷,从而给银行造成经济损失的可能性。它包括但不限于因监管措施和解决民商事争议而支付罚款、罚金或者进行惩罚性赔偿所导致的风险敞口。

(7)合规风险。是指商业银行因没有遵循法律、规则和准则可能遭受法律制裁、监管处罚、重大财务损失和声誉损失的可能性。严格来看,合规风险是法律风险的一部分,但由于其重要性和特殊性,一般单独加以讨论。2005 年 4 月,巴塞尔银行监管委员会发布了《合规与商业银行内部合规部门》,指出“银行的合规风险是指因违反法律或监管要求而受到制裁、遭受金融损失以及未能遵守所有适用法律、法规、行为准则或相关标准而给银行信誉带来的损失”。近年来,人们对合规风险的关注逐渐增强,合规风险正在取得与信用、市场和操作风险同等重要的地位。

(8)声誉风险。是指由于意外事件、银行的政策调整、市场表现或日常经营活动所产生的负面结果,对银行的声誉产生影响从而造成损失的可能性。银行通常将声誉风险看作是对其市场价值最大的威胁,因为银行的业务性质要求它能够维持存款人、贷款人和整个市场的信心。

(9)战略风险。是指银行在追求短期商业目的和长期发展目标的系统化管理过程中,因不适当的未来发展规划和战略决策可能威胁银行未来发展的潜在损失的可能性。战略风险主要来自四个方面:银行战略目标的整体兼容性;为实现这些目标而制定的经营战略;为这些目标而动用的资源;战略实施过程的质量。由于银行内外部环境复杂多变往往给商业银行的战略制定与实施带来了一系列的风险,导致商业银行的战略目标无法达成,甚至使其遭受灭顶之灾。战略风险是现代金融企业无法回避的现实问题,必须进行管理,谁更好地解决了战略风险管理的问题,谁就能获得新的竞争优势。

3. 商业银行风险管理流程

一个完整的风险管理流程主要包括:风险管理目标与政策的制定、风险识别、风险评估、风险应对、风险控制、风险监测与风险报告等环节。

制定风险管理目标与政策是风险管理流程的起点。只有先明确目标,管理者才能确定有哪些因素可能影响目标的实现,才能对来自内外部的各种风险进行有效识别和评估;同样,只有先制定政策,管理者才能确定在风险管理过程中哪些行为是被允许的,哪些是被禁止的,才能对已识别出来的风险采取有效的应对与控制措施。相对地,风险识别、风险评估、风险应对与控制、风险报告与监控等具体环节则是对风险管理目标与政策的细化和执行。

六、商业银行风险管理理论的发展历程

商业银行风险管理是商业银行经营管理的核心内容,它伴随着银行的产生而产生,随着银行的发展而发展。商业银行的安全性、流动性和盈利性原则贯穿于银行经营管理的全过程,要在经营管理中实现这三原则的要求,必须有切实可行的理论和措施。从发展的角度,商业银行的经营管理经历了资产管理理论、负债管理理论和资产负债综合管理理论的演变过程。

(一)资产管理理论

在银行业经营管理的早期,银行业务以资产业务如贷款等为主有关,银行经营中最直接、最常见的风险来自资产业务。银行便将经营管理的重点放在资产方面,强调保持银行资产的流动性,努力在资产上追求一种合理的经营结构,从而形成了资产管理理论。20 世纪 60 年代以前,由于金融市场发展水平不高,间接融资一直是社会经济活动中最主要的融资方式,作为间接融资的主体,商业银行资金大多来源于活期存款,而且客户存款与否、存多存少、存期长短等完全由存款人决定,银行没有主动权。商业银行要想实现安全性、流动性和盈利性,只能把重点放在资产运用的管理上。因此,当时的银行极为重视对资产业务的风险管理,通过加强资产分散化、抵押、资信评估、项目调查、严格审批制度、减少信用放款等各种措施和手段来减少、防范资产业务风险的发生,确立稳健经营的基本原则,以提高银行的安全度。

资产管理的重点是安全性和流动性的管理,即保持充足的流动性以应对存款客户的提款要求,在此基础上追求盈利。因此,商业银行管理的重心就放在了资产负债表中的资产方,即通过对资产项目的调整和组合来实现其经营目标。商业银行为保持资产的流动性,其资产管理主要经历了以下三个不同的发展阶段。

第一个阶段,商业银行为保持资产的流动性,在发放贷款时,只能是短期的、且以真实的商业银行票据做抵押的、周转性的工商企业贷款。

第二个阶段,在金融工具和金融市场有了一定发展的条件下,商业银行除了发放短期贷

款和商业性贷款以外,还通过持有那些信誉高、期限短、易于转让的资产来保持流动性,如短期票据、国库券等。从而扩大了资产运用的范围。

第三个阶段,第二次世界大战后,随着经济的发展,对贷款的需求日趋多样化。预期收入理论进一步拓展了商业银行的资产范围。该理论强调,从根本上来说,商业银行的流动性状态取决于贷款的偿还,这与借款人未来的预期收入和银行对贷款的合理安排密切相关。因此,只要借款人具有可靠的预期收入用于归还贷款,银行就可以对其发放贷款。因此,银行资产业务也就扩展到了中长期设备贷款、分期付款的消费贷款和房屋抵押贷款等方面。

(二)负债管理理论

负债管理理论是以负债为经营重点来保证流动性的经营管理理论。这一理论认为,商业银行在保持流动性方面,没有必要完全依赖建立分层次的流动性储备资产,一旦需要资金周转,便可向外举借,只要市场上能借到资金,就可大胆地放款争取高盈利。由于此理论弥补了资产管理理论只能在既定负债规模范围内经营资产业务,难以满足经济迅速发展对资金需求扩大的局限性,因而负债管理理论于20世纪60年代风靡西方各国,随着世界经济的发展,金融市场也逐渐活跃,非银行金融机构得到迅速发展,商业银行面临的竞争更加激烈,导致资金来源减少,在政府的严格利率管制下,商业银行吸收资金的能力受到限制。在此背景下,商业银行若不调整资金配置策略,一味地强调从资产方考虑,必将使自身陷入严重的困境。为此,商业银行便将管理重点转移到了负债业务上。即通过负债业务创新,主动吸引客户资金,扩大资金来源,并根据资产业务的需要调整或组织负债,增加主动型负债(如发行 CDs、金融债券等)业务,在货币市场上主动"购买"资金来满足自身流动性需求和不断适应目标资产规模扩张的需要,让负债去适应和支持资产业务。

(三)资产负债综合管理理论

20世纪70年代后期,伴随金融创新的不断涌现,各种新型金融工具和交易方式以各种形式抬高资金价格,市场利率大幅上升,使得负债管理理论在提高负债成本和增加银行经营风险等方面的缺陷越来越明显,单纯的负债管理已经不能满足银行经营管理的需要。从20世纪80年代开始,商业银行经营管理进入一个新的阶段,即资产负债综合管理理论。在市场利润频繁波动的情况下,资产和负债的配置状态极有可能对商业银行利润和经营状况产生很大的影响,在商业银行经营发展过程中实行的单纯的资产管理和负债管理虽然在特定的历史阶段具有一定的积极意义,但随着金融业和经济的不断发展变化,这两种管理方式的缺陷日益显现,无法达到安全性、流动性和盈利性的均衡。商业银行开始把重心转向如何通过协调负债与资产的关系来实现经营目标,即根据外界环境的变化,动态地调整资产负债结构,协调各种不同资产和负债在利率、期限、风险和流动性等方面的搭配,做出最优化的组合,以满足安全性、流动性、盈利性的要求。

(四)全面风险管理理论

20世纪80年代之后,随着银行业竞争的加剧、存贷利差的变窄、金融衍生工具的广泛使用,银行开始发现可以从事更多的风险中介工作,而不是传统意义上的期限转换中介,特别是金融自由化、全球化浪潮和金融创新的迅猛发展,使银行面临的风险呈现多样化、复杂化、全球化的趋势,大大增加了银行风险管理的复杂性。在这种情况下,银行风险管理理念和技术有了新的提升，人们对风险的认识更加深入，金融衍生品、金融工程学等一系列技术逐渐应用于银行的风险管理。随着1988年《巴塞尔资本协议》的出台，国际银行业基本形成了相对完整的风险管理原则体系。《巴塞尔资本协议》主要有四部分内容：一是确定了资本的构成，即银行的资本分为核心资本和附属资本两大类，且附属资本规模不得超过核心资本的100%。二是根据资产信用风险的大小，将资产分为0、20%、50%和100%四个风险档次。三是通过设定一些转换系数，将表外授信业务也纳入资本监管。四是规定银行的资本与风险加权总资产之比不得低于8%，其中核心资本与风险加权总资产之比不得低于4%。

20世纪90年代中后期，巴林银行倒闭、亚洲金融危机等一系列事件都进一步昭示，损失不再是由单一风险造成的，而是由信用风险、市场风险、操作风险、流动性风险等多种风险因素交织作用而造成的。国际银行业的新变化促使风险管理朝着更科学和完善的方向发展。2004年6月，《巴塞尔新资本协议》的出台，标志着现代商业银行的风险管理，出现了一个显著的变化，就是由以前单纯的信贷风险管理模式转向信用风险、市场风险、操作风险并举，组织流程再造与技术手段创新并举的全面风险管理阶段。

2010年9月12日，根据协议各方代表的意见，巴塞尔银行监管委员会宣布《巴塞尔协议Ⅲ》的内容，即商业银行的一级资本充足率将由目前的4%上调到6%，同时计提2.5%的防护缓冲资本和不高于2.5%的反周期准备资本，核心资本充足率的要求便达到8.5%～11%。总资本充足率要求仍维持8%不变。此外，还将引入杠杆比率、流动杠杆比率和净稳定资金来源比率的要求，以降低银行系统的流动性风险，加强抵御金融风险的能力。2017年12月8日巴塞尔委员会发布《巴塞尔协议Ⅲ：后危机改革的最终方案》，于2022年1月1日起逐步实施。

七、商业银行的绩效评估

（一）银行财务报表

商业银行经营活动过程和结果体现在其财务报表中，财务报表为银行绩效评价提供了必要信息。

1. 资产负债表

通过资产负债表，我们可以了解一家银行在报告期实际拥有的资产总量及其构成情况、资金的来源及其结构，从总体上认识该银行的资金实力、清偿能力等情况。

银行资产负债表的编制原理同一般企业基本相同，也是根据“资产＝负债＋所有者权益”这一平衡公式，按设定的分类标准和顺序，将报告日银行的资产、负债、所有者权益的各具体项目予以适当的排列编制而成。

2. 利润表

通过利润表，我们可以了解一家银行在报告期间经营活动的收支情况，分析其盈亏原因，还可以进一步考核银行的经营效率、管理水平、对其经营业绩做出适当的评价。

利润表包括三个主要部分，收入、支出和利润（或亏损）。编制原理为

收入－支出＝利润（或亏损）

3. 现金流量表

通过现金流量表，我们可以了解一家银行在一个经营期间内的现金流量来源和运用及其增减变化情况，进而分析银行的偿债能力、股息分配能力、未来的增长性等。

现金流量表以现金资产的变动为基础,遵循"现金收付实现制"的原则编织而成。

(二)银行绩效评价指标

自20世纪70年代开始,伴随着问题银行和破产银行的大量出现,商业银行绩效评价问题引起了人们的极大关注。此后,基于投资者和债权人的利益,绩效评价开始进入财务绩效评价时代。财务绩效评价的具体内容围绕着偿还能力、运营能力和盈利能力,其结果与经理人或雇员的报酬相挂钩。资产收益率、权益报酬率、净利息收益率等都是代表性的指标。

20世纪80年代以后,人们越来越认识到原有财务评价的局限性,关注到会计信息不能全面如实地反映企业的经营活动,于是改变以财务数据直接作为绩效评价基础的方法,而将企业的竞争能力、与客户的关系等非财务评价纳入企业绩效评价的评价内容。例如,Willam D. Miller在《商业银行评估》中提到评价银行绩效必须同时关注影响的财务因素和非财务因素,并提出了10P评估法,他认为银行的财务因素能够为绩效评价提供依据,有利于利润的提高,但同时,非财务因素的变化也会给银行提供创造利润的机会,对银行绩效产生重大影响。

20世纪90年代以来,随着金融风险管理的兴起与发展,一种新的绩效评价方法——经风险调整的绩效评价方法悄然兴起,这种方法克服了传统绩效评价只考虑账面盈利而未充分考虑风险因素的弊端,通过引入风险资本将收益与风险直接挂钩,体现了业务发展与风险管理的内在统一,实现了经营目标与绩效考核的统一。

RAROC和EVA是经风险调整的绩效评价体系中最常用的两个指标。

1. RAROC(Risk-Adjusted Return on Capital,经风险调整的资本收益率)

RAROC是指经预期损失和经济资本(或非预期损失)调整后的收益率,其计算公式为

$$RAROC=(收益-预期损失)\div 经济资本(或非预期损失)$$

在RAROC计算公式的分子项中,风险带来的预期损失被量化为当期成本,直接对当期盈利进行扣减,以此衡量经风险调整后的收益;在分母项中,则以经济资本或非预期损失代替系统ROE指标中的所有者权益,意即银行应为不可预计的风险提取相应的经济资本。

2. EVA(Economic Value Added,经济增加值)

EVA的基本理念是资本获得的收益至少要能补偿投资者承担的风险,也就是说,股东必须赚取至少等于资本市场上类似风险投资回报的收益率,其计算公式为

$$EVA=税后净营业利润(NOPAT)-资本总额\times 加权平均资本成本率(WACC)$$

与传统的净利润指标相比,EVA的最大不同就是考虑了资本的成本。

随着我国农工中建四大国有独资商业银行股份制改造的完成,客观公正地评价商业银行的经营绩效,已不仅是银行内部管理者的要求,也是股东、债权人和政府等众多利益相关者的要求。经营绩效评估已成为当前的热点话题。正是在这样的背景下,2009年1月,我国财政部推出了《金融类国有及国有控股企业绩效评价暂行办法》。

八、我国商业银行的经营与管理原则

随着我国社会主义计划经济向社会主义市场经济的转变和金融体制的不断改革,我国商业银行经营与管理原则大体经历了四个阶段:

(一)单一的贷款"三原则"

中华人民共和国成立后至20世纪80年代初,在计划经济条件下,我国国民经济实行高

度集中管理,单一的计划调节和单一的银行信用,银行管理借鉴苏联的经验,实行贷款三原则:一是贷款必须按计划发放和使用;二是贷款必须有适用适销的物资作为保证;三是贷款必须按期归还。

(二)专业银行的贷款管理原则

改革开放至20世纪90年代中期,我国银行的二级银行体系逐步形成,各专业银行根据经济发展和改革的需要,对过去的贷款三原则进行了修订,制定了适应经济发展需要的新的贷款管理原则:一是区别对待,择优扶持;二是贷款按计划发放和使用;三是贷款按期归还,分别计息。在计划调节中加入了市场调节的内容,增加了银行择优选择和自主性,并开始注重银行效益。

(三)商业银行经营与管理"三原则"的初步确定

20世纪90年代中期至2003年,伴随着金融体制改革、金融结构变化以及金融业务的发展,在1995年6月召开的全国银行业经营管理会议上,国家提出把银行工作的重点转移到加强经营管理和提高资金使用效益上来,尽快把我国专业银行办成具有国际先进经营管理水平的商业银行;要求各家银行要认真执行金融方针、政策,在提高资金使用流动性、安全性的基础上,努力提高盈利水平。1995年7月1日起施行的《商业银行法》总则第四条规定:"商业银行以效益性、安全性、流动性为经营原则,实行自主经营,自担风险,自负盈亏,自我约束。"至此,统揽商业银行整个经营活动的经营管理原则在我国初步得到确立。

(四)商业银行经营与管理"三原则"的调整

经过近10年的实践,特别是经历了1997年的亚洲金融风暴,人们对银行的安全性给予了更高的重视。在我国经济市场化程度不断提高的情况下,银行安全已成为经济稳定发展的前提;同时,银行资产的流动性也日益显得重要,流动性是安全性的重要条件,也是效益性的保证。因此,在2003年12月17日第十届全国人民代表大会常务委员会第六次会议上通过的《关于修改〈中华人民共和国商业银行法〉的决定》中将原来的"商业银行以效益性、安全性、流动性为经营原则,实行自主经营,自担风险,自负盈亏,自我约束"条款修改为"商业银行以安全性、流动性、效益性为经营原则,实行自主经营,自担风险,自负盈亏,自我约束"。这种调整更加符合我国市场经济发展、银行改革与经营的实际。

(五)我国商业银行的审慎经营规则

我国商业银行的审慎经营规则是2003年12月17日第十届全国人民代表大会常务委员会第六次会议上通过的《银行业监督管理法》中提出的要求,即:"银行业金融机构应当严格遵守审慎经营规则"。审慎经营包括风险管理、内部控制、资本充足率、资产质量、损失准备金、风险集中、关联交易、资产流动性等各个方面。审慎经营规则,又称审慎性经营规则。所谓审慎性,源于会计处理上,是指企业的会计核算应当尽可能建立在稳妥可靠的基础上,尽可能减少经营者的风险负担,具体办法是尽可能低估企业的资产与收益,对可能发生的损失和费用则给予充分估计。审慎经营规则是审慎性会计准则在金融业务经营活动中的具体运用,是指一系列防范和控制损失,从而确保金融机构稳健运行的制度规则。审慎经营规则并不是一种行为,而是涉及金融业务的多个方面,既有内部管理的,又有业务操作的,事实证明,金融业务中有很大一部分的违规行为都可以划到审慎经营规则中去。从 2017 年开始,中央银行和银监会就不断地加大对宏观审慎经营的监管力度,逐步建立了中国特色的宏观审慎监管评估体系(MPA),其根本目的就是为了维护金融体系的稳定,防止金融风险向整个经济体系外溢,避免出现系统性或区域性“金融危机”。因此,审慎经营规则应当在商业银行经营与管理中通过一系列的规章制度得到体现和落实。

思考题

1. 比较商业银行与一般工商企业、非银行金融机构的异同。
2. 商业银行主要职能有哪些?
3. 商业银行经营业务的组成有哪些?
4. 什么是表外业务? 它包括哪些内容?
5. 简述商业银行经营与管理的原则。
6. 简述商业银行资产负债管理的理论沿革。
7. 比较账面资本、监管资本与经济资本的关系。
8. 如何理解商业银行的资本充足性问题? 其衡量标准是什么?
9. 为什么说“风险管理是商业银行的生命线”?
10. 如何构建商业银行的绩效评价指标体系?
11. 金融业的全面对外开放对我国商业银行的发展有何影响?

第七章 投资银行和保险公司

【本章要点】

➢ 投资银行及其职能；
➢ 投资银行的业务；
➢ 保险的含义与保险的基本职能；
➢ 商业性保险公司和政策性保险公司的主要业务。

第一节 投 资 银 行

投资银行在历史上萌芽于欧洲，其雏形可追溯到18世纪的欧洲商人银行，19世纪传入美国并得到逐步发展，于20世纪发展到全球。投资银行在各个国家有不同的称呼，在美国被称为投资银行（investment banking），欧洲称之为商人银行（met-chant bank），在日本则被称为证券公司（security firm）。虽然名称千差万别，但其实质是一样的，都是资本市场领域的直接金融中介机构。在现代经济发展中，投资银行承担了收集、分析、综合信息，寻找商机、调配资本、参与投资决策并承担风险的职能，发挥着沟通资金供求、构造证券市场、推动企业并购、促进产业集中和规模经济形成、优化资源配置等重要作用。目前，美国投资银行业的发达程度为全球之最，投资银行的"心脏"是美国的华尔街，其次发达的国家和地区是英国、德国、瑞士、日本、新加坡和中国香港等。经过数百年的发展，投资银行已成为金融体系的一个重要组成部分，是资本市场的核心，是连接宏观经济决策和微观经济行为的重要枢纽。中国大陆的投资银行业务是在改革开放和经济市场化进程中产生和发展起来的，众多的证券公司担当着投资银行的角色。

一、投资银行的界定

当前，投资银行业务范围已经从传统的承销角色扩展到广泛的金融咨询、投资理财等各式各样的金融服务。由于其业务范围的不断扩展，要清楚界定投资银行的概念显得不甚容易。美国著名金融专家罗伯特·库恩（Robert Kuhn）所著的《投资银行学》，曾根据投资银行业务的发展和趋势对其做了如下四种定义：

（1）任何经营华尔街金融业务的银行，都可以被认为是投资银行。此定义所包含的金融机构最为广泛，它不仅包括从事证券业务的金融机构，还包括保险公司和各种不动产经营公司等。

（2）只有经营部分或者全部资本市场业务的金融机构，才被称为投资银行，主要指从事证券承销、证券经纪、企业并购、基金管理、创业投资、公司理财、咨询服务、资产证券化等部分或全部业务，但是，房地产中介、抵押贷款、保险业务等不包含在其中。此处的资本市场是指期限在一年或一年以上的中长期资本市场。

(3)从事证券承销和企业并购的金融机构,另外的资本市场业务诸如基金管理、创业投资、公司理财、咨询业务、资产证券化等不包含在其中。

(4)最狭义的、最传统意义上的投资银行,即在一级市场上承销证券筹集资本和在二级市场上交易证券的金融机构。

目前,第二个定义被公认为是投资银行最佳的定义,最符合投资银行的现实状况。同时,由于投资银行在一国经济中最根本、最关键的作用是充当资金短缺者和资金盈余者之间的纽带和媒介,因此,罗伯特·库恩指出那些业务范围仅仅局限于帮助客户在二级市场上出售或者买进证券的金融机构不能被称为是投资银行,而只能算是"证券公司"或者"证券经纪公司"。以此定义,我国的投资银行多以证券公司为载体,还处于发展的初期阶段,其业务单一,以证券承销、证券交易为主,只有少数综合大型投资银行开展了证券承销、证券交易、兼并收购、基金管理、金融工程、风险投资以及资产证券化等业务。

二、投资银行的特点

我们知道,投资银行的称谓盛行于美国,是与商业银行相对应的一个概念,是现代金融业适应现代经济发展形成的一个新兴行业。与其他相关行业相比,其显著特点是:

(1)它属于金融服务业,主要从事代理业务,而不是自营,这是区别于一般性咨询、中介服务业的标志。

(2)它主要服务于资本市场,在这个市场上流通的商品不是一般的生产资料或消费资料,而是"企业"以及与之相关的"股权""债权"等,这是区别于商业银行的标志。

(3)它是智力密集型行业,其所拥有的主要资产、所出卖的主要产品都是人的智力成果,这是区别于其他专业性金融机构的标志。

三、投资银行的基本职能

一般来说,作为资本市场的直接金融机构,投资银行是现代金融体系的重要组成部分,是资本市场的核心。投资银行一向被誉为"华尔街的心脏",其勇于开拓和创新的精神,使其在资本市场上扮演着最活跃、最富有创新性的角色。在现代金融体系中执行着其他金融机构无法替代的职能。

(一)媒介资金供需,提供金融中介服务

在资本市场上,投资银行是资本供给者和资本需求者的中介机构,发挥着直接融资的功能。资本的需求者称之为发行者,因为它们通过发行企业的所有权(如股票)或企业债务(如债券)以换取现金或现金等价物;而资本供给者称之为投资者,因为它们投入现金或现金等价物来换取所有权(如股票)或债权(如债券)。投资银行作为金融中介,一方面,以最有效的方法帮助资金需求者发行股票或债券等直接融资工具,并将其出售给资金供给者,使资金需求者从资本市场中获得所需资金以求发展;另一方面,又使投资者充分利用多余的资金来获取收益,促使了储蓄转化为投资。

投资银行在媒介资金供求双方的过程中,发挥了咨询、策划与操作的中介作用,并为筹资的成功提供了法律及技术上的支持。具体来讲,投资银行在媒介资金供需中,发挥的作用表现在:

首先,它是期限中介。投资银行通过对其接触的各种不同期限资金进行期限转换,实现了短期和长期资金之间的期限中介作用。使得资金运用灵活,同时化解了资金被锁定的风险。

其次,它是风险中介。投资银行不仅为投资者和融资者提供了资金融通的渠道,而且为投资者和融资者降低了投资和融资的风险。它通过多样化的组合投资为投资者降低风险的同时,还利用其对金融市场的深刻了解,为发行者提供了关于资金的需求、融资的成本等多方面的信息,并通过各种证券的承销大大降低了发行者的风险。

第三,它是信息中介。投资银行作为金融市场的核心机构之一,是各种金融信息交汇的场所,因此,它有能力为资金供需双方提供信息中介服务。并通过规模效应、专业化和分工有效降低信息加工及合约成本。

第四,它是流动性中介。投资银行为客户提供各种票据、证券以及现金之间的互换机制。当持有股票的投资者临时需要现金时,充当做市商的投资银行可以购进其持有的股票,从而满足客户的流动性需求。而在保证金交易中,投资银行可以将客户的证券进行质押,贷款给客户购进股票。通过这些方式,投资银行起着为金融市场交易者提供流动性中介的作用。

(二)构建发达的证券市场

证券市场是金融市场的核心组成部分之一。是否拥有高效、规范的证券市场是判断一个国家资源配置市场化和经济发达程度的重要指标。在证券市场上主要有四个行为主体,即发行者、投资者、管理组织者和投资银行,其中,投资银行在证券市场的构建方面起着沟通各市场参与主体,其他金融机构无法替代的作用。

证券市场由证券发行市场和证券交易市场构成。

从证券发行市场来看,由于证券发行是一项非常烦琐的工作,证券发行者必须准备各种资料,进行大量的宣传工作,提供各种技术条件,办理复杂的手续。因此,仅仅依靠发行者自身的力量向投资者发行证券,不仅成本高,而且效果通常也不理想。所以,大多数的证券发行工作一般需要投资银行的积极参与才得以顺利完成。具体来说,在发行市场中,投资银行通过咨询、承销、分销、代销等方式帮助构建证券发行市场。

在证券交易市场上,投资银行以做市商、经纪商和自营商等多重身份参与交易,对维持交易价格的稳定性和连续性以及提高交易效率等方面起着重要的作用。

首先,投资银行在证券发行完成以后的一段时间内,为使该证券具备良好的流通性,常常以做市商的身份买卖证券,以维持其承销的证券上市流通后的价格稳定。

其次,投资银行以自营商和做市商的身份活跃于交易市场,维持市场秩序,搜集市场信息,进行市场预测,买卖大量证券,发挥价格发现的功能,为活跃并稳定交易市场起着重要作用。

第三,投资银行以经纪商的身份接受顾客委托,进行证券买卖,从而提高了交易效率,保障了交易活动的顺利进行。

在证券市场上,投资银行推陈出新,为市场创造了多样化的金融衍生工具,极大地便利了交易的进行。现代的投资活动对投资品的期限性、变现性、报酬率、风险及投资组合有了更多的要求,对投资的安全性也日益重视。本着分散风险、保持最佳流动性的追求和最大利益的原则,投资银行面对客户的需求,不断推出创新的金融工具,使得证券市场大大拓宽了交易领域，不断激发出新的活力。可以说，没有投资银行的金融业务创新，就没有现代的高效率的证券市场。

（三）提高资源的配置效率

投资银行作为证券市场上的中介机构，通过对不同企业和不同项目融资的收益和风险的确定，可以起到引导社会资金流向，提高金融资源的配置效率的功能。

投资银行从自身的利益出发，在证券发行市场上，更愿意帮助那些产业前景好、经营业绩优良和具有发展潜力的企业，通过发行股票和债券从金融市场上筹集到所需要的资金，从而使资金流向效益较好的行业和企业，达到促进资源优化配置的目的。

此外，投资银行在参与兼并收购企业中，将那些不适应当地环境而处于劣势的企业兼并掉或者使这些资产重新组合，有利于改善当地经济、投资环境。同时，也会使这些资产重新投到适应当地环境的生产领域，将使原来无效益的资产通过流动和组合发挥新的作用，有助于宏观经济资源配置状况的改善；从微观经济角度看，它不仅可以提高被兼并企业的原有资产或资源配置的有效性，而且还可优化与促进优势企业内部所有资源或资产配置的合理性及有效性。使优势企业资产存量增加，从而达到最佳经济规模，提高资源的配置效率。

（四）产业集中的促进者

在经济发展过程中，生产的高度社会化必然会导致产业的集中和垄断，而产业的集中和垄断又反过来促进生产社会化向更高层次发展，进一步推动经济的发展。产业集中的进程，在资本市场出现之前是通过企业自身成长的内在动力以及企业之间的优胜劣汰缓慢进行的，在资本市场出现之后，其对企业价值注重未来的评价机制为资金流向提供了一种信号，来引导资金更多地流向效率较高的企业，从而大大加快了产业集中的进程。投资银行适应资本市场中投资者的评价标准，通过募集资本的投向和并购方案的设计，引导资金流向效率较高的企业，从而促进了产业集中的过程。投资银行促进了企业规模的扩大、资本的集中和生产的社会化，成为产业集中过程中不可替代的重要力量。

四、投资银行的业务

经过最近一百年的发展，现代投资银行已经突破了证券发行与承销、证券经纪与交易、证券私募发行等传统业务框架，企业并购、项目融资、风险投资、公司理财、资产及基金管理、投资咨询、资产证券化、金融创新与金融工程等都已成为投资银行的核心业务。然而，2007年美国次贷危机的爆发以及由此引发的全球性金融危机对投资银行业产生了巨大影响，在危机中，拥有85年历史的华尔街第五大投资银行贝尔斯登（Bear Stearns Co）贱价出售给摩根大通（JP Morgan Chase&Co）；拥有94年历史的美林（Merrill Lynch）被美国银行（Bank of America）收购；历史最悠久的投资银行——158年历史的雷曼兄弟（Lehman Brothers）宣布破产；139年的高盛（Goldman Sachs）和73年的摩根斯坦利（Morgan Stanley）同时改旗易帜转为银行控股公司，投资银行的发展前景受到人们的普遍关注。但必须澄清的是，这并不意味着投资银行的消失，只是美国投资银行业格局以及其监管背景、组织模式还有投资银行业务模式和盈利模式将会发生变化。只要证券市场存在，只要直接融资方式存在，投资银行独特的功能将继续发挥，它所从事的业务也就不会消失。

(一)证券发行与承销业务

证券发行指企业或政府为了筹集资金而向投资人出售有价证券的行为。从资金筹集者的角度看,是证券发行;从中介机构投资银行的角度看,是证券承销。

证券承销业务是投资银行最传统、最基础的业务,它是投资银行依法协助发行人对发行证券进行策划,并将公开发行的证券出售给投资者以筹集到发行人所需资金的业务活动。投资银行承销证券的范围相当广泛,包括本国中央政府、地方政府、政府部门发行的债券,企业发行的债券和股票,外国政府和外国公司在本国和世界发行的证券,国际金融机构发行的证券等。

证券承销业务主要包括以下三个步骤的工作:首先,投资银行就发行证券的时间、条件、方式、种类等向发行人提出建议。投资银行在进行调查研究的基础上,结合丰富的经验,向发行人提出最佳的发行方案,并提出发行方案的利弊和风险等信息。其次,在证券发行方案确定并经证券管理机关批准后,发行人与投资银行签订承销证券协议。最后,投资银行按承销协议规定,负责证券的销售工作。

投资银行在对证券进行承销前,一般会按照所承销金额与风险的大小来选择相应的承销方式,通常的承销方式有两种。

1. 包销

包销(firm commitment)是指证券公司将发行人的证券按照协议全部购入或者在承销期结束时将售后剩余证券全部自行购入的承销方式。包销又可分为全额包销和余额包销两种形式。

(1)全额包销。是指由投资银行与发行人签订协议,由投资银行按约定价格买下发行的全部证券,在指定的期限内,再把这些证券卖给它们的客户,并将包销证券所筹集的资金交付给发行人。采用这种销售方式,投资银行要承担销售和价格的全部风险。如果证券没有全部销售出去,它只能自己"吃进"。

(2)余额包销。是指投资银行与发行人签订协议,在约定的期限内发行证券,并收取佣金,到约定的销售期满,售后剩余的证券由投资银行按协议价格全部认购。

余额包销通常发生在股东行使其优先认股权时,即需要再融资的上市公司增发新股前,向现有股东按其目前所持有股份的比例提供优先认股权,在股东按优先认股权认购股份后若还有余额,投资银行有义务全部买进这部分剩余股票,然后再转售给投资公众。

2. 代销

代销(又称尽力推销:best efforts)、代理发行,是指证券公司代发行人发售证券,在承销期结束时,将未售出的证券全部退还给发行人的承销方式。代销实际上是发行人与投资银行之间的一种委托代理关系,因投资银行不承担销售风险,所以代销的佣金较低。

(二)证券经纪与交易业务

证券经纪与交易业务是投资银行最基本的业务活动。它是证券承销的延续业务。投资银行在证券二级市场中扮演着三重角色,即证券经纪商、证券交易商和证券做市商。作为证券经纪商,投资银行代表买方或卖方,按照客户提出的价格进行代理交易,它不承担证券交易中的风险,以向客户收取佣金作为报酬,因此,证券经纪行为是最传统的证券交易业务;作为证券交易商,投资银行有自营买卖证券的需要,这是因为投资银行接受客户的委托,管理着大量的资产,必须保证其保值增值;作为证券做市商,在证券承销结束之后,投资银行有义务为该证券创造一个流动性较强的二级市场,并维持市场价格的稳定。此外投资银行还在证券二级市场上进行无风险套利和风险套利等活动。

(三)并购业务

并购业务即兼并与收购(merger and acquisition)业务。企业的并购是经济发展中产业重组以促进效率和竞争的需要。并购业务已经成为现代投资银行除证券承销与经纪业务外最重要的业务组成部分。并购业务被视为投资银行业中"财力与智力的高级结合"。由于并购涉及资本结构的改变和大量融资,必然需要投资银行的参与。并购与反并购设计和咨询已成为现代投资银行业务领域中的核心部分。投资银行在企业实施并购中充当顾问的角色,它可以帮助猎手公司制订并购计划,也可以帮助猎物公司针对恶意的收购制订反收购计划。投资银行家们运用自己的专业知识和丰富的经验为企业提供战略方案、机会评估和选择、并购结构设计、资产评估、价格确定以及帮助安排资金融通和过桥贷款(bridge loan,也称搭桥贷款),统一协调参与收购工作的会计、法律、专业咨询人员,最终形成企业并购建议书,并参与谈判等。

兼并是一家企业对另一家企业的合并或吸收行为,至少一家企业法人资格消失。企业兼并是指在市场竞争机制的作用下,被兼并企业将企业产权有偿让渡给兼并企业。兼并企业实现资产一体化,同时取消被兼并企业法人资格的一种经济行为。收购是指两家公司进行产权交易,由一家公司获得另一家公司的大部分或全部股权以达到控制该公司的交易活动。

因此,兼并与收购并不是一回事,二者的区别主要表现在:

首先,在兼并中,被兼并企业作为法人实体不复存在;而在收购中,被收购企业可仍以法人实体存在,但其产权可以是部分转让。

其次,兼并后,兼并企业成为被兼并企业新的所有者和债权债务的承担者,是资产、债权、债务的一同转换;而在收购中,收购企业是被收购企业的新股东,以收购出资的股本为限承担被收购企业的风险。

最后,兼并多发生在被兼并企业财务状况不佳、生产经营停滞的情况,兼并后一般需要调整其生产经营、重新组合其资产;而收购一般发生在企业正常生产经营状态,产权流动比较平和。

由于在企业并购运作中它们的联系远远超过其区别,因此兼并、合并与收购常作为同义词一起使用,统称为"并购",泛指在市场机制作用下企业为了获得其他企业的控制权而进行的产权交易活动。并购业务完成后,并购方与目标方有三种结果:吸收合并、新设合并和控股。

吸收合并是一个或几个公司并入一个存续公司的商业交易行为,因而也称为存续合并。它具有以下特点:在存续合并中,存续公司获得消失公司的全部业务和资产,同时承担各消失公司的全部债务和责任。如A公司兼并B公司,A公司保留存续(称为兼并公司),B公司解散(并入A公司,称为被兼并公司),丧失法人地位,用公式表示就是A+B=A。

新设合并是两个或两个以上企业合成一个新的企业,特点是伴有产权关系的转移,多个法人变成一个新法人(新设公司),原合并各方法人地位都消失。用公式表示就是A+B=C。

控股与被控股关系是A公司通过收购B公司股权的方式,掌控B公司的经营管理和决策权,但 A 与 B 公司仍旧是相互独立的企业法人。

(四)基金管理业务

基金管理是指在基金投资目标和投资原则的指导下,按照一定的投资规则和程序,把通过发行基金份额募集的资金,聘请有专业知识和投资经验的专家进行分散投资到证券、不动产、实业及实物等资产中去,取得投资收益。投资银行与基金有着密切的联系。首先,投资银行可以作为基金的发起人发起和建立基金;其次,投资银行也可作为基金管理者管理基金;第三,投资银行还可以作为基金的承销人,帮助基金发行人向投资者发售受益凭证。近年来,养老基金和保险基金等机构的资金储备急剧增长,客观上需要投资银行参与其资金投资管理工作。投资银行管理基金,除了可以凭借其人才优势、信息优势,在分散和降低风险的基础上获取较高收益外;还可以通过理性投资平抑证券市场的价格涨落,防止过度投机。

(五)风险投资业务

风险投资又称创业投资,是指把资金投向蕴藏着较大失败风险的高技术开发领域,以期成功后取得高资本收益的一种商业投资行为,它属于高风险与高报酬相伴随的业务。新兴公司一般是指运用新技术或新发明、生产新产品、具有很大的市场潜力、可以获得远高于平均利润的利润、但却充满了极大风险的公司。由于其风险高,商业银行和普通投资者一般都不愿意涉足,但这类公司却又需要资金的支持。这就为投资银行提供了广阔的市场空间:首先,投资银行采用私募的方式为这些企业募集资本。其次,对于某些潜力巨大的公司有时也进行直接投资,成为其股东。如果采取这种方式,大多数投资银行是在公司的扩展期介入,通常投资额占公司股份的 15% ~20% ,并不对企业进行控股。待项目成功企业进入成熟期后,风险投资即通过推出相关机制(如企业上市、转让股权等)获取资本收益,然后再进行下一轮的风险投资。第三,投资银行是通过设立“风险基金”或“创业基金”,向这些公司提供资金来源。

(六)资产证券化业务

资产证券化(asset securitization)是 20 世纪 70 年代出现的一种新型融资工具,它预示着以证券化为核心的一场金融革命的兴起。资产证券化是指将资产原始权益人或发起人(卖方)具有可预见的未来现金流量的非流动性存量资产,构造和转变成为资本市场可销售和流通的证券的过程。发起人将持有的各种流动性较差的金融资产,如住房抵押贷款、信用卡应收款等,需证券化的资产剥离出来,进行分类整理为一批资产组合,然后出售给特定的交易组织,即金融资产的买方(主要是投资银行),这个交易组织以该资产的未来现金收益作为担保,向投资者发行证券,并以证券发行收入支付购买证券化资产的价款,用证券化资产产生的现金向投资者支付本息。这一系列过程就称为资产证券化。用于资产证券化的债券,即资产证券包括各类债务性债券,如商业票据、中期债券、信托凭证、优先股股票等。需要注意的是,资产证券的购买者与持有人在证券到期时可以获得本金、利息的偿付。证券偿付资金来源于担保资产所创造的现金流量,即资产债务人偿还的到期本金与利息。如果担保资产违约拒付,资产证券的清偿也仅限于被证券化资产的数额,而金融资产的发起人或购买人无超过该资产限额的清偿义务。由此可见,在资产证券化的发展中,投资银行一直充当了重要的推动者,它进行了四种金融创新:组建特别目的机构、分散规避风险、信用构造及提升和现金流量再包装。

(七)项目融资业务

项目融资(project financing)是为一个特定投资项目所安排的融资。它是一种不主要依赖发起人的信贷或涉及的有形资产,而主要是以项目本身的效益和项目的资产与现金流量为支持的融资方式。其特点包括:第一,以项目为主体安排的融资。主要是依靠项目的现金流和资产,而不是依靠项目的投资者或发起人的资信来安排融资。第二,项目贷款人对借款人的有限追索权。追索是指在借款人未按期偿还债务时,贷款人要求以抵押资产以外的其他资产偿还债务的权利。第三,项目的各个当事人共同承担项目风险。第四,融资成本高,所需时间长。项目融资的主要使用范围是资源开发、基础设施建设、制造业等项目。因此,它一般适用于竞争性不强的行业。如那些通过对用户收费取得收益的设施和服务的项目,而且大型的投资计划预算金额十分庞大,计划执行的期间较长,风险也较大。因此,事先必须经过投资银行等专业机构参与规划,并研究执行策略,方可提高预期的经济效益。投资银行在项目融资中的主要工作是:项目的可行性与风险的全面评估;确定项目的资金来源、承担的风险、筹措成本;估计项目投产后的成本超支及项目完工后的投产风险和经营风险;通过贷款人或从第三方获得承诺,转移或减少项目风险;以项目融资专家的身份充当领头谈判人,在设计项目融资方案中起关键作用。

(八)金融衍生产品创新与交易业务

金融创新是20世纪70年代以来国际金融市场最重要、最持久的特点。金融创新的主要内容是以投资银行专家为代表的金融从业人员对金融衍生产品的开发和运用,促进金融市场向国际化、高级化方向发展。金融衍生产品创新一般分为期货、期权和互换等三类。利用金融衍生产品的策略主要有套期保值和套利。在金融市场上,投资银行利用金融衍生品的创新与交易,拓展了其业务空间和资本收益。第一,投资银行作为经纪商,代理客户买卖金融衍生产品并收取佣金;第二,投资银行也可以获得一定的价差收入,因为投资银行往往首先作为客户的对方进行金融衍生产品的买卖,然后寻找另一客户做相反的抵补交易;第三,投资银行利用这些金融衍生产品还可以帮助自己进行风险控制,免受损失。此外,金融衍生产品创新也打破了原有金融机构中银行和非银行、商业银行和投资银行之间的界限和传统的市场划分,加剧了金融市场的竞争。

(九)财务顾问和投资咨询业务

投资银行财务顾问的服务对象既可以是公司、企业,也可以是政府机构,主要是为融资者提供服务。投资银行的财务顾问业务主要包括公司的财务顾问业务和政府机构的财务顾问业务。公司的财务顾问业务是投资银行所承担的对公司尤其是上市公司的一系列证券市场业务的策划和咨询业务的总称,主要指投资银行在公司的股份制改造、上市、在二级市场再筹资以及发生企业并购业务、出售资产等重大交易活动时提供的专业性财务意见;政府机构的财务顾问业务主要体现在为政府的经济改革政策提供咨询,特别是在经济发展战略和规划、对外开放政策、产业结构布局和调整、国企改革方针和政策以及公司民营化的实施等方面。

投资银行作为专业的金融机构凭借自己信息、人才与技术优势为客户提供所需要的财务服务，服务范围涉及资产、负债、投资、风险、估值等方面的财务咨询业务。投资银行的咨询业务是连接证券一级市场和二级市场，沟通证券市场投资者、经营者和证券发行者的纽带和桥梁。实践中，主要包括债券投资咨询业务和股票投资咨询业务两大类：在前者业务中，投资银行帮助客户选择债券种类、选择与收益率相对应的债券价格、为客户分析债券投资的风险等；在后者业务中，投资银行帮助客户分析股票市场行情、树立正确的投资理念并指导客户形成正确的投资方法等。此外，投资银行还通过管理咨询业务定期或不定期向企业提供专业的管理建议。

第二节　保险公司

保险公司（insurance company）是指以经营保险业务为主的非银行金融机构，它是金融机构的一个重要组成部分。其经营活动包括财产、人身、责任、信用等方面的保险与再保险业务及其他金融业务。其资金来源是以保险费的形式聚集起来的保险基金以及投资收益。资金运用则以保险赔付支出以及对政府公债、公司股票及债券、不动产抵押贷款、保单贷款等长期投资。因此，保险公司是当代各国金融机构体系的重要组成部分。在许多国家，它都被列为最大的非银行金融机构。所以，要了解保险公司，首先需要对保险的基础知识有一个概括性的了解。

一、保险的基础知识

（一）保险的含义

"保险"一词是从英文"insurance"翻译而来。保险在英文中的最初意思是"safeguard against loss in return for regular payment"，即以经常性地缴纳一定费用（保费）为代价来换取在遭受损失时获得补偿。原意有保证、担保的含义，后来被日本人译为保险。所以，保险最初被理解为保费与经济补偿的关系，它通过保险合同的方式表现出来。

从表面上看，保险是一种合同关系，即是一种法律关系。《中华人民共和国保险法》（以下简称《保险法》）中对保险的表述为："本法所称保险，是指投保人根据合同约定，向保险人支付保险费，保险人对于合同约定的可能发生的事故因其发生所造成的财产损失承担赔偿保险金责任，或者当被保险人死亡、伤残、疾病或者达到合同约定的年龄、期限等条件时承担给付保险金责任的商业保险行为。"由此可以看出，《保险法》中的保险仅指商业保险，是一种狭义的保险概念。广义上的保险是指保险人向投保人收取保险费，建立专门用途的保险基金，并对投保人负有法律或合同规定范围的赔偿或者给付责任的一种经济保障制度。广义概念上的保险既包括商业保险，又包括政策性保险。

从本质上看，保险是一种经济制度，它与经济之间具有密切的联系。保险是运用互助共济（大数法则）的原理，将个体面临的风险通过一定的组织形式、根据合同约定的权利与义务由群体来分担的一种经济行为。诺贝尔经济学奖获得者阿罗（Arrow）认为，保险是一种服务性商品，它不具有物质性形态。与商品和服务的交易过程相比，保险交易是一个"货币易货币"的过程，而非"以货币易需求"的过程。

(二)保险的种类

在现代经济中,保险的种类很多,必须对这些多种多样的保险进行分类,才便于保险业务的开展。多数国家是按照实际的便利条件和业务经营中的习惯方法对险种进行分类的。

1. 按保险标的或保险对象的不同分为财产保险和人身保险

财产保险是以物质财产及其有关利益、责任和信用为保险标的的一种保险,当保险财产遭受保险责任范围内的损失时,由保险人提供经济补偿。

人身保险是以人的寿命和身体为保险标的,并以其生存、年老、伤残、疾病死亡等人身风险为保险事故的保险。由于财产保险和人寿保险在性质上是不同的,人身保险不是补偿损失,而是给付被保险人或受益人一定数额的保险金,因此,在国外保险市场上,经营财产保险的保险公司一般不得兼营人身保险。《保险法》也做出产、寿险分业经营的规定。

2. 按保险的风险转移方式不同分为原保险、再保险、重复保险和共同保险

原保险是指保险人和投保人之间最初通过订立保险合同而建立起来的一种保险。

再保险也称“分保”,是指保险人在原始保险合同的基础上,将自己承保的保险业务,以承包形式部分转移给其他保险人的过程。再保险在国际上统称为“保险人的保险”,具体地说,就是保险人在接受保险业务时,为了避免所承保财产遭受巨额损失后的风险责任,因此就把部分或全部保额转移给另一保险人(或专业再保险公司)承担。

重复保险是指投保人对同一保险标的、同一保险利益、同一保险事故分别向两个以上保险人订立保险合同,但保险金额的总和超过保险价值的一种保险。

共同保险简称“共保”,是由两个或两个以上的保险人联合对同一保险标的、同一保险利益、同一保险事故签订同一份保险合同的一种保险。

3. 按加入保险的动机或保险的实施方式分为强制保险和自愿保险

强制保险是以国家法律的效力强制实施的,对于被保险人来讲,有加入保险的义务,对保险人来讲则有接受保险的义务。强制保险具有全面性,并且保险责任是自动生效的。比如,我国的旅客意外伤害强制保险,凡是乘坐火车、汽车、飞机、轮船的旅行者,不论是否愿意,都必须保险,并且一经买票开始旅行,保险责任就自动生效。

自愿保险是根据保险人和投保人双方协议的契约行为而产生的,是投保人自愿参加的保险。其特点包括:一是自愿保险不是全面的,是否投保某一险种是根据投保人的意愿决定的;二是保险责任不是自动产生,自愿保险的保险责任有明确的期限;三是自愿保险对于保险标的金额不做统一规定。

4. 按各类保险的险种分为财产保险、人身保险、责任保险和保证保险

财产保险是以物质财富以及同它有关的利益作为担保标的的一种保险。

人身保险是一种以人身作为保险标的的保险。

责任保险是一种以被保险人的民事损害赔偿责任作为保险标的的保险。

保证保险实质上是一种担保业务,由保险人代被保险人向权利人提供担保的一种保险。

(三)保险的基本职能

保险的职能是由保险的性质决定的,是保险本质的表现。保险的基本职能就是保险的原始职能与固有职能,它不因时间的推移和社会形态的不同而改变,分散风险和补偿损失是保险的基本职能。

1. 分散风险职能

在经济学中，风险就是损失的不确定性，是引起或者增加损失的可能性，是一种预计损失。对个别投保人而言，灾害事故的发生是一种偶然和不确定，仅表现为风险；但对全体投保人而言，灾害事故的发生就是必然和确定的，表现为实实在在的损失。而保险的分散风险职能就是把参加保险的少数成员因自然灾害或意外事故所造成的损失，分摊给多数成员来承担。国内外保险经营的实践证明，如果保险人承担的风险过分集中，一旦较大风险事故发生，保险人赔付不起巨额损失，既有害保险人的利益，也威胁着保险企业的生存。保险的主要特征就是分散风险，分摊损失，起到“千家万户保一家”的互助共济的作用。这是保险区别于其他金融业的根本标志。

2. 补偿损失职能

补偿损失职能是指在特定风险损害发生时，在保险的有效期和保险合同约定的责任范围以及保险金额内，按其实际损失数额给予赔付。分散风险本身不是目的，目的是为了补偿损失，通过补偿损失来抵抗灾害，使得已经存在的社会财富因灾害事故所致的实际损失在价值上得到补偿，在使用价值上得以恢复，从而使社会再生产过程得以连续进行。保险的补偿职能，只是对社会已有的财富进行再分配，而不能增加社会财富。因为从社会角度而言，个别遭受风险损害的被保险人所得，正是没有遭受损害的多数被保险人所失，它是由全体投保人给予的补偿。如果保险没有补偿的职能，参加保险的投保人所受的损失得不到及时的经济补偿，社会便失去了对保险的需求，保险也同样不会产生或继续存在下去。

需要说明的是，保险属于善后对策，是用经济手段来补偿损失。这种补偿不是恢复已毁灭的原物，也不是赔偿实物，而是用货币形式补偿。因此，意外事故所导致的损失，必须在经济上能计算价值，否则无法保险。在人身保险中的标的——人身本身，按理说是无法计算其价值的，人的死亡和伤残，会导致劳动力的丧失，从而使个人或其家庭的收入减少而支出增加，但人的劳动可以创造价值。所以，人身保险是用经济补偿或给付的办法来弥补这种经济上增加的负担，并不是保证人们恢复已失去的劳动力或生命。

保险的两大基本职能是相互联系、相辅相成和互不可缺的。分散风险是补偿损失的前提，补偿损失是分散风险的目的；没有分散风险就无法补偿损失，没有补偿损失也就无须分散风险。

（四）保险的派生职能

随着保险内容的丰富和保险种类的增加，保险的职能也有新的发展，在保险基本职能的基础上产生出了派生职能。保险的派生职能主要包括防灾防损和融资职能。

1. 防灾防损职能

防灾防损是风险管理的重要内容，由于保险的经营对象就是风险，因此，保险本身也是风险管理的一项重要措施。保险企业为了稳定经营，要对风险进行分析、预测和评估，看哪些风险可作为承保风险，哪些风险可以进行时空上的分散等。由于人为因素与风险转化为现实损失的发生概率具有相关性，因此，通过对人为的事前预防，可以减少损失。而且，防灾防损作为保险业务操作的环节之一，始终贯穿在整个保险工作之中。

2. 融资职能

保险的融资职能，是指保险融通资金的职能或保险资金运用的职能。保险的补偿与给付的发生具有一定的时差性，这就为保险人进行资金运用提供了可能。同时，保险人为了使保险经营稳定，必须壮大保险基金，同样要求保险人对保险资金进行运用。因此，保险又派生了融资的职能。而且，资金运用业务与承保业务并称为保险企业的两大支柱。保险融通资金的来源主要包括：资本金、总准备金或公积金、各项保险准备金以及未分配的盈余。保险融资的内容主要包括：银行存款、购买有价证券、购买不动产、各种贷款、委托信托公司投资、经管理机构批准的项目投资及公共投资、各种票据贴现等。

（五）保险的基本原则

1. 自愿原则

这是狭义概念上的保险，即商业保险的基本原则，它是指保险法律关系的当事人即投保人、保险人以及被保险人、受益人有权根据自己的意愿设立、变更或终止保险法律关系，不受他人干预；投保人有权选择保险人和保险的种类、保险的范围、责任等。广义概念上的保险，其原则除了自愿性外，还具有强制性，如社会保险。

2. 最大诚信原则

任何一项民事活动，各方当事人都必须遵循诚实信用原则，保险活动更是建立在最大诚信原则上。在保险合同关系中，对当事人诚信要求程度远比一般民事活动要求严格，它要求当事人具有“最大诚信”。我国《保险法》第十六条规定：“订立保险合同，保险人应当向投保人说明保险合同的条款内容，还可以就保险标的或者保险人的有关情况提出询问，投保人应当如实告知。”

对投保人而言，诚信原则主要表现为应当承担的两项义务：一是在订立保险合同时的如实告知义务，即应当将有关保险标的的重要情况如实向保险人做出陈述；二是履行保险合同时的信守保险义务，即严守允诺，完成保险合同中约定的作为或不作为的义务，否则所签订合同无效。

对保险人而言，诚信原则也表现为其应当承担的两项义务：一是在订立保险合同时将保险条款告知投保人的义务，特别是保险人的免责条款；二是及时、全面支付保险金的义务。

3. 保险利益原则

保险利益原则是指投保人对投保标的具有法律上承认的利益，它体现了投保人或被保险人与投保标的物之间的利害关系。如果投保标的没有遭遇灾害事故，投保人或被保险人就会收益；如果保险标的因灾害事故受损，投保人或者被保险人就会蒙受经济损失。保险利益原则成立需具备三个要件：第一，必须是法律上承认的利益，即合法的利益；第二，必须是经济上的利益，即可以用金钱估计的利益；第三，必须是可以确定的利益。

保险利益原则的规定具有重要意义，具体表现在：

首先，有效防止道德风险的发生。保险中的道德风险是指投保人购买保险的目的不是为了获得经济保障，而是为了谋取经济赔偿。这种投保人不是主动防止保险事故的发生，反而希望保险事故发生，甚至人为促成或者制造保险事故。保险利益原则消除了道德风险产生的隐患，因为投保人对保险标的具有利害关系，保险标的受损，投保人也会蒙受损失。投保人制造保险事故使自己蒙受经济损失有违常理。尤其是在人寿保险中，保险利益原则的规定可减少以取得保险金为目的谋杀被保险人的风险，是对被保险人的保护。

其次，合理衡量保险补偿的程度。根据保险利益原则，投保人不仅要对保险标的具有保险利益，而且需要衡量投保人对保险标的的保险利益的多少。投保人对超过其保险标的的实际价值的部分没有保险利益。例如，某房主将其价值 100 万元的房屋投保了 130 万元的保险金额，保险事故发生后，房主只能获得最多100万元的保险赔偿。因为其对超过房屋实际价值的30万元部分并无保险利益，其这样做的结果也只是多缴纳了保险费而已。由此可见，保险利益原则确定了被保险人获得赔偿的最高标准。

4. 近因原则

从保险事故产生的因果关系上讲，保险中的近因原则是指引发保险事故发生的主要原因，即在保险事故发生的过程中起着主导或支配作用的因素。实践中，造成保险标的损失的原因各种各样，既有保险责任，也有其他责任，而且有时有些原因互为因果，其中有些原因只是引发保险事故的次要原因。近因原则规定，只有当承保风险是损失发生的近因时，保险人才会承担赔偿责任。例如，某厂房投保火灾保险，厂房若遭受损失的起因是火灾，则保险人承担理赔责任，若是其他原因造成损失，保险人可以拒绝赔偿。因此，近因原则就是要从保险事故中找出主要原因，从而确定造成损失的直接原因，进一步确定保险人的赔偿责任。

二、不同类型保险公司的主要业务

作为专门经营保险业务的非银行金融机构，保险公司是收取保费并承担风险补偿责任，拥有专业化风险管理技术的组织机构。由于其社会责任重大，它经营的好坏不仅关系到保险合同的当事人和关系人的利益，更关系到整个社会的安定，因此，各国的法律都对保险的组织机构形式加以限制和专门管理。保险公司的种类较多，而且有不同的分类方法。本节按照经营目的不同，将保险公司划分为商业性保险公司和政策性保险公司。商业保险公司是经营保险业务的主要组织形式，多是股份制公司，如各种人寿保险公司、财产保险公司、再保险公司等，任何有保险意愿并符合保险条款要求的法人、自然人都可投保。政策性保险公司则是指依据国家政策法令专门组建的保险机构。这种保险公司不以盈利为目的，且风险内容关系到国民经济发展与社会安定，如出口信用保险、投资保险公司、存款保险公司等。下面就分别介绍这两类保险公司的主要业务。

（一）商业性保险公司的主要业务

从整体上看，按保险标的不同保险业务通常分为两大类：即财产保险和人身保险。随着社会经济关系的不断复杂化以及保险经营技术的不断发展，责任保险和再保险也越来越受到重视，并逐渐从传统的业务经营种类中分离出来，成为独立的业务种类。于是，现代商业性保险业务便由财产保险、人身保险、责任保险和再保险四大部分组成。1995年《保险法》以法律的形式确立了产、寿险分业经营的原则，因此，寿险公司只能以人身保险为主要经营业务，财产保险公司只能以财产保险和责任保险为主要业务，再保险公司则以再保险为主要业务。

1. 财产保险公司

财产保险公司（property insurance company）主要针对一定范围的财产损失提供保障的保险公司。我国《保险法》把财产保险业务的范围规定为：包括财产损失险、责任保险、信用保证保险等业务。由此可见，这里的财产保险是广义上的财产保险，基本上把除人身险以外的所有其他各种保险均纳入财产保险范围。

（1）财产损失险。财产损失险主要是对处于相对静止状态的有形财产的直接损失以及相关间接损失提供补偿的保险业务。该险种主要承保财产自身可能因为火灾、风暴、冰雹、地震、爆炸、航空器及其运输工具坠落等原因引起的损失，以及因财产损失引起的收入损失，如出租的房子受损,租金就会损失;企业的产成品受损,利润就会损失等。具体说来,财产损失险主要包括火灾保险、海上保险、汽车保险、工程保险、航空保险、农业保险、利润损失保险等。

(2)责任保险。责任保险是以被保险人依法应负的民事损害赔偿责任或者经过特别合同约定的合同责任作为保险标的的一种保险。现实中,责任保险种类繁多,根据承保方式的不同分为两大类:一类是作为各种财产保险的附加险承保的责任保险,包括机动车辆保险第三者责任、船舶碰撞责任、飞机保险的第三者责任、建筑和安装工程保险的第三者责任保险等;另一类是单独承保的责任保险,包括公众责任保险、产品责任保险、雇主责任保险、职业责任保险等。当前,责任保险在世界范围内受到广泛重视,尤其在一些经济发达国家,责任保险已成为保险公司重要的业务种类。

(3)信用保证保险。信用保证保险是指被保证人根据权利人的要求,请求保险人担保自己信用的一种保险。在信用保证保险关系中,保险人代替被保证人向权利人提供担保,如果被保证人不履行合同或存在犯罪行为,导致权利人遭受经济损失,则由保险人负责赔偿责任。例如某承包商为政府道路管理部门承建一条高速公路,如果不能按时完工,保证人要对项目按时完工或者雇佣另一个承包商额外费用负责。信用保证保险又分为忠诚保证保险和确实保证保险两类。忠诚保证保险是指保险人承保雇主的雇员因各种不法行为而遭受的各种经济损失;确实保证保险是指保险人承保工程所有人因承保人不能按时、按质、按量完成工程所遭受的经济损失。

2. 人寿保险公司

人寿保险公司(life insurance company)主要经营人身保险。人身保险是以人的身体或者生命为保险标的的一种保险。根据保障范围的不同,可分为人寿保险、意外伤害保险和健康保险。

(1)人寿保险。简称寿险又称生命保险,它是人身保险中最基本的人身保险,它以人的寿命为保险标的,当发生保险事故时,保险人对被保险人履行给付保险金的责任。可以说,人寿保险是以人的生存或者死亡作为保险事故的人身保险业务。人寿保险分为生存保险、死亡保险、生死合险。

生存保险是以被保险人在规定期限内生存作为保险人给付保险金条件的一种保险,分为年金保险和定期生存保险。年金保险即通常所说的养老金保险,是指被保险人按照约定定期支付保险费后,保险人根据合同约定日期起开始在被保险人生存期间定期给付相同金额的年金,直至被保险人死亡为止。如果被保险人在保险期内死亡,保险合同终止,保险人的给付责任也终止;定期生存保险是被保险人在保险期满时仍生存,由保险人根据保险合同的规定向被保险人给付保险金的一种保险。如果被保险人在保险期内死亡,保险公司不再承担给付责任,也不退还保费,死亡的被保险人缴纳的保险费及其所生利息,由生存到约定年限的受益人享用。该险种可为被保险人今后的工作、生活提供一笔基金,如中国人寿保险公司推出的子女教育金就是被保险人在上高中或大学时领取教育金的一种保险。

死亡保险是指被保险人在合同有效期限内死亡,保险人给付保险金的一种保险。它又分为定期保险和和终身保险。定期保险是指在保险合同约定的期间内,如果被保险人死亡或全残,则保险人按照约定的保险金额给付保险金;若保险期限届满被保险人健在,则保险合同自然终止,保险公司不再承担保险责任,且不退回保险费。定期保险的保险期限有10年、15年、20年,或到50岁、60岁等约定年龄等多项选择。终身寿险是一种不定期死亡保险,提供终身保障,一般以生命表的终极年龄 100 岁为止,若被保险人在 100 岁以前任何时候死亡,保险人都必须向受益人给付保险金。

生死合险又称两全保险,它是定期生存保险和定期死亡保险的混合险种。它不仅在被保险人在保险期限内死亡时向其受益人给付保险金,而且在被保险人期满时仍生存向其本人给付保险金。生死合险的责任范围包括生存保险和死亡保险两者的责任范围,因此它的保险费要高于单纯的生存保险或者死亡保险。因此,生死合险最能体现人寿保险中保险和储蓄的性质。

(2)意外伤害保险。人身意外伤害保险是指在保险期限内因发生意外事故导致被保险人死亡或残废,由保险人按照保险合同的规定给付保险金的保险。人身意外伤害保险的保障项目包括被保险人因意外伤害导致的死亡给付、伤残给付、医疗给付和收入损失给付四项。一种意外伤害保险可以提供这四项保障,也可以提供其中的任何一项或若干项。该险种可单独办理,也可附加于其他人身险种作为一种附加险种。它包括普通意外伤害保险和特种意外伤害保险。前者作为独立险种,专门为被保险人因各种意外事故导致身体伤害而提供保障;后者仅限于特定原因或特定地点所造成的伤害,如旅游意外伤害保险、乘车意外伤害保险等。

(3)健康保险。健康保险是以人的身体为承保对象,当被保险人在保险有效期内因为疾病、分娩而造成的经济损失而由保险人提供经济保障的一种保险。按损失的种类,健康保险分为收入保险、医疗费用保险以及死亡和残疾保险三类。其中,收入保险是指被保险人由于疾病所致的全部工作或者部分工作能力丧失,不能获取正常收入,由保险人分期给付保险金的一类健康保险;医疗费用保险是指被保险人由于疾病或分娩所支出的医疗费用,由保险人给予经济保障的一类健康保险;死亡和残疾保险是指被保险人由于疾病或分娩导致残疾或死亡,由保险人给付一次性的残疾保险金或死亡保险金的一类健康保险。

3. 再保险公司

保险经营的基础在于大数法则的运用。要保持收入平衡与经营安全,必须使风险的种类与程度及保险金额的负担尽量适用大数法则,扩大其分散的范围。再保险是扩大分散范围最有效的手段。根据我国《保险法》第二十八条规定:“保险人为将其承担的保险业务,以承保形式,部分转移给保险人的为再保险。”再保险作为“保险的保险”,对于保险市场安全,为直接保险公司分散赔付风险、扩大承保能力和巨灾保障功能,并辅助保障功能市场调控以及强化行业风险管理发挥了主要作用。

再保险公司(reinsurance company)是指专门从事再保险业务、不直接向投保人签发保单的保险公司,就是保险公司的保险公司。在我国,中国再保险集团通过旗下中国财产再保险股份有限公司、中国人寿再保险股份有限公司及集团国际业务部经营再保险业务,经营范围包括财产再保险业务、人寿再保险业务等。财产再保险公司业务经营主要包括比例合同分保业务、非比例合同分保业务、临时分保业务、国际再保险业务;人寿再保险公司的业务经营主要包括寿险再保险业务、健康险再保险业务、意外伤害险再保险业务和年金再保险业务。

(二)政策性保险公司的主要业务

政策性保险公司主要从事政策性保险业务即经营政策保险。所谓政策保险是指政府为实现其政治、经济、社会、伦理等方面的政策目的,利用保险形式实施的措施。从保险的目的来看,它表现为政府政策的贯彻实施;从保险的范围看,它具有全面性;从保险的形式看,它具有强制性。目前,政策性保险主要包括出口信用保险和存款保险,其业务主要由出口信用保险公司和存款保险公司经营。

1. 出口信用保险公司

出口信用保险公司与国际贸易市场上的激烈竞争有着密切联系。出口商为了扩大出口提高竞争力,其中一个重要手段就是向买方提供商业信用,允许买方以非银行信用证的方式付款,甚至延期付款。从而加大了收汇风险,为了保障收汇安全,世界上先后有几十个国家成立了出口信用保证机构。中国人民保险公司在 1998 年成立了出口信用保险部,开始承办出口信用保险业务,不以盈利为目的对其进行独立核算。2001 年 12 月 18 日,中国出口信用保险公司成立。该公司是我国唯一承办政策性信用保险业务的金融机构,其资金来源为出口信用保险风险基金,由国家财政预算安排。目前,中国出口信用保险已形成由 14 个分公司、8 个营业管理部和 22 个办事处组成的覆盖全国的服务网络,并在英国伦敦设有代表处。

2. 存款保险公司

存款保险公司主要经营存款保险业务。存款保险是指由商业银行等金融机构以其依法所吸收的存款作为保险标的,向存款保险公司投保并缴付保险费的一种政策性保险。当商业银行等金融机构发生停业或无法清偿其所收受的存款等情形时,存款保险公司则在保险额度范围内赔付存款人的存款,以保障存款人权益并维护金融稳定。存款承保的对象一般是一国依法成立的各种金融机构,包括商业银行、信托投资公司、外国银行分行、信用合作社等。

长期以来,我国实行的是隐性存款保险制度。在经营不善的金融机构退出市场的过程中,通常是由中央银行和地方政府承担个人债务清偿的责任。但是,随着我国经济的快速发展和金融体制改革的加深,由中央银行和各级地方政府为此“买单”的缺陷和弊端也将日益显现出来,因为这种模式不仅给各级财政带来沉重负担,而且会助长不良金融机构违规经营的习气,更会导致中央银行货币政策目标的严重扭曲。2015 年 2 月 17 日,中国存款保险制度正式出台,同年 5 月 1 日,《存款保险条例》正式实施,各家银行向保险机构统一缴纳保险费,一旦银行出现危机,保险机构将对存款人提供最高 50 万元的赔付额,至此,中国存款保险制度正式建立。为贯彻落实党中央、国务院决策部署,进一步完善存款保险制度,保护存款人合法权益,促进银行业健康发展,中国人民银行发出通知,授权参加存款保险的金融机构自 2020 年 11 月 28 日起使用存款保险标识。

思考题

1. 什么是投资银行?它有什么特点?
2. 在现代经济运行中,投资银行具有怎样的职能?
3. 举例说明现代投资银行的重要业务。
4. 什么是保险?保险具有哪些基本职能?
5. 保险经营应该坚持哪些原则?
6. 商业性保险公司主要经营哪些保险业务?

第八章　中央银行

【本章要点】

- 中央银行产生的必然性；
- 中央银行的性质和职能；
- 中央银行的业务；
- 中央银行的金融监管。

第一节　中央银行概述

金融是现代经济的核心，而中央银行又是一国金融体系的核心，是一国金融体系的领导者、管理者。中央银行通过实施货币政策和金融监管，供应和调节货币供给量以及维持金融体系安全运行发挥着重要作用。正如马克思所言："中央银行是信用制度的枢纽。"西方学者维尔·罗杰斯（Will Rogers）曾写道，人类有史以来已经有三项伟大的发明：火、轮子和中央银行。目前世界上大多数国家都已设立了中央银行，它的重要性也日益为世人瞩目。

一、中央银行的产生与发展

现代商业银行是从货币兑换业发展而来的，而中央银行又是从现代商业银行中分离出来的，并由此演变出一种新的银行制度。几百年来，在世界各国的经济与社会发展中，中央银行始终发挥着重要作用。关于中央银行的历史可以追溯到1656年成立的瑞士银行（bank of sweden）它原是私人创办的商业银行，1661年开始发行银行券，1668年由政府出资改组成为国家银行，并对国会负责，但直到1897年它才垄断货币发行权，开始履行中央银行职责，成为真正意义上的中央银行。

最早全面发挥中央银行各项职能的则是1694年成立的英格兰银行，它虽比瑞士银行成立的晚，但如果以集中发行银行券作为衡量中央银行的标志，则远早于瑞士银行。英格兰银行最初只是一家由私人出资以股份公司形式组建的普通商业银行，但自它成立之日起，便与政府建立了密切的联系。如为政府提供资金支持，从事政府的债券业务等。英国国会在1844年7月通过由当时的首相皮尔主持的《皮尔条例》，为英格兰银行独占发行权奠定了法律基础，标志着中央银行制度的建立。同时，也为其他国家以后建立中央银行提供了模式。因此，人们通常把英格兰银行称为现代中央银行的鼻祖。

在英格兰银行成为英国唯一的发行银行后，中央银行制度在世界上特别是欧洲的一些国家受到重视。如成立于1800年的法兰西银行，1848年垄断了全国的货币发行权；日本明治维新以后，于1872年建立了四家国立银行，享有货币发行权，1876年，各国立法以后的银行券改为兑现的银行券，新设的银行不断增加。1880年，日本通货膨胀严重，货币流通出现混乱，所以

1882 年,日本正式成立中央银行——日本银行(Bank of Japan),以整顿货币发行、调整金融秩序;在德国,由于资本主义的发展较迟缓,到 1875 年才把原来的普鲁士银行改组成为国家银行,20 世纪初,便很快成为中央银行;美国在垄断资本主义以前的很长时期内没有集中的银行体系。直到 1907 年出现的一系列银行倒闭事件以后,国会相信美国需要一个中央银行来确保全国银行体系的正常运行,于是,在 1913 年,美国国会通过了《联邦储备条例》,美国的中央银行制度即美国联邦储备系统(The Federal Reserve System)才正式成立。

进入 20 世纪以后,特别是第一次世界大战后,中央银行的发展开始加快。由于许多国家的金本位制在战争期间遭到破坏,普遍发生了恶性通货膨胀,各国金融领域剧烈动荡,出现了金融恐慌和混乱局面。为维护国际货币体系和经济的稳定,1920 年在比利时首都布鲁塞尔召开了历史上第一次国际金融会议,会议提出尚未建立中央银行制度的国家应尽快建立中央银行,实行稳定的金融政策。1922 年在瑞士日内瓦召开的国际经济会议上,又重申和强调了布鲁塞尔会议所形成的决议,从而出现了中央银行形成与发展的又一次浪潮。20 世纪 30 年代大危机使得金本位制崩溃,信用货币制度建立,管理货币供应、控制货币数量自然成为各国中央银行的主要职责。第二次世界大战之后,一批从殖民统治中独立出来的国家也纷纷建立了自己的中央银行。在凯恩斯理论的指导下,中央银行制度日益普及,同时中央银行的管理职能也得到了加强。

二、中央银行产生的必然性

从上述中央银行产生与发展的过程看,中央银行的产生有其独特的历史背景。其中,商品信用经济的发展以及经济社会活动中的种种矛盾是中央银行产生的客观要求,主要表现在以下几个方面。

(一)统一发行银行券的需要

在银行业发展的初期,商业银行只要拥有足够的金银准备就可以发行银行券。但是,随着商品信用经济和社会生产力的迅速发展,特别是工业革命以后,贷款需求旺盛,商业银行等机构数量猛增,银行间的竞争不断加剧,最初,几乎每家银行都拥有银行券发行权,许多银行为了追逐利润,便利用银行券的发行来增加自己的资金,市场上流通的银行券五花八门,这种分散发行银行券制度的弊端日益显现。首先,各银行受自身实力、资信状况、分支机构等因素的限制,所发行的银行券被接受程度和流通范围自然不尽相同。一些中小银行所发行的银行券往往只能在当地和较近的地区流通,这与蓬勃发展的社会化大生产很不适用。而且,在同一地域存在多种银行券同时流通,这种状况与货币作为一般等价物的本质特征相矛盾,客观上给社会生产和商品流通带来困难。其次,为数众多的中小银行的存在,使银行间的竞争激烈,由于银行规模较小,资金力量薄弱,加之经营不善而无法兑现银行券的情况时有发生,特别是在经济危机期间,发生于银行间、银行与企业间的债权债务关系日趋复杂,那些不能及时兑现的银行券所带来的连锁反应更加突出,从而使货币流通陷入混乱状态。

(二)最后贷款人的需要

随着资本主义的发展,商业银行仅靠吸收存款作为资金来源,已远远不能满足社会经济发展对借贷资金的需要。银行为了盈利,不断扩大贷款规模,期限也不断延长,尽管银行为了满足客户提取存款的需要,会保留一定的准备金,但一般将其控制在较低水平。若银行发放的贷款不能按时收回,就会使一些资力薄弱的银行丧失清偿能力,并因挤兑而破产,导致银行陷入支付危机。因此,客观上需要把各家银行的准备金集中起来,当某家银行发生支付困难时,就给予支持,以避免在危机中破产。这样,一些大的发行银行便依靠自己的威望和充足的财力在吸收商业银行存款的同时,对某些在金融危机中资金周转困难的银行和金融机构给予信贷支持。对此,英国经济学家巴吉特(Walter Bagehot)在1873年出版的《伦巴第街》一书中,极力主张当时规模最大、信誉最卓著的半官方的英格兰银行在金融危机中有责任全力支持处于危难之中的银行,以避免整个银行业因挤兑风潮而走向崩溃,提出了著名的"最后贷款者"原则,成为现代中央银行理论的基石。①

(三)统一票据交换及清算的需要

随着商品经济的发展和银行业务的不断拓展,银行每天收受票据的数量也迅速增大,使得银行间的债权债务关系日趋复杂,票据交换业务也变得日益繁多。同时,不断增长的票据交换和清算业务同原有的各银行自行处理结算和清算业务间的矛盾日趋激化,不仅异地结算的时间延长,即使同城结算也难以在当日完成,严重阻碍了商品生产和贸易的发展。虽然当时有些城市已有多家银行组建的票据交换所,但主要为会员银行提供服务,中小银行难以参与其中。此外,在资本主义发展过程中,已经出现了一些大银行,它们拥有大量的资本并在全国范围内具有很高的声誉,这些银行所发行的银行券在流通中已经排挤了小银行的银行券。因此,客观上需要建立一个全国统一的、富有权威的、公正的清算机构来为银行间的票据交换和清算服务。

(四)金融管理和监督的需要

随着经济的不断发展,银行数量的不断增加,使得资金在国民经济发展中的重要性愈加凸显,银行业在利益驱使下,不断进行业务扩张,而银行间的联系也日益密切,加之借贷双方存在严重的信息不对称等问题,导致银行倒闭事件时有发生,由此给经济造成的震动和破坏也越来越大。要保证金融稳定、经济稳定,必须建立专门机构对金融业的经营活动进行管理和监督。

三、中央银行的组织形态

中央银行是一个复杂的组织控制系统,它通过一定的组织形式与组织机构来履行职能和发挥作用。中央银行制度是在人类社会经济和金融发展过程中逐步形成的,各国的中央银行由于受本国的社会制度、政治体制、经济发展水平和金融发展程度的影响,因而各国的中央银行组织形态也不尽相同。本书将对中央银行制度的组织形态和中央银行的资本组成类型进行阐述。

(一)中央银行制度的组织形态

1.单一式中央银行制度

单一式中央银行制度(system of single central bank)是指国家只设立一家中央银行机

---

① 艾洪德,范立夫.货币银行学[M].大连:东北财经大学出版社,2010:197.

构,并由其专门行使中央银行全部职能的制度。单一式中央银行制度是最主要、最典型的中央银行制度形式。这种单一式中央银行制度在组织机构设置上,由于受各国的政治体制的影响,又分为一元式中央银行制度和二元式中央银行制度。

(1)一元式中央银行制度。它是指国家只设立一家统一的中央银行,全面行使中央银行的权力和履行中央银行的全部职责。其机构设置一般采取总分行制,总行一般设在首都或经济金融中心城市,至于是否设置分支机构或分支机构的多少,则取决于该国的国土面积、经济结构和信用发达程度等。一元式中央银行制度具有权力集中、职能完善、决策迅速、组织机构齐全等特点。目前世界上大多数国家的中央银行都采取这种组织形式,其中,比较典型的有英国、法国、日本和瑞典等国家。我国自 1983 年中央银行正式行使职能时起,即采用一元式中央银行制度。我国的中央银行是中国人民银行,总行设在北京,在全国各地设有中央银行分支机构。

(2)二元式中央银行制度。它是指中央银行体系由中央和地方两级相对独立的中央银行机构共同组成,按规定分别行使金融管理权。中央级机构享有最高决策和管理权,地方级机构受中央级机构的监督管理,但是,在它们各自的辖区内有较大的独立性。这些机构共同组成一国中央银行体系,共同履行中央银行职能。这种体制下中央银行的特点是权力和职能相对分散,分支机构不多。实行联邦制的国家多采用这种中央银行体制,如美国。美国的中央银行即美国联邦储备体系,在联邦一级设立联邦储备委员会、联邦公开市场委员会和联邦顾问委员会,在地方一级,美国全国划分为 12 个联邦储备区,共设立 12 家联邦储备银行和 25 家分行。

2. 复合式中央银行制度

复合式中央银行制度(compound central bank system)是指一个国家不单独设立专司中央银行职能的机构,而是由一家大银行集中央银行职能和商业银行职能于一身的银行体制。复合式中央银行制度主要存在于实行计划经济体制的国家,如苏联、1990 年以前的东欧国家和 1983 年以前的中国也都实行过这种中央银行制度。

3. 准中央银行制度

准中央银行制度(system of semi-central bank)是指一个国家或地区不设立完整意义上的中央银行,而是由政府授权专门机构行使中央银行的某些职能,并授权由一个或几个商业银行行使中央银行其他职能的金融制度。其特点是准中央银行一般只有发行货币,为政府提供金融服务,提供最后贷款援助和资金清算。实行这种体制的一般是一些经济开放程度高的小国或地区,如新加坡和中国香港地区等。以中国香港为例,中国香港设有金融管理局,负责行使货币政策、金融监管和支付清算体系管理职能,货币发行则由汇丰银行、渣打银行和中国银行香港分行共同负责,辅币则由香港政府自己发行,票据清算由汇丰银行负责。此外,斐济、马尔代夫、利比里亚、莱索托、伯利兹等国也都实行各具特色的准中央银行制度。

4. 跨国中央银行制度

跨国中央银行制度(system of crossborder central bank)是指由两个或两个以上主权独立的国家在一定区域内联合组建一家中央银行,在成员国内发行统一货币,制定和执行共同的货币政策以及有关成员国政府一致决定授权的事项。实行跨国中央银行制度的成员国一般在地域上相邻,经济状况比较接近而且联系密切。第二次世界大战后,许多地域相邻且货币都与某一发达国家的货币挂钩的发展中国家获得独立后,便在原来的殖民主义货币区基础上建立了新的货币联盟,组建了区域性的中央银行,即跨国中央银行。其根本任务就是协调并推动各成员国的经济发展和避免通货膨胀以及汇率风险，以促进地域经济发展。而各成员国除了设有作为执行机构的二级中央银行机构外，并没有制定货币政策的权力。目前，由贝宁、科特迪瓦、布基纳法索、马里、尼日尔、塞内加尔、多哥和毛里塔尼亚等八国组成的西非货币联盟所设的西非国家中央银行、由喀麦隆、乍得、刚果、加蓬和中非共和国组成的中非货币联盟所设的中非国家银行以及东加勒比海货币管理局等。

此外，一些发达国家为了联合起来争取在世界经济格局中的有利地位，由区域经济一体化走向货币一体化。如欧洲中央银行(European Central Bank,ECB)，成立于 1998 年 6 月，行址设在德国金融中心法兰克福，欧洲中央银行体系包括两个部分：一是欧洲中央银行本身；二是欧盟成员国的中央银行。欧洲中央银行具有法人资格，可在各成员国以独立的法人资格处理其动产和不动产，并参与有关的法律事务活动。欧洲中央银行由理事会和董事会组成，它们发行共同的货币——欧元，负责制定欧元区内所有国家统一的货币政策，以维持欧元地区内的币值稳定为主要目标。欧盟成员国的中央银行是欧洲中央银行的分行，负责执行欧洲中央银行制定的货币政策。欧洲中央银行的成立，标志着欧盟国家的一体化迈上了一个新台阶。

(二)中央银行的资本组成类型

1. 全部资本为国家所有的中央银行

这类中央银行的资本全部属于国家所有，也叫国有化中央银行。目前世界上大多数国家中央银行的所有权都全部归国家所有。其中，一些发达国家的资本主义国家和发展中国家是根据经济发展和金融调控的需要，把原来行使一部分中央银行职能的私人银行进行国有化改造，设立国有中央银行。例如，英国政府根据《英格兰银行法》，由财政部收购了英格兰银行的全部股份，将其改为国有的中央银行。此外，还有相当一部分发展中国家在第二次世界大战后，由国家以政府拨款的方式全额出资，成立了国家所有的银行，这也是目前绝大多数国家所采取的形式。目前，中央银行全部资本为国家所有的国家主要有英国、法国、德国、澳大利亚、中国、印度、泰国等。

2. 资本为混合所有形式的中央银行

资本为混合所有形式的中央银行的全部资本属于国家和私人共同所有。其中，国家所持有的股份一般占 50% 以上，其余的股份则由私人股东共同持有。如日本银行，政府拥有 55% 以上股份，其余 45% 则由本国的金融机构、证券公司、其他法人和个人持有。此外，比利时、土耳其、巴基斯坦、墨西哥等国的中央银行也采用这种所有制形式。

3. 全部股份非国家所有的中央银行

这类中央银行的全部资本属于本国金融机构所有，国家不持有股份，并由法律规定执行中央银行的职能。其典型代表是美国、意大利的中央银行。在美国，凡联邦储备体系的会员银行都必须按实收资本和公积金的 6% 的比例认购联邦储备体系的股份，并享受实缴资本年息为 6% 的股息。因此，美国联邦储备银行实际上是由会员银行所共有。

4. 资本为多国所有的中央银行

资本为多国所有的中央银行实际上是跨国中央银行，该中央银行的资本不是由某一个国家单独所有，而是由各成员国按商定比例认缴的，各国以认缴比例拥有对中央银行的所有权。如欧洲中央银行就是按照其成员国人口和 GDP 的大小，向其成员国中央银行出售股份，使其成为多国共同持有股份的中央银行。

5. **无资本金的中央银行**

无资本金的中央银行即一国中央银行本身并无资本,而是经国家授权执行中央银行职能。韩国银行是韩国的中央银行,是目前唯一没有资本金的中央银行。事实上,中央银行有无资本金以及资本金的多寡,都不会对中央银行的性质及其业务活动产生实质性的影响。因为国家对中央银行拥有直接控制和监督权,私人持股者既无决策权,又无经营管理权。

四、中央银行的性质和职能

中央银行的职能是由中央银行的性质决定的,也是中央银行性质的具体体现。由于世界各国的社会经济制度、政治体制、金融环境、法律制度以及发展历史存在较大差异,因而使各国中央银行在具体行使其职能时表现出一定的差异性,具有各自不同的特点。但是,纵观世界上已经建立起中央银行制度的国家,从中央银行产生和发展的过程以及必要性可以看出,无论是由某家大的商业银行逐步发展演变成为中央银行,还是由政府直接组建的中央银行,其中央银行在一国国民经济中的地位和在一国金融体系中的作用却大同小异。

(一)中央银行的性质

中央银行的性质是由其在一国国民经济中的地位决定的,并随着经济、政治和社会的发展而不断地发展和变化。一方面,中央银行作为一国国民经济的神经中枢,调节、控制、监督和反映整个社会资金的运行,为国民经济进行宏观调控的主要角色;另一方面,中央银行处于一国金融体系的核心地位,它既是统治全国金融的最高机构,也是制定全国信用制度的枢纽和金融管理的最高当局。因此,要更确切地理解中央银行的性质,有必要弄清楚中央银行与政府部门的异同,以及中央银行与普通商业银行的异同。

1. **中央银行不同于一般的国家机关**

中央银行是国家机关之一,有其特定职责,即按照国家宏观经济发展的目标和要求,保证社会总供给和总需求在总量上和结构上的大体平衡。首先,中央银行通过对货币政策工具的运用,来干预和调节经济活动,随着市场经济体制的建立和发展,中央银行这一性质会不断深化。而且,中央银行对经济的宏观调控主要通过经济手段来实现。即利用它所掌握的利率、货币量、汇率等经济杠杆对国民经济进行调控,这与主要依靠行政手段进行管理的一般政府机关存在明显不同。其次,中央银行与政府之间是一种相对独立的关系。中央银行通常根据国家的经济发展状况与经济发展水平的需要,较独立地行使货币政策,而且很少受政府的干预,而一般政府机关在行为决策上必须与政府的意愿相一致。第三,中央银行对经济的调控是分层次进行的,即通过对货币政策工具的操作,来调节金融机构的行为和金融市场的运行,然后通过金融机构和金融市场影响市场参与主体(如企业、居民等)的经济行为,其作用比较平缓,而一般国家机关的行政决定将直接作用于各微观经济主体,且缺乏弹性。

2. **中央银行是特殊的金融机构**

当代中央银行是代表政府调控经济、管理金融的特殊金融机构。从经营货币、信用业务的角度看,中央银行是金融机构,但是,由于其所处的地位、经营的业务和管理的特殊性,与一般的商业银行相比,具有其特殊性。首先,中央银行的经营活动主要是宏观金融活动,它通过运用货币政策工具,对经济活动进行调节、管理和干预;而商业银行则主要从事微观经济活动,充当信用中介,通过经营货币信用业务影响微观经济主体的活动。其次,由于中央银行所处的地位特殊，原则上不经营一般商业银行业务，因此，其业务对象主要是政府、商业银行和其他金融机构；商业银行则主要面向企业、单位和居民，办理存贷款、结算等业务，并为其提供金融服务。第三，中央银行虽然也从事货币信用业务，但它不以营利为目的，而是为了维护国家货币与金融稳定，发展经济。而商业银行和其他金融机构与一般工商企业一样，都是求利经营、趋利而动，以利润最大化或股东权益最大化为经营目标。第四，中央银行在一国金融体系中居于核心地位，与商业银行和其他金融机构之间是调控与被调控、管理与被管理的关系。

（二）中央银行的职能

中央银行是一种特殊的银行组织，是货币信用制度与国家职能相结合的产物。中央银行的性质决定了其职能，中央银行的职能一般可以表述为“发行的银行”“银行的银行”“政府的银行”。

1. 发行的银行

发行的银行（the issuing bank）是指中央银行依法发行货币，并垄断货币发行权，成为一个国家唯一的货币发行机关。垄断货币发行权是中央银行不同于商业银行和其他金融机构的独特之处，是中央银行首要的和基本的职能。垄断货币发行权也是中央银行发挥其他职能的基础，在信用货币流通条件下，中央银行凭借国家授权并以国家信用为基础，从而使银行券的发行成为其重要的资金来源，为中央银行调节金融活动提供了资金力量。此外，中央银行应根据货币流通需要，适时印刷、铸造或销毁票币，调拨库款，调剂地区间货币分布、货币面额比例，满足流通中货币支取的不同要求。中央银行发行的货币是基础货币，而中央银行之外的货币无不受其影响。因此，中央银行通过改变基础货币的供应量，就可以起到收缩和扩张社会货币供给量的作用，直接影响整个社会的货币供应总量和信贷规模，从而实现中央银行对经济的调控作用。

人民币的具体发行是由中国人民银行设置的发行基金保管库（简称发行库）来办理的。所谓发行基金是指中国人民银行保管的已印好而尚未进入流通的人民币票券。发行库在人民银行总行设总库，下设分库、支库；在不设人民银行的县，所设的发行库委托商业银行办理。

各商业银行对外营业的基层行处设立业务库。业务库所保管的人民币是作为商业银行办理日常收付业务的备用金。为避免业务库过多存放现金，通常由上级银行和同级银行中国人民银行为业务库核定库存限额。

具体操作程序是：当商业银行基层处理行处现金不足以支付时，可到当地中国人民银行在其存款账户余额内提取现金。此时人民币从发行库转移到商业银行基层处的业务库，意味着这部分人民币进入流通领域。当商业银行基层行处收入的现金超过其业务库库存限额时，超过的部分应自动送交中国人民银行，该部分人民币进入发行库，意味着退出流通领域。其过程如图 8.1 所示。

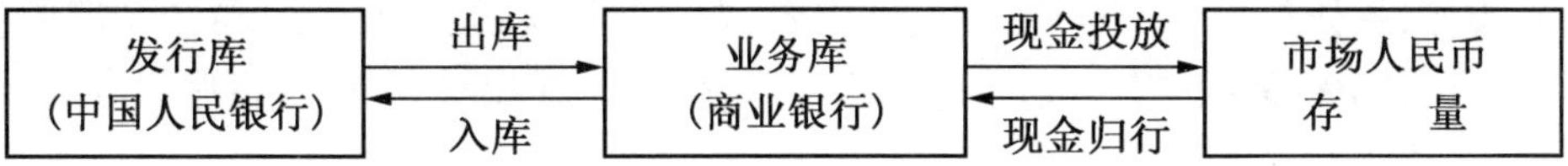

图 8.1　具体过程

2. 银行的银行

银行的银行(the banker to the other banks)是指中央银行不直接与工商企业和居民个人往来,为商业银行和其他金融机构提供信用,成为其最后贷款人,并对商业银行及其他金融机构进行管理。这一职能是中央银行作为特殊的金融机构最为直接的表现,也是中央银行作为金融体系核心的基本条件。同时也是中央银行对商业银行和其他金融机构施加影响的重要途径。中央银行作为银行的银行,具体表现在以下三个方面:

(1)集中保管存款准备金。在中央银行产生之前,各商业银行为保证支付需要,往往根据经验而保留一部分准备金,在利润最大化的驱使下,准备金一般保持在最低水平。一旦遇到放款不能及时收回等情况,银行的支付便会出现困难,严重时会出现破产倒闭现象。因此,在中央银行成立之后,为保证商业银行和其他金融机构的支付和清偿能力,增加货币供给的弹性,确保存款人的资金安全及合法权益,防止银行和其他金融机构因发生挤兑而倒闭。另外,随着中央银行作用的不断加强,存款准备金制度有利于中央银行调节信用规模和控制货币供给量。

(2)为商业银行提供信贷支持,充当最后贷款人。"最后贷款人"一词是经济学家巴吉特于1873年在《伦巴第街》一书中首次提出的,意思是在商业银行发生资金困难而无法从金融市场筹集资金时,向中央银行融资是最后的办法,此时,中央银行向其提供资金支持则是承担最后贷款人的角色。中央银行通过集中发行货币和保管存款准备金,增强了自己的资金实力。当商业银行和其他金融机构发生资金短缺、周转不灵,需要补充资金时,可以通过票据再贴现、再抵押和再贷款等方式向中央银行请求融通资金。中央银行向商业银行的贷款资金来源主要是国库存款和商业银行及其他金融机构缴存的存款准备金。

(3)为商业银行和其他金融机构办理票据清算业务。与存款准备金制度相联系,由于商业银行和其他金融机构在中央银行开立账户,并在中央银行拥有存款,那么前者彼此间由交换各种支付凭证所产生的应收应付款项,就可以通过在中央银行的存款账户上划拨资金,从而清算彼此间的债权债务关系。中央银行作为清算银行,为实现各商业银行和金融机构间货币的收付转账提供了便利的服务,提高了清算效率,加速了资金周转,解决了由单个银行资金清算所面临的困难。同时,也有利于中央银行对全国金融体系内的业务经济状况及各金融机构的资金情况进行及时全面的了解,有助于中央银行进行宏观监督管理,从而强化了整个银行体系。

3. 政府的银行

政府的银行(bank to the government)指中央银行是管理全国金融机构的国家机关,代表政府制定和执行货币金融政策,是国家信用的提供者,代理管理国家财政收支以及为政府提供各种金融服务。作为"政府的银行",中央银行的职能具体包括以下几方面。

(1)代理国库(我国多年习惯称之为"经理"国库)。国家财政收支一般不另设机构经办具体业务,而是交由中央银行代理。政府的各项财政收入和支出均通过财政部门在中央银行开立的各种账户进行。在中央银行所收取的存款中,国库存款占很大比重。中央银行代理国库业务,具体行使以下职能:收受和保管国库的存款;经理政府的财政预算收支划拨与清算业务;对国库签发的支票办理付款或转账;执行国库出纳职能;代理收缴税款;经办政府公债发行、还本付息等事项。

(2)为政府融通资金,提供信用支持。首先,中央银行在国家财政收支出现暂时性不平衡,如收不抵支时,中央银行作为政府的银行,应履行对政府提供资金贷款、解决政府临时资金需要的义务。除特殊情况外,各国中央银行一般不承担向财政提供长期贷款或透支的责任,否则会破坏中央银行货币发行的独立性。目前,许多国家都明确规定,中央银行应避免用发行货币的方式弥补财政赤字。其次,中央银行购买政府债券。包括中央银行直接在一级市场上购买国债与中央银行在二级市场上间接购买国债。前者指中央银行在发行市场上直接购买政府债券,其资金流入国库,形成政府的财政收入,等于直接向政府提供了融资。后者指中央银行在流通市场上购买政府债券,这种购买方式虽然不是直接向政府融资,但却是中央银行对基础货币的投放,向社会增加了货币供给量。因此,中央银行无论在一级市场还是在二级市场上购买政府债券,从中央银行某一时点的资产负债表看,都意味着政府融资的增加。当然,各国对中央银行购买长期债券也有一定的数量与时间的限制,值得注意的是中央银行在公开市场上买卖国库券的操作,也是中央银行对流通中货币供给量进行宏观调控的重要内容。

(3)管理金融活动,调节国家经济。中央银行代表本国政府对国内的各种金融机构和整个货币体系的业务活动进行监督和管理。中央银行在国家授权范围内,制定和实施货币政策,使各商业银行和其他金融机构的活动有章可循,有法可依,并通过货币政策的具体实施,达到稳定物价,促进经济增长的目的。同时,中央银行依照银行法的规定,对国内金融业实施金融监督管理。具体包括:制定并监督执行有关金融法规、基本制度、业务活动准则等;监督管理金融机构的业务活动;管理、规范金融市场。此外,中央银行经政府授权,保管全国的外汇和黄金储备,并根据国内、国际情况,适时适量地进行外汇、黄金买卖,起到稳定币值和汇率,调节国际收支,保证国际收支平衡的作用。

(4)代表政府参与国际金融组织和各项国际金融活动。国家对外金融活动,一般都授权中央银行作为自己的代理人,参加各种国际金融组织,出席各种国际性会议,代表政府签订金融协定,积极促进国际金融领域里的合作与发展,参与国际金融的重大决策等。

(5)为政府提供金融预测和决策建议,充当政府金融政策顾问。由于中央银行处于整个社会资金运动的中心环节,是社会资金清算中心和金融管理中心,因此,中央银行能够掌握全国经济金融活动的基本资料信息,能比较及时地反映整个经济金融运行状况。在政府的经济决策中,中央银行一般都扮演着重要角色,发挥着重要作用。

第二节　中央银行的业务

中央银行的业务是中央银行行使其职能的具体体现。中央银行是通过一系列的业务活动来实现其职能和货币政策目标的。中央银行的业务可以通过中央银行的资产负债表体现,基本包括负债业务、资产业务和资金清算业务三大类。

一、中央银行的资产负债表

中央银行资产负债表是中央银行全部业务活动的综合会计记录,是中央银行在履行其职能时业务活动所形成的债权债务存量表。中央银行资产负债业务的种类、规模和结构都综合地反映在资产负债表上。由于各国的金融制度、信用方式等方面存在着差异,各国中央银行的资产负债表中的项目及包括的内容也不尽一致,在经济全球化的背景下,为了使各国之间相互了解彼此的货币金融运行状况及分析他们之间的相互作用,国际货币基金组织定期编印《货币与金融统计手册》刊物，以相对统一的口径向人们提供各种成员国有关货币金融和经济发展的主要统计数据，中央银行的资产负债表就是其中之一，称作"货币当局资产负债表"。表8.1是国际货币基金组织提供的货币当局资产负债表的主要项目。

表8.1 简化的货币当局资产负债表

资　产	负　债
国外资产	储备货币
对中央政府的债权	定期储备和外币存款
对各级地方政府的债权	发行金融债券
对存款货币银行的债权	进口抵押和限制存款
对非货币金融机构的债权	对外负债
对非金融政府企业的债权	中央政府存款
对私人部门的债权	对等基金
	政府贷款基金
	资本项目
	其他项目

各国中央银行在编制资产负债表时，一般参照国际货币基金组织对"货币当局资产负债表"的格式和口径编制，因此，各国中央银行资产负债表的主要项目与结构基本相同，具有很强的可比性。中央银行资产负债表所记载的资产、负债的任何变动，均能反映该国国民经济的变动情况。中央银行可以通过适时适度地变动资产负债规模、结构，就会使货币供给量做相应的变动，以实现其所调控的目标。因此，分析了解中央银行资产负债表，对理解中央银行实施的货币政策变化及其可能产生的结果，具有十分重要的作用。表8.2是中央银行资产负债简表。下面就对中央银行资产负债表的资产和负债项进行分析说明。

表8.2 中央银行资产负债简表

资　产	负　债
国外资产	流通中的通货
外汇	商业银行等金融机构存款
黄金储备	国库及公共机构存款
贴现及放款	其他负债
政府债券	资本项目
政府借款	
其他资产（固定资产等）	
资产项目合计	负债及资本项目合计

（一）资产

中央银行的资产是指中央银行在某一时点所拥有的各种债权，包括国外资产、贴现及放款、政府债券、财政借款和其他资产。

国外资产主要包括外汇和黄金储备，它是中央银行代表国家保管外汇和黄金储备，并进行适当的黄金和外汇买卖后产生的余额，黄金和外汇储备要占用中央银行资金，它构成中央银行资产项目的一部分；贴现和放款反映的是中央银行对商业银行和其他金融机构的贴现与贷款余额，即中央银行对商业银行和其他金融机构的债权；政府债券是中央银行购买的各种期限不同的国家公债和国库券的余额，它是中央银行资产项目中重要的一项；财政借款反映了中央银行对财政的贷款，政府债券和财政借款均反映了中央银行对政府及其机构的债权；中央银行的其他资产包括固定资产等项目。

（二）负债

中央银行的负债是指政府、金融机构、公众和其他部门持有的对中央银行的债权，主要包括流通中的通货、商业银行等金融机构的存款、国库及公共机构的存款和其他负债。

流通中的通货是指中央银行发行的由公众持有的主币和各种辅币，它包括流通中的现金（即非银行公共所持现金）和商业银行等金融机构库存现金两部分，它是中央银行重要的资金来源；商业银行及金融机构的存款反映了金融机构在中央银行的存款余额，包括商业银行上缴的法定存款准备金和商业银行等金融机构的超额存款准备金，前者构成中央银行重要的资金来源，后者只是商业银行和其他金融机构为了相互之间的清算需要而存入中央银行的超额存款准备金；国库及公共机构存款是指中央银行作为代理国库而接受的财政部及其他政府部门存在中央银行的款项；其他负债包括外国中央银行和金融机构在中央银行的存款等。

二、中央银行的业务

（一）中央银行的资产业务

中央银行的资产业务是指其资金运用的业务，中央银行的资产业务对其制定实施货币政策、调控金融运行具有重要作用。主要包括再贴现业务、贷款业务、证券买卖业务、金银和外汇储备业务及其他资产业务等内容。

1. 再贴现业务

再贴现是指中央银行对商业银行或其他金融机构为工商客户贴现所获得的未到期的商业票据支付现金的行为。再贴现业务是中央银行一种特殊的放款形式，商业银行可提前取得票据上的金额，中央银行则以垫款的形式提供资金。与中央银行向商业银行的贷款业务一样，中央银行对商业银行再贴现的票据、数量以及期限等也都有严格的规定。中央银行再贴现业务是解决商业银行或其他金融机构短期资金不足的重要手段，同时也是中央银行实施货币政策的重要工具之一。

2. 贷款业务

中央银行作为银行的银行和政府的银行，在商业银行和政府资金紧张时，有义务、有责任对其提供资金支持，以解决它们资金周转的困难。因此，中央银行的贷款业务主要包括两种：即对商业银行和其他经过特殊批准的金融机构的贷款业务和对政府的贷款业务。

（1）中央银行对商业银行的贷款。相对于商业银行对企业、社会公众的贷款，中央银行对商业银行的贷款，称“再贷款”，也叫最后贷款，中央银行由此而获得最后贷款人的称号。但通常情况下，中央银行向商业银行贷款以短期为主，而且贷款用途也受一定条件的限制，中央银行向商业银行贷款不以盈利为目的，这与商业银行对企业和社会公众发放的贷款目的有明显的不同。

中央银行对商业银行的贷款方式主要有三种:第一,信用贷款,即中央银行根据商业银行的信誉而提供的一种短期贷款;第二,担保贷款,即商业银行以其客户发出的合格、高品质的商业票据为担保品,而向中央银行申请的贷款;第三,质押贷款,即商业银行将自己持有的政府债券或其他合格的有价证券交给中央银行作质押品而向中央银行申请的贷款。

(2)中央银行对政府的贷款。在特殊情况下,中央银行对政府贷款是政府弥补资金不足的应急措施之一,一般包括中央银行采取透支向政府贷款和按协议或法律规定直接向政府贷款两种形式。不过如果这种贷款数量、时间过长易引起信用扩张、诱发通货膨胀。因此,正常情况下,世界各国对此均加以限制。我国中央银行法规定,中国人民银行不得对政府财政透支,不得直接认购国债、包销国债和其他政府债券,只能在公开市场上买卖国债和其他政府债券。

3. 证券买卖业务

各国中央银行一般都经营证券买卖业务,有价证券买卖是中央银行的一项主要资产业务。中央银行在公开市场上买卖有价证券是为了调节和控制货币供给量或是市场利率,进而影响整个国民经济,而不是为了营利。即中央银行买卖有价证券不是目的,而是调控宏观经济的一种手段。一般来说,当一国经济出现过热或通货膨胀时,则需要紧缩银根、减少流通中的货币供给量,为此,中央银行便在公开市场上抛出其持有的有价证券,回笼货币;当经济出现低迷或通货紧缩时,则需要放松银根、增加流通中的货币供给量,此时,中央银行在公开市场上买进有价证券,投放货币。我国中央银行从 1996 年 4 月 1 日开始进行公开市场操作,目前主要是买卖政府债券、政策性金融债券、中央银行票据等。

4. 金银、外汇储备业务

目前,各国政府一般都授权本国中央银行集中掌管国家的金银、外汇储备。而中央银行为了调节国家的国际储备,促进国际收支平衡,保持汇率和国内货币稳定,都保留一定的黄金、白银及外汇储备,并根据经济发展的需要,在国内和国外金融市场上买卖这些储备资产,从而形成中央银行的资金运用业务。中央银行执行这一职能的意义表现在:第一,有利于稳定币值。保持币值稳定是中央银行的主要货币政策目标,因此,许多国家的中央银行对其货币发行额和存款额,都保持一定比例的金银和外汇国际储备。当国内物资不足、物价上涨时,中央银行可以使用国际储备进口商品或抛售金银、外汇储备,以回笼本国货币,起到平抑物价,稳定本国币值的作用。第二,有利于稳定汇率。在浮动汇率制度下,中央银行遇到市场汇率发生剧烈波动时,可以运用国际储备进行适当干预,以维持本国货币对外价值的稳定。第三,有利于对国家收支平衡的调节。当一国国际贸易连续出现大量逆差时,中央银行可以使用国际储备抵补外汇的不足;当国际贸易连续出现大量顺差时,中央银行可以减少对外借款,用国际储备清偿债务或者扩大资本输出。

5. 其他资产业务

其他资产业务是指除上述四项资产业务以外的资产业务。一般而言,由于各国经济发展水平不同,信用机构以及金融市场的完善程度不同,在不同时期,中央银行会根据具体情况经营一些其他资产业务。

(二)中央银行的负债业务

中央银行的负债业务是形成其资金来源的业务,也是中央银行进行资产业务的基础。中央银行的负债业务主要包括货币发行业务、存款业务和其他负债业务等。

1. 货币发行业务

货币发行是指中央银行向流通领域投放货币的活动。货币发行是中央银行最重要的负债业务，是中央银行形成的最基本动因，也是“发行的银行”职能的直接体现。中央银行发行货币是通过对商业银行及其他金融机构提供再贷款、再贴现，在公开市场上购买有价证券和收购金银、外汇等业务活动来实现的。在信用货币流通条件下，中央银行发行的主要是纸币和用作辅币的金属铸币。它们是一种债务凭证，对每一个持有货币的社会公众来说，他们手中所持有的中央银行的纸币，只要能够用以交换自己需要的商品或者劳务，而且币值保持稳定，就不会持纸币向中央银行索偿。因此，在一般情况下，中央银行的这种负债就成为其一项长期的、无须清偿的债务，故货币发行成为发行者的稳定收入。货币发行越多，中央银行所获得的收益也就越大。基于此，各国为保持本国货币流通的基本稳定，防止中央银行滥用发行权，导致流通中的货币发行量超过经济发展与商品流通的客观需要量，引起通货膨胀，降低币值，分别采取了不同方法，如发行准备制度、最高发行额限制制度、有价证券保证制度等，对中央银行货币发行数量加以限制。

2. 存款业务

作为银行的银行，吸收存款业务是中央银行的主要业务之一。中央银行的存款业务完全不同于商业银行和其他金融机构的存款业务，中央银行的存款业务与调节货币供给量、维护金融安全以及组织商业银行与其他金融机构之间的清算有着密切的关系。中央银行的存款业务主要包括两个方面，一是因代理国库业务而从政府和公共部门吸收的存款；二是来自商业银行及其他金融机构的存款准备金。

（1）代理国库业务。中央银行之所以代理国库业务，是由于它是政府的银行这一职能决定的。因为财政部作为国库的管理者，首先应在中央银行开立专门账户，当财政得到征纳税款、收到国有股份的股息、分红和发行政府债券而得到资金时，其收入款项都记入其在中央银行开立的账户上。当财政部向指定部门拨付各项经费和资金时，就直接从财政部账户汇兑到指定部门存款账户。当财政收支相抵形成的差额为正数时，就是财政结余存款，形成中央银行较为稳定的资金来源，而且中央银行对这些资金一般不支付利息，构成中央银行的负债业务；如果差额是负数，则属于财政透支。各国一般都规定禁止中央银行向财政透支。因此，中央银行代理国库业务，可以沟通财政资金与金融之间的联系，使国家的财源与金融机构的资金来源相连接，充分发挥货币资金的作用，并为政府资金的融通提供有利的调节机制。

（2）集中存款准备金业务。中央银行集中商业银行及其他金融机构的存款准备金，除了满足商业银行与其他金融机构流动性和清偿能力的要求外，还有助于调节信贷规模及货币供给量、便利资金清算以维护金融体系安全与稳定。存款准备金包括两部分，即法定存款准备金和超额存款准备金。前者由商业银行存款总额及法定存款准备金率决定，这部分准备金必须存入商业银行在中央银行所开立的存款准备金账户；后者是商业银行存在中央银行存款准备金账户上的，超过法定存款准备金的那部分存款，其数额的确定是商业银行自愿决定的。

由于中央银行对商业银行和存款机构缴存的存款准备金通常不付利息，所以存款准备金就成为中央银行低成本甚至是无成本的、稳定的资金来源。中央银行除了用这些准备金支持商业银行的资金需要，增强整个银行系统的后备力量外，更主要的是中央银行通过存款准备金可以控制商业银行的信贷量。如中央银行提高法定存款准备金率，就可以减少商业银行的信贷规模和投资量；降低法定存款准备金率，就可以扩大商业银行的信贷规模和投资量。

3. 其他负债业务

其他负债业务是中央银行除货币发行业务、存款业务以外的负债业务。如发行中央银行债券、对外负债和资本业务等。

(1)发行中央银行债券。发行中央银行债券是中央银行的一种主动负债业务，其发行对象主要是国内金融机构，但需要向债权人支付利息。发行中央银行债券的目的主要包括：一是针对商业银行和其他金融机构流动性过剩的情况，通过发行债券可以减少它们的流动性，从而有效控制货币供给量；二是将发行中央银行债券作为其公开市场操作的工具之一，通过中央银行债券的市场买卖行为，灵活调节货币供给量。

(2)对外负债。中央银行的对外负债业务主要包括向国外政府借款、向外国银行借款、向国际金融机构借款、向国外发行中央银行债券等。

(3)资本业务。中央银行的资本业务是筹集、维持和补充自有资本的业务。中央银行自有资本的形成主要有政府出资、地方政府或国有机构出资、私人持股以及公私合股等类型。当然，由于中央银行的特殊地位和拥有法律特权，其资本金的多少并不重要，因为有的国家中央银行甚至没有资本金，因此，中央银行的资本业务不能与一般金融机构的资本业务相提并论。

(三)中央银行的清算业务

中央银行的清算业务也称为中间业务是指中央银行为商业银行和其他金融机构办理资金划拨清算和资金转移的业务。由于商业银行及其他金融机构在中央银行开立了存款账户，并把它们的存款准备金都存在中央银行，因而，商业银行和其他金融机构彼此间交换各种支付凭证所产生的应收应付款项，就可以通过中央银行的存款账户划拨来清算，从而使中央银行成为全国清算中心。中央银行的清算业务包括票据交换业务和办理异地资金汇兑业务等。

1. 集中办理票据交换业务

票据交换工作一般在票据交换所进行，票据交换所是在同城市内银行间清算各自应收应付票据款项的场所，参与票据交换所交换票据的银行都是“清算银行”或“交换银行”，它们都必须依据票据交换所有关章程的规定承担一定的义务(如向中央银行缴纳一定交换保证金，在中央银行开立往来存款账户用以转账结算、指派经审查合格的交换员，承担交纳应负担的一切费用等)，才能拥有入场交换票据的权利。

2. 办理异地资金汇兑业务

各城市、各地区间的资金往来，通过各银行间的异地汇兑形成的异地银行间的债权债务清算是由全国性的清算中心提供服务的，在全国范围内办理异地资金汇兑是中央银行资金清算业务的主要部分。中央银行通过办理异地资金清算业务，不仅为全国各地的众多银行提供了清算业务，而且还能了解全国的资金供求状况，这为中央银行有效调控流通中的货币供给量奠定了基础。

第三节　中央银行的金融监管

金融监管(financial supervision)是金融监督与金融管理的复合称谓。金融监管是指金融监管当局对金融机构实施全面的、经常性的检查和督促,并以此促使金融机构依法稳健地经营、安全可靠和健康地发展。金融管理是指金融监管当局依法对金融机构及其经营活动实行的领导、组织、协调和控制等一系列活动。自20世纪90年代以来,金融监督与金融监管一般同时使用,不再区分两者的细微差别,金融监管这一复合词也被广泛使用。金融监管有狭义和广义之分。狭义的金融监管是指金融监管当局依据国家法律法规的授权对整个金融业实施的监督管理。广义的金融监管是在上述监管之外,还包括了金融机构内部控制与稽核、同业自律性组织的监管、社会中介组织的监管等。本节将研究中央银行的金融监管,即狭义的金融监管。

一、金融监管的必要性与一般内容

(一)金融监管的必要性

自17世纪近代银行产生以来,随着银行业的快速发展,金融风险便伴随其中。特别是20世纪90年代以来,在经济自由化和金融自由化的推动下,无论是金融产品的交易量,还是交易品种、交易方式等方面都发生了深刻变化,与此同时,金融风险也明显加剧,金融危机的频率也在加快,而且影响也越来越大,如1992年欧洲金融市场动荡,1994年墨西哥金融危机,1995年英国巴林银行倒闭,1997～1998年东南亚金融危机,1998年的俄罗斯金融危机和巴西金融危机,2000年的土耳其金融危机,2001年的阿根廷金融危机,2006年年底泰国的金融动荡,2007年爆发并波及全球的美国次贷危机等,对金融自由化的理论与政策主张提出了严峻的挑战,也使金融监管的必要性更加突出。为应对金融危机,弥补制度缺失,英国制定了2009年《银行法》。该法律从银行系统性风险监管、危机银行救助、银行破产、存款人保护等多个方面发展了英国银行法律制度。完善了"金融服务赔偿计划",强化了对存款人的保护,建立了专门针对银行业的破产制度。它也是世界范围内政府救助危机银行法制化的先进成果,以及引领银行法理念变革和制度完善的典范。之后,美国国会在2010年通过了历史上最为严厉的《华尔街改革与消费者保护法》,与此同时,许多国家的金融法改革方案都呈现出此种趋势。

为推动金融控股公司规范发展,有效防控金融风险,更好地服务实体经济,中国人民银行印发了《金融控股公司监督管理试行办法》,自2020年11月1日起施行。该办法遵循宏观审慎管理理念,按照全面、持续、穿透的原则,对非金融企业投资控股形成的金融控股公司依法准入并实施监管,规范金融控股公司的经营行为。该办法的实施,继续坚持金融业总体分业经营为主的原则,从制度上隔离实业板块与金融板块,有利于金融控股公司持续健康发展,有利于防范风险交叉传染,有利于进一步促进经济金融良性循环。

1. 市场经济的内在要求

我们知道,良好的金融秩序是保证金融安全的重要前提,公平竞争是保持金融秩序和金融效率的重要条件。现代市场经济在某种意义上是一种法制经济。从经济的内在要求看,金融监管的理论依据源于一般管制理论。该理论认为,在现实经济运行中,由于存在信息不对称、垄断、价格黏性、外部效应等问题,竞争有效发挥作用的各种条件在现实中难以满足,从而导致经常性的市场失灵。因此,完全的自由竞争并不能使市场运行实现规范合理和效率最优,这就需要借助政府的力量,从市场外部通过法令、政策和各种措施对市场主体及其行为进行必要的管制,以弥补市场缺陷。比如,根据管制理论中的公共利益论(the public interest theory),当某个机构个体利益大于社会利益并可能对社会公共利益造成损害时,往往发生外部效应和信息不对称性带来不公平的问题,因为单家金融机构并没有能力承担全部的风险成本,而由公众、整个金融机构体系乃至整个社会经济体系来承担,这样社会公共利益就会受到极大的损害。基于此,金融监管的基本出发点就是要维护社会公共利益。但由于社会公共利益分散于千家万户、各行各业,维护这种利益的职权自然就落在国家法律授权的机构去行使。特别是金融机构之间具有较强的相关性,单个金融机构或金融产品与整个金融体系之间也具有较强的相关性,这就使得金融机构的风险和破产具有传染性,一个金融机构陷入风险危机,往往引起社会公众对其他金融机构丧失信任,极易在金融机构体系内产生风险的连锁反应,动摇整个社会的信用基础,导致以"信用经济"为特征的现代市场经济运行陷入瘫痪。特别是在金融国际化的今天,一个国家的金融风险还会危及其他国家,可能引发全球性金融危机。为控制金融机构的经营风险,避免发生国际性金融风险,需要国家对金融业实施严格的金融监管,保持市场经济的稳健运行。

2. 金融业的特殊性

金融业在现代市场经济中居于核心地位,由于其经营活动具有作用力大、影响面广、风险高等特点,因此,依法对金融业实施监管是金融业本身的特殊性所决定的,具体表现在:

(1)金融业在国民经济中的特殊地位和作用。在市场经济中,特别是在当代完全的信用货币制度下,金融已不再扮演简单的"中介"角色,而是积极地发挥着创造信用货币和信用流通工具的功能,从而使其对经济发展的作用从最初适应性的便利与促进,发展到现在主动的推动和先导上来,成为一国经济发展的关键因素。因此,金融业的稳定与效率将直接影响国民经济的正常运行与发展,乃至社会的安定,由此决定了必须对金融业严加监管,以保证金融体系的安全和有效运行。

(2)金融业的公共性。金融业的公共性与其活动所涉及的广泛性相关,金融业居于其债权人与其债务人之间,前者主要指存款人、证券持有人、投保人等,后者主要指借款人、证券发行人等,而无论是前者还是后者,金融机构所面对的都是社会公众,其经营活动及其成果都对社会公众产生影响。但由于金融业具有相对垄断性,当金融机构的规模在一个特定市场上大到能够给它带来显著成本优势时,其在经营过程中有可能做出不利于债权人或债务人的安排,或向客户提供不公平的歧视性服务,或故意隐瞒事实真相,甚至提供虚假的信息,而金融机构本身比社会公众拥有更为充分的信息,由于信息不完全或信息不对称,金融机构就有可能利用这个便利条件,将金融风险或损失转嫁给公众。所以为防止这种相对垄断可能带来的不公平以及因信息不对称造成的选择、评价等问题,需要通过金融监管来约束金融机构的行为,以保护公众的利益。

(3)金融业的内在风险。与其他行业相比,金融业是一个特殊的高风险行业,这种特殊性决定了国家特别需要对该行业进行监管。金融业特殊的高风险性首先表现在其所经营对象的特殊性,金融机构经营的不是普通商品,而是货币资金,包括债券、股票、保险单等虚拟产品,它们与客户的经营关系都是以信用为基础,而信用本身就包含了许多不确定性因素,从而决定了金融机构的经营具有内在风险。此外,金融业的现代化发展还加大或带来了系统性风险、网络风险、国际风险、创新风险等,一旦风险成为现实,就会动摇社会公众对金融机构的信任,引发金融危机。其次,金融业具有很高的负债比率,自有资本少,特别是采取部分准备金制度,其营运主要依靠外部资金,这就使金融业的经营具有内在不稳定性,其生存在很大程度上依赖于社会公众的信任。因此,只有金融业安全运行,才能保持公众对金融体系的信心,从而保证国民经济的健康发展。

(二)金融监管的一般内容

金融监管的客体即金融监管对象,也被称为被监管者,主要是商业银行及非银行金融机构和市场的监管,具体内容包括三方面:即市场准入的监管、市场运作过程的监管和市场退出的监管。

1. 市场准入的监管

这是国家对银行等金融机构监管的开始。各个国家的金融监管当局一般都参与金融机构设立的审批过程。银行申请设立必须符合法律规定,主要包括两方面:一是具有最低限度的认缴资本额;二是具有素质较高的管理人员。资本额的标准与管理人员的条件各国都有具体规定。

2. 市场运作过程的监管

金融机构经批准开业后,监管当局要对金融机构的运作过程进行有效监管,以便更好地实现监控目标。尽管各国对金融机构市场运作过程的监管具体内容并不完全一样,但一般将监管的重点放在以下几个方面:

(1)金融机构业务的合规性。即被监管金融机构是否严格遵守相关法律法规及各种规定,是否严格执行中央银行或监管当局的各种规章制度。

(2)资本充足性。即银行在开办业务时要受自有资本的限制,不能脱离自有资本而任意扩大业务。在这方面,“巴塞尔协议”关于资本充足率不低于8%的规定,已被世界各国普遍接受,并将其作为对银行监管中资本充足率的最重要、最基本的标准。

(3)流动性监管。即金融机构偿还到期债务的能力。监管当局通过评估金融机构负债的变动情况、对借入资金的依赖程度、可随时变现的流动性资产的数量、紧急筹资能力等,保持必要的监管。流动性监管既包括对本币流动性的监管,也包括对外币流动性的监管。

(4)资产质量。资产质量是衡量一家金融机构经营状况最重要的依据。资产质量差将直接影响金融机构的业务活动、盈利能力及社会信誉,甚至导致破产倒闭。监管当局主要通过设定的相关指标来监管金融机构的资产质量。

(5)贷款风险的控制。追求最大限度的利润是商业银行经营的直接目的,商业银行通常把吸收的资金尽可能地集中投向盈利高的项目,由于获利越多的资产,风险相对就越大,因而,大多数国家的中央银行都尽可能地限制贷款投向的过度集中。分散风险是商业银行的经营战略,也是金融监管的重要内容。在经济、金融创新不断变化的情况下,如何对金融风险集中进行准确评估和有效控制,已成为近年来备受关注的问题。实践证明,从风险管理和风险监管的角度看,仅对各种风险进行逐项控制是远远不够的,更重要的是应将注意力放到各类风险之间的相互联系和相互影响上。

(6)外汇风险的管理。在外汇风险领域里,大多数国家对银行的国际收支的趋向很重视，并制定适当的国内管理制度，但各国的管理制度存在较大差别。如美国、法国、加拿大等国对外汇的管制较松；而英国、日本、瑞士等国对外汇的管制较严。

(7)存款保险的管理。为了维护存款人利益和金融业的安全与稳健经营，有些国家建立了存款保险制度。当金融机构出现信用危机时，由存款保险机构向金融监管机构提供财务援助，或由存款保险机构直接向存款人支付部分或全部存款，以维护正常的金融秩序。

(8)管理水平和内部控制能力。从根本上说，金融机构的经营状况都与其经营管理和内部控制有着直接或间接联系，因而也成为金融监管的重要内容。但由于管理水平和内部控制能力很难用一定量的客观数据、指标来衡量，监管过程中通常以金融机构内部的各种规章制度、业务政策、经营计划、管理人员的经历与经验、职工的素质等非定量因素作为参考，实践中具有一定的监管难度。

3. 市场退出的监管

金融机构市场退出的原因和方式可以分为两类：主动退出与被动退出。主动退出是指金融机构因分立、合并或者出现公司章程规定的事项需要解散，而退出市场的，其特点是"主动地自行要求解散"。被动退出是指由于法定事由，如法院宣布破产或因严重违纪、资不抵债等原因而遭关闭，监管当局将依法关闭金融机构，使之退出金融市场。

各国对金融机构市场退出的监管都通过法律予以明确，并且有很细致的技术性规定。一般包括：接管、解散、撤销、破产等几种形式。无论采取哪种形式，金融监管当局都要对金融机构的市场退出过程进行监管，保持其退出的合理性和平稳性。

二、金融监管的目标和原则

(一)金融监管的目标

金融监管的目标是由金融业在社会经济中重要的地位和作用所决定的，它是金融监管当局进行金融监管的前提和监管当局采取监管行动的依据。金融监管的总体目标应该是通过对金融业的监管，促成建立一个稳定、健全和高效的金融体系，保证金融机构和金融市场健康发展，从而保护金融活动各方特别是存款人的利益，以推动经济和金融的发展。具体来讲，金融监管的目标可以分为以下几个层次：

1. 维护金融的安全与稳定

随着金融全球化的发展，资本流动的范围越来越广，流动速度越来越快，一国金融市场遭受内外冲击而出现危机的可能性越来越大。与此同时，随着金融机构间竞争不断加剧，金融机构的经营风险也在不断提高。因此，维护本国金融体系的安全是金融监管当局进行金融监管的首要目标。

2. 保护社会公众的利益

金融机构作为信用中介，其资金主要来源于是社会公众的存款，金融监管当局对金融业的监管，不仅是为了金融体系的安全与稳定，更是为了保护国家和社会公众的利益。

3. 保证金融机构的竞争和公平

竞争是市场经济的基本特征之一，有序竞争可以形成一种优胜劣汰的有效机制，有利于资源的合理配置，但盲目竞争、不公平竞争或非法竞争则会导致金融机构的破产倒闭，并形成金融业的垄断，从而危害和阻碍经济的发展。因此，通过金融监管当局的监管、引导、调控，可以为金融业的发展创造一个良好、公平的竞争环境，促进社会经济的顺利发展。

4. 保证中央银行货币政策的顺利实施

我们知道，中央银行在实施货币政策进行宏观调控时，是以金融机构特别是商业银行为传导中介的，由于商业银行是以盈利为经营目标的，因此，金融监管当局有必要通过一定的监管措施，限制商业银行与中央银行政策目标不一致的经营活动，促使商业银行等金融机构配合中央银行贯彻实施货币政策。

（二）金融监管的原则

为了实现金融监管的多元化目标，在金融监管的立法和实践活动中，一般需要遵循一定的监管原则，这些原则渗透和贯穿于监督管理体系的各个环节和整个过程的始终。

1. 依法监管的原则

依法监管的原则包括两层含义：一是金融监管当局在行使权力时必须合乎法律法规，以确保其行为不超出国家法律、法规的规定，体现和维护社会公众的合法权益，体现金融监管的公正性、权威性、强制性和一贯性。二是金融机构应合法经营，依法接受监管当局的监管，确保金融监管的有效性。而要达到这一点，金融法规的完善和依法管理是不可缺少的。

2. 监管主体的相对独立性原则

监管主体的相对独立性是指参与金融监管的各个机构要有明确的责任和目标，并享有操作上的自主权和先决条件。这些条件主要包括：稳健且可持续的宏观经济政策；完善的公共金融基础设施；有效的市场约束；高效解决银行问题的程序以及提供适当的系统性保护机制等。

3. 适度竞争的原则

竞争是市场经济的基本规律，是市场机制发挥作用的前提条件。在市场经济条件下，必须保持金融机构间的适度竞争，使金融机构能以合理的成本提供良好的金融服务以满足社会公众的需要。适度竞争的原则包括两层含义：一是防止不计任何代价的过多竞争避免出现金融市场上的垄断行为；二是防止不计任何手段的恶性竞争，避免出现危及金融体系安全稳定的行为。这就要求既不能限制过死，又不能放松过宽，使金融机构在一个适度的基础上追求利润最大化。

4. 审慎监管原则

审慎监管就是监管当局要最大限度地评估金融机构的风险。金融机构要安全稳健地经营业务，是各国都要坚持的金融监管政策之一。安全稳健与风险预防及风险管理是密切相连的。安全稳健是一切金融监管当局监管工作的基本目标，风险预防是监管者的重要职责。为了及时了解和掌握金融机构风险分布状况，监管当局要通过制定一系列的法规和管理指标体系，做到及时、准确地发现风险并及时采取预防措施。

5. 外部监管与内部监管相结合的原则

金融监管当局的依法监管是金融业健康稳定发展的外部保证，而金融业的内部自律则是金融业安全运行的内在保证。要保证监管的及时和有效，客观上需要外部监管与内部监管有机配合。因为外部强制监管不论多么缜密严格，也只能是相对的，假如被监管对象不配合、不协作，而是设法逃避应付，那么外部监管也难以收到预期的效果；反之，如果将全部希望寄予金融机构本身内部监管上，则一系列不负责任的冒险经营行为和风险就难以有效地避免。因此,外部监管与内部监管相结合的原则非常必要。

6. 母国与东道国共同监管的原则

世界经济一体化的发展促使金融国际化呈现强劲势头,近年来,跨国银行日趋增多,国际金融业务发展迅猛。随着金融国际化的发展,仅以国界为金融监管范围将难以实现金融监管目标。为了维护国际金融业的平稳运营与公平竞争,保护国际投资者的利益,各国金融监管机构已联手进行金融监管。国际性金融机构的母国与东道国对其监管应负有明确的责任,母国与东道国应建立联系、交换信息,共同完成对跨国金融机构和金融业务的监管,逐步实现金融监管的国际化。

三、金融监管的组织体制

金融监管组织体制是由一系列监管法律法规和监管组织机构组成的体系,纵观各国金融监管组织体制,通常有两种划分方法。第一种是按金融监管机构的设立划分,大致分为两类:即由中央银行独家行使金融监管职责的单一监管体制和由中央银行与其他金融监管机构共同承担监管职责的多元监管体制。第二种是按金融监管机构的监管范围划分,又可分为集中监管体制和分业监管体制。一般来说,实行单一监管体制的国家在监管范围上都是实行集中统一监管,而实行多元监管体制的国家在监管范围上大都实行分业监管。

(一)集中监管体制

集中监管体制有时又称"一元化"监管体制,它是指把金融业作为一个相互联系的整体统一进行监管,一般由一个金融监管机构承担监管职责,实践中,绝大多数国家是由中央银行来承担的。而被监管对象——金融机构是混业经营体制,即金融机构可以经营银行、证券、保险和信托在内的全方位金融业务的一种经营体制。因此,实行混业经营、集中监管体制的主要原因有三点:首先是取决于金融机构提供金融服务的水平。金融机构的多元化发展程度越高,就越能够为工商企业提供全方位、高质量的服务。其次是取决于金融监管的水平。金融监管水平越高,控制和防范金融风险的能力就越强,也就越有能力和条件实行混业经营、集中监管。三是取决于金融自由化和金融创新的发展程度。金融自由化为金融机构混业经营提供了基础,同时金融创新也为货币市场与资本市场的紧密联系提供了新的金融工具。实行集中监管体制的主要有英国、德国、瑞士、澳大利亚、新西兰等国家。

(二)分业监管体制

分业监管体制是根据金融业内不同的金融机构主体及其业务范围的划分分别进行监管的体制。各国的分业监管体制通常由多个金融监管机构共同承担监管责任,实践中,银行业一般由中央银行负责监管;证券业由证券监督管理委员会负责监管;保险业由保险监督管理委员会负责监管,各监管机构既分工负责又协作配合,共同组成一个国家的金融监管组织体制。与此相对应,被监管对象——银行、证券、保险和信托等金融机构只能经营本行业的业务,不能兼营其他行业业务,即分业经营体制。因此,实行分业经营、分业监管体制的主要原因是:在混业经营体制下,如果金融机构的内控机制不够健全,尤其是金融监管没有达到一定水平,一旦发生金融风险,它将迅速传导到整个金融业,扩大危机的影响范围,增大金融风险所造成的损失。同时,在市场交易规则不健全的情况下,混业经营体制极易造成行业间不合理的资金流动，引发金融市场动荡。为防止金融机构的过度竞争，防范金融风险，自20世纪30年代大危机后，以美国、英国、日本、法国为代表的国家实行了分业监管体制。

（三）金融监管体制的发展

自20世纪80年代以来，金融自由化和金融创新迅猛发展，传统的金融机构的经营体制逐渐被打破，金融监管组织体制也发生了深刻变化。英国在1986年、日本在1996年分别通过相关法律，打破分业金融监管体制，实行集中监管体制，在20世纪90年代末期，金融监管也随之转变为集中监管体制。美国的金融监管虽然仍实行分业监管体制，但在1999年通过的《金融服务现代化法案》，就取消了分业监管体制法案，开始进入集中监管体制时代。

第四节　我国中央银行的发展

一、中国中央银行制度的萌芽阶段

我国中央银行的萌芽可以追溯到清朝末年。为了整顿币制，1904年由户部奏准清政府设立户部银行。户部银行为官商合办，1905年8月在北京开业，它是模仿西方国家中央银行而建立的我国最早的中央银行。负责经理国库、发行货币、经理公债等，1908年户部银行改称大清银行。

二、辛亥革命时期和北洋政府时期的中央银行

1911年的辛亥革命取得胜利，大清银行改组为中国银行。交通银行始建于1908年，成立之初，曾自我标榜为“纯属商业银行性质”。但事实上，它后来成了北洋政府的中央银行。1913年10月，也取得了发行货币的资格，交通银行同时获得“分理国库”的特权，因此，这一时期，中国银行和交通银行共同行使中央银行的一部分职能。1924年8月，孙中山在广州组建了国民革命政府的中央银行。1926年，北伐军在武汉设立了中央银行，但这两家中央银行存在的时间较短，并没有真正行使中央银行的基本职能。

1935年5月，国民政府正式公布了《中央银行法》，同年11月，国民政府实行法币政策，放弃银本位，实行金汇兑本位制，同时规定中央银行、中国银行和交通银行所发行的钞票为法定货币。中国农民银行没有加入法币集团，但其发行的钞票与法币同时流通。1937年7月，国民政府为应付战时金融紧急情况，协调中央银行、中国银行、交通银行、中国农民银行四行的业务活动，在上海成立了四行联合办事总处，1939年成为中国金融的最高决策机构。1942年7月1日，货币发行权完全集中到中央银行，代理国库、调剂金融市场、外汇储备和金银储备的管理也集中于中央银行。至此，中央银行的职能基本上建立起来。中国的中央银行制度有了较大发展。

三、革命根据地的中央银行

1927年，共产党在建立根据地以后，就成立了人民的银行，发行货币。如1927年冬，闽西上杭县蛟洋区农民协会创办了农民银行等。1931年11月，在江西瑞金成立了中华苏维

埃共和国临时中央政府,并决定成立国家银行。1932 年 2 月 1 日,苏维埃国家银行正式成立,苏维埃国家银行还在各地设分支机构,以带动根据地银行走向集中和统一。根据国家银行章程,该行除办理一般银行业务外,由政府赋予发行钞票的特权,同时接受政府委托代理国库,代理发行公债及还本付息业务。国家银行还设有银行管理委员会,对私人银行和钱庄进行监管。

1934 年 10 月,苏维埃国家银行跟随红军长征转移,1935 年 11 月,它改组为中华苏维埃共和国国家银行西北分行。同年 10 月,国家银行西北分行改组为陕甘宁边区银行,总行设在延安。随着解放战争的胜利,解放区迅速扩大并逐渐连成一片,整个金融事业趋于统一和稳定。

四、中华人民共和国中央银行制度的建立与发展

中华人民共和国成立前夕,即 1948 年 12 月 1 日,解放区的各家银行在石家庄成立了中国人民银行,1949 年 2 月,中国人民银行总行随军迁入北京,以后按行政区设立分行、中心支行和支行(办事处),支行以下设营业所,基本上形成了全国统一的金融体系,形成了中华人民共和国的中央银行制度。

这一时期的中国人民银行,一方面全部集中了全国农业、工业、商业短期信贷业务和城乡人民储蓄业务;同时,既发行全国唯一合法的人民币,又代理国家财政金库,并管理金融行政,这就是所谓的"大一统"的中央银行体制。

十一届三中全会后,伴随着经济体制和金融体制改革的不断深入,各专业银行和其他金融机构相继恢复和建立。1979 年 2 月,原中国人民银行农村业务部和国外业务部分别独立出去,形成了中国农业银行和中国银行。1980 年 1 月 1 日,中国人民保险公司从中国人民银行独立出来,并恢复了中断 20 年之久的国内保险业务。

1986 年 1 月 7 日,国务院做出《中华人民共和国中央人民银行管理暂行条例》,首次以法规形式规定了中国人民银行作为中央银行的性质、职能与地位。1995 年 3 月 18 日,第八届全国人民代表大会第三次会议通过了《中华人民共和国中国人民银行法》,首次以国家立法形式确立了中国人民银行作为中央银行的地位,标志着中央银行体制走上了法制化、规范化的轨道,这是我国中央银行制度建设的重要里程碑。

1998 年 10 月开始,中国人民银行及其分支机构在全国范围内进行改组,撤销中国人民银行省级分行,在全国设立 9 个跨省、自治区、直辖市的一级分行,重点加强对辖区内金融业的监督管理。一个以中央银行为领导,以商业银行为主体,多种金融机构并存、分工协作的具有中国特色的金融体系已经形成。

2003 年 12 月 27 日,十届全国人大常委会第六次会议对《中华人民共和国中国人民银行法》进行了修订,并于 2004 年 2 月 1 日起实施。新修订的《中国人民银行法》对中国人民银行的主要职能进行了调整,由原来的"制定和执行货币政策、实施金融监管、提供金融服务"调整为"制定和执行货币政策、维护金融稳定、提供金融服务"。中国人民银行的职能由此发生变化,监管金融机构的职能转交新成立的中国银行业监督管理委员会,中国人民银行主要负责实施货币政策、维护金融稳定和提供金融服务。随着这些变化,中国人民银行在宏观调控中发挥着更加重要的作用了。

中国人民银行(简称央行)是中华人民共和国的中央银行,中华人民共和国国务院组成

部门之一。中国人民银行总行位于北京,2005 年 8 月 10 日在上海设立中国人民银行上海总部。中国人民银行的职责如下：

(1)发布与履行其职责有关的命令和规章；

(2)依法制定和执行货币政策；

(3)发行人民币,管理人民币流通；

(4)监督管理银行间同业拆借市场和银行间债券市场；

(5)实施外汇管理,监督管理银行间外汇市场；

(6)监督管理黄金市场；

(7)持有、管理、经营国家外汇储备、黄金储备；

(8)经理国库；

(9)维护支付、清算系统的正常运行；

(10)指导、部署金融业反洗钱工作,负责反洗钱的资金监测。

思考题

1. 简述中央银行产生的客观必然性。
2. 简述中央银行的性质和职能。
3. 简述中央银行的类型。
4. 中央银行的资产负债包括哪些内容?
5. 简述金融监管的必要性、内容和目标。
6. 简述中国人民银行的职责。

第九章　货币供求及其均衡

【本章要点】

➢ 货币需求与货币需求量；
➢ 货币需求理论；
➢ 货币供给与货币供给量；
➢ 货币层次的划分；
➢ 中央银行与基础货币；
➢ 商业银行存款货币的创造；
➢ 货币的均衡与失衡。

供求关系是市场经济中最基本的经济关系。货币和商品一样，也有供给和需求，也有供给和需求的均衡问题，货币的供给与需求的均衡问题对一国的物价水平、经济的稳定增长以及国民收入等都有影响，因而，中央银行制定和执行货币政策，就是要保持货币供求的均衡，从而实现宏观经济总供求的均衡。所以，对货币供求进行研究，具有重要的意义。

第一节　货 币 需 求

一、货币需求及其决定因素

(一)货币需求与货币需求量的含义

1. 货币需求的含义

货币需求(demand for money)是指社会微观经济主体，如个人、企事业单位和政府部门等在既定的国民收入水平或财富范围内能够而且愿意持有货币的需求。在现代高度货币化的经济社会里，一定的经济内容必然伴随着对货币的一定需求。货币作为交易媒介，是人们财富的一般代表，货币这一独特职能使人们产生了对它的需求。在充当交易媒介时，货币与商品相对应，因此，在一定时期内，一个经济实体生产出多少商品，就需要相应数量的货币发挥媒介作用，以实现这些商品的价值，这是实体经济运行对发挥交易媒介职能的货币产生的需求；此外，货币作为财富的一般代表，具有价值贮藏职能，也是人们愿意持有货币并作为其资产组合的一个原因，这是微观经济主体对发挥价值贮藏职能的货币产生的需求。显然，这里所说的货币需求并不是指人们主观上“想要”多少货币，而是由各种客观因素所决定的人们“只能”占有一定量的货币，它不是一种纯粹的主观愿望，而是一种由各种客观经济变量所决定的对货币的持有动机或要求，是人们在其所拥有的全部资产中根据客观需要人为应该以货币形式持有的数量或份额。[①]

2. 货币需求量的含义

货币需求量是指在一定时期和区域内(如一个国家),社会各部门(个人、企事业单位和政府)在既定的社会经济和技术条件下所需要的货币数量的总和。货币需求量是货币理论中的一个重要概念,为了更加准确地理解货币需求量的含义,还需把握以下几点:

(1)货币需求量是一种能力与愿望的统一。货币需求量是社会各部门或经济主体以收入或财富的存在为前提,在具备获得或持有货币的能力范围之内愿意持有的货币量。因此,构成货币需求量必须同时具备两个条件:一是必须有能力获得或持有货币;二是必须愿意以货币形式保有其财产。有能力而不愿意持有货币不会形成对货币的需求量;同样,有愿望却无能力获得货币也不构成对货币的需求量,而是一种不切实际的奢望。

(2)宏观货币需求量与微观货币需求量。不同经济主体对货币需求量是不同的。宏观货币需求量是从宏观经济角度分析、研究一个国家在一定时期内与经济发展、商品流通相适应的货币需求量;而微观货币需求量是指微观经济主体,如个人、企事业单位、政府部门在既定的收入水平、利率水平和其他经济条件下,所需要的货币量。为了更好、准确、全面地理解货币需求量的含义,应将二者结合起来,统筹考虑。因为,微观货币需求量是宏观货币需求量的构成和基础,宏观货币需求量是微观货币需求量的总括。

(3)货币存量与货币流量。在经济学中,存量是一个时点数,可以在任何时点上加以确认,通常用余额或持有额等表示;流量是一个时期数,需在某一个确定的时间段通过累计加总后确定,通常用周转额或发生额等表示。关于货币需求量,理论界存在两种不同理解:一是指在某一时点上,社会各部门拥有的,有支付能力的购买力总量,它是一国国民收入分配的结果,即"购买力总量说";二是指在一定时期内一个国家在经济运行过程中发生的对货币的客观需求量,即"流通总量说"。前者是一个存量概念,后者是一个流量概念。通常情况下,我们考察货币需求量主要是研究货币需求存量,分析经济主体在特定条件下可能持有的货币的数量,或者在某一特定时点上,货币需求量与货币供给量达到均衡时的数量。然而,货币需求理论及货币政策所关注的并不是某一时点上的货币需求量,而是某一时期内货币需求的大致趋势及其变动幅度。从这个意义上讲,在货币需求量的研究中,需要把货币存量和货币流量结合起来考察,由于货币存量与货币周转次数的乘积构成货币流量,因此,必须分析货币周转次数的变动趋势和原因,做静态的和动态的研究,以便为中央银行制定合理的货币供给政策提供依据。

(4)名义货币需求量与实际货币需求量。在现实经济生活中,通货膨胀使货币的名义购买力与货币的实际购买力之间存在差异,这就形成对货币需求量的不同需求。名义货币需求量是指个人、家庭、企事业单位等经济主体或一个国家在不考虑价格变动时的货币需求量,它可以直接按照货币的面值来衡量和计算,如 1 万美元、5 万元人民币等,通常用 M_d 表示;实际货币需求量是指个人、家庭、企事业单位等经济主体或一个国家的名义货币需求量在扣除了物价上涨因素后而得到的货币余额,它等于名义货币需求量除以物价水平,即 $M'_d p$。即用某一不变价格为基础计算的货币需求量。因此,如果从名义货币需求量中剔除物价变动的影响,就可得出实际货币需求量。

---

① 艾洪德,范立夫.货币银行学[M].大连:东北财经大学出版社,2010:247.

(5)现实中,货币的需求量不仅包括现金,也包括存款货币等货币形态。现实经济生活中,货币的范畴在不断扩大,货币需求量已不再局限于仅现金一种形态,在任何一个国家,存款货币的数额已远远高于现金的数量。因此,如果把人们对货币的需求量仅仅局限于现金,显然是片面的。

(二)决定货币需求量的因素

现实生活中影响货币需求量的因素主要包括以下几种:

1.收入状况

收入状况是影响货币需求量的主要因素之一。在现实经济生活中,货币需求量是经济主体对其所分配到的社会产品或收入进行支配的需要而发生的。通常情况下,经济主体的收入状况包括收入水平和取得收入的时间间隔。收入水平与货币需求量成正相关关系,当经济主体的货币收入增加时,其对货币需求量也会随之增加;当经济主体收入减少时,对货币的需求量也会相应减少。在收入总量既定时,经济主体取得收入间隔的时间与货币需求量成正相关关系,即取得收入的时间间隔越短,对货币的需求量就越少;取得收入的时间间隔越长,对货币的需求量就越多。此外,经济主体的收入分配结构发生变化,也会对货币需求量产生一定的影响。

2.一国商品和劳务的总量

一国商品和劳务的总量反映了在一定时期内,整个社会的市场供给能力。商品和劳务的供给量越大,对货币的需求量就越多;反之,则越少。

3.货币流通速度

货币流通速度是指在一定时期内,单位货币被周转使用或流通支付的次数,反映了单位货币在流通中发挥作用的程度。因此,货币流通速度与货币需求成负相关关系,即货币流通速度越快,单位货币所完成的交易量就越多,完成一定的交易量所需要的货币就越少;货币流通速度越慢,完成一定的交易量所需要的货币就越多。

4.信用制度的发达程度

在一个信用制度健全、信用发达的经济社会中,会有相当一部分交易可通过债权债务的相互抵消来完成,从而减少对货币的需要量;另外,由于信用的发展和信用工具的运用,在一定时期内也会节约对货币的使用。因此,信用发达程度与货币需求量成负相关关系。

5.物价变动状况

在通常情况下,受市场供求关系的影响,当商品供不应求时,价格趋于上升,经济主体需要持有更多的货币用于购买和支付,货币需求量会增加;供过于求时,价格趋于下降,经济主体会减少对货币的需求。因此,物价变动与货币需求量成正相关关系。

6.人们对未来经济的预期

从金融学角度看,人们对未来经济预期主要包括对物价变动的预期、对投资收益率和市场利率的预期。如果人们预期物价将会上涨,为了降低持有货币而带来的损失,就会降低对货币需求量的需求。相反,则增加对货币需求量的需求;预期投资收益率上升,也会降低对货币的需求量。相反,会增加对货币的需求量;至于市场利率的预期,按凯恩斯的货币需求理论,市场利率与有价证券收益率呈反向变化,当人们预期市场利率上升,则会增加对货币的需求量。相反,会减少对货币的需求量。

7. 国家财政收支状况

当国家财政收入大于财政支出出现结余时，一般意味着对货币需求量的减少，因为社会产品中有一部分无须用货币进行分配或购买，从而减少了一部分用于交易性的货币需求。反之，当财政支出大于财政收入出现赤字时，则表现为对货币需求量的增加。弥补财政赤字的方式无论是通过发行公债还是向中央银行透支，都会引起货币需求量的增加。

除上述影响货币需求量的因素外，金融机构技术手段的先进程度以及一个国家在特定时期的政治形势和经济发展进程中对货币需求量也有影响，甚至一个民族的生活习惯、消费观念、文化传统等也会对货币需求量产生一定的影响。

二、货币需求理论

货币需求理论主要分析经济中影响社会各部门对货币需求量的因素，以及这些因素又是如何对社会各个部门的货币需求量产生影响的。国外学者站在不同的经济背景和角度，采用不同的分析方法和思路，得出了不同的观点。马克思在总结前人对流通中货币量的广泛研究的基础上，以他的劳动价值论为基础，揭示了货币必要量规律。现代西方货币理论的发展大致经历了三个发展阶段：第一个阶段是古典货币数量论占统治地位；第二个阶段是凯恩斯主义提出的流动性偏好理论，并迅速取代了古典货币数量论的地位，而成为主流学派；第三个阶段是货币学派的理论。其中，上述学者谈到的货币需求量的表达式在一定程度上揭示了货币需求的基本原理，但是由于这些表达式多是采用抽象的函数关系式反映，而且还不是直接的计量模型或应用模型。因此，我们把此类表达式称之为分析货币需求量的理论模型。

（一）马克思关于流通中货币需求量的理论

马克思的货币需求理论集中反映在其货币必要量公式中。马克思的货币必要量公式是在总结前人对流通中货币数量广泛研究的基础上，从宏观角度对货币需求理论进行了概括。

马克思关于流通中货币量的分析是以金币流通为假设条件。在此基础上进行了如下论证：

（1）商品的价格由商品的价值和黄金的价值决定，而商品的价值取决于生产领域，而非流通领域，因此，商品是带着价格进入流通领域的。

（2）商品数量的多少及价格的高低，决定了需要多少金币来实现它。

（3）商品与货币交换后，商品便退出当前的流通领域，而货币却继续留在流通领域中，充当商品交换的媒介，从而使一定数量的货币流通几次，就可以作为几倍于它的商品的交换媒介。这一论证可用公式写成

商品的价格总额/同名货币的流通次数＝执行流通手段职能的货币量

若用 M_d 表示执行流通手段职能的货币必要量，以 P 表示商品价格水平，Q 表示待售商品的数量，V 表示同名货币的流通次数，则有下面的公式

$$PQ/V = M_d$$

公式表明，执行流通手段职能的货币必要量主要取决于流通中的商品价格总额和同名货币的流通次数，其中，商品价格总额等于商品的价格与待售商品的数量的乘积。因此，在一定时期内，货币需求量的变动取决于商品的价格、流通中待售商品的数量和同名货币的流通次数。货币需求量与商品的价格、流通中待售商品的数量成正比，与同名货币的流通次数成反比。

马克思的货币必要量公式具有重要的理论意义和现实意义。首先,它反映了商品流通决定货币流通这一基本原理。货币是为了适应商品交换的需要而产生的,并伴随商品的交换而进入流通领域,因交换的需要而不断变化自身的数量。其次,在货币信用关系日趋复杂的今天,这一分析方法,对深入理解商品流通与货币流通的内在联系,仍具有重要的指导意义。但由于马克思的货币必要量公式是以金币流通为条件和基础的,因此,还有一些问题需要引起注意:

第一,利用上述货币必要量公式测算流通中货币需求量,在理论上可行,但在实际生活中存在操作上的困难。如货币流通速度(V),在现实生活中很难测算,又如在货币必要量公式中,商品价格总额(PQ),在实际生活中很难精确统计某一时期整个社会有多少商品待售,又有多少商品属于积压商品。因此,此货币必要量公式所研究的货币需求量,只能是理论分析中一个定性的量,而不是实践中可以测算的值。

第二,马克思货币必要量公式研究的是人们对于交易性的货币需求量,即执行流通手段职能的货币需求量,不包含执行支付手段等职能的货币需求。在现代经济条件下,研究货币需求量还须考察更为广泛的内容。在商品经济时代,货币需求量公式中的分子缺少整个社会的劳务总量这一因素,而且随着第三产业的发展,劳务总量也显得越来越重要,如果缺少此因素,而单从商品价格总额与同名货币流通次数考察货币需求量,自然不够准确。

此外,在分析了金币流通条件下的货币必要量后,马克思针对不兑现的货币制度下,货币供给量不能自动适应货币需求量的特点,进一步分析了纸币流通条件下货币量与价格之间的关系。提出了纸币流通规律。即在纸币流通条件下,单位纸币实际所代表的价值量等于流通中金属货币需要量除以流通中的纸币总量。用公式表示为

$$\text{单位纸币实际所代表的价值量} = \text{流通中金属货币需要量}/\text{流通中的纸币总量}$$

从这个公式可以明显看出,单位纸币实际所代表的价值量变化是通过价格的波动外在表现的。即单位纸币实际所代表的价值量越小,商品的价格就越高;单位纸币实际所代表的价值量越多,商品的价格就越低。因此,在纸币作为唯一流通手段的条件下,商品价格就会随着纸币数量的增减而涨跌。

(二)费雪方程式与剑桥方程式

费雪方程式与剑桥方程式是西方古典货币数量学说的公式表述。古典货币数量学说的基本观点是:货币数量的变化决定商品价格(物价)和货币价值的升降,在不考虑其他因素的情况下,商品价格(物价)与货币数量成正比变化,而货币价值与货币数量成反比变化。

1. 费雪方程式

1911 年美国耶鲁大学经济学家欧文·费雪出版了《货币的购买力》一书,是交易型货币数量学说的代表作。在该书中,费雪从研究流通中的货币量或交易中所需货币量出发,提出了著名的"交易方程式",也被称为费雪方程式,即

$$MV = PT \quad \text{或} \quad P = MV/T \quad \text{和} \quad M = PT/V$$

式中,M 表示流通中的货币量;V 表示货币流通速度,它代表了单位时间内货币的平均周转次数;P 表示物价水平;T 表示各类商品的交易总量;MV 被称为货币在一定时期的支付总额;PT 被称为名义总支出或名义总收入。

费雪认为,在货币经济条件下,人们持有货币的目的是为了进行商品交换,而货币数量乘以一定时期内货币被使用的次数,必定等于名义收入(即该时期所花费在商品和劳务上

的名义货币总量)。

从表面看,此方程式在任何情况下都相等,似乎没有什么科学价值。但费雪给予了这个方程式古典经济学的解释:首先,货币流通速度(V)受社会惯例(如支付制度)、工业集中程度、技术发展(如通信、运输)等因素的影响,而制度与技术只有在较长时间中才会对货币流通速度产生轻微影响,因此,在短期中货币流通速度相当稳定,V 可视为不变的常量。其次,各类商品的交易总量(T)取决于资本、劳动力、技术水平及自然资源的供给状况等非货币因素,在一定时期内也不会发生改变。由此可见,V 和 T 都是独立于 M 而决定的,所以根据交易方程式,货币量的增加或减少只会引起各类商品(或一般物价水平)价格同步上升或下降。从费雪的交易方程式中也可以看出,他是从宏观分析的角度研究货币需求的,而且仅着眼于货币作为交易媒介的职能。

2. 剑桥方程式

曾在英国剑桥大学任教的英国经济学家马歇尔(Alfred Marshall,1842—1924)和其学生庇古(A. C. Pigou,1877—1959)等一批古典经济学家,在考察货币的作用时,从研究人们为何保存货币以及保存多少货币为宜的角度,提出人们之所以持有货币,是因为货币具有交易媒介和财富贮藏两个属性。其中,交易媒介是指货币被人们用于日常交易,充当媒介作用,并且货币需求与交易水平相关,人们因交易引起的货币需求与名义收入成正比。财富贮藏功能与人们的财富水平相关。货币的价值贮藏功能使剑桥学派的经济学家认为,人们的财富水平也影响其对货币的需求。当财富增加时,人们便通过更多的形式来贮藏财富,而货币本身也是众多财产形式的一种。因此,财富增加,货币需求也将增加。由于名义财富与名义收入成比例,所以剑桥学派也就认为由财富引起的货币需求也就与名义收入成正比。马歇尔认为,现金余额是指一国国民以货币形态保持其购买力的数额,即货币需求。而且,物价变动的原因在于人们手中保留的现金余额的变动。如果人们手中保留的现金余额增加,则整个社会对货币的需求量就增加,货币流通速度就会减慢,物价就会下跌,币值就会上升;当货币需求减少时,货币周转速度就加快,物价就会上涨,币值就会下跌。

马歇尔的观点,被庇古加以系统化,并用数学方程式的形式予以解释,故又被称为“剑桥方程式”。用数学方程式表示为

$$M_d = KPY \quad \text{或者} \quad P = M/KY$$

式中,M_d表示微观货币需要量,或人们手中持有的货币,即所谓的现金余额;P 表示物价水平;Y 表示按不变价格计算的国民收入;K 表示以货币形式持有的财富占名义总收入的比率。

现金余额说把分析货币需求的重点放在人们货币持有方面。马歇尔和庇古认为,人们拥有财富与收入主要有三种用途:一是用于消费以获得享受;二是用于投资以获得利润或利息;三是持有货币以便于交易和预防意外事件,从而形成现金余额,即对货币的需求。这三种用途互相排斥,必须权衡后做出最佳选择。如果感觉到保持现金余额所得的利益较大而所受的损失较小,则必然增加现金余额。相反,则要减少现金余额。

费雪方程式和剑桥方程式是两个意义大体相同的模型,但两个方程式存在显著的差异。

(1)对货币需求分析的侧重点不同。费雪方程式强调的是货币的交易手段功能,而剑桥方程式侧重货币作为一种资产的功能。

(2)费雪方程式重视货币支出的数量和速度,而剑桥方程式则是从用货币形式保有资产存量的角度考虑货币需求,重视存量占收入的比例。所以对费雪方程式也有人称之为现

金交易说，而剑桥方程式则称现金余额说。

(3)两个方程式所强调的货币需求决定因素有所不同。费雪方程式是从宏观角度用货币数量的变动来解释价格，而剑桥方程式则是从微观角度进行分析，认为人们对于保有货币有一个满足程度的问题。

由此可见，剑桥方程式开创了货币需求研究的新视角。它将货币需求与微观经济主体的持币动机联系起来，从货币对其持有者效用的角度研究货币需求，从而使货币需求理论产生了质的变化。当开始注重从微观角度考察货币需求后，则显然不仅有交易的需求，还有保存财富的需求，这样，所需要的就不仅是发挥交易媒介职能的货币，还包括发挥资产职能的货币。于是，货币需求理论也被推到了更广博更精深的层次。后来的西方经济学家正是沿着这样的逻辑思路发展货币需求理论的。

(三)凯恩斯的货币需求理论及其发展

1. 凯恩斯的货币需求理论

英国经济学家凯恩斯(J. M. Keynes,1883—1946)的货币需求理论又称流动性偏好理论。作为马歇尔和庇古的学生，他继承了这两位老师关于权衡利弊而持有货币的观点，并在1936年出版的名著《就业、利息和货币通论》中，从人们持有货币的动机入手，认为人们之所以需要持有货币，是因为在心理上偏好货币的流动性，愿意持有货币而不愿意持有其他缺乏流动性的资产，这种愿望构成了对货币的需求。而人们偏好货币的流动性是出于交易动机、预防动机和投机动机。

(1)交易动机(transaction motives)，是指人们为了日常商品交易的方便而在手中保留一部分货币的动机。他认为人们因交易动机而产生对货币的需求主要决定于人们的交易水平，交易性货币需求与收入呈同方向变动。

(2)预防动机(precautionary motives)，又称谨慎动机，是指人们需要保留一部分货币应付不测之需而持有货币的动机。预防动机起因于人们无法准确预测自己在未来某一时期内，而出现的不确定地支出和购物等所需要的货币量。凯恩斯认为，人们因预防动机而产生的货币需求，也与收入成同方向变动。也就是说因预防动机所引起的货币需求主要作为交易的准备金。

(3)投机动机(speculative motives)，是凯恩斯货币需求理论中最具创新的部分。凯恩斯认为，人们持有货币除了为交易和应付意外支出外，还在于储存价值或财富。他将人们用于贮藏财富的资产分为两大类:货币和长期债券。而长期债券的市场价格与市场利率呈反向变化，如果市场利率上升，则长期债券价格下跌;如果市场利率下跌，则债券价格上涨。由于人们持有货币资产，收益为零;而持有债券资产，人们需要根据市场利率的变化，进行投机获利。因此，对现存利率水平的估价就成为人们在货币和债券两种资产间进行选择的关键。

在人们对货币需求的三个动机中，由于交易动机和预防动机所引起的货币需求与收入水平存在着稳定的关系，所以，预防动机和交易动机可以归入一个范畴之内，凯恩斯称之为交易性货币需求。用 L_1 表示;由投机动机而产生的货币需求主要用于金融市场的债券投机，故称为投机性货币需求，用 L_2 表示。

凯恩斯认为，满足人们对交易动机和预防动机的货币需求与收入水平有关，收入水平越高，此项需求就越多，因此，这项货币需求是收入水平的递增函数。若用 Y 表示收入水平，则有

$$L_1=L_1(Y)$$

如人们确信现行利率水平高于正常值，就意味着他们预期利率水平将会下降，从而债券价格将会上升，人们就必然会多持有债券；反之，则会倾向于多持有货币。因此，投机性货币需求（也称为资产性货币需求）主要受利率影响，是利率的递减函数。若用 i 表示利率，则有

$$L_2=L_2(i)$$

既然货币总需求是由交易性货币需求和投资性货币需求构成的，若用 L 表示货币总需求，则有

$$L=L_1+L_2=L_1(Y)+L_2(i)$$

此函数式也可简写成

$$M_d=f(Y,i)$$

由于投机性货币需求与人们对未来利率的预期紧密相关，受心理预期等主观因素的影响较大，而心理预期则使得投机性货币需求变化莫测，甚至会走向极端。由此，凯恩斯在分析货币需求过程中，提出了著名的"流动性陷阱"（liquidity trap）假说。所谓流动性陷阱，就是指当一定时期的利率水平降低到不能再低时，人们就会产生利率上升债券价格下跌的预期，从而抛出债券，收回货币，货币需求弹性就会变得无限大，即无论增加多少货币供给，都会被人们储存起来。

由此可以看出，凯恩斯把利率视为货币需求函数中与 Y 有同等意义的自变量，这是凯恩斯以前的经济学家所没有达到的。

2. 凯恩斯学派对货币需求理论的发展

凯恩斯学派的后继者们认为，凯恩斯的货币需求理论还存在缺陷，需要修正、补充和发展。从 20 世纪 50 年代开始，他们在以下两方面取得了进展：一是交易性货币需求和预防性货币需求同样也是利率的函数；二是人们多样化的资产选择对投机性货币需求也会产生影响。

我们知道，在凯恩斯的货币需求函数中，交易性货币需求取决于收入水平。凯恩斯学派的一些经济学家从微观经济主体的持币行为入手，论证了利率对交易性货币需求也有影响。因为微观经济主体除了将自己的收入预定用于交易的货币收入外，还可以选择身边的生利资产，如债券。当手中的货币用完之后，可以再把债券卖出，换成货币。由于买卖债券需要付出代价，如佣金，乃至时间的消耗等，为简化分析，他们假设每次卖出债券的费用相等并以之作为持有债券的成本，即卖出次数越多成本越高，此时，微观经济主体就会把货币换成债券的收入与持有债券的成本进行比较。显然，用于交易的货币中，换成债券的比例越大，收入越多，但为此付出的成本也就越大。因此，就会形成一个使收益最大化的均衡点。基于此，他们提出了一个"平方根法则"。若用 M 表示交易性货币需求；Y 表示收入；r 表示利率水平。则其表达形式如下：

$$M=kY^{\frac{1}{2}}r^{-\frac{1}{2}}$$

上式表明，交易性货币需求 M 是收入 Y 的函数，随着用于交易的收入数量的增加，货币需求量随之增加；同时货币需求是利率 r 的函数。但 Y 的指数$\frac{1}{2}$又说明其增加的幅度较小，即交易性货币需求有规模节约的特点；而 r 的指数$-\frac{1}{2}$说明，交易性货币需求与利率的变动成反方向变化，其变动幅度较利率变动幅度较小。

沿着类似的思路,凯恩斯学派的一些经济学家还研究了利率对预防性货币需求的影响。他们认为,在既定收入水平条件下,某些支出的不确定性使人们不能不持有一定量的预防性货币。任何一个微观经济主体,当他持有的预防性货币不能满足其不确定的支出时,就要出售其持有的债券,而出售债券需要支付佣金等支出。如果他持有的预防性货币较多,就会节约佣金等支出。但是,这种节约佣金等支出的机会成本太高,因为多存货币就要少持有债券,从而损失持债的利息收入。为了求得应付收支不确定性的最小成本,微观经济主体不能不考虑出售债券的支出和利息的收益,因而,利率也就成为影响预防性货币需求的因素。

(四)弗里德曼的货币需求理论

美国经济学家米尔顿·弗里德曼(Milton Friedman)在继承剑桥学派现金余额学说的基础上,吸收了凯恩斯的流动性偏好学说,采用微观经济理论中的消费者选择理论,更加深入、细致地发展了微观货币需求理论,被誉为当代货币主义。

弗里德曼认为,货币也是一种商品,人们对货币的需求就像人们对其他商品和劳务的需求一样,因此,分析人们对货币的需求问题,可借助于消费者选择理论。因为一般消费者对商品和劳务进行选择时,通常考虑三个方面的因素:一是效用(也称有用性)。即人们之所以要购买某种商品或劳务,是因为它们能给自己带来某种效用,如购买棉衣可以御寒,购买食品用于充饥,等等。由于效用是一种主观评价,因此个人偏好对效用的影响很大。二是收入水平。有限的需求之所以不能满足无穷的欲望,是因为受支付能力的限制,在一定的收入水平上,人们只能在众多的商品或服务中选择购买有限的几种。三是机会成本。受收入水平的限制,人们在购买甲商品时就要失去购买乙商品的机会,甲商品购买得越多,购买其他商品的数量就只能越少,付出的机会成本就越大,于是人们就要在购买甲商品还是其他商品之间进行比较,最终选择购买在有限的收入水平下效用最大而机会成本最小的商品。为此,弗里德曼认为,影响人们持有实际货币的因素主要有四个方面:一是财富总额。即个人所能持有的货币量以其财富总额为上限。他将财富总额作为决定货币需求的重要因素。在现实生活中,由于财富总额很难估算,弗里德曼提出了"恒久性收入"的概念,原因在于财富可视为收入的资本化价值。所谓恒久性收入,是指一个人在比较长的一个时期内的过去、现在和将来预期会得到的收入的加权平均数,它具有稳定性的特点。而且货币需求与恒久性收入成正相关关系,即恒久性收入越高,货币需求越大。二是财富构成,即人力财富与非人力财富之间的比例。人力财富是指个人在将来获得收入的能力,其大小与接受教育的程度紧密相关;非人力财富指各种物质财富,如房屋、各种生产资料等。这两种财富都会给人们带来收入,但人力财富给人们带来的收入是不稳定的;而非人力财富则能够给人们带来较稳定的收入。因此,如果恒久性收入中人力财富所占的比例越高,人们对货币的需求就越多。反之,人们对货币的需求就会下降。由此可见,非人力财富在财富收入中所占的比重与人们对货币的需求成反比关系。三是金融资产的预期收益率。弗里德曼认为,当人们手持现金与支票时,它虽可给持有者带来流动性效应,但货币的名义收益率等于零;持有定期存款或储蓄存款的名义收益率则可能大于零,而持有其他金融资产的预期收益率通常会大于零。这样,其他金融资产的预期收益率就成为持币的机会成本。其他金融资产的预期收益率主要包括两部分:一部分是目前的收益,如债券的利率、股票的收益率;另一部分是预期物价变动率。显然,当债券的利率、股票的收益率越高时,持币的机会成本就越大,人们对货币的需求就越小;而当预期的通货膨胀率越高时,持币带来的损失也会越大,人们对货币的需求就越少。四是其他因素。指不属于上述三个方面，而又影响货币需求的各种随机因素。

弗里德曼认为，在剑桥方程式 $M_d = KPY$ 中，P，Y 是影响货币需求的许多变量中的两个变量，K 表示货币量与国民收入或国民生产总值的比率，实际上是货币流通速度的倒数（$1/V$）。而影响货币流通速度的因素相当复杂，如财产总量、财产构成、各种财产所得在总收入中的比例，以及各种金融资产的预期收益率等。因此，人们对资产的选择范围非常广泛，并不像凯恩斯主义的货币需求理论中的二元资产选择——货币与债券。基于此，弗里德曼提出了自己的货币需求函数模型

$$M_d = f(Yp; W; rm, rb, re, 1/p\mathrm{d}p/\mathrm{d}t; u)p$$

式中，M_d 表示名义货币需求；f 表示函数符号；Yp 表示恒久性收入；W 表示人力财富占非人力财富的比率；rm 表示存款利率；rb 表示债券预期收益率；re 表示股票预期收益率；$1/p\mathrm{d}p/\mathrm{d}t$表示预期物价变动率；$u$ 表示其他随机变量；p 表示一般物价水平。

如果上式两边同时除以 p，则得

$$M_d/p = f(Yp; W; rm, rb, re, 1/p\mathrm{d}p/\mathrm{d}t; u)$$

式中，M_d/p 为实际货币需求量。

弗里德曼不仅关心名义货币需求量，而且特别关心实际货币需求量。在影响货币需求量的诸多因素中，他把这些因素分成了三组。

第一组，恒久性收入 Yp 和财富构成 W。恒久性收入来源于总财富，它是构成总财富的各种资产的预期贴现值总和。在其他条件不变的情况下，收入越多，货币需求越多。在财富构成中，人力财富比重越大，创造的收入一般也就越多，从而对货币的需求量就越大，反之相反。可见，恒久性收入 Yp 和财富构成 W 与货币需求量成同方向变化。

第二组，各种金融资产的预期收益率和预期物价变动率，包括 rm，rb，re 和 $1/p\mathrm{d}p/\mathrm{d}t$ 四项。

rm，rb，re 分别代表三种不同金融资产的预期收益率。一般来说，存款、债券、股票等金融资产的预期收益率越高，人们就越愿意把货币转化为这些资产，货币需求量也就越少。相反，金融资产预期收益率越低，人们就会减持金融资产，而持有货币。

$1/p\mathrm{d}p/\mathrm{d}t$ 是预期物价变动率，从理论上讲，物价持续上涨反映货币贬值，持有货币意味着损失，人们就会把货币尽快用于消费或变成其他财富；反之，在预期物价变动率下降时，人们便愿意持有货币，以满足其对流动性的偏好。

可见，金融资产预期收益率和预期物价变动率同货币需求量成反方向变化。

第三组，各随机变量 u。它包括社会富裕程度、融资的难易程度、社会支付体系的状况等。

弗里德曼认为，在激烈的市场竞争中，rm，rb，re 受市场利率影响的幅度不大，$rb-rm$，$re-rm$，$rb-re$ 的差额将很小，因而，完全可以用市场名义利率（r）代替；又市场名义利率（r）等于实际利率（i）加预期物价变动率（$1/p\mathrm{d}p/\mathrm{d}t$），即 $r = i + (1/p\mathrm{d}p/\mathrm{d}t)$，$r$ 本身就包含（$1/p\mathrm{d}p/\mathrm{d}t$），因此，弗里德曼货币需求函数可简化为

$$M_d/p = f(Yp, r)$$

经过简化后的弗里德曼货币需求函数，从形式上看与凯恩斯的货币需求函数 $M_d = f(Y, i)$ 基本相同，尤其是自变量十分相似。事实上，二者存在较大的区别：

（1）二者强调的侧重点不同。凯恩斯的货币需求函数非常重视利率的主导作用，认为利率的变动将直接影响就业和国民收入的变动，最终必然影响货币需求量；而弗里德曼非常

强调恒久性收入对货币需求量的重要影响,认为利率对货币需求量的影响微不足道。

(2)由于二者强调的侧重点不同,导致凯恩斯主义学派与货币主义学派在货币政策传导变量的选择上产生分歧。凯恩斯主义认为货币政策传导变量是利率;货币主义认为货币政策传导变量是货币供给量。

(3)凯恩斯认为货币需求量受未来利率不确定性的影响,货币政策应“相机行事”;而弗里德曼认为货币需求量是稳定的、可测的,因而,货币政策应采取“单一规则”。

通过上述分析,我们可以发现弗里德曼货币需求函数式中的自变量明显多于凯恩斯的货币需求函数式,在影响货币需求量的诸多因素中,弗里德曼将财富构成和其他因素作为独特变量列出;把金融资产的预期收益率进行展开说明,已经将金融资产的范围不再局限于货币和债券两种,股票等金融资产也都包括在内,尤其是强调预期物价变动率对货币需求的影响,更是20世纪六七十年代通货膨胀理论的反映;弗里德曼货币需求函数中的货币,其研究口径大于凯恩斯学派所考察的货币,因为在金融资产的预期收益率中,rm是货币收益率概念,在凯恩斯的货币需求函数中是没有的,也就是说,凯恩斯把货币收益率视为零。由此,从划分货币层次角度看,凯恩斯研究的货币是M_1,即现金和活期支票存款,在当时的英国,M_1是不支付利息的;而弗里德曼研究的货币,至少已经扩展到M_2,而M_2中很多形态的货币则是有利息收入的。此外,弗里德曼的货币需求函数非常强调恒久性收入对货币需求的重要影响作用,弱化金融资产预期收益率对货币需求的影响。认为恒久性收入自身具有稳定性的特点,利率虽然经常变动,但货币需求对其变动不敏感,因此,货币需求是可测的,且相对稳定。由于货币收入、价格水平等变量都是货币需求和货币供给相互作用的结果,从而得出货币需求具有相对稳定的特点,即货币对于整体经济的影响主要来自于货币供给方面。据此,弗里德曼提出了以反对通货膨胀、稳定货币供给为主要内容的货币政策主张。

三、现阶段我国货币需求量的决定与影响因素

(一)我国传统货币需求量的决定

中华人民共和国成立不久,我国开始学习苏联模式,实行高度集中的计划经济体制。在此经济体制下,政府对国民经济的整体运行实行统筹安排,制订统一计划,企业的生产经营活动是国家经济计划的一个组成部分,企业对货币的需求仅限于满足日常经营周转中的少量货币资金,没有生产性货币需求;各机关团体的货币需求完全受制于严格的预算管理,也是只有交易性货币需求;城乡居民的收入水平低,在满足日常基本生活消费需要后,几乎没有储蓄,所储蓄部分也主要用于预防,而不是投资。因此,计划经济体制下,中国的货币需求基本上是交易性货币需求,商品流通几乎成为决定货币需求的唯一重要因素。在这样的现实经济背景下,中国许多经济学家都对货币需求问题进行了研究。讨论的中心内容是如何理解和应用马克思的货币必要量公式。

在20世纪70年代以前,中国对货币需求问题的研究主要限于两个前提条件:一是限于理解和应用马克思关于流动中货币(金币)的论述,将它称为“货币必要量”规律;二是限于现金,即货币只是现金,因为存款在国内转来转去收支相抵等于零,所以货币必要量就是指现金需要量。

但是,在对于马克思货币必要量公式的研究中,许多人进行的还是带有政策选择和操作意义的应用性研究。“1∶8”公式的诞生就是最明显的例证。

所谓“1∶8”的经验数据,其含义是,每8元零售商品供应需要1元人民币实现其流通。其公式是

社会商品零售总额/流通中的货币量(现金)

如果按照这个公式计算的值为8,那么货币发行量适度,商品流通正常。不符合这个标准,如1∶7或1∶6等,则说明货币供给超过了需求。直到20世纪80年代初期,这个著名的“1∶8”公式成为马克思货币必要量原理在中国的具体化。

应该说,“1∶8”公式提出的虽是单一比例,即社会商品零售总额与流通中现金间的比例关系,但却反映着商品供给与货币需求之间的本质联系。因此,对这种联系进行实证分析,并求得经验数据,在方法论上是成立的。关键在于“1∶8”这个数值本身之所以能够成为一个不变的尺度,是因为有其客观存在的条件:即当时的经济体制及与之相适应的经济运行机制,甚至一些体现和反映经济体制及其运行机制性质和要求的重要规章、法令等,都必须相当稳定。而在改革开放之前的20多年间,中国恰恰具备这样的条件,如生产和分配等各种重要比例关系的格局稳定,整个经济货币化的水平稳定,计划价格体制保证价格水平稳定,现金管理制度保证现金使用范围稳定,等等。于是,当时的很多现象都可以用它来解释:如第一个五年计划期间货币流通比较正常,这个比值在这几年间均稍高于8;20世纪60年代初市场极度紧张,这个比值一度降到5以下;1963年以后,经济迅速恢复,这个比值恢复到8;1966~1976年市场供应一直紧张,这个比值明显低于8;1976年后经济迅速好转,这个比值很快逼近8,等等。值得注意的是,在改革开放之前,“1∶8”公式还是适用的。因为当时的经济体制保证了生产、分配等各种重要比例关系的基本稳定、货币化水平的基本稳定和物价水平、现金使用范围的基本稳定。而改革开放之后,上述这些条件也就不复存在,其主要原因包括:一是货币流量,特别是现金流量增大;二是货币流通速度减缓。因此,在经济改革与经济成长过程中,再用货币存量与零售商品总额流量简单对比并求出一个固定值的方法已不能满足剖析货币流量状况和经济发展状况的需要了。

经过多年的经济体制改革,中国经济运行的市场化程度大幅度提升,经济货币化进程、价格改革基本完成、金融市场从无到有,而且规模越来越大、运营日渐规范,对企业的监督约束机制也逐渐建立起来。新的市场经济体制的基本确立使我国现阶段货币需求的决定与影响因素更多地符合货币需求理论的分析,除了收入、财富等规模变量外,其他金融资产的收益率水平等机会成本变量已成为影响我国货币需求的重要因素。

(二)影响我国货币需求的主要因素

1. 收入水平

无论从宏观还是微观角度分析,收入状况都是决定我国货币需求量大小的重要因素。从宏观经济角度看,收入的替代指标是总产出,而总产出就是国民总收入。因此,随着我国经济的不断增长,产出在逐年增加,对交易性货币需求也必然增加;从微观经济角度看,国民收入就是要素提供者与企业经营者收入之和,经济的不断增长所带来的收入增长在市场经济条件下主要表现为各微观经济主体的货币收入增加,收入增加支出就会相应地扩大,也就需要更多的货币量用于商品交易,因此,交易性货币需求也会同样增加。

2. 市场利率

在市场经济中,市场利率是人们在一定时期内使用资金的价格。正常情况下,市场利率与货币需求负相关。即市场利率上升,货币需求就减少;市场利率下降,则货币需求增加。

在我国,人们除了持有货币之外,通常还持有股票、债券、房地产等金融资产。当股票、债券等金融资产的收益率上升时,人们往往愿意减少对货币的持有数量,而相应增加对股票、债券等金融资产的持有量,此时,货币需求下降。相反,当股票、债券的收益率下降时,人们会减少对这些金融资产的持有量,而相应增加对货币的持有量,货币需求就增加。

3. 物价水平

从理论上讲,物价水平的变化对交易性货币需求和资产性货币需求产生不同方向的影响。对交易性货币需求而言,在商品和劳务量既定的情况下,价格水平越高,用于商品和劳务交易的货币需求必然增加;价格水平越低,用于商品和劳务交易的货币需求会减少,因此,物价水平和交易性货币需求之间是同方向变动的。而资产性货币需求与物价水平则成反向变动关系,这是因为在物价水平持续上升的情况下,微观经济主体作为资产持有的货币,其价值会随物价水平的上升而不断下降,为避免损失,理性的经济主体会相应减少资产性的货币需求。

目前,在我国社会保障制度还不完善的情况下,居民部门对未来支出的不确定预期增强,即使在物价水平不断上涨的通货膨胀时期,也不愿将货币性资产转化为商品性资产,资产性货币需求也就不会随着物价的上涨而下降,甚至在通货膨胀时期经常会出现对货币性资产需求增加的情况。

4. 消费倾向

消费倾向是指消费在收入中所占的比例,可分为平均消费倾向和边际消费倾向。前者是指消费总额在收入总额中所占的比例;后者是指消费增量在收入增量中所占的比例。与消费倾向相对应的是储蓄倾向。在收入水平一定的情况下,储蓄倾向和消费倾向互为消长。即消费倾向大,则储蓄倾向小;消费倾向小,则储蓄倾向大。

通常情况下,消费倾向与货币需求的关系包括两方面:一方面,消费倾向越大,则经济个体将现期收入用于消费的部分越大,相应地用于交易的货币需求也就越大,消费倾向与出于交易动机的货币需求正相关;另一方面,消费倾向的提高使得收入中储蓄的部分下降,相应地降低了以货币形式持有的财富量,出于投机动机的货币需求量与消费倾向负相关。

目前,在我国金融业尚不发达的情况下,居民储蓄仍以货币形式为主,交易性的货币需求相对增大。但是,随着我国经济的持续增长,居民收入也在不断增加,我国金融业逐步发展,金融制度的不断创新,金融工具的多样化,在经济个体收入一定的条件下,用于投机性的货币需求将不断增加。

5. 信用的发达程度

一般来说,在一个信用形式比较齐全、信用制度比较健全的社会,人们在有货币需求时会很容易地获得现金或贷款,因此,人们需要持有的货币就会少些,而将暂时不用的货币投资于其他金融资产,待需使用时,再将其他金融资产出售以换取货币。另外,在信用制度发达的社会中,有相当一部分交易可通过债权债务的相互抵消来了结或清算,这也减少了作为流通手段和支付手段的货币必要量,人们的货币需求因此而减少。

经过 40 多年的改革与发展,我国的商业信用、国家信用、消费信用规模逐渐扩大。商业信用的发展使企业间的债权债务关系可以相互抵消,从而减少企业对交易性和货币的需求;国家信用主要采取发行国债的方式,这既为微观经济主体提供了可供选择的投机性金融资产,从而使之减少了资产性货币需求;另一方面,也解决了政府的融资问题,从而避免了政府在实施扩张性财政政策时通过中央银行透支而产生的政策性货币需求;我国的消费信用起步晚、规模小。随着我国居民收入水平的提高，为满足人们的消费需求，1999 年 3 月，中国人民银行发布了《关于开展个人消费信贷指导意见》，提出把消费信贷作为新的增长点，要求各商业银行积极开办各种信贷业务，并将汽车、住房等耐用消费品的消费贷款最高限额由消费品价值的 70% 提高到 80%。此外，随着信用卡、网络营销的推广使用，也减少了人们对交易性货币的需求。

6. 其他因素

（1）金融机构技术手段的先进程度和服务质量的优劣。先进的金融技术手段和高质量的金融服务往往能提高货币流通速度，减少现实的货币需求；反之，则增加货币需求。近几年，我国金融业有了长足的发展，金融基础设施不断健全，在外资金融机构的竞争压力下，金融服务水平有所提高，这些都对我国的货币需求产生了一定的影响。

（2）社会保障体制的健全与完善。目前，由于我国的社会保障体制还不完善，人们对未来的医疗、失业、养老、子女教育费用的担忧，以及对住房的刚性需求，都增加了居民部门对未来支出的不确定预期，从而增加了其预防性货币需求。

第二节　货币供给

与货币需求相对应的是货币供给。在一定时期内，微观经济主体和宏观经济运行对执行交易媒介职能与财富贮藏职能的货币产生多少需求，作为货币供给的提供者就应供给多少货币与之相适应，以实现货币供求的均衡。那么，什么是货币供给？货币的范围是怎样的？谁又是货币的供给者？货币又是怎样被提供出来的？

一、货币供给与货币层次的划分

（一）货币供给的内生性与外生性

货币供给（money supply）是指在一定时期内一国银行系统向经济中注入或抽离货币的行为过程。货币供给首先是一个经济过程，即银行系统向经济中注入或抽离货币的过程；其次是在一定时点上会形成一定的货币数量，即货币供给量。

货币供给的内生性（或称内生变量）和外生性（或称外生变量），是货币理论研究中具有较强政策含义的两个概念。所谓内生变量（endogenous variables），亦称非政策变量，是指在经济运行机制内部，由纯粹的经济因素所决定的变量，它一般不为政策因素所左右。而外生变量（exogenous variables）则与内生变量不同，它也称政策变量，是指在经济运行中易受外部因素影响，由非经济因素所决定的变量，它能被政策决策人控制，并用作实现其政策目标的变量。

经济学家们总是用“货币供给究竟是外生变量还是内生变量”来判断货币当局与货币供给之间的关系。如果说“货币供给是内生变量”，则意味着货币供给是由经济运行内部因素，如收入、储蓄、投资、消费等所决定，而不是由货币当局的货币政策决定，起决定作用的是经济体系中的实际变量以及微观经济主体的经济行为等因素决定。如果说“货币供给是外生变量”，则意味着货币供给这个变量不是由经济因素所决定的，而是由货币当局的货币政策决定，而且货币当局能有效地通过对货币供给的调节影响经济运行。因此，货币供给总是要被动地决定于客观经济运行,而货币当局并不能有效地控制其变动。事实上,货币政策的调节作用,特别是以货币供给变动为操作指标的调节作用,有很大的局限性。

由此可见,货币供给首先是一个外生变量,因为中央银行能够按照自身的意图运用货币政策工具对经济社会的货币量进行扩张和收缩,使货币供给量的大小在很大程度上被这些政策变量所左右。然而,货币供给量的变动要受客观经济运行的制约,以及经济社会中其他经济主体的货币收付行为的影响。因此,货币供给同时又是一个内生变量。当然,至于货币供给是内生变量还是外生变量是一个很复杂的问题,这就要看货币供给的可控性程度,随着决定货币供给可控性的客观条件和主观认识与能力的不断变化,在具体分析时,应对其做动态地分析。

(二)货币层次及其划分依据

在现实中的某个时点上,一国到底有多少货币量,涉及对货币供给量的统计问题。各国中央银行对本国货币供给量是分层次进行统计的,即货币是有层次的。所谓货币层次(strata of money)是指不同范围的货币概念。虽然现金、存款和各种有价证券均属于货币范畴,都可以转化为现实的购买力,但其流动性是不同的。如现金和活期存款是直接的购买手段和支付手段,能随时形成现实的购买力,流动性最强;而储蓄存款一般需要转化为现金才能形成现实购买力,定期存款只有到期后才能用于支付,若提前支取,还要蒙受一定的经济损失,因而其流动性次之;票据、股票、债券等有价证券,若要变成现实的购买力,则必须在金融市场上出售之后方能实现,因而其流动性较差。

由于上述货币转化为现实购买力的能力不同,因而其对商品流通和经济活动的影响是有区别的。目前,各国中央银行在对货币进行层次划分时,都是以货币资产的"流动性"高低作为依据和标准的。货币资产的流动性即货币资产的变现性,是指货币资产转化为现实购买手段的能力。变现性强,流动性就强;变现性弱,流动性就弱。因此,按流动性的强弱对不同形式、不同特征的货币划分不同的层次,是科学统计货币数量、客观分析货币流通状况、正确制定货币政策和及时有效地进行宏观经济调控的必要措施。

(三)国际货币基金组织及主要国家货币层次的划分

1. 国际货币基金组织的货币层次划分

目前,国际货币基金组织一般将货币层次划分为三个层次:

M_0=流通于银行体系之外的现金。包括居民、企业或单位持有的现金,但不包括商业银行的库存现金。

$M_1=M_0$+活期存款(包括邮政汇划制度或国库接受的私人活期存款)。

$M_2=M_1$+储蓄存款+定期存款+政府债券(包括国库券)。也称准货币,它本身虽不能直接用于购买,但经过一定的程序之后就能转化为现实的购买力,故又称之为"亚货币"。

2. 美国的货币层次划分

1970 年以后,美国的银行向全能化、综合化方向发展的趋势明显加快,金融创新不断出现。美国的货币层次的划分,有自己的特点,目前美国的货币层次划分为

M_1=银行体系外的现金+旅行支票+活期存款+其他支票存款

$M_2=M_1$+储蓄存款+小额定期存款+货币市场存款账户+货币市场互助基金份额+
隔日回购协议+隔夜欧洲美元

$M_3 = M_2$+大额定期存单+长于隔夜期限的回购协议+定期欧洲美元

$L = M_3$+商业票据+短期国库券+储蓄债券+银行承兑票据等

3. 我国的货币层次划分

我国对货币层次的研究起步较晚，但发展迅速，经过几年的探索、讨论，在划分原则、具体划分方法上，提出了不少有益见解。

（1）划分货币层次的原则。

实践证明，划分货币层次要从我国的实际出发，不能盲目照搬西方国家的做法。要使我国货币划分具有实际意义，应按照以下原则：首先，划分货币层次应把金融资产的流动性作为基本标准；其次，划分货币层次要考虑中央银行宏观调控的要求，应把列入中央银行账户的存款同商业银行吸收的存款区别开来；第三，货币层次要能反映出经济情况的变化，要考虑货币层次与商品层次的对应关系，并在操作上有可行性；最后，宜粗不宜细。

（2）我国中央银行根据《中国人民银行货币供给量统计和公布暂行办法》，目前我国将货币划分为以下三个层次：

M_0=流通中的现金

$M_1 = M_0$+活期存款

$M_2 = M_1$+城乡居民储蓄存款+单位定期存款+证券公司的客户保证金存款+其他存款

$M_3 = M_2$+商业票据+大额可转让定期存单

我国目前只测算和公布 M_0、M_1 和 M_2，M_3 只测算不公布。

需要说明的是，各国对货币层次的划分都是动态的、相对的。随着各国金融机构和金融市场的不断发展，金融产品会越来越丰富，越来越多的金融工具具有了不同程度的“货币性”，使货币的外延越来越大，货币供给量的统计口径越来越宽，货币层次也将会随之调整。而且，在金融制度发达，金融产品丰富的国家，越来越多的金融产品将被纳入货币的统计范畴，如国库券、商业票据、金融债券等，与此同时，货币层次也会相应增多。

二、货币供给的形成机制

在现代信用货币制度下，货币供给过程一般涉及中央银行、商业银行、存款人和借款者四个行为主体。在这四个行为主体中，中央银行和商业银行起着决定性作用。因而，货币供给的过程可分为两个紧密相连的组成部分：中央银行创造基础货币；商业银行创造存款货币。

（一）中央银行的业务活动与基础货币

如前所述，中央银行作为“发行的银行”“政府的银行”和“银行的银行”，在其业务活动中，形成了独特的资产负债业务。正是由于其独特的资产负债业务的运作，才形成了货币供给过程的第一个组成部分。

基础货币（monetary base）又称强力货币、高能货币或货币基础，它是整个银行体系内存款扩张、货币创造的基础，其数额大小对货币供给总量具有决定性作用，一般用 B 表示。它由流通于银行体系之外的通货和商业银行等金融机构的存款准备金组成。通货包括主币和辅币，数量上等于中央银行资产负债表中的货币发行，一般用 C 表示；存款准备金包括商业银行的库存现金和其在中央银行的准备金存款，一般用 R 表示。基础货币的表达式为

$$B = C + R = \text{流通中的通货} + \text{存款准备金}$$

而 R 又包括活期存款准备金 Rr，定期存款准备金 Rt 以及超额存款准备金 Re。所以，全

部基础货币可表示为

$$B=C+Rr+Rt+Re$$

库存现金是指商业银行业务库中存在的现金，其中的“库”指商业银行的业务库。因为商业银行每天都要面对众多客户对现金的存存取取，为保证现金存取的正常进行，商业银行都会在其业务库中留有一定的现金额度。当业务库中的现金无法满足客户的取款要求时，商业银行便从中央银行的发行库中提取现金，此时，中央银行会相应减少商业银行在其准备金存款账户上的存款额；反之，当商业银行业务库中的现金过多时，它会将一部分现金存入中央银行发行库，中央银行会相应增加商业银行在其准备金存款账户上的存款额。它包括法定存款准备金和超额存款准备金两部分。

基础货币的构成虽然比较复杂，但具有一定的稳定性，它们都是由中央银行的资产业务创造的，可以由中央银行直接控制。中央银行投放基础货币的渠道主要包括：对商业银行等金融机构的再贷款、再贴现；收购金、银、外汇等储备资产的货币；购买政府部门（财政部）的债券等。如果中央银行能够有效控制基础货币 B 的投放量，那么控制货币供给量的关键，就在于中央银行能否准确测定和调控货币乘数。

下面，我们先研究一下在不同货币层次上，货币乘数的变化：

我们知道，在中央银行体制（中央银行与商业银行分设）下，货币供给量（M_s）等于基础货币（B）与货币乘数（m）之积，即

$$M_s=mB$$

货币乘数 m 是货币供给量 M_s 同基础货币的比率。也即每一基础货币的变动所引起的货币供给量的倍增或倍减，所以，凡是影响基础货币 B 的因素，都是影响货币乘数 m 的因素。因此，我们可以利用基础货币总公式，推导出货币乘数 m。

由于

$$B=C+Rr+Rt+Re$$

而 C 等于提现率（现金漏损率）c' 与活期存款 Dd 之积，即

$$C=c'Dd$$

Rr 等于活期存款准备金率 r 与活期存款 Dd 之积，即

$$Rr=rDd$$

Rt 为定期存款准备金，取决于定期存款准备金率 t，以及定期存款 Dt 占活期存款 Dd 的比率 s（$s=Dt/Dd$），即

$$Rt=t\cdot s\cdot Dd$$

Re 等于超额准备金率 e 与活期存款 Dd 之积，即

$$Re=eDd$$

所以

$$B=C+Rr+Rt+Re=c'Dd+rDd+t\cdot sDd+eDd=(c'+r+t\cdot s+e)Dd$$

移项整理得

$$Dd/B=1/(c'+r+t\cdot s+e)$$

上式中，$1/(c'+r+t\cdot s+e)$ 即为基础货币扩张为商业银行活期存款的倍数。令其为 m，即

$$m=1/(c'+r+t\cdot s+e)$$

在此基础上，我们就可以按照货币供给量层次，分别计算出不同层次的货币量对于基础货币的乘数（以国际货币基金组织的划分为例）。

先看

$$M_0=C$$

又 $C=c'Dd$,设 M_0 时的货币乘数为 m_0

由

$$M_0=m_0 \cdot B$$

可得

$$m_0=M_0/B=C/B=c'Dd/(c'+r+t \cdot s+e)Dd=c'/(c'+r+t \cdot s+e)$$

即当货币供给量为 $M_0=C$ 时,货币乘数为

$$m_0=c'/(c'+r+t \cdot s+e)$$

再看

$$M_1=C+\text{活期存款 }Dd$$

设 M_1 时的货币乘数为 m_1 由

$$M_1=m_1 \cdot B$$

可得

$$m_1=(C+Dd)/B=(c'Dd+Dd)/(c'+r+t \cdot s+e)Dd$$
$$=(c'+1)/(c'+r+t \cdot s+e)$$

即当货币供给量为 M_1 时的货币乘数为

$$m_1=(c'+1)/(c'+r+t \cdot s+e)$$

最后,我们看

$$M_2=M_1+\text{定期存款 }Dt$$

设 M_2 时的货币乘数为 m_2,由

$$M_2=m_2 \cdot B$$

可得

$$m_2=M_2/B=(M_1+Dt)/B=(C+Dd+Dt)/(c'+r+t \cdot s+e)Dd$$
$$=(c'Dd+Dd+s\,Dd)/(c'+r+t \cdot s+e)Dd=(1+c'+s)/(c'+r+t \cdot s+e)$$

即当货币供给量为 M_2 时的货币乘数为

$$m_2=(1+c'+s)/(c'+r+t \cdot s+e)$$

以上是货币供给量形成的基本原理,在此基础上,我们又进一步推导出与货币供给量层次相适应的货币乘数公式。由此可见,中央银行不但可以通过再贴现、公开市场业务、法定准备金率等政策手段有效调控基础货币和货币乘数,改变货币供给量,而且还可以利用差别利率等政策,调节或改变货币供给量在各个层次的分布结构,实现货币流通正常化。比如,通过提高或降低活期存款同定期存款的利率,就会把一部分 M_1 转化为 M_2,或者把一部分 M_2 转化为 M_1。我们知道,不同层次的货币流动性不同,货币乘数大小有别,那么,货币在不同层次间的转移,不但会改变货币流通的速度,而且还会改变货币供给量。

接下来,我们再研究一下影响基础货币的相关因素:

1. 中央银行通过对商业银行等金融机构的债权业务影响基础货币量

中央银行对商业银行等金融机构债权的变化是通过办理再贷款或再贴现等资产业务来操作的,这是影响基础货币的主要因素。一般来说,中央银行对商业银行等金融机构债权的增加,意味着中央银行对商业银行再贷款或再贴现的增加,同时也说明通过商业银行注入流通的基础货币会增加,使货币供给量得以多倍扩张;相反,当中央银行减少对商业银行等金

融机构的债权时，就会使货币供给量大幅收缩。通常认为，在市场经济条件下，中央银行对这部分债权有着较强的控制力。

2. 中央银行通过对国外净资产数额的变动来影响基础货币量

国外净资产是中央银行的一项重要资产业务，它由外汇、黄金占款和中央银行在国际金融机构的净资产构成。其中，外汇、黄金占款是中央银行用基础货币来收购的。一般来说，当中央银行在金融市场上购买外汇和黄金时，就会向经济体系投放基础货币；反之，当中央银行在金融市场上卖出外汇和黄金时，就从经济体系收回了相应的基础货币。

一般情况下，若中央银行不把稳定汇率作为政策目标，则对通过该项资产业务而投放的基础货币有较大的主动权；否则，中央银行会因为要维持外汇汇率的稳定而被动进入外汇市场进行干预，这样外汇市场的供求状况对中央银行的外汇占款有很大影响，造成通过该渠道投放基础货币受到比较大的限制。在我国，外汇储备是中国人民银行近些年来投放基础货币的主要渠道之一。自 1994 年我国外汇管理体制改革后，实行的是有管理的浮动汇率制，为避免人民币汇率的大幅波动，中国人民银行便在外汇市场上买卖外汇以影响外汇市场的供求关系，保持人民币汇率的相对稳定。伴随着我国出口的快速增长，市场中外汇供给增加，人民币升值压力加大。为减轻或消除这种升值压力，中国人民银行进入银行间外汇市场实施干预，通过买进外汇，增加外汇储备；与此同时，购买外汇而付出的人民币直接进入商业银行的准备金存款账户，基础货币相应增加。因此，当外汇储备增加时，基础货币也相应增加；反之，当外汇储备减少时，基础货币也相应减少。

3. 中央银行通过对政府债权净额的变动来影响基础货币量

政府债权净额是中央银行的另一项重要资产业务，主要表现为中央银行持有的政府债券和向财政透支或直接贷款。市场经济落后的国家，多是由中央银行直接贷款或透支给政府用于弥补财政赤字；而追求货币稳定的国家通常不允许财政透支或中央银行向政府直接贷款，这些国家的中央银行对政府的债权主要集中在中央银行持有的政府债券上。当中央银行买进政府债券时，就将款项存入商业银行等金融机构的准备金存款账户，基础货币也就相应增加；当中央银行卖出政府债券时，商业银行等金融机构也是用准备金存款来支付，基础货币就会相应减少。由此可见，若中央银行增加对政府的债权，就意味着投放了相应的基础货币；相反，若中央银行减少对政府的债权，则意味着其收回了相应的基础货币。

财政透支借款也曾是中国人民银行投放基础货币的一个渠道，在财政赤字比较严重的年份，通过中央银行向财政透支成为引发我国数次通货膨胀的重要原因。1995 年颁布的《中国人民银行法》中明确规定中央银行不再为财政透支。从此以后，中央银行增加的对政府债权都体现在所持有的政府债券上，也是中国人民银行从事公开市场业务的结果。目前，公开市场业务已经成为中央银行日常调控基础货币的主要工具。

4. 中央银行也可通过负债业务影响基础货币量

基础货币量的增减变化不仅受中央银行资产业务的影响，也受中央银行负债业务结构变化的影响。发行央行票据是中央银行调节基础货币量的另一种手段。

以我国为例，中国人民银行发行的票据只向商业银行等存款性金融机构发行，商业银行购买央票票据、支付款项后，将使其在中央银行账户上的准备金存款减少，即基础货币数量减少。这样，中国人民银行在负债总额不变的情况下，通过对负债结构的调整——增加央行票据发行，减少准备金存款——调节了基础货币量。

此外，中央银行还可以通过变动其他项目（净额），如固定资产的增减变化以及中央银行在资金清算过程中应收应付款的增减变化，对基础货币量产生影响。

（二）商业银行存款货币的创造

在现代各国货币供给量的构成中，存款货币都是货币供给量的重要组成部分。而存款货币是可以通过商业银行的存、贷、汇等业务活动创造出来的。为正确理解商业银行创造存款货币的原理，首先需要明确两个基本概念：原始存款和派生存款。

1. 原始存款与派生存款

在现代金融体系中，商业银行最主要的特征是以派生存款的形式创造或收缩货币，从而影响货币供给量。因为商业银行是唯一可以经营活期存款的金融中介机构，而活期存款是货币供给的组成部分，商业银行通过其经营活期存款机制，创造出活期存款，从而增加了货币供给量，这个特征也是商业银行与其他金融机构的最主要的区别。

原始存款（primary deposit）是指商业银行接受的客户以现金方式存入的存款和中央银行对商业银行的资产业务而形成的准备金存款。由此可见，基础货币与原始存款之间有着密切的联系，因为基础货币包括流通中的现金和商业银行等金融机构在中央银行的准备金存款。当中央银行扩大资产业务增加对基础货币的投放后，流通中的现金和商业银行等金融机构的准备金存款会增加，原始存款也会随之增加。而原始存款是商业银行从事贷款等资产业务的基础，也是商业银行信用扩张的源泉。派生存款（derivative deposit）与原始存款相对，是指在原始存款的基础上，由商业银行通过一系列的资产业务（如发放贷款、贴现和投资等）活动衍生出来的存款。货币供给（money supply）是指在一定时期内一国银行系统向经济中注入或抽离货币的行为过程。

因而，货币供给的过程可分为两个紧密相连的组成部分：中央银行创造基础货币；商业银行创造存款货币。派生存款产生的过程，也就是商业银行创造存款货币的过程。可见，原始存款是派生存款的基础，派生存款是信用扩张的结果。

2. 商业银行创造存款货币的前提条件

（1）实行部分准备金制度，又称法定准备金制度。即中央银行以法律形式只要求商业银行将其吸收存款的一定比例缴存在中央银行的准备金账户，其余资金商业银行可以自主用于贷款等资产业务。如果是在100%的全额准备金制度下，则银行不可能用所吸收的存款去发放贷款，银行也就没有创造存款的可能。部分准备金制度是银行信用创造能力的基础，对一定数量的存款来说，准备金比例越高，商业银行可用于贷款的资金就越少；准备金比例越低，商业银行可用于贷款的资金就越多。因此，部分准备金制度是商业银行创造存款货币的前提条件。

（2）非现金结算制度。在这种情况下，人们可以开出支票的形式进行货币支付，而商业银行在发放贷款时，一般也不需要以现金形式支付，而是把贷款转入借款企业在商业银行的活期存款账户，而后由企业通过转账支付的方式使用这笔贷款。如果不存在非现金结算，商业银行就不能用转账的方式去发放贷款，一切贷款都必须支付现金，也就无法派生存款货币，商业银行也就没有创造信用的可能。因此，非现金结算制度也是商业银行创造信用的前提条件。

（3）市场中始终存在贷款需求。

3. 商业银行创造存款货币的过程

下面举例说明商业银行创造存款货币的过程。

现在假设甲企业将100万元人民币存入A银行,该银行获得了100万元新增原始存款。此时,A银行便有了发放贷款的条件。假设法定存款准备金率为20%,则A银行对吸收的这笔100万元的存款保持的法定存款准备金不低于20万元。假设在保留20万元(100万元×20%)的法定存款准备金后,将剩余的80万元全部贷给客户乙。客户乙获得80万元的贷款后,便用支票向客户丙支付80万元的货款。丙接到支票后,委托其开户行B银行为其收款。B银行收到客户丙缴来的金额为80万元的支票后,向A银行提示,通过中央银行特设的支付清算系统,A银行将80万元的资金划给B银行,B银行有了80万元的存款后,也像A银行那样,保留必要的法定存款准备金16万元(80万元×20%),将其余的64万元用于发放贷款。假设B银行向客户丁发放贷款64万元,客户丁获得贷款后,用支票向客户戊支付64万元的货款。戊接到支票后,委托其开户银行C银行为其收款。C银行收到客户戊缴来的支票后,向B银行提示,通过中央银行特设的支付清算系统,B银行将64万元的资金划给C银行,C银行有了64万元的存款后,也像B银行那样,保留必要的法定存款准备金12.8万元(64万元×20%),将其余的51.2万元用于发放贷款。这样一直循环下去,最后递减为零,存款创造过程终结,此时,整个银行体系的存款将达到500万元,具体过程见表9.1。

表9.1 商业银行存款货币创造的过程

单位:万元

	原始存款	法定存款准备金	贷款	派生存款
A银行	100	20	80	
B银行		16	64	80
C银行		12.8	51.2	64
D银行		10.24	40.96	51.2
……		…	…	…
合计	100	100	400	400

上述过程的代数表达式如下:

$$\text{银行存款总额}=100+100(1-20\%)+100(1-20\%)^2+100(1+20\%)^3+\cdots+100(1-20\%)^n=\{100[1-(1-20\%)^n]\}/[1-(1-20\%)]=100/20\%=500(\text{万元})$$

可以看出,A银行最初吸收的100万元的原始存款,经过众多银行的贷款、转账结算等业务活动,已创造出数倍于原始存款的派生存款。因此,商业银行以原始存款为基础发放贷款,经过转账支付又会创造出新的存款,这就是商业银行创造存款货币的基本原理。

由此可见,当中央银行向商业银行扩大基础货币供给时,商业银行的存款货币创造能力就加强;当中央银行向商业银行减少基础货币供给时,商业银行的存款货币创造能力就减弱。正因如此,在现代银行体系中,中央银行对宏观经济活动的调控在很大程度上是通过对基础货币的变动来实现的。

4. 影响商业银行存款货币创造能力的主要因素

如果以ΔR表示原始存款,r_d表示法定存款准备金率,ΔD表示包括原始存款在内的经过派生的存款增加总额,则这三者之间的关系可以表示为

$$\Delta D=\Delta R\times 1/r_d \tag{9.1}$$

公式可变化为

$$1/r_d = \Delta D/\Delta R = K \tag{9.2}$$

K通常被称为派生存款乘数。它表示一笔原始存款经过商业银行的派生最大可能扩张的倍数。从上式可以得出,在不考虑其他因素的情况下,派生存款乘数是法定存款准备金率的倒数。因此,法定存款准备金率是影响商业银行存款派生能力的重要因素,中央银行可以通过提高或降低法定存款准备金率,降低或提高商业银行的存款派生能力,从而达到调节市场中货币供给量的目的。

通过上例我们知道,商业银行存款货币创造的过程决定于原始存款和派生存款乘数,而原始存款受中央银行控制。在实际经济运行中,派生存款乘数还受多种因素的影响。

(1)超额存款准备金。现实中,商业银行出于谨慎经营原则考虑,抑或等待更好的投资机会以及受经济运行大环境的影响,除了按要求缴纳法定存款准备金之外,还会保留一部分超额准备金(excess reserve),这使得能够用于发放贷款的资金会相应减少。如果各家银行都持有一定的超额准备金,则存款派生能力会下降。若用e表示超额存款准备金与银行存款总额之比,即超额存款准备金率(excess reserve rate),则派生存款乘数修正为

$$K = 1/(r_d + e) \tag{9.3}$$

(2)现金漏损。在现实生活中,存款客户经常会或多或少地从银行提取现金,致使部分现金流出银行系统,出现所谓的现金漏损。现金漏损的多少与人们对现金的偏好和消费习惯以及非现金结算是否便利等诸多因素密切相关。如,在我国,逢年过节时,银行都要留足资金,以备客户的提现要求,现金漏损使得原始存款减少,同时在银行系统外的资金增加,银行能够用于贷款发放的金额减少,从而使存款派生能力降低。这些漏出银行系统的现金(也即流通中的现金)与银行存款总额之比,即现金漏损率(currency ratio),用c'表示,则派生存款乘数又修正为

$$K = 1/(r_d + e + c') \tag{9.4}$$

(3)活期存款转化为定期存款。当存款人把一部分活期存款转化为定期存款时,这种转化对存款派生乘数的影响不同于超额存款准备金率和现金漏损率。当商业银行持有超额存款准备金和发生现金漏损时,这部分资金不能参与存款的派生。而当活期存款转化为定期存款时,这部分资金仍然在银行系统内部,只是为定期存款而保留的准备金不能进入存款创造过程,其余部分商业银行仍可加以运用,使之遵循存款派生的创造原理。

假设定期存款的准备金率为r_t,活期存款转变成定期存款的比率为t,则派生存款乘数将修正为

$$K = 1/(r_d + e + c' + r_t \cdot t) \tag{9.5}$$

由上可知,商业银行吸收一定的原始存款,能够创造多少派生存款要受到法定存款准备金率、超额存款准备金率、现金漏损率、活期存款转化为定期存款比例以及社会公众的行为、商业银行的经营活动、中央银行的控制力等诸多因素的影响,派生存款乘数K是一个受多种因素影响的变量。

需要指出的是,上述商业银行派生存款乘数扩张的原理,在相反方向上也是适用的,即派生存款乘数的紧缩也呈现倍数缩减的过程。假定A银行的客户在公开市场上买进1 000元的政府债券,从而使A银行的支票存款和准备金减少了1 000元,如果A银行在此之前只对这1 000元支票存款保留了200元的法定准备金,而没有其他超额准备金,那么这1 000元准备金的减少就会使它面临800元的准备金短缺。为了弥补这一短缺,A银行必须收回之前的800元贷款,或者出售800元的债券,而这又会引起其他银行的准备金减少,经

过一系列的反应,使银行系统的派生存款发生倍数缩减的过程,这个过程和其扩张过程是相对称的。理解这一点,对于理解中央银行实施紧缩性货币政策将产生社会货币供给总量的乘数缩减效应至关重要。

三、货币供给模型

通过前面介绍的中央银行层面的基础货币创造和商业银行层面的存款货币创造,我们可以看出,中央银行通过其资产业务创造基础货币,基础货币则成为商业银行原始存款的来源,在此基础上,商业银行经过其业务活动创造出数倍于原始存款的派生存款来,货币供给量由此得以扩张。当然,紧缩货币的过程与之相反。

货币供给模型若从整个银行体系看,可以用一个精炼的数学公式表示货币供给的形成机制。

$$M_s = m \cdot B \tag{9.6}$$

式中,M_s 为货币供给量;m 为货币乘数;B 为基础货币。

该模型表明:基础货币与货币乘数共同作用于货币供给总量,货币供给量与基础货币和货币乘数均成正相关关系。在其他条件不变的情况下,基础货币增加或减少时,货币供给量就相应增加或减少;同理,在其他条件不变时,货币乘数的变动,会引起货币供给量同方向地变动。

需要注意的是,在上述模型中,反映货币供给量与基础货币之间或它们增量之间倍数关系的量称为货币乘数(money multiplier),即中央银行创造(或减少)一个单位基础货币,能使货币供给量扩张(或收缩)的倍数。基础货币的增加之所以能够带来货币供给量的数倍增长,原因在于商业银行的存款派生能力。货币乘数和存款派生乘数有联系,二者都是以阐明现代信用货币具有扩张性的特点,但它们之间存在差别。首先,二者分析的角度和要说明的问题不同。货币乘数是从中央银行的角度进行的分析,关注基础货币与整个社会货币供给量之间的倍数关系,而存款派生乘数是从商业银行的角度进行的分析,主要揭示了银行体系是如何创造存款货币的。其次,货币乘数是通过基础货币来影响货币供给量的,而存款派生乘数主要是通过商业银行体系的派生存款活动所形成的,对货币供给量起重要的影响作用。第三,在基础货币的基础上,商业银行在一定条件下,通过派生存款活动,可以多倍地扩张(或收缩)存款总额,从而也就能够多倍地扩张(或收缩)货币供给量。

如上所述,影响商业银行存款派生乘数的因素是法定存款准备金率、超额存款准备金率、现金漏损率和活期存款转化为定期存款的比率等,那么,影响货币乘数的因素又有哪些呢? 下面我们用概念推知法推导出。

将公式(9.6)变形,得

$$m = M_s / B \tag{9.7}$$

在信用货币流通条件下,货币供给量主要包括流通中的现金(用 C 表示)和存款货币(用 D 表示)两部分,而基础货币主要包括流通中的现金(C)和商业银行等金融机构的存款准备金(用 R 表示)两部分。将它们分别代入公式(9.7),得

$$m = M_s / B = (C+D)/(C+R) \tag{9.8}$$

将上式分子、分母同除以 D,得

$$m = (C/D+1)/(C/D+R/D) \tag{9.9}$$

从公式(9.9)可以看出,影响货币乘数的因素分别是 C/D 和 R/D。

其中,C/D 称为现金—存款比率,也就是我们前面提到的提现率(c')或现金漏损率,即

流通中的现金与存款货币的比率。这一比率的高低反映了居民和企业等部门的持币行为。而持币行为会受收入水平、物价水平、利率状况、消费习惯及支付偏好等因素的影响。通常来说,现金—存款比率越高,表明居民和企业等部门持有的现金越多,或者说商业银行存款中的现金漏损越多,从而使商业银行创造存款货币的能力下降;反之则反。因此,现金—存款比率与货币乘数成反相关关系:现金—存款比率越高,货币乘数越小;现金—存款比率越低,货币乘数越大。

R/D 称为准备金—存款比率。即商业银行法定存款准备金和超额存款准备金的总和占全部存款的比率,也就是我们前面提到的法定存款准备金率(r)和超额存款准备金率(e)的和。由于法定存款准备金率由中央银行决定,而超额存款准备金率则由商业银行根据自身经济状况决定,因此,准备金—存款比率的大小主要取决于中央银行和商业银行的行为。准备金—存款比率与货币乘数也成反相关关系:准备金—存款比率越高,反映有更多的货币没有参加银行体系创造存款货币这一过程,因此,货币乘数就越小;准备金—存款比率越低,意味着有更多的货币参加银行体系对存款货币的创造过程,这样,货币乘数就越大。

随着电子货币的迅速发展,电子货币对货币乘数的影响也在不断扩大。由于现阶段电子货币主要以现金和存款货币的形式出现,因此,我们主要从这两个方面进行分析。

首先,假设电子货币代替现金。在经济生活中,当电子货币代替部分现金时,流通中的现金将会减少,现金—存款比率将会下降,货币乘数将会上升,货币供给量将会增加。

其次,假设电子货币代替存款货币。由于目前大多数国家对电子货币的发行还没有征收存款准备金,因此电子货币的发行主体(如中央银行、商业银行、其他金融机构、非银行金融机构等)与传统的商业银行相比,可以减少准备金的持有额,从而使中央银行的整体准备金存款余额减少,法定存款准备金率相对下降,货币乘数将会上升,货币供给量相应增加。

当然,电子货币的普遍使用虽在一定程度上导致货币乘数的上升,但这种上升也会受到一定限制:电子货币虽然不需要缴纳法定存款准备金,但发行主体为了应付客户的提现要求,仍然会持有一定的准备金;电子货币在货币创造过程中,客户持有的电子货币中的一部分有可能转化为现金或存款货币,出现“现金漏损”现象,这些因素都会限制货币乘数的上升。

第三节 货币均衡的实现机制

在市场经济制度下,物价变动率是衡量货币是否均衡的主要标志。在市场经济制度下。综合物价水平取决于社会总供给与社会总需求的对比关系,而货币均衡又是总供求是否均衡的重要前提条件。所以,我们可以利用综合物价水平的变动,来判断货币是否均衡。如果物价基本稳定,说明货币均衡;如果物价指数过高,说明货币失衡。

货币均衡不是货币供给和货币需求简单的数量相等,而是一种动态的均衡。伴随货币制度的发展,货币均衡的形式也发生了较大的变化。在现代生活中,由于货币均衡直接影响和制约着社会总供给和总需求的均衡,所以研究货币均衡问题有着十分重要的理论意义和现实意义。

一、货币均衡与货币失衡

(一)货币均衡的含义

在现实经济生活中,人们对货币的需求是由多种因素共同决定的。而人们能够知道的货币需求量,实际上就是现实中已经存在着的货币供给量。就是说,无论货币怎样供应、供应多少,它都会以一定的方式为人们所持有,从而表现为人们对它的需求。由此可以看出,货币需求和货币供给在数量上总是相等的,不存在不均衡的问题。但是,这种相等显然是根据名义货币需求量与货币供给量的联系来判断的,而不是真正意义上的货币均衡。真正的货币均衡(money equilibrium)即货币供求均衡,是指在一定时期经济运行中的货币需求与货币供给在动态上保持一致的状态。由于货币需求对应的主要是商品和劳务的实际交易,货币供给主要为这种交易提供购买和支付手段,因此,货币均衡的状态就表现为在市场上既不存在实际交易量大而购买力或支付能力不足所导致的商品滞销,也不存在实际交易量小而购买力或支付能力过多而导致的商品短缺或价格上涨。如上所述,货币均衡具有如下特征:

(1)货币均衡是货币供求作用的一种状态,是货币供给与货币需求的大体一致,而非货币供给与货币需求在数量上的完全相等。

(2)货币均衡是一个动态过程,在短期内货币供求可能不一致,但在长期内是大体一致的。

(3)现代经济中货币均衡在一定程度上反映了国民经济总体平衡状态。在现代商品经济条件下,货币不仅仅是商品交换的媒介,而且是国民经济发展的内在要素。货币供求的相互作用制约并反映着国民经济运行的全过程,货币收支把整个经济过程有机地联系在一起,一定时期内的国民经济状况必然要通过货币的均衡状况反映出来。

(二)货币失衡的含义

货币失衡是与货币均衡相对应的概念。如果在货币流通过程中,货币需求 M_d 不等于货币供给 M_s,即 $M_d \neq M_s$ 则称货币失衡,也称货币非均衡。在货币失衡的状态下,既可能存在货币需求大于货币供给的状态,即 $M_d>M_s$ 的情况;也可能存在货币需求小于货币供给的状态,即 $M_d<M_s$ 的情况。无论哪种状态,都会给国民经济带来不利的影响,导致市场价格和币值的不稳定。货币失衡主要包括总量性货币失衡和结构性货币失衡两类。

1. 总量性货币失衡

总量性货币失衡是指货币供给在总量上偏离货币需求达到一定程度从而使货币运行影响经济的状态。包括货币供给量相对于货币需求量偏小,或货币供给量相对于货币需求量偏大两种情况。在信用货币制度下,前一种情况很少出现,即使出现也容易恢复,经常出现的是后一种货币供给过多引起的货币失衡。

2. 结构性货币失衡

结构性货币失衡是指在货币供给与货币需求总量大体一致的总量均衡条件下,货币供给结构与对应的货币需求结构不相适应。结构性货币失衡往往表现为短缺与滞留并存,经济运行中的部分商品、生产要素供过于求,另一部分出现求大于供。这种结构性货币失衡主要发生在发展中国家。因此,结构性货币失衡必须通过经济结构的调整加以解决,而经济结构的刚性往往又使其成为一个长期的问题。

二、货币均衡与社会总供求均衡

货币均衡是国民经济总供求平衡的必要条件,社会总供求平衡则是货币供求均衡在经济运行中的具体体现。

社会总供求平衡是指社会总供给与社会总需求的平衡。而社会总供给是指在一定时期内一国实际生产的可供生产消费和生活消费的生产成果的总和;社会总需求是指一国在一定的支付能力条件下全社会对生产出来供最终消费和使用的商品和劳务的需求总和,也就是社会的消费需求和投资需求的总和。从理论上讲,社会总供给决定社会总需求,货币总需求决定货币总供给,而货币总供给形成了有支付能力的购买力总和。所以,货币均衡同社会总供求平衡具有内在的统一性和一致性。

(一)货币供给与社会总需求

社会总需求(AD)的构成通常包括消费需求(C)、投资需求(I)、政府支出(G)和出口需求(X),用公式可以表示为

$$AD=C+I+G+X$$

在现代经济中,以上各种需求均表现为有支付能力的需求,任何需求的实现都需要支付货币。社会总需求由流通性货币及潜在的货币构成,它们都是银行体系的资产业务活动创造出来的,即银行体系的资产业务创造出货币供给,货币供给又形成有支付能力的购买总额,从而影响社会总需求,中央银行通过调节货币供给的规模就能影响社会总需求的扩张水平。因而,货币供给量是否合理决定着社会总需求是否合理,从而决定着社会总供求能否达到均衡。

(二)社会总供给决定货币需求

我们知道,社会总供求的平衡包含商品、劳务总供给与商品、劳务总需求的平衡,因为任何商品、劳务都需要用货币来度量其价值并通过货币交换实现其价值,商品市场上的商品供给由此决定了一定时期货币市场上的货币需求。另外,社会总供给对货币需求的影响,还表现在生产周期方面,即使生产规模不变,生产周期的延长,也要求追加货币供给量。即使上述两个因素不变,随着商品价格水平上涨或下跌,也会扩大或减少对货币的需求。商品供给决定了一定时期的货币需求,有多少商品供给,必然需要相应的货币供给量与之相适应。

(三)货币供给对社会总供给的影响

货币供给量在对社会总需求产生影响的同时,又通过两个途径影响社会总供给:一是当货币供给量的变化发生在社会有闲置生产要素的前提下,货币供给量的增加会导致社会总需求的相应增加,通过对社会闲置生产要素进行有机组合,导致社会总供给增加和对货币需求的增加,从而使商品市场和货币市场都恢复均衡状态。二是货币供给量的增加和由此引起的社会总需求的增加,并未引起社会总供给的实质性增加,而是引起价格上涨和总供给价格总额增加,对货币实际要求并未增加,从而使货币市场和商品市场只是由于价格水平上涨而处于一种强制的均衡状态。

(四)货币供求均衡与社会总供求平衡

在货币市场上,货币需求决定了货币供给。这是因为货币需求是货币供给的基础,中央

银行控制供给的目的就是货币供给与货币需求相适应,以维持货币均衡。而在商品市场上,商品供给与商品需求必须保持平衡,这不仅是货币均衡的物质保证,而且是社会总供求平衡的出发点和归宿。

货币均衡通常变现为货币供给等于货币需求,即 $M_s=M_d$,由 $M_d=PT/V$,得

$$M_dV=PT$$

上式中,左边 M_dV 表示社会总需求,右边 PT 表示社会总供给,两边处于平衡状态。由此可见,若货币供求处于平衡状态,则社会总供求也可以达到平衡状态,表现为经济的长期稳定增长和物价水平的相对稳定。因此,货币均衡是实现社会总供求平衡的前提条件,社会总供求平衡则是货币均衡的表现。

如果把社会总供求平衡放在市场的角度观察,它包括了商品市场的平衡和货币市场的平衡,即社会总供求平衡是商品市场和货币市场的统一平衡。商品供求与货币供求之间的关系,可用图 9.1 来简要说明。

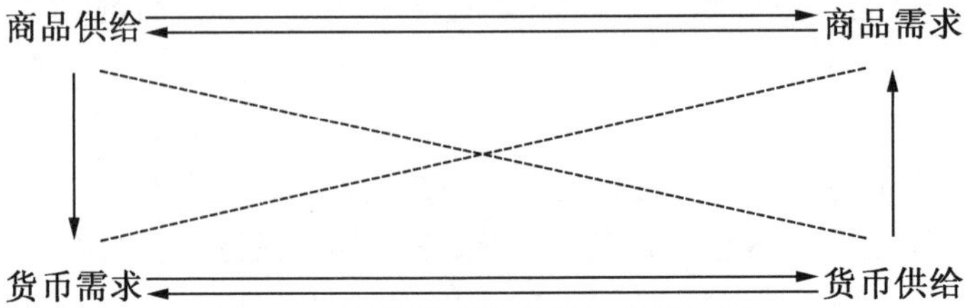

图 9.1　商品供求和货币供求的关系

图 9.1 清楚地表明商品供给决定了一定时期的货币需求,而货币需求决定了货币供给,货币供给形成对商品的需求,商品的需求必须与商品的供给保持平衡,这是宏观经济平衡的出发点和归宿。在这个关系图中,货币供求的均衡是整个宏观经济平衡的关键。要保持货币供求均衡,需要中央银行控制好货币供给量,使货币供给量与客观货币需求量经常保持一种相互适应的关系,以保证经济发展有一个良好的货币金融环境。

三、影响货币均衡实现的主要因素

在市场经济条件下,利率不仅是货币供求是否均衡的重要信号,而且对货币供求具有明显的调节功能。因此,货币均衡可以通过利率机制的作用而实现。当市场利率升高时,一方面社会公众因持币机会成本加大而减少现金提取,这样就使现金比率缩小,货币乘数加大,货币供给增加;另一方面,银行因贷款收益增加而减少超额准备金来扩大贷款规模,这样就使超额准备金率下降,货币乘数变大,货币供给增加。所以,利率与货币供给量之间存在着同向变动关系。当货币市场上出现均衡利率水平时,货币供给与货币需求相等,货币均衡状态便得以实现。货币均衡的实现除了利率机制发挥作用外,还有以下影响因素。

首先,中央银行必须具有足够并且有效的调控手段。货币供求均衡虽然是靠利率机制促动的,按理说中央银行只要通过利率调整,就能有效防止和治理货币失衡。但在现代经济条件下,中央银行所要治理的货币失衡,即通货膨胀或通货紧缩,调整利率通常不如直接控制货币供给量来得直接而有效。其原因之一在于利率变动容易受非政策因素的干扰,容易对中央银行的决策做出误导,此外,由于大多数发展中国家缺乏利率机制发挥作用的基础,也缺乏有效的金融调控手段,是依靠利率促动的货币均衡难以实现。这也许是许多发展中国家近年来纷纷把货币供给量作为货币政策中介目标的根本原因。因此,一个国家在治理货币失衡时,纯粹的市场调整在大

多数国家是行不通的,一般都要通过政策调控来实现均衡。

其次,国家财政收支要保持基本平衡。大量财政赤字的出现往往迫使政府向中央银行借款,这会引发中央银行为弥补财政赤字而增加货币投放。如果财政赤字导致货币增加的量超过实际货币需求时,就会引发货币失衡,导致通货膨胀。当然,如果财政发生赤字并未向中央银行借款,而是通过发行国债方式予以弥补,情况则会有所不同。同时,财政政策对总供给与总需求的调节往往比货币政策的效果更好,因而通过财政政策对社会总供求的调节来影响货币均衡,无疑也是一条重要的途径。

再次,生产部门结构要基本合理。生产部门结构如果不合理甚至严重不合理,会使发展过快的部门出现产品积压,发展过慢的部门,供不应求,出现经济发展的"瓶颈",影响经济的正常发展。因此,生产部门比例严重失调必然引起商品供求结构的不合理,最终会引起货币供求失衡。

最后,国际收支必须保持基本平衡。一个国家如果国际收支不平衡,无论是出现大量的顺差还是大量逆差,都会容易引起汇率波动,使本币对外币升值或贬值,直接影响国际市场价格的稳定,使货币供求关系发生变化。所以,只有保持国际收支的基本平衡,才能避免因国际收支失衡给国内市场带来的较强冲击。

四、货币均衡的实现

在商品经济条件下,由于市场机制的作用,货币供求的失衡经过一段时间后,往往会自动恢复到货币均衡状态。但是,这种自动恢复将付出很大的代价,会给经济带来十分不利的影响。如果是从货币供给不足引起的货币失衡达到货币均衡,将会导致社会资源的闲置和浪费,表现为生产的萎缩和失业人口的增加;如果是从货币供给过多而引起的货币失衡到货币均衡,将会以物价上涨作为代价,其后果可能会引起整个经济生活的混乱和无序,最终将危及整个社会的安定。因此,尽管经济本身具有使货币由失衡恢复到均衡的机制,但在任何一个国家都不曾放弃对货币供求的调节,而是力求使货币失衡在最短的时间内得到恢复,以避免付出不必要的代价。

而货币失衡的人为调节通常包括以下两种情况:

(1)当货币供给量不足时,中央银行会通过多种手段扩大货币供给量,以刺激经济的加速发展。一般是采取扩张性的货币政策,来增加货币供给量,使货币供求达到新的均衡。

(2)当货币供给量过多时,中央银行可以通过两个方面调节货币的供求:一是采取紧缩的货币政策,来减少货币供给量;二是向实体经济注入资金,使之增加社会总供给,从而满足人们的交易需求。

思考题

1. 如何正确理解货币需求的含义?决定货币需求的因素有哪些?
2. 如何正确看待马克思的货币需求理论?你认为这一理论在今天还有指导意义吗?
3. 试分析交易方程式与剑桥方程式的区别。
4. 简述凯恩斯流动性偏好理论。
5. 凯恩斯与弗里德曼的货币需求理论有什么不同?
6. 你认为目前影响我国货币需求的因素有哪些?
7. 基础货币的作用是什么?中央银行是如何调节基础货币的?

8. 我国划分货币层次的原则是什么?

9. 如何理解货币供给的内生性与外生性? 你认为当前我国货币供给量是内生变量还是外生变量,为什么?

10. 在二级银行体制下,如果中央银行规定的法定存款准备金率为10%,某人将10 000元现金存入一家商业银行,在没有任何“现金漏损”的情况下,试说明存款货币的创造数额(包括过程与结果)。

第十章 通货膨胀与通货紧缩

【本章要点】

➢ 通货膨胀的含义及度量指标；

➢ 通货膨胀的成因(理论、现实分析)及治理对策；

➢ 通货紧缩的成因及治理对策；

➢ 通货膨胀与通货紧缩的社会效应。

通货膨胀(inflation)和通货紧缩(deflation)是一对含义相反的经济学范畴的概念,它们是价值符号流通条件下特有的现象,对于其基本概念理论界存在着较大分歧。但无论对这两个概念如何界定,一般来说,通货膨胀总是和物价上涨、货币贬值、经济异常波动等经济现象联系在一起;而通货紧缩又总是和物价下跌、货币增值、经济衰退等经济现象有密切联系。进入20世纪60年代以后,无论发达国家还是发展中国家,也不管是社会主义国家还是资本主义国家,在经济发展过程中,都不同程度地受到通货膨胀问题的困扰。因此,各国政府都将通货膨胀问题作为重要的宏观经济问题来处理,而且大多数国家都把反通货膨胀作为中央银行的首要任务,从而使通货膨胀理论成为当代金融学理论体系的一个重要组成部分。

第一节 通货膨胀

一、通货膨胀的含义

通货膨胀是一个古老的经济现象,也是货币失衡的外在表现。不同的经济学家对通货膨胀的含义不尽相同。新剑桥学派代表人物琼·罗宾逊认为:"通货膨胀通常指的就是物价总水平的持续上涨。"货币学派代表人物弗里德曼认为:"在今天的世界里,通货膨胀就是一种印刷机现象。"并指出"严重的通货膨胀无论在何时何地都是一种货币现象",进一步指出"通货膨胀是在纸币数量明显增加,而且增加的速度超过产量(货物和服务的数量)的增加的时候发生的,每单位产量的货币数量增加的越快,通货膨胀率越高"[①]。新古典综合学派代表人物保罗·萨缪尔森则认为:"通货膨胀是在一定时期内,商品和生产要素价格总水平的持续不断上涨。"新自由主义者哈耶克指出:"通货膨胀一词的原意和真意是指货币数量的过度增长,这种增长会合乎规律地导致物价上涨。"

马克思在《资本论》中阐述货币理论时指出,通货膨胀是同纸币的流通及其规律联系在一起的。所谓通货膨胀是指在纸币流通条件下,由于纸币的发行量超过商品流通中实际需

---

① 弗里德曼.货币的祸害[M].北京:商务印书馆,2007:193-194.

要的货币必要量，从而引起的货币贬值、一般物价水平上涨的经济现象。

一般来说，理论界对于通货膨胀问题通常做如下定义：通货膨胀是指在纸币流通条件下，由于货币供给量过多而引发的货币贬值，一般物价水平持续上涨的货币现象。对于这个定义的理解应包括以下几个方面的内容：

(1)通货膨胀是一种在纸币流通条件下的现象，是纸币发行量超过商品流通所需要的货币数量的结果。在金属货币流通条件下，由于货币本身具有贮藏手段的职能，能自发调节货币流通量，因此，一般不会发生通货膨胀；而在纸币流通条件下，正如弗里德曼所说："纸币的数量可以按可忽略不计的成本无限地增长，所需的只是在同一张纸上印上较大的数字而已。"因此，通货膨胀成为一种经常性的货币现象，并时时困扰着人们的经济生活。需要说明的是，理论界一般把通货膨胀与纸币流通联系起来，甚至把通货膨胀看成是纸币流通特有的经济现象，但事实上，并不能说纸币流通必然产生通货膨胀。

(2)这里所说的物价上涨既不是指个别商品或劳务的价格上涨，也不是少数几种商品价格的局部上涨，而是指一般物价水平，即全部商品及劳务的加权平均价格的上涨。在非市场经济中，通货膨胀则表现为商品的短缺、凭票供应、持币待购以及强制储蓄等形式。

(3)在通货膨胀中，一般物价水平的上涨是在一定时间内的持续、一贯性的、较长时间的上涨，而不是一次性的、暂时性的上涨。部分商品因季节性或自然灾害等原因引起的物价上涨和经济萧条后恢复时期的商品价格正常上涨都不叫通货膨胀。

二、通货膨胀的度量指标

通货膨胀的度量问题，可用一般物价水平的变动幅度来大致测定，但这个幅度的界定，各国又有不同的标准。一般来说，物价上涨的幅度在2%以内都不被当作通货膨胀，有些观点认为只有物价上涨幅度超过5%才叫通货膨胀。在现实生活中，判断一个国家或地区是否发生了通货膨胀以及通货膨胀的程度如何，需要借助于一系列的经济指标进行度量。通常情况下，通货膨胀的度量指标主要是各类物价指数，较常用的物价指数有消费者物价指数、批发价格指数、国民生产总值(GNP)平减指数。

(1)消费者物价指数(Consumer Price Index, CPI)，又称零售物价指数，它是一种用来测量各个时期内城乡居民所购买的生活消费品价格和服务项目价格平均变化程度的指标。目前我国编制这一指标时选取的商品和服务项目包括主要食品、烟酒及饮品、衣着、家庭设备用品及服务、医疗保健及个人用品、交通和通信、娱乐教育文化用品及服务、居住八大类，指数计算采用加权算术平均法，每年根据住户调查调整一次权数。由于CPI能够灵敏地反映居民日常生活成本的变化，而且资料容易搜集，衡量通货膨胀程度的重要指标，被许多国家和地区广泛采用。但是，消费者物价指数也有其缺点，如无法考虑商品质量的改进以及商品间的替代关系。其次，CPI是一个滞后性的数据，而且，所包括的商品范围过于狭窄，只包括社会最终产品中的居民消费品部分，不包括公共部门的消费、生产资料和资本产品以及进口商品。所以用该指数来测定通货膨胀具有一定的局限性，需结合其他指标一起使用。

(2)批发价格指数(Wholesale Price Index, WPI)，它是根据大宗商品包括最终商品、中间产品及进口商品的批发价格编制的指数。反映不同时期批发市场上多种商品价格平均变动程度的经济指标。这一指数的优点是对商业周期反应敏感，与产品出厂价格紧密相关，可以用它来衡量物质生产部门生产成本的变化。此外，可以预先判断其对最后进入流通的零售商品价格可能的变动情况。该指数的缺点是不包括劳务产品在内，并且它只计算了商品在生产环节和批发环节上的价格变动,没有包括商品最终销售时的价格变动。通常情况下,即使存在过度需求,其波动幅度也常常小于零售商品的价格波动幅度。因此,在使用该指标判断总供给与总需求对比关系时,有可能导致信号失真。

(3)国民生产总值平减指数(GNP deflator),又称“国民生产总值折算价格指数”,是指按当年价格计算的国民生产总值,和按不变价格计算的国民生产总值的比率。所谓按不变价格计算,实际上是按照某一基年的价格进行计算。它是衡量一国经济在不同时期内所生产和提供的最终产品和劳务价格总水平变化程度的经济指标。该指标能够比较准确地反映最终产品和劳务的一般价格水平变动情况,但是由于数据量大,编制 GNP 平减指数既耗时又费力,很难及时更新和公布,在时效上无法满足经济决策的需要,而且容易受到价格结构的影响,造成信号失真。

三、通货膨胀的类型

按照不同的划分标准,通货膨胀通常可以进行如下分类:

1. 按照通货膨胀期间物价水平上涨的程度不同,可以将通货膨胀分为温和的通货膨胀和恶性的通货膨胀

(1)温和的通货膨胀(low inflation),通常指物价水平年平均上涨率在 3% 以上,尚未达到两位数的通货膨胀。此时物价相对比较稳定,人们对货币比较信任。人们乐于在手中持有货币,因为这些钱的价值在一个月或一年当中不会有很大变化。

(2)恶性的通货膨胀(hyper inflation),通常物价上涨率在两位数以上,因为人们对货币的实际需求会急剧下降,都在忙着抢购商品,像扔掉“烫手土豆”似的急匆匆抛出自己的货币,以免进一步遭受货币贬值的损失。恶性通货膨胀已严重地破坏了正常的社会经济生活秩序,甚至会造成社会的严重动荡,若不加以控制将导致货币体系和经济的崩溃。

2. 按照通货膨胀的表现形式不同,可将通货膨胀分为公开型的通货膨胀和隐蔽型的通货膨胀

(1)公开型的通货膨胀(open inflation),也称为开放型的通货膨胀,是指政府对物价水平不加管制,价格随市场供求变化而自由涨落,只要出现通货膨胀,就表现为价格水平的明显上涨。

(2)隐蔽型的通货膨胀(repressed inflation),也称为压抑型的通货膨胀,是指由于价格管制原因不直接表现为物价水平的上升,而是市场中出现商品普遍短缺、有价无货、凭票供应、黑市活跃等现象。在我国计划经济时期,就存在这种隐蔽型的通货膨胀,当时的物价指数并不能真实地反映通货膨胀的程度。而改革开放初期,当国家放开商品价格后,被压抑的通货膨胀得到释放,物价水平便随之大幅上升。

3. 按照产生通货膨胀的原因,可以将通货膨胀分为需求拉上型的通货膨胀、成本推动型的通货膨胀和结构型通货膨胀

在下面分析通货膨胀的原因中具体阐述。

四、通货膨胀的原因:理论分析

传统的通货膨胀理论往往侧重于从需求或供给方面分析通货膨胀的形成原因,认为通货膨胀从其成因可以分为需求拉上型、成本推动型和结构型通货膨胀,与此相对应就有了对通货膨胀的不同学说。

(一)需求拉上说(demand-pull inflation)

"需求拉上说"是产生最早、流传最广,影响力最大的通货膨胀理论。该理论认为,之所以会发生通货膨胀,是因为各国政府采用了扩张性的财政政策和货币政策,刺激了社会总需求。当经济中总需求的扩张超出总供给的增长时,过度需求就会拉动价格总水平持续上涨,从而引起通货膨胀。由于总需求是由有支付能力的货币量构成的,总供给则表现为市场上商品和服务的供给,因此,需求拉上的通货膨胀可以表述为"太多的货币追求太少的商品"。此时,就会对商品和服务的需求超出了现行价格条件下可得到的供给,从而导致一般物价水平的上涨。

(二)成本推动说(cost-push inflation)

该理论认为,通货膨胀的根源并非总需求过度,而是由于总供给方面生产成本上升所引起的。在通常情况下,商品的价格是以生产成本为基础加上一定的利润构成的。因此生产成本的上升必然导致物价水平的上升。

经济学家进一步分析了促使产品成本上升的原因:首先,在现代经济社会中,存在着强有力的两个集团,即工会组织和垄断性的大公司,它们对产品成本和价格具有操纵能力,是提高生产成本并进而提高价格水平的重要力量。其中,工会要求企业提高工人的工资,迫使企业工人工资的增长率超过劳动生产率,企业则会因人力资本的加大而提高产品价格以转嫁工资成本的上升,而在物价上涨后工人又要求提高工资,再度引起物价上涨,形成工资—物价的螺旋式上升,导致"工资推进型通货膨胀"(wage-push inflation);另外,垄断性大公司也具有对价格的操纵能力,也是提高价格水平的重要力量。垄断性大公司为了获取垄断利润也可能人为提高产品价格,使商品的价格上涨快于成本的增加,由此引起"利润推进型通货膨胀"(profit-push inflation)。其次,汇率的变动也会引起进出口产品和原材料成本上升,以及石油危机、资源枯竭、环境保护政策不当等造成原材料、能源生产成本的提高也会引起成本推进型通货膨胀。随着现代企业为了加强竞争,扩张市场,必须增加许多间接成本开支,如技术改进费、广告费、新产品开发费等,这类增加的间接成本转嫁到商品价格中,也会引起物价上升。

(三)结构型的通货膨胀(structural inflation)

结构型的通货膨胀是指在没有需求拉动和成本推动的情况下,由于国家经济结构方面的原因而引发的一般物价水平的持续上涨。其具体表现在,由于不同国家在经济发展过程中,产业结构不断发生着变化,一些新的部门和产业在需求方面或成本方面发生变动时,往往会通过部门之间的相互攀比过程而影响到其他部门,从而导致一般物价水平的持续上升。经济结构方面的因素主要有:

1. 需求转移型

此理论最先是由舒尔兹(C. L. Schultze)在1959年发表的《最近美国的通货膨胀》一文中提出的,其主要内容是在总需求不变的情况下,由于消费者偏好的变化,使部分需求会转移到其他生产部门,而各种生产要素不能及时转移,于是,需求增加的部门的产品价格和工资会上涨,需求减少的部门,由于价格和工资"刚性"的存在,它们的产品价格和工资并不会随需求的减少而下降,或者降幅很小,这样就最终造成物价总水平的上涨。

2. 部门差异型

此理论先由鲍莫尔（W. Baumol）于 1967 年发表的《不平衡增长的宏观经济学：城市危机的解剖》一文中提出的，主要内容是在一国中，由于一国经济部门的劳动生产率增长速度不同，当劳动生产率增长快的部门（称先进部门）提高或增加工资时，劳动生产率增长较慢的部门（称落后部门）的工人往往会要求与劳动生产率增长快的部门的工人的工资上涨率看齐，这就使落后部门工人的工资增长速度快于先进部门工人的工资增长，从而引起整个经济出现工资推进的通货膨胀。之后的托宾（J. Tobin，1972）和希克斯（J. R. Hicks，1974）也有类似的见解。其实这一理论同样适用于一些传统农业部门和现代部门并存的发展中国家，在农业落后条件的制约下，政府为促进经济发展，往往通过增加对农业的支出或提高农产品价格来促进农业的发展，结果通过连锁反应，会引发物价总水平的上涨。

3. 外部输入型

外部输入型也称斯堪的纳维亚小国型通货膨胀。该理论最初是由挪威经济学家奥克鲁斯特（O. D. Aukrust）提出的，该理论将小国的经济分为开放和非开放两大类部门，在国际贸易中，小国一般是国际市场价格的承受者，世界通货膨胀会通过一系列机制传递到小国的经济开放部门，引起这些部门的物价上涨，然后又引起非经济开放部门的物价上涨，进而导致全面的通货膨胀。此理论后经瑞典经济学家德格伦（G. T. Edgren）、法克森（K. O. Foxen）以及熬得纳（C. E. Odhner）等人进行了丰富发展和完善。事实上，随着世界经济全球化进程的加快，各国开放程度也进一步加深，一些经济大国的通货膨胀往往通过相关机制进行传导，进而影响其他国家的物价水平也持续上涨，引发通货膨胀的蔓延。

五、通货膨胀的原因：现实分析

在现实经济运行中，引起通货膨胀的原因有时不像理论分析那样简单，尤其是在信用货币条件下，一国经济发展经常受国家对经济的干预程度、政府的经济活动、宏观经济目标等因素的影响，究其原因，主要是货币供给过度，导致货币贬值，从而引起物价上涨。流通中的货币，无论是现金通货还是存款货币，都是通过信贷程序供给的。因此，过度的信用供给是造成通货膨胀的直接原因。具体可从以下几方面分析。

（一）财政原因

财政收支表面上是货币的收支，实质上代表着相应的实物分配。因财政原因迫使过度供给货币的情况一般有两种，即发生财政赤字，或推行赤字财政政策。财政赤字是指财政部门在执行国家财政预算过程中，因收入减少或支出增加而导致的财政收不抵支的状况，意味着财政支出形成的购买力大于财政收入代表的物资，使过多的货币追逐较少的商品，使商品供不应求，这是形成货币过多的重要原因。详细分析请参阅第九章第二节相关内容。

赤字财政是指政府在做财政预算时，把支出打高，留出收入缺口，形成预算赤字。赤字财政是一种宏观经济的扩张政策，目的在于刺激有效需求。

（二）银行信用膨胀

银行信用膨胀是指银行系统向社会提供的信用量超过了商品经济的发展对货币数量的客观需求，而导致的货币贬值、一般物价水平上涨现象。引起信用膨胀的原因很多，主要有来自财政赤字的压力，有来自社会上过热的经济增长要求的压力，也有来自于银行自身决策失误的问题等。因此,银行的信用膨胀实质上就是通货膨胀的同义语。

(三)基本建设投资规模过大

基本建设投资是以货币表现的基本建设完成的工作量,是指利用国家预算内拨款、自筹资金、国内外基本建设贷款以及其他专项资金进行的,以扩大生产能力(或新增工程效益)为主要目的的新建、扩建工程及有关的工作量。它具有投资多,建设周期长,短期内不但不能为社会提供商品和劳务,反而要从流通中吸收大量的商品和物资。因此,基本建设投资规模必须同国家的财力物力相适应,否则,就会导致基本建设材料供应紧张,引发结构型的通货膨胀。

(四)国际收支长期大量顺差

国际收支大量顺差,主要由贸易顺差和外资大量流入引起的。当一国贸易长期处于大量顺差时,意味着商品出口大于进口,这样,一方面减少了国内市场的商品供应量,另一方面银行要用大量本国货币兑换外汇,为兑换外汇投入的本国货币量自然就增加,从而加大了国内货币的投放量,无形中增加了市场压力。

六、通货膨胀的社会效应

(一)通货膨胀对社会再生产的影响

首先,通货膨胀不利于社会再生产的正常进行。通货膨胀初期,会对生产有一定的刺激作用,但这种刺激作用是递减的,随后就是对生产的破坏性影响。在商品和劳务价格普遍上涨的情况下,能源、原材料价格上涨尤其迅速。生产成本提高,生产性投资风险加大,生产部门的资金,尤其是周期长、投资大的生产部门的资金会转向商业部门或进行金融投机,社会生产资本总量由此而缩小。由于投资风险加大,投资预期收益率下降,股息收入增长率低于利息率的上升,证券市场价格下跌,企业筹措资本困难,导致投资率下降。通货膨胀不仅使生产总量削弱,还会破坏正常的产业结构和产品结构。通货膨胀较严重的时候,投机活动猖獗、价格信号扭曲,在生产领域,投资少、周期短、产品投放市场快的加工业受到很大刺激。由于货币流通速度加快,购买力强劲,市场商品供应相对短缺,企业生产单纯追求周期短、见效快,产品质量下降,最终结果是质次价高的加工业产品生产过剩,而基础产业受到冷落。另外,通货膨胀使货币的价值尺度功能受到破坏,成本、收入、利润等均无法准确核算,企业的经营管理尤其是财务管理陷入困境,严重影响再生产活动的正常进行。

其次,通货膨胀打乱了正常的商品流通秩序。正常的商品流通秩序是:商品由生产企业制成后,经过必要的批发、零售环节,进入消费领域。在此过程中,生产企业和处于各流通环节的销售企业均获得正常合理的经营收入和利润,消费者也接受一个合理的价格水平。但是,在通货膨胀情况下,由于价格信号被严重扭曲,商品均朝着价格最高的方向流动。在投机利益的驱动下,商品会长期滞留在流通领域,成为倒买倒卖的对象,迟迟不能进入消费领域。由于地区间的物价上涨不平衡,商品追踪价格上涨最快和水平最高的地区,导致跨地区盲目快速地流动,加大了运输成本,一些商品从产地流向销地后,甚至会又从销地重新流回产地。由于国内市场商品价格上涨,必然会削弱其在国际市场上的竞争能力,从而使国内商品流向国际市场的通道受阻。在通货膨胀的情况下,人们重物轻钱,严重时出现商品抢购,更有一些投机商搞囤积居奇，进一步加剧市场的供需矛盾。

再次，通货膨胀是一种强制性的国民收入再分配。通货膨胀对每个社会成员来说，最直接的影响就是改变了他们原有的收入和财富占有的实际水平。在物价普遍上升的时期，每个社会成员都必须接受已经或正在上升的价格。由于各个社会成员的收入方式和收入水平不同，消费支出的负担不同，消费领域和消费层次也不尽相同。因此，在同样的通货总水平下，有的成员损失小，有的成员损失大，有的成员则是受益者。一般来说，依靠固定薪金维持生活的职员，由于薪金的调整总是慢于物价上升，因此是主要的受害群体。工人和雇员也是受害者，其受害的程度跟他们所在的行业和企业在通货膨胀中的利润变动相关。处在产品价格大幅上升的企业的工人或雇员，名义工资可能增加，通货膨胀损失可以得到一定补偿，受害程度就小一些。雇主一般都会使工资的增长幅度小于物价上涨幅度，以谋求最大盈利。因此，雇主尤其是从事商业活动的雇主，是通货膨胀的受益者。其中，最大的受益者是那些经营垄断性商品、从事囤积居奇的专门的投机商和不法经营者。通货膨胀对分配的影响还表现在债权债务关系中，那些以一定利率借得货币的债务人，由于通货膨胀降低了实际利率，使他们的实际债务减轻，因而是受益者；而那些以一定利息为报酬持有债权的人，则由于实际利率下降而受到损失。

最后，通货膨胀降低了人们的实际消费水平。消费是生产的目的，消费水平是衡量社会成员生活质量的标准，消费的表现形式就是对商品使用价值或效用的直接占有和支配。但是，在商品货币经济条件下，人们对商品使用价值的占有和支配一般都是要首先取得货币的方式，人们的收入首先表现为一定的货币数量，而由货币数量转换为真实的消费品还需要通过市场。因此，货币收入等于消费的前提是货币稳定。通货膨胀使币值下降，人们在分配中得到的货币收入因此打了折扣，实际消费水平也就下降了。

（二）通货膨胀对金融秩序的影响

通货膨胀使货币贬值，当名义利率低于通货膨胀率，实际利率为负值时，贷出货币得不偿失，常常会引发居民挤提存款，而企业争相贷款，将贷款所得资金用于囤积商品，赚取暴利。对经营信用业务的银行来讲，其存贷款活动承担着很大的风险，不如将资金抽回转向商业投机。因此，银行业出现危机。金融市场的融资活动也会由于通货膨胀使名义利率被迫上升，导致证券价格下降，陷于困境。由于通货膨胀使生产领域受到打击，生产性投资的预期收益率普遍低落，而流通领域则存在过度的投机，工商业股票市场也因此处于不稳定和过度投机的状态。至于严重的通货膨胀，则会使社会公众失去对本位币的信心，人们大量抛出纸币，甚至会出现以物易物的排斥货币的现象。

（三）通货膨胀对社会稳定的影响

通货膨胀可引起收入的再分配，收入再分配的结果，必然导致某些社会成员受益，某些成员受害。至于谁受益、谁受害及受益受害的程度，主要看通货膨胀使他们得到或失去的收入和财富的数量。由于通货膨胀的发生以及规避因通货膨胀而造成的损失具有不确定性，因而，通货膨胀总是使大部分社会成员受害，少部分社会成员受益。

通货膨胀发生时，如果收入不增加，许多以工资收入为生的人，尤其是退休者和老年人，因为他们除了私人养老金或社会保障机构提供的老年社会保险补贴外，没有其他可随物价上涨而增加的收入来源。尽管不少国家对此也采取了相应的补助措施，但这个阶层的成员受打击最大的状况却难以改变。

当通货膨胀率高于银行存款利率时就出现负利率,负利率吞食了存款者的收入,而借贷者却可以“坐吃利差”。那些存款的城乡居民,尤其是那些失业者,在通货膨胀时期所受到的打击更加严重,因而社会两极分化会加剧,这必然引起人们的不满,从而导致社会的不安定;通货膨胀加剧腐败,加剧社会两极化和社会矛盾。

通货膨胀不仅使大多数社会成员受损,还损坏了政府的声誉和权威。由于纸币是国家强制发行的价值符号,如果政府纸币发行过多,不能实现其价值,就会引起社会公众对政府的不信任,在某些突发事件的影响下,就可能出现大规模的抢购与挤兑。纸币是“经济选票”,与政治选票所不同的是,它不是对信任者投票。而是对不信任者投票。相当部分居民不信任政府时,抢购和挤兑就难免发生。

七、治理通货膨胀的对策

持续的通货膨胀对社会经济运行的破坏性使各国政府都非常重视对通货膨胀的治理。由于引发通货膨胀的原因比较复杂,治理通货膨胀的措施也各不相同。综合国际国内的一般经验,常见的治理通货膨胀的措施主要有以下几种:

(一)紧缩需求的政策

需求拉动型通货膨胀是指经济体系对产品和服务的总需求过度增加,超出了社会潜在产出水平之后引起的价格水平持续上涨。因此,政府可以采取紧缩总需求的政策来治理通货膨胀。紧缩总需求的政策包括紧缩性财政政策和紧缩性货币政策。

1. 紧缩性的财政政策

紧缩性的财政政策直接从限制支出,减少需求等方面来减轻通货膨胀压力,概括地说就是增收节支、减少赤字。具体包括以下措施:

(1)减少政府支出。减少政府支出一是削减购买性支出;二是削减转移性支出。前者包括减少政府投资、行政事业费等;后者包括减少各种福利支出、财政补贴等。减少政府支出可以尽量消除财政赤字,控制总需求的膨胀,消除通货膨胀隐患。

(2)增加税收。增加税收可以直接减少企业和个人的可支配收入,降低投资支出和消费支出,以抑制总需求膨胀。同时,增加税收还可以增加政府收入,减少因财政赤字引起的货币发行。

(3)发行公债。政府发行公债后,可以利用“挤出效应”减少民间部门的投资和消费,抑制社会总需求。

2. 紧缩性的货币政策

货币学派认为,通货膨胀是一种货币现象,货币供给量的无限制扩张是引起通货膨胀的重要原因。因此,可以采用紧缩性的货币政策来减少社会总需求,促使总需求与总供给趋向一致。紧缩性的货币政策主要有以下措施:

(1)提高法定存款准备金率。中央银行通过提高法定存款准备率,降低商业银行创造货币的能力,从而达到紧缩信贷规模、削减投资支出、减少货币供给量的目的。

(2)提高再贴现率。提高再贴现率不仅可以抑制商业银行对中央银行的贷款需求,还可以增加商业银行借款成本,迫使商业银行提高贷款利率和贴现率,结果企业因贷款成本增加而减少投资,货币供给量也随之减少。提高再贴现率还可以影响公众的预期,达到鼓励增加储蓄、减缓通货膨胀压力的作用。

(3)公开市场卖出业务。公开市场业务是中央银行最经常使用的一种货币政策。在通货膨胀时期,中央银行可以在公开市场向商业银行等金融机构出售政府债券,回笼货币,从而达到紧缩信用、减少货币供给量的目的。

(4)直接提高利率。利率的提高会增加信贷资金的使用成本,减小信贷规模,减少货币供给量;同时,利率的提高还可以增加储蓄存款,减少流通中的货币供给量,从而减轻通货膨胀压力。

(二)积极的供给政策

我们知道,需求拉上型通货膨胀通常表现为与货币购买力相比的商品供给不足。因此,供给学派认为,在抑制总需求的同时,可以积极运用刺激生产的方法增加供给来治理通货膨胀。一般来说,增加有效供给的主要手段是降低成本,减少消耗,提高经济效益。其主要措施包括:

1. 减税

减税即降低边际税率(指增加的收入中必须向政府纳税的部分所占的百分比)。一方面,边际税率的降低提高了人们的工作积极性,增加了商品供给;另一方面,减税可增加居民和企业的可支配收入,有利于提高储蓄和投资的积极性,增加资本存量。因而,减税可同时增加产出和降低失业率,从而有效地降低和消除由供给小于需求所造成的通货膨胀。

2. 削减社会福利开支.

削减社会福利开支是为了激发人们参加生产的积极性和个人独创性,以促进生产的发展,增加有效供给。

3. 适当增加货币供给,发展生产

从扩大供给角度看,适当增加货币供给量会产生积极的供给效应,起到降低利率水平,有效刺激投资,从而增加产出,使总供给曲线向右移动,使价格水平下降,从而抑制通货膨胀。

4. 精简规章制度

精简规章制度就是要求政府有关部门给企业等微观经济主体松绑,减少行政审批手续,提高其办事效率,让企业在市场经济原则下更好地扩大商品供给。

(三)从严的收入政策

从严的收入政策主要针对成本推动型通货膨胀,确切地说,应被称为“工资-价格政策”。主要是通过对工资和物价上涨进行直接干预来抑制通货膨胀。从发达国家的经验来看,收入政策主要采取了以下几种措施:

1. 工资-物价指导线

政府根据长期劳动生产率的平均增长率来确定工资和物价的增长标准,并要求各部门将工资-物价的增长控制在这一标准之内,目的是防止工资增长率快于劳动生产率。工资-物价指导线是政府估计的货币收入的最大增长限度,每个部门的工资增长率均不得超过这个指导线。只有这样才能维持整个经济中每单位产量的劳动成本的稳定,因而预定的货币收入增长就会使物价总水平保持不变。20 世纪 60 年代,美国肯尼迪政府和约翰逊政府都相继实行这种政策,由于工资物价指导线政策以自愿性为原则,仅能进行“说服”,而不能以法律强制实行,所以其实际效果并不理想。

2. **以税收为基础的收入政策**

政府规定一个恰当的物价和工资增长率，并运用税收的方式来处罚工资增长率超过恰当增长度的企业和个人。如果工资和物价的增长保持在规定的幅度内，政府就以减少个人所得税和企业所得税作为奖励。这种形式的收入政策仅仅以最一般的形式被尝试过。例如，在1977～1978年，英国工党政府曾经许诺，如果全国的工资适度增长，政府将降低所得税。澳大利亚也曾于1967～1968年间实行过这一政策。

3. **工资-价格管制及冻结**

在通货膨胀较严重时期，政府颁布法令强行规定工资、物价的上涨幅度，甚至在某些时候暂时将工资和物价加以冻结。这种严厉的管制措施一般在战争时期较为常见，但当通货膨胀非常严重、难以对付时，和平时期的政府也可能求助于它。美国在1971～1974年间就曾实行过工资-价格管制，特别是在1971年，尼克松政府还实行过3个月的工资-价格冻结。

（四）其他治理措施

为治理通货膨胀，在一些国家还采取了收入指数化、币制改革等政策措施。

1. **收入指数化**

鉴于通货膨胀现象的普遍性，而遏制通货膨胀又是如此困难，弗里德曼等许多经济学家提出了一种旨在与通货膨胀“和平共处”的适应性政策——收入指数化政策。所谓收入指数化是指将工资、利息等各种名义货币性收入部分或全部地与物价指数相联系，使其自动随物价指数的升降而升降。这便形成了工资提高引发物价上涨、物价上涨又引起工资提高的循环，在西方经济学中，被称为“工资-价格螺旋”。显然，收入指数化政策只能减轻通货膨胀给收入阶层带来的损失，但不能消除通货膨胀本身。

2. **币制改革**

为治理通货膨胀而进行的币制改革，是指政府下令废除旧币，发行新币，变更钞票面值，对货币流通秩序采取一系列强硬的保障性措施等。进行币制改革的目的在于增强社会公众对本位币的信心，从而使银行信用得以恢复，存款量增加，货币能够重新发挥正常的作用。币制改革一般是针对恶性通货膨胀而采取的措施，尤其是当物价上涨已显示出不可抑制的状态，货币制度和银行体系濒临崩溃时，政府会被迫进行币制改革。历史上，许多国家都曾实行过这种改革，但这种措施对社会震动较大，必须谨慎从事。

八、我国的通货膨胀问题及治理

中华人民共和国成立以来，曾发生过多次通货膨胀。改革开放以来，我国的经济运行中出现了数次幅度较大的物价波动，由于提高农副产品收购价导致财政赤字，货币投放量过多，形成了明显的物价上涨。尤其是1988～1989年，全国零售物价指数分别达到18.5%和17.8%，而国民生产总值的增长却从1988年的11%下降到1989年的4%。最初为了抑制经济“过热”，全面紧缩信贷，从而使正常的生产建设也得不到必要的资金能保证，于是导致经济“过冷”。1993年5月和7月曾两次提高银行的存款利率，并主要依靠行政手段和法律手段抑制房地产、股票和固定资产投资，同年对三年以上的定期存款实行保值。1995年我国首次将货币供给量列为中央银行货币政策的调控目标，经过四年的宏观调控，1996年，我国经济基本实现了“软着陆”。

2003年以来，我国在经济持续快速的增长过程中，出现了固定资产增长过快、货币供给增长过快和外贸顺差过大等问题，即所谓的“三过”问题，其结果必然导致通货膨胀。固定资产投资的持续高速增长，拉动了能源、原材料等产品价格持续上涨；货币供给增长和价格总水平的上涨关系最为密切，2003～2007年，每年度的货币供给 M_2 的年末余额同前一年相比的增长速度分别是19.6%、14.6%、17.6%、16.9%和16.7%。大大超过了同期的经济增长速度；外贸顺差过大且持续增长过快是我国经济内外不平衡的重要表现，2005～2007年，进出口顺差余额年增长幅度分别为218.43%、74.2%和49.97%，表明国际市场需求对于我国经济增长的推动作用强劲。净出口的快速增长，对外汇储备增长和国内价格总水平的上涨起到了重要作用。

据有关部门的统计数据，2007～2008年的物价持续上涨被称为非典型性的通货膨胀，主要因为此次持续近一年的物价上涨结构性明显，持续时间不长，且成因也是多方面的。2006年全年我国CPI的上涨率为1.5%。2007年1月的CPI上涨率为2.2%，同年5月的CPI上涨率为3.4%，全年CPI比2006年上涨了4.8%，到2008年2月，CPI达到8.7%，从此开始回落至2008年12月的1.2%。本轮物价上涨的结构性特征十分明显。价格上涨主要集中在农产品特别是肉类，并传导到食品类产品上。2007年末到2008年年中，基础原材料和能源产品价格也开始持续大幅度上涨。2008年一季度，原材料、燃料、动力购进价格同比上涨9.8%。然而，非食品价格上涨一直处于可控的范围内。同期非食品价格上涨率为1.8%。由此判断，2007～2008年，我国经济中出现的物价上涨并不能算作是严格意义上的通货膨胀。官方对此称之为结构性通货膨胀，并将控制物价上涨的目标定位为，防止由结构性通货膨胀演变为普遍的通货膨胀。

伴随着中国经济不断回升向好，2010年我国GDP按可比价格计算，比上年增长10.3%；CPI同比上涨3.3%。从具体指标来看，2010年第四季度GDP同比增长9.8%，但是2010年12月份CPI上涨4.6%，其主要原因在于，2010年下半年以来，特别是四季度，中央银行采取了一系列措施，显示出政策措施在调控物价方面的努力已经取得一定的效果，但是全年CPI数字却超过政府之前确定的3%的水平。根据国家统计局数据，近10年我国物价（CPI）平均不到3%，中央银行不用采取措施控制。

每一次通货膨胀的发生都会引起我国理论界对通货膨胀成因的探讨。代表性的观点有中国需求拉上说、中国的成本推进为主说、体制转轨说以及结构说等。进入21世纪以来，在全球化和经济转型背景下，中国通货膨胀形成机理更加复杂，既有需求因素又有供给因素，既有国内因素又有国外因素。例如，随着经济开放程度的提高，国际大宗商品价格上涨等外部输入因素对国内商品价格影响显著；伴随经济持续快速增长，我国劳动力供给约束逐步增强，并出现结构性趋紧，劳动力成本上升逐步构成推动价格上涨的因素；资源价格偏低是我国经济内外失衡的重要诱因，客观上助长了投资扩张，刺激了出口快速增长，导致国内总需求持续扩张，通货膨胀压力逐步加大。因此，从长期看，能源和资源约束的矛盾也日益突出，劳动力成本、资源和能源价格上升是长期趋势，所以，促进经济结构优化和转变经济发展方式，才能从根本上缓解通货膨胀的压力。

第二节　通 货 紧 缩

一、通货紧缩的含义与衡量

(一)通货紧缩的含义

通货紧缩(deflation)是与通货膨胀完全相反的货币经济现象。它们是影响现代经济发展的两大难题。早在20世纪二三十年代经济大萧条时期,通货紧缩就是经济学的重要研究对象。经济学家对如何定义通货紧缩有着不同意见。西方经济的教材中往往只是在解释通货膨胀时附带解释通货紧缩,例如,保罗·萨缪尔森与威廉·诺德豪斯合著的《经济学》中,在定义通货膨胀时只是简单介绍了通货紧缩的概念,“通货膨胀意味着整体价格水平的上升,与通货膨胀相对的概念是通货紧缩,指的是总体物价水平的下降”①。

我国自1996年实现经济“软着陆”后,经济显现出通货紧缩状态,近几年国内学者对通货紧缩的研究也随之深入。主要有三种主要观点:一是单要素定义,认为通货紧缩就是价格水平普遍持续的下降;二是双要素定义,认为通货紧缩包括价格水平和货币供给量的持续下降;三是三要素定义,即将通货紧缩视为价格水平普遍持续下跌、货币供给量的连续下降和经济增长率不断下降。

多数学者认为通货紧缩应作如下表述:由于货币供给不足而引起的货币升值、物价普遍、持续下跌的货币现象。对通货紧缩概念的理解应注意以下几点:

第一,通货紧缩从本质上讲是一种货币现象。当通货紧缩发生时,物价水平持续下跌,货币供给量持续下降,表现为单位货币所代表的商品价值在增加,货币在不断地升值。

第二,通货紧缩表现为一般物价水平的持续、普遍下跌。个别商品和服务的价格下降,不一定就是通货紧缩,可能是由于某些商品或服务供大于求或因技术进步、市场开放、生产效率提高等原因所致。价格水平是一个持续下降过程,有的观点认识持续时间为半年以上,有的观点认为持续时间为两年以上。在20世纪90年代,日本经济长期不景气。物价在低位徘徊,经济增长乏力,失业率逐年上升,货币供给量增长缓慢。因此,许多专家认为日本已经发生了一定程度的通货紧缩。

第三,通货紧缩是一种实体经济现象。它通常与经济衰退相伴,即GDP减少。通货紧缩虽不是经济衰退的唯一原因,但是,通货紧缩对经济增长的威胁是显而易见的。通货紧缩使商品和劳务价格变得越来越低,但由于这种价格下降并非源于生产效率的提高和生产成本的降低,因此,势必减少企业和经营单位的收入;企业单位被迫压缩生产规模,又会导致员工失业增加;社会成员收入下降必然减少消费,这将会加剧通货紧缩;由于通货紧缩,人们对经济前景看淡,反过来又影响投资;投资消费缩减最终会使社会经济陷入困境。

(二)通货紧缩的衡量

与通货膨胀一样,通货紧缩也可以使用消费者物价指数、批发价格指数、国民生产总值

---

① 保罗·萨缪尔森,威廉·诺德豪斯. 经济学[M]. 北京:华夏出版社,1999:76-77.

平减指数等指标来衡量。在实践中，衡量通货紧缩还有两个重要指标，即经济增长率和失业率。需要说明的是，单纯从经济增长率和失业率的变化来看是不能确定是否出现通货紧缩的，应需要结合其他指标进行综合评价。

二、通货紧缩的社会经济效应

长期以来，通货紧缩的危害往往被人们轻视，并认为它远远小于通货膨胀对经济的威胁。从表面看，通货紧缩引起物价水平的下跌似乎提高了消费者的购买力，给其带来了一定好处，但从长远看，持续的物价下跌将给国民经济带来严重的负面影响。弗里德曼曾肯定地说，没有任何货币数量的下降而又不伴随严重经济衰退的。因此，通货紧缩常常被称为经济衰退的加速器。

从投资看，实际利率的提高会使企业减少投资。在通货紧缩时期，物价持续下跌，通货膨胀率为负数，这样，即使市场中名义利率较低，实际利率依然很高。影响企业投资决策和融资成本的是实际利率而不是名义利率。实际利率提高，企业投资的实际成本提高，投资的预期收益率下降，导致企业投资需求减少，缩减生产规模，使整个社会表现为产出下降，失业增加，经济萧条。

从消费需求看，通货紧缩有两种效应。一是价格效应；二是收入效应。前者因物价的下跌而使消费者可以用较低的价格得到同等数量和质量的商品和服务，而预期未来价格还会下降将促使人们延期消费，更多地进行储蓄；后者因通货紧缩带来的经济衰退使人们的收入减少，金融资产价格下跌，消费者会紧缩开支，再加上对未来价格下跌的预期，即期消费会大幅减少。

通货紧缩会导致社会财富缩水。通货紧缩发生时，全社会总物价水平下降，企业的产品价格也跟着下降，企业的利润随之减少。企业盈利能力的下降使得企业资产的市场价格也相应降低。而且，产品价格水平的下降导致企业单个的产品难以销售，企业为了维持生产周转不得不增加负债，负债率的提高进一步使企业资产的价格下降。企业资产价格的下降意味着企业净值的下降和财富的减少。在通货紧缩条件下，供给的相对过剩必然使众多劳动者失业，此时劳动力市场供过于求的状况将使工人的工资降低，个人财富减少。即使工资不降低，失业人数的增加也使得社会成员总体收入减少，导致社会个体的财富缩水。

通货紧缩会恶化信用关系。类似于通货膨胀较严重的情形，较严重的通货紧缩也将破坏社会的信用关系，影响正常的经济运行秩序。在价格大幅下跌、货币购买力不断提升的环境下，虽然名义利率很低，但实际利率会比通货膨胀时期高出许多，较高的实际利率有利于债权人，不利于债务人。债权人与债务人之间的权利义务关系会失去平衡，正常的信用关系也会遭到破坏。对银行来说，一方面由于其客户经营困难，偿债成本增加，使得银行难以及时足额地收回债权，不良资产率可能会提高，从而加大银行信用风险；另一方面是新的信用需求减少，给银行的正常经营带来困难。因此，许多经济学家指出："货币升值是引起一个国家所有经济问题的共同原因"。

三、通货紧缩的成因

通货紧缩可能由各种各样的原因引起，从世界经济发展的历史角度看，引发通货紧缩的机理比较复杂，一般与有效需求不足、政府支出缩减、技术进步和生产成本降低、一国的汇率制度、供给结构不合理以及经济周期的变化等因素有关。根据近代世界各国发生通货紧缩的情况分析，大体有以下几个方面的原因。

（一）有效需求不足

当预期实际利率进一步降低和经济走势预期不佳时，消费和投资就会出现有效需求不足，导致物价下跌，形成需求拉下型通货紧缩。我们知道，政府在治理通货膨胀的过程中，由于采取紧缩性的货币政策，从而引起货币供给量减少，导致总需求不足，最终走向通货膨胀的反面，引起物价总水平下跌，出现政策紧缩型的通货紧缩。也就是说，紧缩性的货币政策是有惯性作用的。弗里德曼和舒瓦茨认为，美国 1920～1921 年出现的严重的通货紧缩完全是货币紧缩的结果。在 1919 年 4 月至 1920 年 6 月间，纽约联邦储备银行曾经多次提高贴现率，先后从 4% 提高到 7% 。大萧条期间出现的通货紧缩也是同样的原因。

（二）政府的财政政策

如果政府为了预防通货膨胀或为了降低财政赤字而采取紧缩性的财政政策，如紧缩财政预算、大力削减公共支出，减少转移支付、提高税率等措施，这会使总需求趋于减少，可能导致商品和劳务市场出现供求失衡，引发通货紧缩。

（三）生产力水平的提高和生产成本的降低

技术进步和科技创新会使生产力水平有所提高，放松管制和改进管理降低了生产成本，造成生产能力过剩，产品价格也会下降，因而会出现成本压低型通货紧缩。在日益激烈的全球竞争和降低成本的科技创新，尤其是信息技术的发展所引起的生产率增长趋势、供给增加等情况不能及时调整而持续存在，则物价下跌的趋势也会相应持续下去，这样也会引发通货紧缩。

（四）本币汇率制度的影响

如果一国采取钉住强势货币的汇率制度时，一般会出现本币币值高估现象，导致出口减少，扩大进口，加剧国内企业经营困难，促使消费需求相对不足，致使物价持续下跌，出现外部冲击型的通货紧缩。1997 年 7 月发生的东南亚金融危机就使得这些国家货币贬值 35% 左右，造成一些货币保持相对稳定的国家或地区出现了通货紧缩现象。

（五）结构性因素

由于产业结构不合理或投资、消费需求结构的变化，使商品供求总量与供求结构严重失衡，商品供给大于需求，供给结构不适用需求结构，导致潜在的社会总需求与社会总供给结构错位较大，大量潜在的产品供给得不到实现而造成无效供给，当积累到一定程度时，必然加剧供求之间的矛盾，使许多商品的价格水平长期处于低位徘徊的局面，导致结构型的通货紧缩。

（六）经济周期的变化

经济周期（business cycle），也称经济波动、商业周期，它是指经济运行中周期性出现的经济扩张与经济紧缩交替更迭、循环往复的一种现象。每一个经济周期都可以分为上升和下降两个阶段。上升阶段也称繁荣，最高点为顶峰；顶峰也是经济由盛转衰的转折点，此后经济进入下降阶段，即衰退。衰退严重则进入萧条期，衰退的最低点为谷底。当然，谷底也是经济由衰转盛的转折点，之后，经济进入上升阶段。经济从一个顶峰到另一个顶峰，或者从一个谷底到另一个谷底，就是一次完整的经济周期。在经济周期的繁荣阶段，是宏观经济环境和市场环境日益活跃的时期。此时，市场需求旺盛，生产趋升，商品畅销，资金周转灵便，企业处于较为宽松有利的外部环境中。当经济周期处于衰退阶段，市场需求疲软，生产下降，商品滞销，资金周转不灵。企业处于较恶劣的外部环境中。由此可见，经济周期的变化就有可能在衰退阶段引发通货紧缩。

四、通货紧缩的治理对策

与通货膨胀相比，通货紧缩是一个更让各国经济政策制定者头痛的问题。因为物价持续下跌会使投资者预期看淡，企业经营更加困难，民间投资也不愿大幅增加，最终可能导致经济大面积衰退，所以政府必须找出引发通货紧缩的原因，并针对性地制定治理措施。

（一）扩大有效需求

我们前面已经谈到，有效需求不足是导致通货紧缩的主要原因之一，因此，设法扩大有效需求就成为治理通货紧缩的一项直接而有效的措施。一般来说，总需求包括投资性需求、消费需求和出口需求。要从扩大有效需求入手，必须先判断出导致有效需求不足的主要方面，然后采取具体措施，实现扩张有效需求的目的。

1. 实施扩张性的财政政策

扩张性的财政政策主要包括减税和增加财政支出两个方面。减税涉及税法和税收制度的改变，但它不是一种经常性的调控手段，在应对较严重的通货紧缩时也可被采用，如通过降低税率，可以增加企业和居民的可支配收入，有效扩大消费性需求，通过出口退税或出口补贴政策，扩大出口需求；财政支出是扩大总需求的重要组成部分，因此，增加财政支出可以直接增加总需求，如通过增加政府对基础设施和技术改造投资的乘数效应，扩大投资需求，起到拉动经济增长的目的；政府也可以提高国家机关和企事业单位职工及退休人员的工资收入，扩大消费需求；或者通过拓展国际市场，积极扩大外需等政策。

2. 扩张性的货币政策

扩张性的货币政策有多种方式，主要通过调整法定存款准备金率、再贴现率、公开市场业务等手段，要求中央银行及时做好货币政策的微调，适时增加货币供给量，降低实际利率，加大对中小企业的贷款政策优惠力度，密切关注金融机构的贷款行为，通过灵活的货币政策促使金融机构增加有效贷款投放量，以增加货币供给。需要说明的是，货币政策可以在增加或减少货币供给量方面发挥重要作用，但更多的理论分析（如凯恩斯的“流动性陷阱”）和各国的实践表明，以治理通货紧缩为目的的扩张性政策可能是无效的或者是乏力的。因此，在治理通货紧缩的对策中，货币政策主要是配合财政政策来运用的。

（二）加快产业结构的调整

价格的持续下跌是市场产品供求失衡的直接结果，通常也是产品产业结构失调的反映，对某些行业的产品或某个层次的商品生产过剩引发的通货紧缩，短期性的需求管理政策往往难以从根本上解决问题。对此类型的通货紧缩，一般采取调整产业结构的手段。结构调整包括产业结构调整和产业组织结构的调整。

产业结构调整，主要是通过推进产业结构的升级，培育新的经济增长点，同时形成新的消费热点。对于生产过剩的部门或行业要控制其生产,减少产量。并对其他新兴行业或有发展前景的行业应采取措施鼓励其发展,以增加就业机会,增强社会购买力。产业组织结构的调整,主要是通过市场机制作用,在行业内部进行较大范围的兼并与重组,最大程度和最有效地配置资源,这样既可有效制止恶性的市场竞争,又可避免物价水平的大幅度下降。

(三)建立存款保险制度

一般来说,一个国家如果金融制度运行出了问题,将导致全社会的信用危机甚至信用崩溃,那么通货紧缩就会带来全面的经济衰退。为此,金融部门必须建立健全金融风险的防范制度,以避免大规模的系统性风险的出现。在市场经济条件下,银行的破产是正常的,但对其造成的连锁反应必须有一套有效的防范措施,否则,个别银行的破产可能会引发全社会的信用危机。基于此,建立存款保险制度是完全必要的。2013 年 3 月,国际存款保险协会(IADI)就曾指出,对问题银行的早期发现是存款保险制度有效运行的重要基础。当前我国亟须建立存款保险制度,以稳定中小金融机构的正常运行。

(四)建立完善的社会保障体系

实践证明,一国居民消费水平的提高,与预期收入和预期支出密切相关,建立完善的社会保障体系,可以从根本上减少人们的后顾之忧,降低预期支出,对消费的扩大有十分积极的作用。

(五)改革汇率制度

通货紧缩可能由僵化的汇率制度所致,使用这种汇率制度容易高估本国货币币值,产生输入型通货紧缩。如果是这样,就需要对汇率制度进行改革,采取灵活的汇率制度,以减轻因外部冲击而造成的通货紧缩压力。

(六)其他措施

除了以上措施外,对工资和物价的管制政策也是治理通货紧缩的措施之一。比如,可以在通货紧缩时期制订工资增长计划或限制价格下降,这与通货膨胀时期的工资—物价指导线措施的作用方向是相反的,但作用原理是相同的。此外,通过对证券市场的干预也可以起到一定的作用,如果证券市场呈现牛市行情,就有利于形成乐观的预期,同时证券价格的上升使居民金融资产的账面价值增加,产生财富增加效应,也有利于提高居民的边际消费倾向。

五、我国的通货紧缩及其治理

针对 20 世纪 90 年代初期的通货膨胀,我国自 1993 年开始采取了紧缩的货币政策和紧缩的财政政策,并实施了各种改革配套措施,到 1996 年,我国过热的经济成功实现了“软着陆”。在此之后,我国经济发展也出现了有效需求不足的问题。具体表现在:一是物价持续回落,商品零售价格涨幅从 1996 年末的 6.1% 下降到 1997 年 1 ~ 9 月份的1.3%;二是经济增长呈现明显的下降趋势,GDP 增长率从 1992 年的 14.2% 一路下降到 1999 年的 7.15%;三是国内消费需求不振,社会消费品零售总额增长趋缓。1998 年后,全国物价总水平继续全面下降,再加上受东南亚金融危机的影响,1998 ~ 1999 年 CPI 累计下降了 2.2%,商品零售价格指数累计下降了 5.6%,农业生产资料价格指数累计下降了9.7%,农产品收购价格指数下降了 20.2%，工业企业主要原材料购进价格指数和工业品出厂价格指数累计下降了 7.5%，固定资产投资价格指数累计下降了 0.6%。与此同时，金融机构的存款和贷款增幅明显回落，存贷差急剧扩大。所有这些均已表明，我国经济出现了通货紧缩现象。针对市场有效需求不足的情况，我国政府采取了一系列的扩大内需政策。

一方面，实施了积极的财政政策。自 1998 年起，我国六年累计投放了 8 000 亿元的建设国债，这些建设国债在投资过程中形成的需求，对经济增长产生了一定的拉动作用。在税收方面，也采取了相应的调整策略，如调整了固定资产投资方向调节税，对企业设备投资实行投资抵免税，提高出口退税率等政策。另一方面，实施了积极的货币政策。从 1996 年起，八次下调了金融机构存、贷款利率；大幅下调了中央银行存、贷款利率；改革了存款准备金制度；运用中央银行再贷款，增加基础货币供应，增强国有商业银行资金实力，如 1998～1999 年，受东南亚金融危机影响，我国外汇占款只分别比上年增加了 440 亿元和 1 013 亿元。为保证基础货币适度增长，中央银行增加了再贷款投放，1999 年中央银行对金融机构再贷款资金比上年增加了 1 221 亿元；加大再贴现力度；发展公开市场业务；启动消费者信用控制和不动产信用控制工具，如允许商业银行对个人开办住房、汽车等消费信用贷款业务，并将范围扩大到一些耐用消费品、教育、旅游等项目，延长贷款期限，降低贷款利率，简化贷款手续等政策和措施。到 2003 年年底，我国经济形式开始出现了由通货紧缩向通货膨胀反转的迹象，这说明我国治理通货紧缩的政策取得了一定成效。受美国次贷危机的影响，自 2012 年 3 月以来，工业生产者出厂价格指数（PPI）同比增速连续 34 个月回落。PPI 的持续回落，在很大程度上缘于我国工业经济产能过剩问题尚未得到有效解决，新的经济增长尚未形成，导致工业经济增长乏力。2015 年，面对我国需求总体偏弱，通缩预期上升，经济运行面临着较大压力等问题。中国人民银行决定，自 2015 年 10 月 24 日起，金融机构人民币一年期贷款基准利率下调 0.25 个百分点至 4.35%；一年期存款基准利率下调 0.25 个百分点至 1.5%；其他各档次贷款及存款基准利率、人民银行对金融机构贷款利率相应调整；个人住房公积金贷款利率保持不变。同时，对商业银行和农村合作金融机构等不再设置存款利率浮动上限，并抓紧完善利率的市场化形成和调控机制，加强央行对利率体系的调控和监督指导，提高货币政策传导效率。为进一步加大货币政策效果，2016 年 3 月 1 日起，中国人民银行又普遍下调金融机构人民币存款准备金率 0.5 个百分点，以保持金融体系流动性合理充裕，引导货币信贷平稳适度增长，为供给侧结构性改革营造适宜的货币金融环境，此次降准将向市场释放约 6 700 亿资金。实际上，自 2016 年第四季度以来，中央银行更多地运用如逆回购、MLF 等货币工具调节市场流动性。截至 2017 年 12 月，工业生产者出厂价格指数（PPI）环比上涨 0.8%，同比上涨 4.9%，2017 年全年 PPI 上涨 6.3%，结束了自 2012 年以来连续 5 年的下降态势。

思考题

1. 什么是通货膨胀？它通常有哪些衡量指标？
2. 查找改革开放以来，我国发生的数次通货膨胀，解释其原因。
3. 应如何综合治理通货膨胀？
4. 为什么说物价指数是测度通货膨胀和通货紧缩的主要指标？
5. 为什么通货紧缩常常被称为经济衰退的加速器？
6. 就 1997 年以来中国通货紧缩现象的成因和对策谈谈你的看法。

第十一章　货 币 政 策

【本章要点】

➢ 货币政策与货币政策的最终目标；
➢ 一般性货币政策工具、选择性货币政策工具和其他货币政策工具；
➢ 货币政策操作指标和中介目标的作用与选择标准；
➢ 货币政策的传导机制；
➢ 货币政策与财政政策的协调配合。

第一节　货币政策及其最终目标

一、货币政策概述

(一)货币政策的含义

货币政策(monetary policy)是现代国家经济政策的重要内容。在现代市场经济条件下，国民经济商品化、货币化、信用化的程度不断加深，整个国民经济都借助于货币来运行。货币政策是指中央银行为实现一定的经济目标，运用各种货币政策工具调控货币供给量和利率等中介目标进而实现宏观经济目标的方针和措施的总和。货币政策在一国的宏观经济政策中居于十分重要的地位，而中央银行则是这一货币政策的制定者和执行者。

就一国的货币政策来看，一般包括五个方面的内容，即货币政策最终目标、货币政策工具、货币政策操作指标和中介目标、货币政策的传导机制及政策实施效果等方面。这几个方面彼此相关，构成了完整而丰富的货币政策体系，即中央银行运用货币政策工具，作用于货币政策的操作指标和中介目标，进而通过中介目标的变化实现货币政策最终目标并对货币政策的实施效果进行评价等内容，因此，在制定和实施货币政策时，必须对这一有机整体进行统筹考虑。

(二)货币政策的特点

1. 货币政策是宏观经济政策

货币政策是通过调节和控制社会的货币供给来影响宏观经济运行，进而达到某一特定的宏观经济目标的经济政策，因而，货币政策一般涉及的是整个国民经济运行中的经济增长、物价稳定、充分就业、国际收支平衡等宏观总量以及与此相关的货币供给量、信用量、利率、汇率等变量，而不是银行或企业金融行为中的资产、负债、所有者权益、收入、费用、利润等微观经济个量问题。

2. 货币政策是调节社会总需求的政策

在市场经济条件下，社会总需求是指整个社会有货币支付能力的总需求。货币政策正是通过对货币的供给来调节社会总需求中的投资需求、消费需求、出口需求，并间接地影响社会总供给的变动，从而促进社会总需求和总供给的平衡。

3. 货币政策主要是间接调控政策

市场经济在某种程度上又称为法制经济，因此，货币政策一般不采用或很少采用直接的行政手段来调控经济，而主要运用经济手段、法律手段调整"经济人"的经济行为，进而调控经济。

4. 货币政策是长期连续的经济政策

货币政策的最终目标如稳定物价、充分就业、经济增长和国际收支平衡等，都是一国长期的政策目标，短期内是难以实现的。而货币政策的具体操作和调节措施又具有短期性、实效性的特点。因此，货币政策的各种具体措施是短期的，需要连续操作才能逼近或达到货币政策的长期目标。

（三）货币政策的类型

货币政策主要有以下几种类型：

1. 扩张性货币政策

在社会有效需求不足、生产要素大量闲置、产品严重积压、市场明显疲软、国民经济处于停滞或低速增长情况下，中央银行应采取扩张性货币政策。扩张性货币政策主要表现为降低存款准备金率、降低再贴现率、在公开市场上回购有价证券等措施，以增加货币供给量，使利率下降，让企业和居民更容易获得生产资金和消费资金，并通过投资需求和消费需求规模的扩大来增加社会总需求，刺激经济恢复增长，直至达到复苏、繁荣局面。同时还可适度调高汇率，使本币对外贬值，以利出口，通过出口需求的扩大来弥补国内需求的不足。采用扩张性货币政策要适时、适度，避免信贷的过久、过度扩张，引发通货膨胀，当然要使货币政策见效快，还应注意与财政政策及其他宏观调控政策相配合。

2. 紧缩性货币政策

当社会总需求过旺、通货膨胀压力加大、投资和消费明显过热时，中央银行可通过减少货币供给量，使利率升高，从而抑制投资，压缩总需求，限制经济增长。当社会总需求不旺、通货紧缩趋强、投资和消费低迷时，中央银行采取的措施是扩张性货币政策中所用措施的反向操作。同时，在对外经济关系上，可调低汇率，使外币与本币相比有所贬值，以利于扩大进口，增加国内有效供给。

3. 中性货币政策

当社会总供求基本平衡、物价稳定、经济增长以正常速度递增时，中央银行并不根据不同时期国家的经济目标和经济状况，不断地调节货币需求量，而是把货币供给量固定在预定水平上。其理由是在较短时期内，货币供给量的增减会自动得到调节，国家的经济目标和经济状况不会因此受到影响。但实践证明，由于货币政策效应的长期性和不确定性，可能会对经济产生不利影响，各国中央银行一般不采用这种类型的货币政策。

二、货币政策的最终目标

货币政策的最终目标是中央银行通过货币政策的制定和实施所期望达到的最终目的。

作为一国的宏观经济政策,货币政策的最终目标与一国的宏观经济目标相一致,一般包括物价稳定、充分就业、经济增长和国际收支平衡四大目标。

(一)物价稳定

物价稳定(price stabilization)是指一个物价水平在短期内相对稳定,不发生显著的或剧烈的波动。它是中央银行货币政策最早具有的,也是最基本的政策目标。在20世纪30年代以前,西方各国普遍信奉"自由放任"原则,认为资本主义市场经济是一架可以自动调节的机器,能自行解决经济运行中的矛盾。当时西方各国普遍采用金本位制度,维持金本位制,被认为是稳定货币的基础。而在市场经济条件下,由于个别或部分商品价格的变动是相对价格体系的变动,因此,我们这里所说的物价水平是指物价总水平,而不是个别或部分商品的价格。此外,物价稳定并不意味着物价保持静止不变,而是指将物价控制在一个合理水平上,既不能过高,防止出现通货膨胀,也不能持续过低,防止出现通货紧缩。从各国货币政策的实际操作来看,一般以通货膨胀率来衡量物价稳定状态,一般认为物价上涨率在4%以下就是比较合理的。然而20世纪30年代的世界经济大萧条使美国的物价水平下跌了20%,实际国民生产总值减少了31%,失业率高达22%。当时各国政府和经济学家开始怀疑金本位的自动调节机制,便纷纷放弃金本位制度。1936年,凯恩斯的《就业、利息和货币通论》问世,系统提出了国家调节经济的理论,以解决失业问题。二战结束后的1946年,美国国会通过就业法案,正式将充分就业列入经济政策的目标。从此,充分就业就成为货币政策的主要目标之一。

(二)充分就业

充分就业(full employment)是指凡有工作能力的且愿意工作的人都可以在较为合理的条件下找到工作,这是政府宏观经济政策的重要目标。非充分就业,表明存在社会资源,特别是劳动力资源的浪费,但充分就业并不是100%的就业。通常以劳动力的失业率来衡量,失业率是社会的失业人数与愿意就业的劳动力之比,作为考察是否实现充分就业的衡量指标。经济理论认为,失业主要有三种存在形式:一是摩擦性失业,即由短期内劳动力流动、使劳动力供求失调或季节性原因而造成的失业;二是周期性失业,它是由于总需求不足而引起的短期失业,它一般出现在经济周期的萧条阶段;三是自愿性失业,即劳动者不愿意接受现有的工资水平而自愿放弃工作所造成的失业。一般认为,若不存在周期性失业,则可以认为实现了充分就业。但是,由于各国社会经济状况、民族文化与传统习惯的差异很大,对失业率指标的计算口径、计算方法也不尽相同,所以它只适宜判断一国就业状况的大体趋势,不宜做横向比较。西方国家的多数学者认为5%以下的失业率即为充分就业。

(三)经济增长

经济增长(economic growth)是指在一定时期内一国所生产的商品和劳务总量的增加,也可以认为是指一个国家或地区人力和物质资源的增长,通常用国内生产总值(GDP)的变化,或人均GDP的增长率来衡量一国经济增长的情况。一个国家的经济实力,往往是决定其在国际经济和政治格局中竞争能力的重要因素,因此,加快经济发展对发展中国家尤为重要。

20世纪50年代后期,面对苏联经济的快速发展和日本经济的复兴,欧美国家又提出了发展经济的迫切性,以保持自身的经济实力和国际地位,中央银行开始把经济增长确定为货币政策的最终目标之一。促进经济增长的要素一般包括劳动力、投资的增加和技术的进步等,其中增加投资是促进经济增长简单而有效的方法。但过高的投资会引发通货膨胀预期,所以货币政策要调节货币供给,保持适度的货币供给量,适度的投资增长,以促进经济增长。因此,我们所说的经济增长应该是可持续的和非货币化的经济增长。不同国家在不同时期或同一国家在不同历史时期经济增长的具体目标是不同的,发达国家多把年经济增长率定在3% ~4%左右,但对发展中国家来说,这个目标显然偏低了。

(四)国际收支平衡

国际收支平衡(balance of payment equilibrium)是指一个国家或地区对外经济往来中的全部货币收入和货币支出大体平衡的一种状态。一般指在一定时期内(通常指1年)一国或地区对其他国家和地区,由于政治、经济、文化往来所引起的全部货币收支大体平衡。国际收支平衡是保证国民经济持续稳定增长和经济安全甚至政治稳定的重要条件。一个国家国际收支失衡,无论是逆差还是顺差,都会给该国经济带来不利影响。1997年东南亚金融危机的爆发主要是由于这些国家的国际收支出现了大量的逆差,导致外汇市场对本币信心急剧下降,资本大量外流,外汇储备急剧下降,本币大幅贬值,从而导致严重的金融危机。

20世纪60年代以后,美国等几个主要资本主义国家国际收支持续出现逆差,使固定汇率的维持出现了困难,也影响了国内经济的发展,于是,一些国家先后将国际收支平衡列为货币政策的最终目标。在开放型经济中,保持国际收支平衡是保证国民经济持续稳定增长和经济安全的重要条件。货币政策在调节国际收支方面具有重要作用,如利率的变动会影响国际资本的流入或流出,进而影响资本和金融账户的变动;汇率的变动则会对经常账户产生重要影响。中央银行可以通过对利率、汇率等的调节实现一国的国际收支平衡。

三、货币政策最终目标之间的关系

货币政策的四大最终目标,都是国家经济政策战略目标的组成部分,它们之间的关系比较复杂,既有统一性,又有矛盾性,要同时实现四个目标是非常困难的,因为通过某种货币政策工具实现某一货币政策的同时,常常会干扰其他货币政策目标的实现。在实际经济运行中,中央银行往往会从中有所侧重,统筹兼顾。

(一)稳定物价与充分就业

一般而言,存在较高失业率的国家,中央银行有可能通过增加货币供给量、扩大信用投资等途径,刺激社会总需求,以减少失业或实现充分就业。但这样做在某种程度上会导致一般物价水平上涨,诱发或加剧通货膨胀。

1958年,经济学家A. W. 菲利普斯(A. W. Phillips)在英国《经济学人》杂志上发表了一篇使他成名的文章——《1861—1957年英国失业和货币工资变动率之间的关系》。在这篇文章中菲利普斯说明了失业率与通货膨胀率之间的负相关关系的曲线,即著名的菲利普斯曲线(图11.1)。也就是说,菲利普斯说明了采取减少失业或实现充分就业的政策措施,就可能导致较高的通货膨胀率;反之,为了降低物价上涨率或稳定物价,就往往得以较高的失业率为代价。因此,作为中央银行的货币政策目标只能根据当时的社会经济条件,寻求物价上涨和失业率之间的某一适当的结合点。事实上,20世纪70年代以来在西方国家发生的

"滞涨"现象，说明菲利普斯曲线所描述的失业率和通货膨胀率之间的相互替代关系，并不是在任何条件下都能成立，有可能会出现高失业率与高通货膨胀并存的情况，因此，也就加大了货币政策制定和执行的难度。

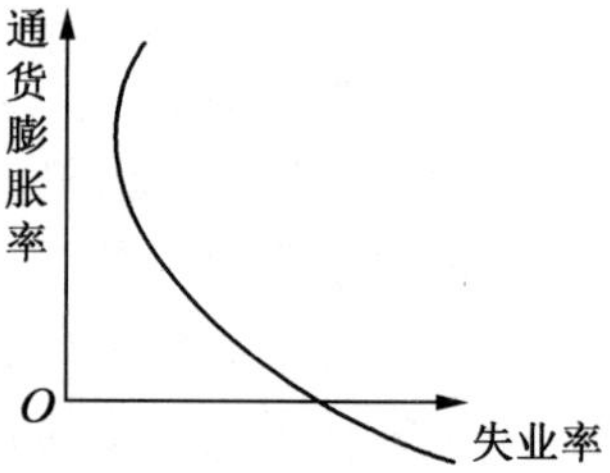

图 11.1　菲利普斯曲线

（二）稳定物价与经济增长

在现实经济生活中，经济增长与稳定物价之间存在着一定的矛盾性，具体表现在：稳定物价要求收紧银根、压缩投资需求、控制货币量与信用量；而现代市场经济条件下各国的经济运行实践显示，经济的增长一般都是伴随着物价水平一定程度的上涨，这是因为经济的增长必然要求投资需求和消费需求的增长，进而要求增加投资，而货币供给量的增加将导致物价水平一定程度的上涨。所以，中央银行难以兼顾经济增长与物价稳定。

（三）稳定物价与国际收支平衡

物价稳定有利于实现国际收支平衡。在开放经济条件下，一国的币值和国际收支都会受到其他国家宏观经济状况的影响。通常情况下，在各国贸易结构不变的情况下，如果各国都保持本国的物价稳定，则物价稳定与国际收支平衡的目标就能够同时实现。但如果一国保持物价稳定，而其他国家出现了通货膨胀，则会使本国出口商品价格相对较低，出口增加，进口减少，国际收支发生顺差。反之则反。同样，如果本国国际收支出现逆差，为了平衡国际收支，可以采取本币对外贬值的措施，通过促进本国出口的增加，达到平衡国际收支的目的。但是，由于本国商品出口的增加，减少了对国内市场商品的供给，进口商品也会因本币的对外贬值而提高，受两方面因素的影响，可能会推高本国的物价水平，导致国内通货膨胀加剧。从另一个角度看，当一个国家发生通货膨胀时，国内利率往往比较高，容易引起外国资本的流入。这样，一方面由于平衡了外汇市场的供求关系，而有利于保持汇率的稳定；另一方面由于外国资本的大量流入弥补了可能发生的贸易逆差，有利于维持国际收支的基本平衡。因此，尽管通货膨胀不利于稳定物价目标，却有利于平衡国际收支目标。

（四）经济增长与国际收支平衡

一般来说，经济增长通常会增加对进口商品的需求，同时由于国民收入的增加会带来货币支付能力的增加，导致对一部分本来是用于出口的商品转向内销。受两方面作用的影响，往往是进口的增加高于出口的增长，导致贸易逆差。为了平衡国际收支，消除贸易逆差，中央银行需要紧缩信用，减少货币供给，以抑制国内的有效需求，这样一来，生产规模也会相应缩减，从而导致经济增长速度放慢。而为了促进经济增长，就需要增加投资，在国内资金来源不足的情况下，外资流入可能会造成资本项目出现顺差，虽然这在一定程度上可以弥补国际收支失衡，但不能确保经济增长与国际收支平衡共存。因此，经济增长与国际收支平衡二者之间也存在矛盾，难以同时兼得。

事实证明，货币政策各个目标之间的矛盾是客观存在的。因此，在实际经济运行中，既要达到合理的经济增长率，较低的失业率，又要稳定物价，保持国际收支平衡，做到四者的兼顾是非常困难的，于是就出现了货币政策目标的选择问题。在货币政策实践中，不同的国家在不同的时期，或者同一个国家在不同的时期，总是根据具体的经济情况强调一个或者两个目标，作为货币政策的最终目标或侧重于某一方面。

第二节　货币政策中介目标与操作指标

一、货币政策的中介目标和操作指标的作用与选择的标准

（一）中介目标与操作指标的作用

在现实经济中，货币政策的最终目标属于长期性政策目标，中央银行运用货币政策工具往往难以直接达到诸如稳定物价、充分就业、经济增长等最终目标。在具体实施货币政策时，从中央银行认识到需要采取货币政策，然后制定并实施货币政策，到所采取的货币政策发挥作用、对货币政策的最终目标产生影响，就需要在最终目标的框架内设置中间性指标。作为这些中间性指标，应具有以下作用：第一，测度功能。我们知道，货币政策最终目标是一个长期目标，从货币政策工具的运用到最终目标的实现，有一个较长的作用过程。在这个过程中，必须设置短期的、可供量化的金融变量来测定货币政策工具的作用和效果，预计最终目标的实现程度。第二，传导功能。在货币政策实施过程中，中央银行本身并不能直接控制和实现货币政策最终目标，只能通过操作货币政策工具来影响最终目标。在此过程中，需要一个承前启后的中介或桥梁起传导作用。第三，缓冲功能。中间性指标的设置是实现货币政策间接调控的基本条件之一。它能使货币政策工具对宏观经济的影响有一个缓冲过程，以便货币当局可根据反映出来的相关信息，及时调整货币政策工具及其操作力度，避免经济的急剧波动。

中间性指标包括操作指标和中介目标两个层次。

（1）操作指标是中央银行通过对货币政策工具的操作，能够有效准确实现的政策变量，通常包括准备金、基础货币等指标。中央银行一旦操作货币政策工具，操作指标就会迅速发生反应。对货币政策工具反应灵敏，处于货币政策工具的控制范围之中，是货币政策操作指标的主要特征。

（2）中介目标又称为货币政策的中介指标、中间变量等，它是介于货币政策操作指标和货币政策最终目标之间的变量指标。货币政策最终目标一经确定，中央银行必须选择相应的中介目标，编制具体贯彻货币政策的指标体系，便于货币政策操作和检查货币政策的实施效果。中介目标主要有利率、货币供给量等指标。中介目标离货币政策工具较远，但离最终目标较近，与货币政策的最终目标具有紧密的相关关系。

（二）中介目标与操作指标的选择标准

一般来说，要充分发挥货币政策操作指标和中介目标的作用，对它们的选取必须符合以下几个标准。

1. 相关性

相关性是指中间性指标的变动与货币政策最终目标的实现之间存在密切的相关关系。这就要求中间性指标与使用的货币政策工具和预期实现的最终目标之间存在密切的、稳定的关系，使货币政策工具、操作指标、中介目标和最终目标之间相互作用明显，中央银行能够

通过对中间性指标的调节和控制实现其最终目标。

2. 可测性

可测性是指中央银行所选择的作为中间目标的金融变量的变动情况能够被迅速、准确地观测。能被进行迅速和精确的测量是对最终目标进行有效控制的前提,或者说中央银行能够迅速收集到反映这些金融变量变动情况的准确数据资料,并据以进行有关定量分析。

3. 可控性

中间性指标必须是中央银行进行有效控制的金融指标。中间性指标的金融变量能够被中央银行所控制。也就是说,中央银行能够运用货币政策工具,作用于这些金融变量,并能有效控制其变动。理想的中间性指标是完全外生的并且完全由中央银行控制。

4. 抗干扰性

货币政策在实施过程中,经常会受到许多外来因素或非政策因素的干扰,所以只有选择那些抗干扰能力较强的中间性指标,才能保证货币政策达到预期的效果。

需要说明的是,在选择货币政策操作指标和中介目标时,不仅要满足上述选择标准,还应注意客观经济条件的制约因素,不能简单地照搬他国的做法;另外,操作指标的选择还受中介目标选择的制约,不同的中介目标与不同的操作指标相联系。

二、可作为中介目标的金融变量

通常而言,市场经济国家中央银行选用的货币政策中介目标主要是利率和货币供给量。也有一些国家选择汇率指标。这些中介目标对货币政策工具反应的先后和作用于最终目标的过程各不完全相同,中央银行对它们的控制力也不一样。

(一)利率

利率作为货币政策的中介目标已经有相当长的历史,因为中央银行能够直接影响利率的变动,而利率的变动又能直接、迅速地对经济生活产生影响,而且利率资料也容易获取。利率作为中介目标主要是指中长期利率,这是凯恩斯学派所极力推崇的,20 世纪 70 年代以前被多数西方国家的中央银行采纳。利率作为货币政策的中介目标的优点在于:一是可测性强。中央银行在任何时候都能观察到市场利率水平及结构,可随时对收集的资料进行分析判断并加以调整。二是可控性强。中央银行作为“最后贷款人”可以直接控制对金融机构融资的利率。中央银行可直接控制再贴现率,或通过公开市场业务和再贴现利率调节市场利率。三是与最终目标的相关性强。中央银行通过利率变动引导投资和储蓄,作用力大,影响面广,从而调节社会总供给和总需求。凯恩斯学派主张将充分就业作为最终目标,为了达到充分就业,认为货币政策的中间目标应该是利率而不是货币供给量。该理论认为:在利率很低的情况下,货币供给量即使很大,也会被公众吸收、贮藏,成为休闲货币,掉入流动性陷阱,对社会经济的影响微不足道。因此,受凯恩斯主义经济思想的影响,美国等西方国家过去都是以市场利率作为货币政策主要的中介目标。

然而,利率作为中介目标也有不足之处,其抗干扰性较差。主要表现在:一是中央银行能够控制的是名义利率,而对经济产生实际影响的是预期实际利率,而预期实际利率很难准确计量,通货膨胀率数据的获得具有时滞性。二是利率兼具经济变量与政策变量的特性。作为经济变量,利率变动与经济循环相一致,即当经济景气时,利率趋于上升,经济不景气时,利率趋于下降;作为政策变量,利率变动应与社会总需求的变动方向一致,即当社会总需求过高时提高利率,社会总需求不足时降低利率。

(二)货币供给量

货币供给量也称总量目标,这是以弗里德曼为代表的现代货币主义者所推崇的中介目标。20 世纪 70 年代以后,西方各国的中央银行大多以货币供给量作为中介目标。货币供给量就是流通的货币量,广义地可分为流通中的现金和银行存款,在世界银行公布的《货币概览》中被分为 M_0、M_1、M_2 和 M_3 等。货币供给量作为货币政策中介目标的优点有:一是可测性强,货币供给量中的 M_0、M_1、M_2 都分别反映在中央银行或商业银行及其他金融机构的资产负债表内,可以随时进行量的测算和分析。二是可控性强,通货由中央银行发行并注入流通,中央银行通过控制基础货币,也能有效控制 M_1 和 M_2。三是抗干扰性较强。货币供给量作为经济变量是顺循环的,即经济繁荣时,货币供给量会相应地增加以满足经济发展对货币的需求;而货币供给量作为政策变量是逆循环的,即经济过热时,应该实行紧缩的货币政策,减少货币供给量,防止因经济过热而引发通货膨胀。而理论界对货币供给量指标应选择哪一层,仍存在不同的看法。争论的焦点在于 M_1、M_2 哪个指标和最终政策目标之间的相关性更强。因此,以货币供给量作为货币政策的中介目标,最大的问题就是指标口径的选择。

(三)其他指标

对货币政策中介目标的选择,各国由于经济、金融环境的不同,所选择的中介目标也不尽相同。即使同一个国家在不同发展阶段为了实现不同的宏观政策目标也会选择不同的中介目标。除了上面介绍的利率和货币供给量指标外,有些国家和地区因经济、金融开放程度较高,还会选择汇率作为货币政策的中介目标。其货币当局往往确定其本币钉住某个经济实力较强国家的货币,将汇率确定在某一水平上,通过对货币政策的操作,以此实现最终目标。

三、可作为操作指标的金融变量

操作指标也称近期目标,介于货币政策工具和中介目标之间。从货币政策发挥作用的全过程来看,操作指标离货币政策工具最近,是货币政策工具直接作用的对象,具有随货币政策工具变量的改变而迅速改变的特征。中央银行正是借助货币政策工具作用于操作指标,进而影响中介目标并实现货币政策最终目标的。操作指标的选择同样要符合可测性、可控性、相关性和抗干扰性四个标准。此外,操作指标的选择在很大程度上还取决于中介目标的选择。各国中央银行使用的操作指标主要有存款准备金和基础货币。

(一)存款准备金

银行体系的存款准备金是由银行体系的库存现金与其在中央银行的存款准备金组成。在存款准备金总额中,由于法定存款准备金是商业银行必须保有的准备金,不能随意动用,因此,对商业银行的资产业务规模起直接作用的是商业银行可随时动用的超额存款准备金,鉴于此,许多国家将超额存款准备金选作货币政策的操作指标。由于超额存款准备金数额反映在中央银行资产负债表上,具有很好的可测性;此外,超额存款准备金的高低,反映了商业银行的资金紧缺程度,与货币供给量紧密相关,具有很好的相关性。例如,如果商业银行持有的超额存款准备金过多,说明商业银行资金宽松,反映出提供的货币供给量偏多,此时,中央银行可通过提高法定存款准备金率、提高再贴现和再贷款利率、在公开市场上卖出证券等工具，使商业银行的超额存款准备金保持在理想的水平上；反之亦然。但存款准备金的可控性和抗干扰性较弱，因为当中央银行运用货币政策工具对商业银行的超额存款准备金进行调节时，商业银行持有多少超额存款准备金最终取决于商业银行的意愿和财务状况，受经济运行周期和信贷风险的影响，难以为中央银行所掌控。

（二）基础货币

基础货币又称高能货币，是指处于流通领域为公众所持有的现金和商业银行等金融机构在中央银行的存款准备金之和。从数量关系上看，货币供给量等于基础货币乘以货币乘数，在货币乘数一定或变化可测的情况下，通过调节基础货币就可以控制货币供给量。因此基础货币是比较理想的操作指标。第一，可测性较强。基础货币是中央银行资产负债表上的负债，其数量大小随时在中央银行的资产负债表上反映出来，中央银行很容易获得相关数据。第二，可控性强、具有抗干扰性。中央银行对基础货币具有很强的控制能力，通过再贴现、再贷款以及公开市场业务等操作，可以直接控制基础货币的数量。第三，相关性强。中央银行通过对基础货币的增减，可以直接扩张或紧缩整个社会的货币供给量，进而影响总需求。正是基于基础货币的这些优点，很多国家的中央银行把基础货币作为较理想的操作指标。

第三节　货币政策工具及其运用

货币政策工具又称货币政策手段，是中央银行为实现货币政策目标而直接控制的、能够通过金融途径影响经济单位的经济手段和方法。当货币政策目标确定以后，就需要一整套行之有效的货币政策工具来保证其实现。中央银行可采用的货币政策工具通常包括一般性货币政策工具、选择性政策工具和其他货币政策工具等。

一、一般性货币政策工具

一般性货币政策工具（universal tools of monetary policy）也称为货币政策的总量调节工具。它是通过调节货币和信贷的供给影响货币供应的总量，进而对经济活动的各个方面都产生影响的政策工具。主要包括法定存款准备金政策、再贴现政策和公开市场业务三大货币政策工具。俗称中央银行的“三大法宝”。

（一）法定存款准备金政策

存款准备金是存款货币银行按吸收存款的一定比例提取的准备金。存款准备金分为法定存款准备金和超额存款准备金。法定存款准备金是商业银行按照其存款的一定比例向中央银行缴存的存款，这个比例通常是由中央银行决定的，被称为法定存款准备金率。超额存款准备金是商业银行存放在中央银行、超出法定存款准备金的部分，主要用于支付清算、头寸调拨或作为资产运用的备用资金。存款准备金制度的初始作用是保证存款的支付和清算，之后才逐渐演变成为货币政策工具。

1. 法定存款准备金政策的含义

法定存款准备金政策是中央银行在法律赋予的权力范围内，通过规定或调整商业银行等金融机构缴存到中央银行的存款准备金比率，控制和改变商业银行的信用创造能力，间接控制经济社会货币供给量的活动。例如，当中央银行提高法定存款准备金率时，商业银行需要上缴中央银行的法定存款准备金增加，可直接运用的超额准备金减少，商业银行的可用资金减少，在其他情况不变的条件下，商业银行贷款或投资下降，引起存款的数量收缩，导致货币供给量减少。目前大部分国家都在法律上规定法定存款准备金比率，并赋予中央银行调整法定存款准备金率的权限。这一政策工具的作用一是保证存款机构资金的流动性；二是可以使中央银行集中一部分信贷资金用于再贴现、再贷款或办理清算；三是有利于调节货币供应总量。

法定存款准备金率作为货币政策工具，它必须建立在实行法定存款准备金制度的基础之上。20 世纪 30 年代，世界各国普遍实行了法定存款准备金制度，法定存款准备金率便成为中央银行调控货币供给量的政策工具。对于法定存款准备金率的确定，目前各国中央银行都根据存款的期限不同而有所区别。一般地说，存款期限越短，货币性越强，需要规定较高的准备金率，所以活期存款的法定存款准备金率高于定期存款的法定存款准备金率。但也有些国家，只对活期存款规定了准备金率的要求。

2. 法定存款准备金率的优点及局限性

法定存款准备金率通常被认为是货币政策最强的工具之一。其优点是非常明显的：第一，中央银行是法定存款准备金率的制定者和实施者，中央银行掌握着主动权。第二，法定存款准备金率通过影响货币乘数而作用于货币供给量，作用迅速、力度大、速度快，效果明显，是中央银行收缩和放松银根的有效工具。第三，对松紧信用较公平，一旦变动，能影响所有的金融机构。

法定存款准备金率也具有局限性：第一，作用猛烈，缺乏弹性，不宜作为中央银行日常调控货币供给的工具，具有固定化倾向。第二，政策效果在很大程度上受超额存款准备金的影响。“一刀切”式的法定存款准备金率的提高，可能使超额存款准备金率较低的金融机构立即陷入流动性困境；而超额存款准备金率较高的金融机构可用超额存款准备金冲抵法定存款准备金，而不必收缩信贷，从而影响政策的实施效果。第三，法定存款准备金率的微小变动都会对商业银行的经营管理干扰较大，增加金融机构的管理难度，当对法定存款准备金不付利息时，还会降低商业银行等金融机构的盈利状况，削弱其在金融领域的竞争力。正因如此，20 世纪 90 年代以后，许多国家逐步降低了对法定存款准备金的要求，如欧元区将法定存款准备金率降至 2%，而加拿大、澳大利亚、新西兰则已降至 0%。①

（二）再贴现政策

1. 再贴现政策的含义

再贴现（rediscount）是指商业银行等金融机构为了取得资金，将已贴现的未到期的票据再以贴现方式向中央银行转让而进行融资的行为。对商业银行来说，再贴现是出让已贴现的票据，解决一时资金短缺问题；而对中央银行来说，再贴现是买进商业银行持有的票据，流

---

① 贾玉革. 金融理论与实务[M]. 北京：中国财政经济出版社，2010：320.

出现实货币,扩大货币供给量的过程。

所谓再贴现政策(rediscount policy),就是中央银行通过制定或调整再贴现率,也可通过规定向中央银行再贴现的资格等措施干预和影响市场利率,从而调节市场货币供给量的一种金融政策。

2. 再贴现政策的作用机理

中央银行再贴现政策的作用机理通常包括调整再贴现利率的作用机理和规定与调整再贴现资格的作用机理。

(1)调整再贴现利率的作用机理。中央银行调整的再贴现利率主要着眼于短期的货币均衡,而且这种短期利率的调整最长不超过1年。中央银行通常会根据市场的资金供求状况,随时调整再贴现利率,用以影响商业银行借入资金的成本,从而影响商业银行向社会提供的信用量,达到调节货币供给量的目的。如当中央银行提高再贴现利率时,就是不鼓励商业银行向中央银行借款,抑制商业银行的借款需求,从而影响到商业银行的资金成本和超额存款准备金的持有量,最终影响商业银行的融资决策。与此同时,商业银行会因融资成本的上升而提高对企业或社会公众放款的利率,从而降低其借款欲望,达到收缩信贷规模和货币供给量的目的。反之,中央银行降低再贴现率,则会出现相反的政策效果。

(2)规定与调整再贴现资格的作用机理。主要是指中央银行规定或调整何种票据及哪些金融机构具有向中央银行申请再贴现的资格。中央银行对此进行调整,能够改变或引导资金流向,发挥抑制或扶持作用,因此,这种政策的实施主要着眼于长期的结构调整。如中央银行为贯彻国家产业政策,调整信贷结构,可以对不同的票据品种、不同的申请机构采取不同的政策。如属国家重点扶持的新能源产业、"短线"部门签发的票据予以再贴现支持,而对那些污染行业、"长线"部门签发的票据予以再贴现限制等。

3. 再贴现政策的优点及局限性

作为一般性货币政策工具,再贴现政策的最大优点是中央银行能够利用它来履行"最后贷款人"的职责,并在一定程度上体现中央银行的政策意图,既可以调节货币总量,又可以调节信贷结构。然而,再贴现政策也存在明显的局限性:首先,利用再贴现政策控制货币供给量的主动权并不完全在中央银行。虽然中央银行能够调整再贴现率,但不能强迫商业银行增加或减少借款,因为商业银行是否愿意到中央银行申请再贴现,什么时间再贴现,再贴现多少,均由商业银行自身决定。如果商业银行不依赖再贴现,而通过其他渠道筹措资金,中央银行就不能有效控制货币供给量以及信贷结构。其次,调整再贴现率的告示效应有时不能准确反映中央银行货币政策的意图。当市场利率的变化相对于再贴现利率正在上升时,再贴现贷款通常会增加。这时中央银行即使没有紧缩货币的意图,但为了控制再贷款规模和调节基础货币的结构,也会提高再贴现率以使其保持与市场利率变动的一致性。这可能会被公众认为是中央银行正在转向紧缩性货币政策的信号,告示效应此时并没有正确表达中央银行货币政策的意图。第三,影响力有限。在商业银行过度依赖再贴现融资的情况下,中央银行对再贴现利率的调整会受到市场利率的制约,从而削弱中央银行控制货币供给量的能力;而当商业银行对再贴现融资依赖度有限时,再贴现政策将难以发挥作用。

（三）公开市场业务

1. 公开市场业务的含义

公开市场业务是指中央银行在公开市场上买进或卖出有价证券，吞吐基础货币，用以改变商业银行等金融机构的可用资金，进而影响货币供给量和利率，实现货币政策目标的一种政策工具。所谓公开市场（open market）是指除金融机构外，非金融机构、甚至个人也会参与的金融市场。目前，公开市场业务已成为越来越多国家中央银行最主要的货币政策工具。

2. 公开市场业务发挥作用的前提条件

（1）中央银行必须拥有一定数量、不同品种的有价证券，并拥有调控整个金融市场的资金实力。

（2）必须建立一个统一、规范、交易品种齐全的全国性的金融市场。

（3）必须具有一个规范、发达的信用制度，而且流通领域广泛使用票据，且存款准备金政策准确、适度。

3. 公开市场业务的作用机理

中央银行公开市场业务通常发挥以下两种作用：

（1）影响商业银行等金融机构的存款准备金，调控货币供给量。我们知道，中央银行虽可代理政府发行政府债券，却一般不直接认购，而是从公开市场上购买，因此，买卖政府债券就成为中央银行本币公开市场业务的重要内容。由于中央银行持有政府债券的目的不是谋取盈利，而是调控货币供给量，故中央银行一般只与商业银行等参与存款货币创造的金融机构进行政府债券的买卖。当中央银行在金融市场上买进或卖出有价证券时，可直接增加或减少商业银行等金融机构的准备金存款账户，从而改变商业银行等金融机构的贷款规模，进而影响货币供给量。

（2）影响市场利率水平和利率结构。当中央银行在公开市场上买进有价证券时，一方面，会引起市场对证券需求的增加，导致证券价格上升，市场利率下降；另一方面，会引起商业银行等金融机构的资金数量增加，通过乘数作用，导致货币供给量增加，这样市场利率水平会进一步下降。而当中央银行在公开市场上卖出有价证券时，则会出现与上述情况相反的结果。此外，中央银行在公开市场上买卖不同期限的有价证券，可直接改变市场对不同期限有价证券的供求状况，从而使市场利率结构发生变化。

在实际运作过程中，公开市场业务只有与其他货币政策配合使用才会有较好的效果，如与法定存款准备金率、再贴现等政策配合使用等。

4. 公开市场业务的优点及局限性

与法定存款准备金率、再贴现政策相比，公开市场业务具有以下优点：第一，主动性强。公开市场业务的主动权掌握在中央银行手中，它会根据具体情况随时进行操作，加之其操作的目的不是为了盈利，而是调节货币供给量，因此，中央银行在进行公开市场业务操作时，可不计较有价证券的交易价格，具有很强的自主性，不像再贴现政策那样较为被动。第二，灵活机动，准确性强。中央银行可根据需要进行经常性、连续性的操作，且买卖有价证券的数量可多可少，如发现前面操作失误，可在最短时间内进行相反的操作进行纠正；当发现操作力度不够，可随时加大买卖有价证券的数量。在调控基础货币、货币供给量方面较法定存款准备金率、再贴现政策灵活、准确。第三，调控效果缓和，震动性小。由于公开市场业务不具有强制性，而且可以灵活操作，所以它对经济社会和金融机构的影响比较平缓，不像法定存款准备金率那样震动大。

公开市场业务的局限性表现在:第一,各种干扰因素较多,如国内外资本的流动、国际收支的变化、金融机构和社会公众等对经济前景的预期和行为以及货币流通速度的变化可能会抵消其作用。第二,政策效果较为滞缓,从中央银行运用公开市场业务开始,至货币政策效果的显现,需要经过一系列的变化过程。第三,公开市场业务操作的经常性、连续性,往往会使其告示性效果较弱。

二、选择性货币政策工具

与一般性货币政策工具调节社会货币总量以影响宏观经济不同,选择性货币政策工具(selective tools of monetary policy)是指中央银行针对某些特殊的经济领域或特殊用途的信贷而采用的信用调节工具,主要包括消费者信用控制、证券市场信用控制、不动产信用控制、优惠利率、预交进口保证金等。

(一)消费者信用控制

消费者信用控制(credit control of consumer)是指中央银行对不动产以外的各种耐用消费品的销售融资予以控制,从而影响消费者有支付能力的货币需求的政策。如规定消费者分期付款的首次最低付款额;规定消费信贷的最长期限;规定用消费信贷购买耐用消费品的种类,以及对不同耐用消费品规定相应的信贷条件等,以影响社会资源的合理分配。

(二)证券市场信用控制

证券市场信用控制(credit control of securities business)是指中央银行规定进行有关证券交易时,必须支付一定数量(比例)的保证金,并根据证券市场的状况随时调整保证金比率,目的在于控制金融市场的交易总量,抑制过度投机的货币政策工具。中央银行规定证券交易保证金数量的目的,一方面是为了控制证券市场对信贷资金的需求,稳定证券市场的价格;另一方面则是为了调节信贷供给结构,限制大量资金流入证券市场,有利于使较多的资金用于生产和流通领域。

(三)不动产信用控制

不动产信用控制(credit control of realty)是指中央银行对商业银行等金融机构对客户新购买住房或商品用房发放贷款的限制性措施。一般来说,不动产信用控制主要包括下述内容:第一,对商业银行等金融机构的不动产贷款规定最高限额,即对一笔不动产贷款的最高额度给予限制;第二,规定商业银行等金融机构对不动产贷款的最长期限;第三,规定首付款的最低金额;第四,规定分期还款的最低金额。

(四)优惠利率

优惠利率(preferential interest rate)是指中央银行对国家重点发展的产业、部门以及产品规定较低的利率,而采取的鼓励措施,借以优化经济结构、合理配置资源的货币政策工具。优惠利率政策主要配合国民经济产业政策使用,而且多为发展中国家所采用。

（五）预缴进口保证金

预缴进口保证金是指中央银行要求进口商预缴相当于进口商品价值总额一定比例的存款，以抑制过快的进口增长，而采取的货币政策工具。预缴进口保证金政策多为国际收支经常出现逆差的国家所采用。

三、其他货币政策工具

中央银行除了使用一般性货币政策工具和选择性货币政策工具以外，还可以选择使用直接信用控制和间接信用指导等政策工具对货币供给量和利率进行调节，以实现预定的货币政策目标。

（一）直接信用控制

直接信用控制（direct credit control）是指中央银行根据有关法令，以行政命令或其他方式，直接对金融机构尤其商业银行创造信用业务加以直接干预的总称。具体包括信用分配、利率管制、流动性比率、直接干预等。

1. 信用分配

信用分配是指中央银行根据金融市场的供求状况和经济发展的需要，分别对商业银行的信用规模加以合理分配、限制其最高信用配额的措施。在市场经济条件下，中央银行很难对商业银行基于从金融市场获得的资金来源的信用扩张进行干涉，但是可通过对再贴现的信用创造进行干预，如分配再贴现额度等。

2. 利率管制

利率管制是指中央银行对金融市场上某些金融产品的利率进行管制的政策。是中央银行常用的直接信用管制工具，其中最常见的对存贷款利率的管制。利率管制的目的是防止银行通过抬高利率的方式在吸收存款方面进行过度竞争以及为牟取高利而进行高风险投资。因此，利率管制有利于维持银行间的正常经营，并控制银行的贷款能力，从而有效限制货币供给量。但是，这种政策措施往往会扭曲资金的真实供求状况，阻碍利率自动调节资金供求作用的正常发挥，不利于资源的有效配置。

3. 流动性比率

流动性比率是指中央银行为了限制商业银行信用扩张，规定流动资产与存款的比率的限制措施。一般说来，流动性比率与收益率成反比关系，即资产的流动性越大，其收益率就越低。商业银行为了保持中央银行规定的流动性比率，不得不减少长期贷款、增加流动性的资产。同时，还必须持有一部分随时可变现的资产。这样，中央银行也就达到了限制信用扩张的目的。

4. 直接干预

直接干预是指中央银行利用其“银行的银行”的身份，直接对商业银行的信贷范围施以干涉。中央银行直接干预的方式包括：直接限制对商业银行贷款的额度；对业务经营不当的商业银行可拒绝再贴现，或采取高于一般利率的再贴现利率；明确规定各家商业银行的贷款或投资的范围、方针等。

（二）间接信用控制

间接信用指导（indirect credit control）是指中央银行利用其在该国金融体系中的特殊地

位,采用各种间接的措施对商业银行的信用创造施以影响。其主要措施包括:道义劝告和窗口指导。

1. 道义劝告

道义劝告(moral suasion)是指中央银行利用其在金融体系中的特殊地位和威望,通过对商业银行及其他金融机构发出通告、指示或与各金融机构的负责人举行面谈,解释政策意图,以影响其放款数量和投资方向,达到控制和调节信用量的目的。因此,道义劝告既能控制信用总量,也能调整信用的结构,即在质和量两方面均能起到作用。

2. 窗口指导

窗口指导(window guidance)是指中央银行根据产业行情、物价趋势和金融市场动向,规定商业银行的贷款重点投向以及贷款变动数量等,要求其执行,如果商业银行不按规定的增减额对产业部门贷款,中央银行可以削减向该银行贷款的额度,甚至采取停止提供信用等制裁措施。尽管窗口指导没有法律约束力,但是其作用有时候也很大。

四、中国货币政策工具的选用

中央银行使用什么样的货币政策工具来实现其特定的经济目标,并无一成不变的固定模式,只能根据不同时期的经济、金融环境等客观条件而定。考察中国货币政策工具的选用,也必须立足于中国的经济及金融条件等客观环境,而不能生搬硬套其他国家的经验。

近些年来,中国人民银行使用的货币政策工具主要有:法定存款准备金率、公开市场业务、再贴现和再贷款、利率、信贷和汇率政策等。

(一)法定存款准备金率

我国的存款准备金制度的建立是自1984年中国人民银行专门行使中央银行职能后开始的。1998年存款准备金制度改革,在此之前中国人民银行较少适用这一货币政策工具。1998年3月21日,将原各金融机构的在中央银行的“准备金存款”和“备付金存款”两个账户合并,并将法定存款准备金率从13%下调至8%。在此之后,中央银行开始反复使用这一政策工具,表11.1显示了1998年3月至2023年9月我国存款准备金率的调整变化(本表只列出了对大型金融机构的情况)。

表11.1 存款准备金率历次调整

次数	时间	调整前/%	调整后/%
59	2023年09月15日	10.75	10.50
58	2023年03月27日	11.00	10.75
57	2022年12月05日	11.25	11.00
56	2022年04月25日	11.50	11.25
55	2021年12月15日	12.00	11.50
54	2021年07月15日	12.50	12.00
53	2020年01月06日	13.00	12.50
52	2019年09月16日	13.50	13.00
51	2019年01月25日	14.00	13.50

续表 11.1

次数	时间	调整前/%	调整后/%
50	2019 年 01 月 15 日	14.50	14.00
49	2018 年 10 月 15 日	15.50	14.50
48	2018 年 07 月 05 日	16.00	15.50
47	2018 年 04 月 25 日	17.00	16.00
46	2016 年 03 月 01 日	17.50	17.00
45	2015 年 10 月 24 日	18.00	17.50
44	2015 年 09 月 06 日	18.50	18.00
43	2015 年 04 月 20 日	19.50	18.50
42	2015 年 02 月 05 日	20.00	19.50
41	2012 年 05 月 18 日	20.50	20.00
40	2012 年 02 月 24 日	21.00	20.50
39	2011 年 12 月 05 日	21.5	21.00
38	2011 年 06 月 20 日	21.00	21.5
37	2011 年 05 月 18 日	20.5	21.00
36	2011 年 04 月 21 日	20.00	20.5
35	2011 年 03 月 25 日	19.50	20.00
34	2011 年 02 月 24 日	19.00	19.50
33	2011 年 01 月 20 日	18.50	19.00
32	2010 年 12 月 20 日	18.00	18.50
31	2010 年 11 月 29 日	17.5	18.00
30	2010 年 11 月 16 日	17.00	17.5
29	2010 年 05 月 10 日	16.50	17.00
28	2010 年 02 月 25 日	16.00	16.50
27	2010 年 01 月 18 日	15.50	16.00
26	2008 年 12 月 25 日	16.00	15.50
25	2008 年 12 月 05 日	17.00	16.00
24	2008 年 10 月 15 日	17.50	17.00
23	2008 年 09 月 25 日	17.50	17.50
22	2008 年 06 月 07 日	16.50	17.50
21	2008 年 05 月 20 日	16.00	16.50
20	2008 年 04 月 25 日	15.50	16.00
19	2008 年 03 月 18 日	15.00	15.50
18	2008 年 01 月 25 日	14.50	15.00
17	2007 年 12 月 25 日	13.50	14.50
16	2007 年 11 月 26 日	13.00	13.50
15	2007 年 10 月 25 日	12.50	13.00

续表 11.1

次数	时间	调整前/%	调整后/%
14	2007 年 09 月 25 日	12.00	12.50
13	2007 年 08 月 15 日	11.50	12.00
12	2007 年 06 月 05 日	11.00	11.50
11	2007 年 05 月 15 日	10.50	11.00
10	2007 年 04 月 16 日	10.00	10.50
9	2007 年 02 月 25 日	9.50	10.00
8	2007 年 01 月 15 日	9.00	9.50
7	2006 年 11 月 15 日	8.50	9.00
6	2006 年 08 月 15 日	8.00	8.50
5	2006 年 07 月 05 日	7.50	8.00
4	2004 年 04 月 25 日	7.00	7.50
3	2003 年 09 月 21 日	6.00	7.00
2	1999 年 11 月 21 日	8.00	6.00
1	1998 年 03 月 21 日	13.00	8.00

(二)公开市场业务

我国的公开市场业务包括外汇公开市场业务和人民币公开市场业务两部分。外汇市场业务于 1994 年 3 月启动,人民币公开市场业务于 1998 年 5 月恢复交易,并开始建立公开市场业务一级交易商制度,选择了一批能够承担大额债券交易的商业银行作为公开市场业务的交易对象,这些交易商可以运用国债、政策性金融债券等作为交易工具与中央银行开展公开市场业务,交易规模逐步扩大。从交易品种看,中央银行公开市场业务债券交易主要包括回购交易、现券交易和发行中央银行票据。

回购交易分正回购和逆回购两种,正回购是中央银行向一级交易商卖出有价证券,并约定在未来特定日期买回有价证券的交易行为,是中央银行从市场收回流动性的操作,正回购到期日则是中央银行向市场投放流动性的操作;逆回购是中央银行向一级交易商购买有价证券,并约定在未来特定日期将有价证券再卖给一级交易商的交易行为,它是中央银行向市场上投放流动性的操作,逆回购到期日则为中央银行从市场收回流动性的操作。

现券交易分现券买断和现券卖断两种,前者是中央银行直接从二级市场买入债券,一次性地投放基础货币;后者则是中央银行直接卖出持有的债券,一次性地回笼基础货币。

发行中央银行票据即中央银行发行的短期债券,中央银行通过发行央行票据可以回笼基础货币,央行票据到期则体现为中央银行投放基础货币。如 2006 年,针对我国经济出现的投资增长过快,信贷投放过多,贸易顺差过大及环境、资源压力加大等问题,中央银行继续实行稳健的货币政策。以发行央行票据为主、回购操作为辅,加大放款市场对冲操作力度,全年累计发行央行票据 3.65 万亿元,同比多发行 8 600 亿元,年底央行票据余额 3.03 万亿元。通过搭配使用公开市场操作和存款准备金等对冲工具,大力回收了银行体系的流动性。

(三)再贷款与再贴现业务

自1984年中国人民银行专门行使中央银行职能以来,再贷款作为一项重要的货币政策工具,在我国的宏观调控过程中发挥了重要作用。1994年以前,再贷款是中央银行调控基础货币的主要渠道,在中央银行资产运用中所占的比例基本上不低于70%。1994年以后,外汇体制改革使外汇占款成为基础货币投放的主要渠道,政策性金融与商业金融分离又为中央银行灵活运用再贷款工具吞吐基础货币提供了可能。在此期间,中央银行根据货币供给量增长计划,充分利用再贷款灵活调剂商业银行的流动性,进而影响商业银行的信贷扩张能力,并与再贴现、利率政策等其他货币政策工具配合,成功地实现了经济"软着陆"。

中国人民银行于1986年正式开展对商业银行再贴现业务。但由于我国商业银行信用不发达,票据市场发展滞后,加上再贴现利率与其他贷款利率由国家统一规定,在一个较长的时期内致使票据贴现和再贴现的总量很小,其政策实施效果小到可忽略不计。1994年后,中央银行加大了开展再贴现业务的力度,出台了相应的法规,全国再贴现业务发展较快,而且政策效果比较明显。但2002年以来,由于再贴现利率的确定存在一定问题,再贴现业务日益萎缩,难以发挥货币政策工具的作用。

(四)利率政策

利率政策是中央银行为实现货币政策目标,对利率所采取的方针、政策和措施的总称。利率政策一直是我国货币政策的重要组成部分,也是我国货币政策实施的主要手段之一。中央银行根据宏观经济目标的需要,适时地运用利率工具,对利率水平和利率结构进行调整,进而影响社会资金供求状况。1993年,十四大《关于金融体制改革的决定》提出,我国利率改革的长远目标是:建立以市场资金供求为基础,以中央银行基准利率为调控核心,由市场资金供求决定各种利率水平的市场利率管理体制。

1996年6月1日,中央银行放开了银行间同业拆借利率,1997年6月放开银行间债券回购利率。2004年1月1日,中央银行再次扩大金融机构贷款利率浮动区间。商业银行、城市信用社贷款利率浮动区间扩大到[0.9,1.7],农村信用社贷款利率浮动区间扩大到[0.9,2],贷款利率浮动区间不再根据企业所有制性质、规模大小分别制定。扩大商业银行自主定价权,提高贷款利率市场化程度。

2007年1月19日~20日召开的全国金融工作会议指出,要全面发挥金融的服务和调控功能,促进经济社会协调发展,稳步推进利率市场化改革。近年来,中央银行加强了对利率工具的运用,利率调整逐年频繁,利率调控方式更为灵活,调控机制日趋完善。

中国人民银行宣布,自2013年7月20日起取消金融机构贷款利率0.7倍的下限,放开贴现利率管制,对农村信用社贷款利率不再设立上限,至此,贷款管制全面放开,中央银行对存款利率实行上限管理,金融机构的自主定价空间进一步扩大,市场机制在利率形成中的作用显著增强。随着利率市场化改革的逐步推进,作为货币政策主要工具之一的利率政策将逐步从对利率的直接调控向间接调控转化。利率作为重要经济杠杆,在国家宏观经济调控体系中将发挥更加重要的作用。

(五)信贷政策

信贷政策是我国宏观经济政策的重要组成部分,是中央银行根据国家宏观调控和产业政策要求,对金融机构信贷总量和投向实施引导、调控和监督,促进地区、产业、产品结构的调整,实现资金优化配置并促进国民经济持续协调发展的重要手段。信贷政策不同于货币政策中的其他总量政策工具,它主要着眼于解决结构问题。因此,在我国市场经济体制尚不完善,金融市场不够发达,间接融资还处于主导地位的情况下,发挥信贷政策作用是经济发展的内在要求。

(六)汇率政策

汇率政策是一国政府利用本国货币汇率的升降,来控制进出口以及资本流动以达到国际收支平衡之目的的政策。人民币汇率政策已成为我国宏观经济政策的重要组成部分,是中央银行调节宏观经济的一个重要货币政策工具。

目前,我国人民币汇率政策主要包括三方面内容:一是保持人民币汇率在合理、均衡水平上的基本稳定。二是探索和完善人民币汇率形成机制。人民币汇率的调整属于结构性调整。以市场供求为基础、参考一篮子货币进行调节、有管理的浮动汇率制度符合我国实际。由于人民币还不是完全可兑换货币,我国目前的外汇交易还受到一定的限制,外汇市场的状况不能完全反映真实的供求关系,汇率在资源配置中的积极作用有待进一步增强。三是采取多种措施促进国际收支平衡。保持国际收支平衡与促进经济增长、增加就业、稳定物价是我国宏观调控的最终目标。我们应充分利用国际国内两个市场、两种资源实现国际收支基本平衡、略有结余。坚持“引进来”和“走出去”相结合的发展战略,在继续扩大内需、加快结构调整的同时加大对涉外经济政策的调整力度,增强汇率杠杆对经济的调节作用,改善国际收支平衡,促进国民经济持续快速协调健康发展。

(七)新型的货币政策

中央银行的新型货币政策工具主要包括常备借贷便利(SLF)、中期借贷便利(MLF)和抵押补充贷款(PSL)等三种。我们知道,商业银行的传统业务是以吸收短期存款,来发放长期的贷款,即借短放长。实践中,商业银行经常会遇到存款人存款到期或大量支取存款的情况,因此,商业银行为维持长期的贷款,往往会频繁地借钱还钱。由于因受指标考核等因素的影响,商业银行有时会普遍存在缺钱现象,此时借钱就需要更高的成本。如果银行自己借钱的成本提高了,企业和个人融资成本自然会更高。为此,中央银行便可通过 SLF、MLF 和 PSL 等工具,将资金借给融资银行,起到平抑市场利率,或有目的地支持商业银行的特定项目或者特定企业的贷款需求。

1. 常备借贷便利

常备借贷便利(Standing Lending Facility,SLF)是全球大多数国家中央银行都设立的货币政策工具,但名称各异,如美联储的贴现窗口(Discount Window)、欧央行的边际贷款便利(Marginal Lending Facility)、英格兰银行的操作性常备便利(Operational Standing Facility)、日本银行的补充贷款便利(Complementary Lending Facility)等。其主要作用是提高货币调控效果,有效防范银行体系流动性风险,以增强对货币市场利率的调控效力。

常备借贷便利是中国人民银行正常的流动性供给渠道,主要功能是满足政策性银行和全国性商业银行为期 1 ~3 个月的大额流动性需求。利率水平根据货币政策调控、引导市场利率的需要等因素确定。常备借贷便利以合格抵押品包括高信用评级的债券类资产及优质信贷资产等抵押发放。中国人民银行于 2015 年 2 月 11 日,为解决符合宏观审慎要求的中小金融机构流动性需求,完善中央银行对中小金融机构提供正常流动性供给的渠道,在全国推广分支机构常备借贷便利。对象包括城市商业银行、农村商业银行、农村合作银行和农村信用社四类地方法人金融机构,分支机构常备借贷便利是短期流动性调节方式的创新尝试。其主要特点包括:一是由金融机构主动申请,并根据自身流动性需求申请常备借贷便利;二是中央银行与金融机构"一对一"交易,针对性强;三是常备借贷便利通常覆盖存款金融机构。

为满足金融机构临时性流动性需求,2023 年 6 月,人民银行对金融机构开展常备借贷便利操作共 35.41 亿元,其中隔夜期 30.41 亿元,7 天期 5 亿元,期末常备借贷便利余额为 34.8 亿元。常备借贷便利利率发挥了利率走廊上限的作用,有利于维护货币市场利率平稳运行。

2. 中期借贷便利

中期借贷便利(Medium-term Lending Facility,MLF)是中央银行对符合宏观审慎管理要求的商业银行、政策性银行等金融机构,采取招标方式,并以国债、央行票据、政策性金融债、高等级信用债等优质债券作为合格质押品,而提供中期基础货币的政策工具。

我国的中期借贷便利由中国人民银行于 2014 年 9 月创设。以质押方式发放,在提供流动性的同时发挥中期政策利率的作用,引导商业银行降低贷款利率和社会融资成本,支持实体经济增长。如 2015 年中央银行累计开展中期借贷便利操作(MLF)21 948 亿元,向金融机构投放中期基础货币,引导其加大对小微企业和"三农"等重点领域和薄弱环节的支持力度。2017 年 1 月 24 日,中国人民银行对 22 家金融机构开展"中期借贷便利(MLF)"操作共 2 455 亿元,其中 6 个月 1 385 亿元、1 年期 1 070 亿元。中标利率分别为 2.95%、3.1%,较上期上升 10 个基点。这是中国人民银行自 2014 年 9 月首次开展 MLF 操作以来,第一次上调利率,也是政策利率近六年来首次上调,其意义等同于加息。

2023 年 7 月,为维护银行体系流动性合理充裕,结合金融机构流动性需求,人民银行对金融机构开展中期借贷便利操作共 1 030 亿元,期限 1 年,利率为 2.65%,较上月持平。期末中期借贷便利余额为 51 940 亿元。

中期借贷便利与常备借贷便利相比,管理工具更能稳定市场的预期。创设中期借贷便利既能满足中央银行稳定利率的要求又不直接向市场投放基础货币,体现了中央银行货币政策基本方针的调整,即有保有压,定向调控,调整结构,而且是预调、微调。

3. 抵押补充贷款

抵押补充贷款(Pledged Supplementary Lending,PSL)是指中央银行以合格抵押品采用抵押方式向商业银行发放贷款,合格抵押品一般包括高信用评级的债券类资产及优质信贷资产等,是一种基础货币投放工具。2008 年金融危机之后,以美、欧、日、英等主要发达经济体为代表,进行了大量的央行投放基础货币的创新,为我国中央银行通过抵押补充贷款(PSL)投放基础货币起了很好的实践作用。

为贯彻支持国家开发银行加大对"棚户区改造"重点项目的信贷支持,2014 年 4 月,中国人民银行创设抵押补充贷款,为开发性金融机构支持"棚改"提供中长期稳定、成本适当的资金来源。因此,PSL 是中央银行基础货币投放的新渠道,并可通过商业银行抵押资产从央行获得融资的利率,中央银行推出 PSL 的目标,是借 PSL 的利率水平,引导和打造出一个中期政策利率,以实现其在短期利率控制之外,对中长期利率水平的引导和掌控。2023 年 5 月,国家开发银行、中国进出口银行、中国农业发展银行净归还抵押补充贷款 200 亿元。期末抵押补充贷款余额为30 881亿元。PSL的再贷款方式将成为基础货币投放的渠道,并有助于推进利率市场化。

第四节 货币政策的传导机制

一、货币政策传导机制的内涵

货币政策传导机制(conduction mechanism of monetary policy)是指货币当局在确定货币政策之后,从选用货币政策工具,并作用于操作指标,进而影响中介目标,直至实现最终目标之间,所经过的各中间环节相互之间的有机联系及因果关系的总和。中央银行在实施货币政策的过程中,要不断地通过对中介目标的监测、分析来判断货币政策的有效性,以便及时调整货币政策的方向、力度和时机,并不断加强与其他宏观经济政策特别是财政政策的配合,从而提高货币政策的有效性。

二、货币政策传导机制的理论

经济学者从不同角度对货币政策传导过程进行了理论描述和抽象,形成了各不相同的货币政策传导机制理论。主要有凯恩斯学派的货币政策传导机制理论、金融资产价格传导机制理论和货币学派的货币政策传导机制理论等等。不同的传导机制理论从不同的角度描述了不同的货币政策传导途径,这使我们能够更加全面、深入地了解货币政策对经济运行的作用机制。

(一)凯恩斯学派的货币政策传导机制理论

凯恩斯认为,货币政策发挥作用的途径主要有两个:一是货币与利率之间的关系,即流动性偏好;二是利率与投资之间的关系,即投资的利率弹性。由此可见,凯恩斯学派的货币政策传导机制非常重视利率的作用。其作用机理是当货币供给相对于货币需求而突然增加后,由于货币供给量的增加,引起市场利率下降,融资成本的降低,会导致投资的增加,在消费倾向为已知量的前提下,通过乘数作用,会使国民收入增加。

当中央银行采取扩张性货币政策后,凯恩斯学派的货币政策传导机制可表示为

$$Ms \rightarrow i \rightarrow I \rightarrow E \rightarrow Y$$

式中,Ms 表示货币供给量;i 表示利率;I 表示投资;E 表示总支出;Y 表示收入。

具体说来,中央银行采取扩张性货币政策时,通过货币政策工具的操作,商业银行体系的超额准备金必然增加,商业银行体系的放款能力增强;随着放款的增加,货币供给量(Ms)增加,从而打破货币市场均衡状态,货币供给大于货币需求,使市场利率水平下降(i);而利率水平的降低,意味着资本边际效益提高,从而投资增加;通过乘数效应,影响总支出(E)增加,最终导致收入(Y)的增加。

若采取紧缩性的货币政策,传导机制则与上述情况相反。

(二)金融资产价格传导机制理论

在资本市场获得深入发展的背景下,以詹姆斯·托宾、莫迪利亚尼为代表的一些经济学

者进一步扩展了凯恩斯的利率传导机制理论,开始将资本市场中的金融资产价格,特别是股票价格纳入到货币政策传导机制中。

詹姆斯·托宾根据经济学家关于货币政策通过普通股票价格的影响也能影响投资的思想,发展出 q 理论。并将 q 理论定义为企业的市场价值除以企业资本的重置成本。托宾认为,q 和投资支出之间是正相关关系。当 q 的值很高时(比如大于 1),表明股票市价大于重置成本,此时,厂商可通过发行较少的股票而得到较多的新投资品,因此,投资支出增加,进而使整个社会投资支出增加。相反,如果 q 值小于 1,意味着企业的重置成本高于企业的市场价值,此时厂商会决定不购买新的投资品,可能选择廉价地购买另一企业以换取现存资本,其结果会导致整个社会投资支出减少。

中央银行的货币政策通过影响股票价格(Ps)对 q 产生影响,q 的变化进一步引起投资、产出规模改变,这便是托宾的 q 理论。扩张性的货币政策可以引起股票价格的上升,股票价格的上升使 q 的值大于 1,从而促使企业增加投资支出,最终引起收入增加。q 理论下的货币政策传导机制为

$$Ms \to Ps \to q \to I \to Y$$

若采取紧缩性的货币政策,传导机制则与上述情况相反。

(三)货币学派的货币政策传导机制理论

以弗里德曼为代表的货币学派对凯恩斯学派的货币政策传导机制理论提出了强烈的批评,认为货币供给量的变化不是通过利率间接对国民收入发生作用的,而是直接对其发生影响的。弗里德曼认为,货币的流通速度是货币需求的函数,而货币需求由“永久性收入”决定,所谓“永久性收入”指的是过去、现在和将来收入的平均数,它和个人收入预期相适应。

在永久性收入假说的基础上,弗里德曼对其货币政策传导机制的说明是,中央银行若实施扩张性货币政策,货币市场均衡将被打破,新增加的货币供给量,将直接导致社会公众手持货币量的增加。由于货币需求有其内在的稳定性,其数量的多少不受货币供给增加的影响,因此,增加后的公众手持货币量会超出他们愿意持有的货币量。此时,他们会增加货币支出(E),将超过愿意持有的货币或用于购买股票、债券等金融资产,或用于购买实物资产,使得各种实物资产价格普遍上升。由于对实物资产需求的增加和实物资产价格的上涨,必然刺激生产者扩大对各种实物资产的供给,从而提高了名义收入水平。名义收入水平的提高增加了人们对名义货币的需求,使货币供求在更高的水平上实现新的均衡。货币学派的货币政策传导机制为

$$Ms \to E \to \cdots \to Y$$

“…”表示可能存在但未被揭示的过程,也就是著名的“黑箱”理论。他们认为货币对国民收入影响的途径是多种多样且不断变化的,要想弄清楚货币政策的全部传导机制是不可能的。实际上也没有必要搞清全部传导过程,只要能证明货币量的变动与公民收入变动的相对性就可以了。

三、货币政策传导的主要环节

经济学者在货币政策传导理论上虽然存在着分歧,但他们在货币政策传导环节方面却取得了共识。通常情况下,在市场经济发达的国家,货币政策的传导一般包括以下三个基本环节:

1. 从中央银行到商业银行等金融机构和金融市场

中央银行货币政策的操作,首先影响的是商业银行等金融机构的准备金、融资成本、信用能力和经营与管理行为,以及金融市场上货币需求与供给的基本状况。而货币政策调控的是金融机构的贷款能力和金融市场的资金融通。

2. 从商业银行等金融机构和金融市场到企业、居民等非金融部门

商业银行等金融机构受中央银行货币政策的影响,调整各自的经营管理行为,从而对企业、居民等非金融部门的消费、储蓄和投资等经济行为产生影响;所有金融市场的参与者都会根据市场行情的变化调整各自的资产组合和经济行为。

3. 从企业、居民等非金融部门的各类经济行为主体到社会经济变量

企业、居民等非金融部门的消费、储蓄和投资等经济行为的改变,最后会引起社会总产出、就业水平、物价水平等宏观经济变量的变化。

第五节 货币政策的实施效果

一、货币政策的时滞

任何政策从制定到取得主要的或全部的效果,必须经过一段时间,这段时间通常被称为政策时滞。货币政策能否取得预期效果,与货币当局决策的正确与否、与中央银行的宏观金融调控能力、与商业银行对中央银行政策的配合程度以及政策最终影响各经济变量、实现政策目标所经过的时间,通常被称为货币政策的时滞(time lag of monetary policy)。总体而言,货币政策的时滞可分为内部时滞和外部时滞。

(一)内部时滞

内部时滞(inner time lag)是指中央银行从认识制定货币政策的必要性,到研究政策措施和采取实际行动所耗费的时间,即中央银行内部认识、讨论、决策的时间。内部时滞分为认识时滞和决策时滞两个阶段。

1. 认识时滞

认识时滞是指经济形势需要中央银行采取必要的措施到中央银行认识到这种必要性的时间间隔。认识时滞的存在主要有两个原因:一是搜集各种信息资料需要耗费一定的时间;二是对各种复杂的经济现象进行综合分析,做出符合实际的政策判断所耗费的时间。

2. 决策时滞

决策时滞也称作制定政策的时滞,是指中央银行从认识到需要改变政策,到提出一种新的货币政策措施所耗费的时间间隔。决策时滞之所以存在,是因为中央银行需要根据经济形势研究对策、拟订方案,并对方案进行可行性分析,到获得有关部门的批准,所有这些过程的每一个步骤都需要耗费时间。

内部时滞的长短取决于中央银行对各种信息资料的占有程度以及对经济、金融形势发展变化的预见能力、反应灵敏度、制定政策的效率和行动的决心与速度等,体现着中央银行决策水平的高低和对金融宏观调控能力的强弱。

(二)外部时滞

外部时滞(outer time lag)是指实施货币政策的时滞。即从中央银行采取货币政策到这些政策措施对政策目标产生影响所经过的时间。它是作为货币政策调控对象的金融部门和作为非金融部门的企业和居民对中央银行实施货币政策的反应过程。外部时滞的长短主要由客观的经济和金融条件决定。经济主体对货币政策的操作力度、对市场的敏感度、公众的预期都是影响外部时滞的重要因素。对中央银行来说,外部时滞很难控制,因此研究货币政策的外部时滞更加重要。一般而言,货币政策时滞更多地是指外部时滞。

时滞是影响货币政策效应的重要因素。货币政策时滞的长短,是衡量货币政策有效性的重要指标。时滞短,货币政策所产生的作用可以尽快有所表现,中央银行也可尽快根据货币政策的初期表现及时做出适当调整,从而可以更好地实现货币政策目标;时滞长,货币政策所产生的作用受经济形势等诸多因素的制约,使得货币政策实施难度进一步加大,经济环境的可调性也难以把握。

二、货币政策与财政政策的协调配合

货币政策最终目标的实现受多种因素的制约,中央银行在实施货币政策时,若想获得最大的效果,则必须与其他经济政策特别是财政政策进行充分的协调配合。

(一)货币政策与财政政策配合的必要性

1. 货币政策与财政政策具有统一性

货币政策与财政政策都是由国家制定的,二者的统一性主要表现在:一是货币政策与财政政策都是国家调整社会需求总量和结构的重要手段,同属于需求管理政策;二是作为国家对宏观经济进行调控的手段,货币政策与财政政策有着共同的经济社会发展目标:即物价稳定、经济增长、充分就业和国际收支平衡。

2. 货币政策与财政政策在许多方面存在较大差异

(1)政策的实施者不同。

(2)政策工具与调控机制不同。货币政策所使用的政策工具通常与中央银行的货币管理业务相关,主要是法定存款准备金率、再贴现政策、公开市场业务等工具对货币供给量、利率、信贷规模等进行调控,进而影响整个宏观经济运行;财政政策所使用的工具一般与政府收支有关,主要是税收、政府支出、国家预算和政府转移支付等措施改变国民收入再分配的数量和结构,进而影响整个社会经济生活。

(3)调控的主要功能不同。货币政策是从流通领域出发,通过对货币供求数量的调节影响经济,其调控目的是使货币供给量与货币需求量达到均衡,进而促使社会总供给和总需求达到均衡,其功能是对社会经济总量的调节;而财政政策则是从分配领域出发,通过对社会纯收入或国民收入的分配和再分配对经济产生影响,以改变国民收入再分配的数量和结构为初步目标,进而影响整个社会经济生活,所以财政政策的功能是结构性调节。

(4)调控的时滞和效果不同。货币政策的传导过程相对复杂,其间所运用的大多是经济手段,政策效果整体相对温和迟缓,时滞较长,对经济运行的影响是间接的;而财政政策重要借助行政、法律手段,政策传导过程简捷,时滞较短,对经济运行的影响是直接的,政策实施效果迅速、显著。

3. 共同的调控目标和不同的调控特点需要二者协调配合

作为国家宏观经济调控的两大经济政策,货币政策和财政政策有许多相同点,它们作用于同一个经济范围,都是通过影响总需求来影响产出,以实现相同的经济社会发展目标,但同时,二者也存在很大差异,在政策实施过程中相互影响,共同作用于社会总需求,进而影响社会总供求的平衡。因此,要想达到宏观经济政策的目标,必须注意二者的协调配合。

(二)货币政策与财政政策的配合模式

货币政策与财政政策的配合主要是指二者的松紧搭配。宽松的货币政策是指降低利率,放松信贷,增加货币供给;紧缩的货币政策则是指提高利率,紧缩信贷,减少货币供给。而宽松的财政政策是指减少税收收入(如减少税收种类、降低税率等),扩大赤字预算,增加政府财政支出以及扩大转移支付力度等;紧缩性财政政策是指政府通过增加税收收入(如增加税收种类、提高税率等),减少政府支出,压缩基本建设规模,减少非盈利性资金供应。从逻辑上看,货币政策与财政政策有四种配合模式。

1. 双松模式

即宽松的货币政策和宽松的财政政策相配合的政策模式。这种模式适用于社会生产能力大量闲置,有效需求严重不足的经济萧条时期。货币政策通过货币供给量这一中介目标的变动,会直接作用于物价水平,而财政政策则要通过社会购买力和国民收入的共同作用才对物价水平发生影响,由于国民收入的内生性,决定了财政政策对物价水平的作用是间接的、滞后的。若既采取降低利率、增加货币供给量,又采取减税、扩大政府财政支出的双松政策,就会有效推动社会总需求的迅速上升,闲置的社会资源将会被大量利用,经济将快速走出萧条。但是,双松政策不宜持续时间过长,否则容易导致经济过热,引发通货膨胀。

2. 双紧模式

即紧缩的货币政策和紧缩的财政政策相配合的政策模式。这种模式适用于供给短缺、需求过旺、经济过热、通货膨胀严重的经济高涨时期。在这种情况下,紧缩的货币政策可以通过提高利率,减少货币供给量等引起社会投资的变化来影响国民收入;紧缩财政政策则可以通过增加税收,减少政府财政支出以及压缩基本建设投资规模等政策,从而在最短的时间里使社会总需求得到抑制,经济过热得以降温。双紧政策同样不宜持续时间过长,否则将导致收入下降、经济衰退、失业人员增加等严重的社会问题。

3. 松紧模式

这种模式包括两种情况:

(1)宽松的货币政策和紧缩的财政政策配合模式。这种配合模式适用于经济结构基本平衡,但社会资源存在闲置尚未充分利用,社会总需求相对不足的经济时期。在此情况下,适宜严格控制财政支出规模,做到财政收支平衡甚至盈余,同时采用适度宽松的货币政策,刺激投资的增加,以推动经济增长。

(2)紧缩的货币政策和宽松的财政政策配合模式。这种配合模式适用于社会总供给与社会总需求基本平衡,社会闲置资源已被最大限度地利用,但经济结构不合理,而且这种不合理的经济结构制约着整个经济的进一步发展时期。在此情况下,应采用紧缩的货币政策,以减少货币供给量,抑制总需求的增长,同时通过减税、增加财政补贴、扩大财政支出,向"短线"行业倾斜,在保持总量不变的前提下,达到调整经济结构的目的。

4. 中性模式

当社会总供给与总需求大体平衡，经济增长速度保持适度增长时，保持经济平稳运行和增长就成为政府宏观调控的主要目标。在这种情况下，适宜的货币政策和财政政策应采用中性的配合政策。货币供给量的增长应与经济增长相适应，财政政策应做到财政收支大体平衡并略有结余，以实现经济在低通胀或无通胀情况下稳定增长。

因此，松紧模式的特点是货币政策与财政政策工具变量调整的方向是相反的。这种配合模式通常只能分别对自身能够直接影响的变量产生效应，在实施过程中政策作用力度较弱，但政策效应比较稳定，且不带有很大的惯性。而双松或双紧模式的特点是货币政策和财政政策的工具变量调整的方向是一致的，各中介变量都能按两类政策的共同机制对国民收入和物价水平产生作用。可见，这两种配合模式的作用力度强，一旦调整政策，便能很快产生效应，且带有较强的惯性。

思考题

1. 什么是货币政策？货币政策的基本特征是什么？
2. 货币政策最终目标包括哪些？它们之间的关系怎样？
3. 试比较中央银行一般性货币政策工具各自的优缺点及适用条件。
4. 试述目前我国中央银行的货币政策工具。
5. 中央银行为什么要设置操作指标和中介目标？选择标准是什么？
6. 可作为操作指标的存款准备金与基础货币各有什么优缺点？
7. 可作为中介目标的利率和货币供给量各有什么优缺点？
8. 在通货紧缩情况下，如何运用一般性货币政策工具解决这一问题？

第十二章　国际金融与管理

【本章要点】

- 外汇、汇率及标价法；
- 购买力平价理论；
- 国际收支平衡表及国际收支的调节；
- 国际储备及构成；
- 布雷顿森林体系、牙买加体系和欧洲货币体系。

第一节　外汇与汇率

世界上现有的200多个国家和地区中，绝大多数都有自己的货币，中国是人民币，美国是美元，英国是英镑，日本是日元，俄罗斯是卢布。美元、英镑、日元、卢布对中国来说都是外币。当一国的国内贸易等经济活动跨出国境，变为国际贸易等国际经济交易行为后，即会产生大量的跨国债权债务关系，而在通常情况下，一国货币不能在另一国流通，当需要清偿因国际贸易引起的对外债权债务时，人们便需要把本国货币兑换成外国货币，从而产生外汇交易。在外汇交易过程中，必然涉及一国货币与另一国货币的兑换，即汇率，汇率是一个非常重要的变量，因为汇率的变动，不仅影响每笔进口和出口交易的盈利与亏损，影响出口商品的竞争能力，而且还会通过各种传导机制对一国的国内经济和国际经济产生影响。所以对汇率的研究便成为国际金融的重要内容。

一、外汇的含义

（一）外汇的概念

外汇（foreign exchange）的概念可以从动态和静态两个角度加以界定。从动态角度看，外汇是指人们将一种货币兑换成另一种货币以清偿国际的债权债务的金融活动，此时的外汇等同于国际结算；从静态角度看，外汇又分为广义和狭义之分，广义的外汇概念泛指一切以外国货币表示的资产，即外汇是一种支付工具或手段。国际货币基金组织（IMF）曾对此做过明确的说明："外汇是货币当局（中央银行、货币管理机构、外汇平准基金及财政部）以银行存款、国库券、长短期政府债券等形式保有的在国际收支逆差时可以使用的债权。"我国于1997年1月20日发布的修改后的《中华人民共和国外汇管理条例》中所称的外汇，是指下列以外币表示的可以用作国际清偿的支付手段和资产：外国货币，包括纸币、铸币；外国支付凭证，包括票据、银行存款凭证、邮政储蓄凭证等；外币有价证券，包括政府债券、公司债券、股票等;特别提款权、欧洲货币单位[①];其他外汇资产。

狭义的外汇是指以外币表示的可用于国际之间结算的手段。在此意义上,以外币表示的有价证券和黄金不能视为外汇,因为它们不能直接用于国际结算,只有把它们变为在国外的银行存款才能用于国际结算。至于暂时存放在持有国境内的外币现钞,同样不能直接用于国际结算,也不能算做外汇。也就是说,只有存放在国外银行的外币资金,以及将对银行存款的索取权具体化了的外币票据才能构成外汇,主要包括银行汇票、支票、银行存款等,这也就是通常意义上的外汇。

一种外币要成为能够清偿跨国债权债务的外汇,就必须在国际经济交往中为各国所普遍接受,而这是需要建立在人们可以自由地将其兑换成其他货币的基础之上的。可见,无须货币发行国批准,即可自由兑换或向第三国办理支付的可兑换货币(convertible currency),构成了外汇的一个本质属性。日常生活中,我们比较熟悉的一些外汇,如美元(US $)、英镑(£)、欧元€(€)、日元(J ¥)、瑞士法郎(SF)等,都是可兑换货币。此外还有一个特例,那就是记账外汇,它是根据两国政府间的清算协定,在双边支付时记载使用的外汇。

(二)外汇的特征

有些人认为外汇就是指外国货币,其实不然。以我国为例,通常只有自由兑换货币才能在中国国内被称为外汇。目前世界上有 50 多种货币是可自由兑换货币,其中主要有:美元、欧元、英镑、日元、港币、瑞士法郎、新加坡元、加拿大元、澳大利亚元、丹麦克朗、挪威克朗、新西兰元等。但是真正普遍应用于国际结算的可自由兑换的货币只有十多种,如美元(United States Dollar— $)、英镑(Pound Sterling—£)、欧元(Euro—€)、日元(Japanese Yen—J ¥)、瑞士法郎(Swiss France—SF)等。

一国货币要成为自由外汇,必须具有三个特征,即所谓的外汇三性:外币性、可自由兑换性和普遍接受性。

外币性是指外汇首先必须以外国货币表示。本国货币及其支付凭证和有价证券等,不管是否可以自由兑换,都不属于该国外汇的范畴。

可自由兑换性是指外汇能够自由地兑换成其他形式的资产或支付手段。根据国际货币基金组织的规定,一国如果取消经常项目[②]的外汇管制,实现经常项目可兑换,则该国货币就属于可兑换货币。

普遍接受性是指外汇必须在国际经济交往中能为各国普遍接受和使用。随着国际经济交往的扩大和信用工具的发展,外汇的内涵日益丰富,外汇概念也将处于不断发展之中。我国的外汇管制也在逐步放开,目前已实现经常项目下的自由兑换。

---

① 1999 年 1 月 1 日,欧元正式启动,欧元诞生前的欧洲货币单位退出历史舞台,取而代之的是欧元。

② 也称经常收支,和资本与金融收支相对,指在国际收支平衡表中因贸易和服务而产生的资金流动。国际收支中的经常账户是指贸易收支的总和(商品和服务的出口减去进口),减去生产要素收入(例如利息和股息),然后减去转移支付(例如外国援助)等的余额。贸易收支是经常账户下最重要的部分。

(三)外汇的种类

1. 根据外汇的来源不同,外汇可分为贸易外汇和非贸易外汇

贸易外汇是指通过商品出口而取得的外汇。在我国外汇储备中,贸易外汇占了很大的比重。

非贸易外汇是指通过对外提供劳务、汇回投资收益和侨汇等途径取得的外汇。非贸易外汇对个别国家而言是其外汇收入的主要来源。

2. 根据能否自由兑换,外汇可分为自由外汇和记账外汇

自由外汇是指根据国际货币基金协定规定,无须货币发行国批准,在国外及金融市场上可以自由兑换成其他国家的货币,或用于对第三国进行支付的货币,接受方应无条件接受并承认其法定价值的外汇。

记账外汇又称协定外汇,是指在两国政府签订的支付协定中所使用的外汇,在一定条件下可以作为两国交往中使用的记账工具。记账外汇不经货币发行国管理当局批准,不能自由兑换为其他国家的货币,也不能对第三国进行支付,只能根据两个国家政府的有关协定,在相互间使用。实际上,记账外汇仅仅起到记账单位的作用,原则上可以使用任何货币,包括本币。例如两个友好国家的政府为了节省自由外汇的使用,可以签订一个关于双边贸易结算的支付协定,开设账户记载彼此间的债权和债务,并在一定时期(如年终)集中冲销,从而结算出贸易差额。对顺差国来说,当顺差额被转入下一年度,用于抵消其以后的债务时,这一差额便是顺差国的外汇。由于它被记载在双方指定银行专门开设的清算账户上,故称记账外汇。

3. 根据外汇交易的交割日期不同,外汇可分为即期外汇和远期外汇

即期外汇又称现汇,是指在外汇成交后于当日或两个营业日内办理交割的外汇。

远期外汇又称期汇,是指按协定的汇率和数量签订买卖合同,在约定的未来某一时间(如 30 天、60 天、90 天等)进行交割的外汇。买卖期汇可以防止汇率变动的风险。

二、汇率

(一)汇率的概念

汇率(Exchange Rate),即外汇买卖的价格,又称汇价、外汇牌价或外汇行市,是指一国货币用另一种货币表示的价格,或以一个国家的货币折算成另一个国家的货币的比率。如果把外汇看作商品,那么汇率就是买卖外汇的价格。例如,"USD1 = RMB 8.237 0"表示 1 美元可以兑换 8.237 元人民币。

(二)汇率的表示方式

汇率的表示方式通常有三种:第一种是用文字表述的汇率,如美元兑人民币汇率8.237;第二种是用两种货币代码符号表述的汇率,如 USD/CHY8.237,此处的斜线表示兑换的意思;第三种是用两种货币的货币符号表述的汇率,如 8.237 ¥/$,这里的斜线含义是"每一"。汇率的三种表示方式尽管形式不同,但含义却是一样的,都是 1 美元等于8.237元人民币。需要注意的是,每一种货币都有货币代码符号与货币符号,二者不同,但是指同一种货币。例如人民币的货币代码符号为 CHY,其货币符号为 ¥;美元的货币代码符号为 USD,其

货币符号为 $。货币代码符号即为国际标准代码(ISO code),它是由国际标准组织(International Standards Organization,ISO)在 1978 年 7 月 3 日统一制定,并推广给所有金融机构应用。

按照惯例,银行报出的货币汇率通常为五位有效数字,最后一位为点数,以此类推,从右边向左边数,第一位称为“点”,第二位称为“十个点”,第三位称为“百个点”。例如,某日 USD/CHY 的汇率为 6.145 0,第二天 USD/CHY 的汇率为 6.135 5,我们就说 USD/CHY 的汇率下降了 95 个点。

(三)汇率的标价法

汇率是两国货币的比价,既可以用 A 国货币表示 B 国货币,也可以用 B 国货币表示 A 国货币。因此要折算两种货币的比价,首先要确定以何种货币为标准。在外汇交易中,人们把各种标价方法下数量固定不变的货币称为基础货币或标准货币;数量随市场变动的货币称为标价货币或报价货币。由于在计算和使用汇率时,确定的标准不同,因而就形成不同的标价方法,主要有直接标价法、间接标价法和美元标价法。

1. 直接标价法

直接标价法(direct quotation)也称应付标价法,是以一定单位(1 个单位或 100 个单位或 1 000 个单位)的外国货币作为标准,计算应付出多少单位本国货币的方法。在直接标价法下,以外币作为单位货币,以本币作为计价货币。也就是说,直接标价法将外国货币当作商品,而本国货币作为价值尺度。例如,USD1 = RMB 6.135 5,这对中国来说就是直接标价法。在直接标价法下,汇率是以本国货币表示的单位外国货币的价格。外汇汇率上涨,说明外币币值上涨,表示外国货币所能换取的本币增多,本币币值下降;外汇汇率下降,说明外币币值下跌,表示外国单位货币能换取的本币减少,本币币值上升。目前,世界上大多数国家采用直接标价法,我国也采用直接标价法。

2. 间接标价法

间接标价法(indirect quotation)也称应收标价法,是以一定单位(1 个或 100 个或 1 000 个)的本国货币为标准,计算应收进多少外国货币的方法。在间接标价法下,以本币作为单位货币,以外币作为计价货币。也就是说,在这里本国货币被当作商品,用外国货币的数额来表示本国货币的价格,外国货币充当了价值尺度。例如,1 英镑等于 1.625 5 美元,对于英国来说,就是间接标价法。目前世界上使用间接标价法的国家不多,主要是美国、英国、爱尔兰等国家。英国对所有国家的货币采用间接标价法,美国虽然也采用间接标价法,但对英镑及爱尔兰镑使用了例外原则,采用直接标价法,即在美国外汇市场上,英镑对美元的外汇标价是 1 英镑等于多少美元,而不是 1 美元等于多少英镑。

3. 美元标价法

由于美元是外汇市场上交易最为活跃的货币,所以,在国际外汇市场上,银行同业间在进行外汇交易时,通常使用美元标价法。在美元标价法下,其中一种货币必须是美元,另一种货币不一定是本币,而且对市场所在地来说,更多的是两种外币之间的汇率。

(四)汇率的种类

从世界各国外汇交易的实践看,汇率的种类繁多,我们将对比较常见的主要汇率,依据不同的分类标准对汇率进行介绍。

1. 根据制定汇率的方法不同，汇率可分为基本汇率和套算汇率

基本汇率(basic rate)是指一国货币对某一关键货币的汇率。其中，关键货币是指在一国国际经济贸易中最常使用的，在外汇储备中所占比重最大的，并可以自由兑换的主要国际货币。目前，世界大多数国家都把美元作为关键货币，把本币与美元之间的汇率作为基本汇率。

套算汇率(cross rate)也称交叉汇率，是指两国货币通过各自对关键货币的汇率计算出来的汇率。之所以称为套算汇率，是因为它不是直接制定的，而是根据国际外汇市场上该种外国货币对关键货币的汇率和本国的基本汇率间接计算出来的。

例如，已知外汇市场上的外汇报价是

GBP 1 = USD 1.282 1

USD 1 = RMB 7.128 3

要计算英镑对人民币的汇率，相当于进行两次交易，即先将英镑换成美元，再将美元换成人民币，则英镑对人民币的汇率为

GBP 1 = RMB (1.864 0×8.264 1) = RMB 15.404 2

2. 从银行买卖外汇的角度

汇率可分为买入汇率、卖出汇率、中间汇率和钞价

买入汇率(buying rate or bid rate)也称买入价，是指银行从同业或客户买入外汇时所使用的汇率。

卖出汇率(selling rate or offer rate)也称卖出价，是银行向同业或客户卖出外汇时所使用的汇率。

买入汇率和卖出汇率是从报价银行买卖外汇的角度来说的，而不是从客户的角度，即对客户来说，客户想要出售外汇换回本币，则使用的是买入价。卖出汇率通常要高于买入汇率，因为银行要从中赚取差价。卖出价与买入价之间的差价就是外汇银行的收益，一般为1% ~5%。

外汇银行所报的两个汇率中，前一个数值较小，后一个数值较大。在直接标价法下，较小的数值为银行买入外汇的汇价，较大的数值为银行卖出外汇的汇价；而在间接标价法下，较小数值为银行卖出外汇的汇价，较大数值为银行买入外汇的汇价。

例如，中国使用的是直接标价法，在中国的外汇市场上，2023 年 11 月 2 日人民币兑换美元的汇率为

USD 1 = RMB 7.302 6/7.333 4(前者为银行现钞买入价，后者为银行现钞卖出价)

在伦敦外汇市场上，使用的是间接标价法，英镑兑美元的汇价为

GBP 1 = USD 1.689 0/1.699 5 (前者为银行卖出价，后者为银行买入价)

中间汇率(medial rate)是指买入汇率与卖出汇率的平均数。计算公式为

中间汇率 = (买入汇率 + 卖出汇率)/2。

为了简洁方便，各种新闻媒体在报道外汇行市时有时就采用中间汇率，人们在了解和研究某种货币汇率变化时也往往参照其中间汇率。

钞价(bank note rate)就是银行购买外币钞票(包括铸币)的价格。前面介绍的买入汇率和卖出汇率是银行购买或卖出外币支付凭证的价格。银行在购入外汇支付凭证后，通过航邮划账，可很快地存入国外银行，并开始生息，调拨动用；而银行在买进外国的钞票时，需要经过一段时间，积累到一定数额以后，才能将其运送并存入外国银行调拨使用，在此以前

买进钞票的银行要承受一定的利息损失，同时，将现钞运送并存入外国银行的过程中还有运费、保险费等支出，银行要将这些损失和费用开支转嫁给买钞票的顾客，因此，银行买入外国钞票的价格低于买入各种形式的支付凭证价格。不过，银行卖出外国现钞时，则使用一般的支付凭证的卖出汇率，现钞卖出价不再单列。

3. 根据外汇交易交割日的不同，可分为即期汇率和远期汇率

即期汇率（spot rate）又称现汇汇率，是指买卖外汇双方成交后，在当天或两个营业日内办理交割所使用的汇率。我们通常所说的汇率就是指即期汇率。在我国，通常是指中国人民银行公布的当日人民币外汇牌价的中间价。

远期汇率（forward rate）又称期汇汇率，是指买卖外汇双方成交时，约定在未来某一时间进行交割所使用的汇率。

即期汇率与远期汇率通常是不一样的，它们之间往往存在差额，这种差额称为远期差价（forward margin）。远期差价有升水（premium）、贴水（discount）和平价（par value）之分。当某种外汇的远期汇率高于即期汇率时，我们称该外汇的远期汇率升水；反之，当远期汇率低于即期汇率时，称该外汇的远期汇率贴水；当两者相等时，则称平价。

4. 按外汇管制的宽严程度不同，外汇可分为官方汇率和市场汇率

官方汇率是货币当局规定的，要求一切外汇交易都采用的汇率，可以是单一汇率，也可以是多重汇率。

市场汇率是指在外汇市场上自由买卖外汇的实际汇率。

在实行严格外汇管制的国家，外汇不能自由买卖，没有外汇市场汇率，一切交易都必须按照官方汇率进行，在外汇管制较松的国家，官方汇率往往只起中心汇率作用，实际汇率交易按市场汇率进行。

5. 按汇率制度不同，汇率可分为固定汇率和浮动汇率

固定汇率（fixed exchange rate）是指对本国或本地区的货币与外国或境外地区货币规定固定的比价，同时又将该比价的波动限制在一定范围内的汇率形式。在金本位制和第二次世界大战后的布雷顿森林体系下世界各国基本上都采用这种汇率。

浮动汇率（float exchange rate）指不规定汇率上下波动的幅度，而是根据外汇市场上的供求情况上下浮动的汇率形式。浮动汇率又分为自由浮动和管理浮动两种形式。前者是指政府不采取任何干预措施，完全按供求关系自由浮动的汇率；后者是指政府要采取一定的措施进行干预，以实现其相对平稳的汇率。布雷顿森林体系崩溃后，主要工业国家都采取了这种汇率。目前，绝大多数国家实行有管理的浮动汇率。

（五）汇率制度

汇率制度又称汇率安排，是指一国货币当局对本国汇率水平的确定、汇率变动方式等问题所做的一系列安排或规定。在开放经济条件下，由于汇率在对外经济中处于核心地位，对一国经济的影响越来越大，各国都未完全放弃对汇率的管理，对外汇市场的干预已经成为各国影响和干预外汇水平的重要方法。

1. 汇率制度的类型

从历史发展上看，汇率制度分为固定汇率制度和浮动汇率制度。自 19 世纪中末期金本位制在西方主要各国确立以来，一直到 1973 年，世界各国的汇率制度基本上属于固定汇率制度，而 1973 年后，世界主要工业国家实行的是浮动汇率制度。

（1）固定汇率制度。固定汇率制度（fixed exchange rates regime）是指政府用行政或法律手段确定、公布及维持本国货币与某种参考物之间的固定比价的汇率制度。充当参考物的东西可以是黄金，也可以是某种外国货币或一组货币。如金本位制下的固定汇率制度和布雷顿森林体系下的固定汇率制度。

金本位制下的固定汇率制度是指在金本位制下，各国都以法律形式规定了本国货币的含金量。两国货币的含金量之比是铸币平价。铸币平价是决定货币汇率的基础，市场上的实际汇率受外汇供求关系的变动，往往会围绕着铸币平价上下波动，而波动的界限是黄金输送点。黄金输送点（gold point）是指汇价波动而引起黄金从一国输出或输入的界限。汇率波动的最高界限是铸币平价加运金费用，即黄金输出点（Gold Export Point）；汇率波动的最低界限是铸币平价减去运输黄金的费用，即黄金输入点（Gold Import Point）。在金块本位制和金汇兑本位制下，汇率决定的基础是它们之间的法定平价。实际汇率的波动幅度大于在金本位制下波动幅度，但是还是比较稳定的。金本位制下的固定汇率制度为促进国际贸易的发展提供了有利条件。金本位制于 1880 年进入鼎盛时期，一直持续到 1914 年第一次世界大战爆发。

布雷顿森林体系下的固定汇率制度是以美元为中心的固定汇率制度（详见本章第五节内容）。事实上，这种以美元为中心的固定汇率制是一种国际金汇兑本位制。由于各国货币均与美元保持可调整的固定比价，因此，各国货币相互之间实际上也保持着可调整的固定比价，整个货币体系成为一个固定汇率的货币体系。

实践证明，以美元为中心的固定汇率能否维系下去，主要取决于多种因素：首先是美国的政治和经济实力；其次是美国的国际收支状况和黄金储备水平；第三是基金组织成员国能否严格遵守“国际货币基金协定”；第四是国际货币基金组织的监管与协调是否得力。但是，由于美国在第二次世界大战后国内危机频发，其国际收支持续逆差，黄金储备日趋减少，自 1973 年 2 月起，这种以美元为中心的固定汇率制度被中止，工业化国家转而普遍采取了浮动汇率制。

（2）浮动汇率制度。浮动汇率制（floating exchange rate regime）是指政府对本国货币与外国货币的比价不加以固定，也不规定上下波动的界限，而是由外汇市场上外汇的供求情况，自行决定本币对外币的汇率。现实中，各国中央银行对于汇率通常或多或少会加以适度调节，干预方式可以是直接参与外汇市场活动，进行外汇买卖，也可以是通过调整国内利率水平进行间接调节。这种汇率被称为管理浮动汇率。

浮动汇率制度按不同的标准有不同的表现形式。根据政府是否进行干预，浮动汇率制可分为自由浮动和管理浮动。自由浮动是指一个国家货币当局对本国汇率不进行干预，完全由外汇市场供求关系来决定本国货币的汇率。管理浮动是指一个国家货币当局按照本国经济利益的需要，随时进行干预，以使本国货币汇率朝着有利于本国利益的方向变化；根据浮动的形式，浮动汇率制又分为单独浮动和联合浮动。单独浮动汇率是指一国货币不和任何外国货币有固定的比价关系，其汇率只根据外汇市场供求状况和政府干预的程度自行浮动。联合浮动是指由几个国家组成的货币集团，集团内各自货币之间保持固定比价，而对集团外的其他国家的货币则共同浮动；此外，一些发展中经济体，由于自身经济实力的限制，难以使本国货币保持稳定的汇率水平，或处于为稳定与关系最密切的国家的经济往来，而采用一种盯住汇率制（pegged exchange rate regime），把本国货币与主要贸易伙伴的货币确定在一个固定的比价，而对其他经济体的货币则随该货币锚（货币锚是指一个国家要获得稳定的货币环境，必须要有一个调整国内货币的参照基准）浮动而浮动。因此，货币当局需要在外汇市场上进行干预。

当前，世界各国汇率制度的选择已明显地呈现出多样性，严格的固定汇率制与浮动汇率制的二分法已不符合各国汇率制度安排的实际。自牙买加协定生效后，国际货币基金组织允许成员国自由选择汇率制度，唯一的限制是如果采取评价标准，评价不能用黄金表示。如果产生了各种介于固定汇率制与浮动汇率制之间的汇率制度安排，各国的实际取舍是在现实的钉住汇率制与弹性汇率制之间做出基本的判断。与固定汇率制不同的是，钉住汇率制下，各国货币当局可依据经济形势进行一定幅度地调整其所钉住的固定比价。

2. 固定汇率制度与浮动汇率制度的主要优缺点比较

（1）固定汇率制度的主要优缺点。在固定汇率制度下，因汇率在短期内是比较稳定的，也就减少了汇率变动的风险，从而便于进出口成本的核算，有利于国际贸易和国际投资的发展，客观上对世界经济的发展起到了一定的促进作用。此外，在固定汇率制度下，一国政府为维护汇率水平稳定，避免本币受到贬值压力，往往不能过度增发货币，这就是所谓的货币纪律约束（monetary discipline）。

（2）浮动汇率制度的主要优缺点。在浮动汇率制度下，其优点主要包括：首先，有助于发挥汇率对国际收支的经济杠杆作用。当一国发生国际收支逆差，外汇市场上就会出现外汇供不应求，通过本币贬值，可刺激外汇供应，从而抑制外汇需求，使国际收支趋于平衡。浮动汇率也可避免货币当局不恰当的行政干预或拖延实行调节措施，并由此形成的汇率高估或低估，导致国际收支迟迟得不到改善等状况。其次，可以减少国际游资的冲击，从而减少对国际储备的需求。在浮动汇率制度下，由于软货币的汇率会及时贬值从而化解国际游资的冲击，且各国货币当局没有干预外汇市场和稳定汇率的义务，也不必保留过多的外汇储备。第三，易于实现内外均衡。在浮动汇率制下，当一国经济出现衰退和国际收支存在逆差时，国际收支可由汇率来调节，以避免资本流动对政策效能的不利影响，从而实现对外均衡，国内均衡则可依赖财政政策，内外均衡就不致发生冲突。

与固定汇率制度相比，浮动汇率制度也存在许多问题，其主要缺点首先表现在汇率频繁与剧烈的波动，使进行国际贸易、国际信贷与国际投资等国际经济交易的经济主体难于进行成本和利润的核算，并使它们因面临汇率的波动所造成的外汇风险，从而对世界经济发展产生不利影响。其次，浮动汇率制度会助长国际金融市场的投机活动。尽管“单向投机”不复存在，但汇率波动的频率和幅度的加大却为外汇投机活动提供了机会，并加剧国际金融市场的动荡。最后，浮动汇率制度可能诱发通货膨胀。在浮动汇率制度下，由于国际收支可完全依赖汇率的自由波动得到调节，如果缺乏货币纪律约束，货币当局就会更偏好地采取扩张性政策来刺激国内的经济增长，而不必顾忌其对国际收支的不利影响。

3. 人民币汇率制度

人民币汇率体制经历了一个曲折发展的演变过程。改革开放前，由高度集中的计划管理模式，转变为在外汇留成和外汇上缴体制基础上的计划与市场结合的管理模式，然后再转变为建立在结售汇制上的以供求关系为基础，市场调节为主的管理模式。人民币汇率制度的演变以各阶段经济发展为基础，以各阶段经济体制改革为线索，若以改革开放为分界点，我国的人民币汇率制度可分为两大阶段。

（1）中华人民共和国成立到改革开放前的人民币汇率制度。改革开放之前的人民币汇率安排大致可以划分为国民经济恢复时期的管理浮动阶段和钉住美元再到钉住一篮子货币两个阶段。

管理浮动阶段(1949～1952年)。人民币诞生初期,计划经济体制尚未建立,中央人民政府宣布人民币不以黄金为基础,在实际操作中实行的是管理浮动汇率。人民币对美元的汇率是根据当时人民币对美元的出口商品比价、进口商品比价和华侨日用生活费比价三者加权平均来确定。因此,在这段时期,人民币对美元汇率确定的依据是物价,其作用是调节对外贸易,照顾侨汇收入。

从钉住美元到钉住一篮子货币阶段。社会主义改造基本完成以后,计划经济体制得以建立,管理浮动汇率制已失去调节进出口贸易的作用,为了有利于内部核算和编制计划,人民币汇率坚持稳定的方针。自1955年3月,新币代替旧币,到1971年11月,人民币汇率基本保持在USD1=RMB 2.461 8。汇率对贸易和国际收支调节作用微弱。这期间,国际上布雷顿森林体系正处于鼎盛时期,主要西方国家的货币之间的汇率基本稳定,人民币对西方主要国家的货币也相应稳定。布雷顿森林体系崩溃后,人民币汇率的确定便选择在对外贸易中经常使用的若干种货币,依据其重要程度和政策上的需要等,确定权重,加权计算出人民币汇率,这实际上是钉住了一篮子货币。这种汇率安排,在很大程度上能够抵御或减少国际汇率波动对我国货币的影响,有利于对外贸易企业的成本核算、利润预测及减少汇兑风险。从1973年到1979年间,人民币货币篮子的权重,也做过几次调整。因此,在计划经济体制下,人民币的主要功能只是起到一种辅助性的计算单位的作用。

(2)改革开放后的汇率制度。改革开放后,为使人民币汇率制度更好地适应经济发展的需要,对人民币汇率的改革也随之展开,汇率体制的演变大致可分为经济转轨阶段的汇率制度和社会主义市场经济时期的汇率制度两个阶段。

①经济转轨阶段的汇率制度(1979～1993年)。1979年起,我国实行外贸体制改革。为鼓励外商投资和促进贸易的发展,人民币汇率采取了用于对外贸易的内部结算价和用于非贸易的官方牌价的双重汇率制度,1985年初两种汇率实现并轨。人民币汇率实行双规制的同时,也处于不断改革过程中。从1985年1月1日起,我国取消内部结算价,恢复单一汇率,人民币汇率进入"官方汇率与外汇调剂市场汇率"并存时期。1986年,我国实行钉住美元的管理浮动汇率制。此后,人民币汇率经过几次大幅下调,到1992年3月,人民币汇率已下调至1美元=5.74元人民币。这一时期,外汇调剂市场汇率主要按供求决定,但整个市场处于国家管理之中,必要时国家可采取行政手段对外汇市场进行行政干预。

②社会主义市场经济时期的汇率制度(1994年至今)。

从1994年1月1日起,我国的外汇管理体制进行了重大改革,其长远目标是使人民币成为可自由兑换的货币。汇率改革后,人民币汇率成为以市场供求为基础、单一的、有管理的浮动汇率制。由此可见,汇率改革后,我国当前的汇率制度特点是:

第一,汇率由市场的供求决定。为保证结汇的顺利进行,我国建立了银行间外汇市场,并根据每个营业日的结汇情况和外汇管理局规定的外汇头寸限额,在银行间外汇市场买卖外汇,平补头寸,形成外汇供求,以此决定人民币兑美元、日元和港币等主要外汇的市场汇率。2004年4月增加了欧元对人民币的基准汇率。

第二,我国现行汇率机制是浮动汇率。允许人民币汇率在中国人民银行公布的基准汇率一定范围内上下浮动。并规定了银行间外汇交易汇率和银行挂牌汇率对基准汇率的日波动幅度。

第三,单一的汇率。中国人民银行每天公布美元、日元、港币和欧元的基准汇率,其他货币参照市场行情根据基准汇率进行套算。对外支付和结算都使用这一种汇率，实现了官方汇率和市场汇率并轨。

第四，这种浮动汇率是有管理的。为维持外汇市场的稳定性和流动性，中国人民银行对外汇指定银行规定了周转外汇头寸限额。汇率并轨后，人民币汇率基本保持稳定，而且稳中有升。到 1996 年底，人民币汇率由并轨当初 1 美元兑换 8.70 元人民币，升至 8.30 元人民币，升值幅度达到 4.6%。这和并轨以前人民币汇率不断贬值形成了鲜明的对比。

1996 年 11 月，时任中国人民银行行长戴相龙宣布中国自同年 12 月 1 日起，实行人民币经常项目下的可兑换。1997 年亚洲金融危机后，鉴于国内外政治经济形势的变化，人民币成为实际上的“钉住美元汇率制”，事实证明，这种汇率安排是合理有效的。2005 年 7 月 21 日，人民币汇率制度又进行了一次重要改革，新的人民币汇率制度是以市场供求为基础，参考一篮子货币进行调节，有管理的浮动汇率制度，同时宣布人民币升值约 2 个百分点。银行间外汇市场人民币兑外汇的交易价格在一定幅度内浮动。到 2006 年 6 月，人民币汇率破 8。2008 年 5 月，人民币汇率破 7，截至 2013 年 12 月 31 日银行间外汇市场人民币汇率中间价报收 1 美元=6.096 9 元人民币，较前一交易日升 55 基点，升破 6.1，这是本月内第七次创下新高，创下今年以来第 41 次新高。

近年来，美联储激进加息（即提高美元利率）对我国金融市场和实体经济都产生了一定影响，人民币汇率受到双重压力：一是美元升值导致人民币贬值；二是资本外流导致人民币供求失衡。受此影响，投资者可能更倾向于持有美元资产，从而增加了购买美元的需求，使得人民币汇率走弱。2023 年 9 月 8 日，人民币对美元汇率在岸和离岸市场分别跌破 7.35 和 7.36 关口，盘中最低跌至 7.361 8，创下 2022 年 11 月初的新低。随后，离岸人民币对美元汇率跌幅有所收窄。人民币汇率贬值预期持续增强，资本从中国流向美国寻求更高的收益率，导致中国企业融资难度加大，融资成本不断上升。从实体经济看，美联储加息使得我国进口成本上升、导致出口竞争力下降，同时也使得我国内需受到抑制。所有这些，都将极大地危害人民币国际化进程。为提振市场对人民币的信心，中国人民银行已经采取一系列措施来应对人民币贬值，以提高市场主体的风险意识和自律能力，抑制投机性资本流动（表 12.1），并取得了一定的效果。2023 年 11 月 20 日，人民币兑美元中间价上调 116 个基点，报 7.161 2。但是在美联储继续采取紧缩政策的情况下，人民币仍然承受相当大的压力。因此，今后我国必须积极应对，继续坚持"以我为主"的主基调，稳增长、稳汇率、稳预期；货币政策应适时适度地实施结构性的宽松措施，如降准、降息、增加再贷款等，以降低企业和居民的融资成本，支持实体经济发展；积极参与全球金融治理和规则制定，维护我国在国际金融体系中的话语权和影响力；加强汇率市场化改革和汇率弹性；加强跨境资本流动的监测和管理，防范系统性金融风险的发生；继续坚持以供给侧结构性改革为主线，推动高质量发展，提高经济创新力和竞争力，增强经济抵御外部冲击的能力。

表 12.1　2022 年以来中国外汇宏观审慎措施和外汇市场自律机制汇率政策声明

日期	政策内容
2022 年 4 月 25 日	中国人民银行宣布从 5 月 15 日起，将金融机构外汇存款准备金率由 9% 下调至 8%
2022 年 9 月 5 日	中国人民银行宣布从 9 月 15 日起，将金融机构外汇存款准备金率由 8% 下调至 6%
2022 年 9 月 26 日	中国人民银行宣布从 9 月 28 日起，将远期售汇业务的外汇风险准备金率从 0 上调至 20%

续表 12.1

日期	政策内容
2022 年 9 月 27 日	全国外汇市场自律机制电视会议召开,会议要求,自律机制成员单位要自觉维护外汇市场的基本稳定,坚决抑制汇率大起大落
2022 年 10 月 25 日	中国人民银行、外汇管理局将企业和金融机构跨境融资宏观审慎调节参数从 1 上调至 1.25
2023 年 5 月 18 日	中国外汇市场指导委员会 2023 年第一次会议强调,下一阶段,中国人民银行、外汇局将加强监督管理和监测分析,强化预期引导,必要时对顺周期、单边行为进行纠偏,遏制投机炒作。自律机制成员单位要自觉维护外汇市场的基本稳定,坚决抑制外汇大起大落
2023 年 7 月 20 日	中国人民银行、外汇局将企业和金融机构跨境融资宏观审慎调节参数从 1.25 上调至 1.5
2023 年 8 月 15 日	中国人民银行宣布于 8 月 22 日在香港增发 100 亿元 3 个期限央票
2023 年 9 月 1 日	中国人民银行宣布从 9 月 15 日起,将金融机构外汇存款准备金率由 6% 下至 4%
2023 年 9 月 11 日	全国外汇市场自律机制专题会议强调,金融管理部门有能力、有信心、有条件保持人民币汇率基本稳定,该出手时就出手,坚决对单边、顺周期行为予以纠偏,坚决对扰乱市场秩序行为进行处置,坚决防范汇率超调风险
2023 年 9 月 13 日	中国人民银行宣布 9 月 19 日增发 100 亿元 6 个月期限央票
2023 年 11 月 15 日	中国人民银行宣布 11 月 21 日招标发行 300 亿元 3 个月期限央票和 150 亿元 1 年期限央票

资料来源:中国人民银行、中银证券。

改革开放是我国制度和政策演变的主要推动力量,是推动经济持续高速增长的重要制度因素。人民币汇率制度和政策调整的主要内容就是要确立一个与改革开放进程相适应,能够反映和适应经济基本因素的汇率水平和制度。最终达到开放我国资本市场,实现资本项目下人民币可兑换,最终达到人民币的完全自由兑换。

三、影响汇率变动的因素和汇率变动对经济的影响

经济生活中有很多因素会引起汇率的变动,而汇率的变动又会反作用于经济的运行,对一国的国内经济和国际经济产生影响。

(一)影响汇率变动的因素

一国货币贬值和升值都会引起汇率的变动。无论是货币贬值还是升值,都不是自发的,而是受许多因素所致,从总体上看,主要包括经济因素、政策因素以及其他因素等。

1. 影响汇率变动的经济因素

(1)经济增长速度。经济增长速度是决定货币汇率的基本因素。一般来说,在其他条件不变的情况下,一国经济增长快,意味着该国的经济实力强,其商品的市场竞争能力就强,该国的货币对外价值相应提高;相反,当一国经济处于衰退状态时,则会促使该国货币的对外价值相对降低。当然,这一影响因素不是孤立的,而是同国际收支状况、通货膨胀率和利率的变化交织在一起的。

(2)国际收支状况。国际收支状况是影响汇率变动的直接因素。一国国际收支状况的

好坏,尤其是经常项目的收支状况对该国汇率的升降将产生长期直接的影响。一国出口贸易发达,国际收支顺差,则外汇收入增加,本币升值;反之,当一国出口衰退,国际收支处于逆差,对外债务就会增加,外汇需求也会增加,本币供应将增加,从而引起本币贬值。在固定汇率条件下,国际收支是影响一国汇率变化的最主要的因素。而在浮动汇率条件下,国际收支对汇率的影响会减弱,通货膨胀率、利率等因素会变得更加重要了。

(3)通货膨胀率。信用货币制度的特点决定了货币的实际价值是不稳定的,通货膨胀以及由此造成的纸币实际价值与其名义价值的偏离几乎在任何国家都是不可避免的,它必然会引起一国汇率的变化。如果通胀率较高,币值下降的幅度就较大,物价上涨率就高,从而加大商品的成本,导致出口商品的竞争力下降,出口减少,进口增加,国际收支产生逆差。由此,该国对外汇需求增加,在供需关系影响下,本币汇率下降,外汇汇率上升。同时,通货膨胀还会影响到国内外实际利率水平以及社会公众对今后物价水平和汇率的预测等。

(4)利率水平。利率水平对汇率的影响主要是通过短期资本的跨国流动实现的。由于资金具有趋利性,在一般情况下,当一国提高利率水平,或本国利率水平高于外国利率水平时,会引起资本流入该国套取利差,由此对本国货币需求增加,使本币升值,外汇贬值,即导致即期外汇汇率下跌。反之,当一国降低利率水平或本国利率水平低于外国利率水平时,会引起资本从本国流出,由此对外汇需求增大,使外汇升值,本币贬值,即期外汇汇率上升。

2. 影响汇率变动的政策因素

随着世界经济一体化的发展,各国为了维护本国的利益,往往会对汇率进行政策干预,以期保持汇率水平的稳定,这些政策措施主要包括财政政策、货币政策和贸易政策等。

(1)财政政策。一国财政政策对汇率的影响是通过财政收支状况作用到一国的货币供给量而发生作用的。在大多数情况下,如果一国财政出现了巨额赤字,将会导致该国通货膨胀程度的加深和国际收支的恶化,则本币汇率出现下跌。相反,则本币汇率上升。但是,在实际中,也有可能因不同的财政政策对汇率所产生的影响效应,会与以上结果正好相反。

(2)货币政策。一国货币政策对汇率的影响主要是通过利率、货币供给量和实际经济的增长而进行的,其作用过程比较复杂。比如,当一国实施宽松货币政策时,银行会放松银根,在其他条件不变的条件下,货币供给量会增加,利率将下降,引起投资增加,经济会增长。一方面,利率的下降,物价的上升,会使该国本币汇率下降;另一方面,经济的增长,会带动一国的经济实力增强,从而有利于本国货币国际信用的提升,又会促使本币汇率的上升。货币政策对汇率的实际影响效应一般取决于一个国家的经济结构等状况。

(3)贸易政策。贸易政策也会对一国汇率的变动产生影响。例如,一国是实行自由贸易政策,还是实行有管制的贸易政策;对出口是否给予补贴、免税等优惠政策;以及是否对进口征收高额关税等,这些贸易政策的制定和实施都会对该国的贸易收支产生影响,而且,对外贸易收支的顺差和逆差都会使本币汇率发生相应变动。

3. 影响汇率变动的其他因素

(1)市场预期。市场对各种价格信号的预期往往也会影响汇率,预期因素是短期内影响汇率变动的主要因素之一。现实中,市场预期主要是指外汇市场的交易者,凭借其掌握的各种信息,对未来汇率的趋势做出判断,据此采取相应的外汇买卖的行为。如果市场预期本币贬值,在外汇市场上便出现抛售本币的风潮,从而助长本币贬值的压力,最终导致本币的实际贬值。一般情况下,汇率预期是建立在上面谈到的基本因素及其预期基础之上的。例如,若市场预期本国将出现较高的通货膨胀,便会产生本币对外贬值的预期。当然,市场的心理预期也受诸如宣传、报道和谣言等因素的影响,有时据以形成预期的甚至不是也不必是真实的政治、经济形势和政策动向。

(2)政府的政策干预。世界各国为了维护本国的利益,往往会对汇率进行干预。政府干预汇率的直接形式是通过中央银行干预外汇市场。通常中央银行在外汇市场上买卖外汇,以改变外汇供求关系,从而影响汇率。如果本币汇率上涨,将不利于本国商品的出口,往往会影响本国经济增长,这时,中央银行会抛出本国货币,收购外国货币,以使汇率维持在一个合理的水平,这将有利于本国经济的增长。当然,随着世界经济一体化的发展,保持汇率水平稳定,并非一国所能左右,而常常是各国政府的联合干预。当前,发达国家更多的是采取口头干预,官方对市场汇率发表具有倾向性的看法,通过影响市场预期实现干预目标。

(3)突发性因素。突发性因素是指国际性政治、经济或军事性事件对汇率产生的影响。这些因素对汇率的影响往往具有突然性,其对一国汇率的影响效应自然具有短暂性。

(二)汇率变动对经济的影响

汇率是联系一国国民经济与他国经济的主要纽带。经济生活中有很多因素会引起一国汇率的变动,而汇率变动会使两国货币的相对购买力发生变动,从而反作用于经济的运行。汇率的变动对经济的影响,不论是对于一国货币当局制定汇率政策,还是对于进出口企业进行汇率风险管理,都是极其重要的。由于汇率是两种货币之比价,其变动表现为货币的升值和贬值,货币贬值与升值的方向相反,其对经济的作用也正好相反。因此,在这里我们将集中分析一国货币贬值对经济的一般性影响,升值的影响则相反。

1. 货币贬值对国内经济的影响

汇率的变动对国内经济的影响首先是从物价水平开始的,从而影响到本国的宏观经济各部门及经济的稳定发展。

(1)货币贬值对国内物价的影响。货币贬值对国内物价水平的影响是复杂的。一般情况下,贬值对物价的影响可以通过贸易收支改善的乘数效应,引起需求拉上的物价上涨;也可以通过提高国内生产成本推动物价上涨。

贬值引起成本推动的价格上涨过程一般包括:首先,货币贬值后,进口品因以本币表示的价格会立即上涨,其中进口消费品的价格上涨会直接引起国内消费品物价发生某种程度的上涨。但原材料、中间品和机器设备等进口品价格的上涨,则会造成国内使用这些进口商品的生产成本提高,从而推动价格上涨。其次,货币贬值后,由于出口品和进口替代品价格上涨,也会造成使用这些产品作为投入品的非贸易品生产成本上涨,从而推动了非贸易品的价格上涨。这样,货币贬值对物价的影响就会逐渐扩展到所有商品。

(2)货币贬值对国内总供给的影响。本币贬值,外币汇率上升时,进口商品的价格将会上涨,抑制进口,从而刺激国内相关替代品的生产,使社会的总供给水平提高;同时本币的贬值将导致出口商品的利润上升,促进了出口和相关产业的发展,国家外汇储备增加,为扩大再生产积累了资金,这样将进一步促进国内总供给量的提高。

(3)货币贬值对就业水平的影响。前面讲到,由于本币贬值将使得本国商品相对外国商品的价格下降,增加了本国商品出口竞争力,从而促进总供给水平上升和相关产业的蓬勃发展,这在一定程度上增加了就业机会,促进了整个国民经济的发展。

(4)货币贬值对国民收入的影响。本币的贬值,一方面有利于促进国内总供给水平提高和相关产业的发展,提高了就业水平;另一方面,会导致大量资本流入国内,这些都将促使国内生产规模的扩大、国民经济的扩张和国民收入的增加。

(5)货币贬值对国内产业结构的影响。我们知道,一国货币贬值后,该国产品价格相对较低,出口产品在国际市场上的竞争力提高,出口规模扩大,从而使出口企业利润增加,由此导致生产资源从非出口企业部门向出口企业部门转移。这样,一国产业结构会倾向于出口企业部门,出口企业部门在整个国民经济体系中对经济的贡献增加,本国对外开放程度加大。若一国货币对外升值,则情况正好与此相反。

当然,本国货币的持续贬值也会对本国产业结构产生不利影响。比如,一国货币持续对外贬值会鼓励国内高成本低效益的出口产品和进口替代品的生产,在一定程度上具有保护落后产业、扭曲资源配置的可能。此外,由于国外先进技术等的本币价格相对较高,一些需要这些先进技术的企业将要承担过重的经济负担,不利于本国产业结构升级。

2. 货币贬值对国际收支的影响

(1)货币贬值对一国贸易收支的影响。汇率变化一个重要影响就是对贸易的影响。一般来说,一国货币贬值往往通过降低本国产品相对于外国产品的价格,即外国进口产品的本币价格上升,本国出口产品的外币价格下降,从而诱发国外居民增加对本国产品的需求,本国居民减少对外国产品的需求,导致该国出口增加,进口减少,形成贸易顺差。

如果该国进出口需求弹性之和大于1,即符合马歇尔—勒纳条件:当一国进、出口需求弹性之和大于1,该国货币贬(升)值可使出口收入增加(减少),进口支出减少(增加),贸易收支逆差(顺差)减少,从而改善贸易收支。进出口需求弹性是指单位汇率变动与引起的进出口需求变动之比。如假设货币贬值1%,引起出口需求增加2%,那么出口需求弹性为2,这是货币贬值最重要的经济影响,也是一国货币当局进行货币法定贬值或促成货币贬值时所考虑的主要因素。

然而,在实际中,即使符合马歇尔-勒纳条件,货币贬值也不能立即改善贸易收支。因为在短期内,货币贬值的影响存在时滞,它不能立即对进出口的数量产生影响,而且价格的变化对贬值国不利,所以贬值初期贸易收支反而恶化,经过一段时间后才能改善。这就是所谓的J曲线效应。因此,在进行有关汇率决策时,要考虑到货币贬值的J曲线效应。

(2)货币贬值对国际资本流动的影响。汇率变动对国际资本流动的影响比较复杂。国际资本流动的主要原因是为了追求利润和资金安全。本币贬值对国际资本的影响在很大程度上取决于人们对汇率进一步变动的心理预期,而且它对短期资本流动和长期资本流动的影响有所不同。

短期资本对货币贬值的反应更为敏感。当一国货币开始贬值时,为了避免持有该国货币可能遭受损失,本国货币会大量流出,另外,短期国际资本或其他投资(如证券投资)也会调往国外,从而会加剧本币的贬值。

长期资本流动主要取决于劳动生产率、资本利润率等的高低。在其他条件不变的条件下,如果人们预期一国货币贬值是一次性的,那么,它可能会吸引长期资本流入该国。因为它将使外汇兑换更多的该国货币,意味着等量的外资可以支配更多的实际资源,从而在该国投资可以获得更高的报酬率。但另一方面,一国货币贬值也会增加外国投资者的生产成本,并使其投资利润用外币衡量时会相对下降。尤其是当人们认为一国货币会进一步贬值,它将对长期资本流动起到相反的作用。需要说明的是,汇率变动对资本流动的上述影响,是以利率、通货膨胀等因素不变或相对缓慢变动为前提的。

(3)本币贬值对外汇储备和对外负债的影响。通常情况下,一国货币贬值,会使出口增加和进口减少,有利于形成贸易顺差,同时资本输入的增加和输出的减少又有利于形成资本项目顺差,使外汇储备增加。外汇储备在一国国际储备构成中所占的比重较大时,若储备货币的汇率发生变动将直接影响外汇储备的实际价值。储备货币贬值时,会使保持储备货币国家的外汇储备的实际价值遭受损失;而储备货币国家则因该货币的贬值而减少了债务负担,从中获利。因此,为避免汇率变动对债务国的不利影响,债务管理当局必须根据汇率变化趋势,合理安排债务货币结构。

3. 货币贬值对国际经济关系的影响

在国际经济交往中,所使用的外币主要是经济发达国家的货币。经济发达国家通常将汇率政策作为其对外扩张的手段,对国际的经济联系曾产生了深刻影响,并加剧了发达国家与发展中国家之间的矛盾,也激化了发达国家之间争夺国际销售市场的矛盾,从而加大了国际贸易和国际金融运行中的风险,客观上为外汇交易的投机行为提供了可乘之机。

在当前的浮动汇率制下,经济发达国家经常用本币贬值的手段,以争取贸易顺差和摆脱经济停滞局面。我们知道,一国的贸易顺差是以其他国家的贸易逆差为代价的。当一国为了促进出口、改善国际收支状况,使本币贬值,这样会使该国的贸易伙伴国的币值相对上升、产品的竞争力下降,损害了他们的经济利益,尤其是以外汇倾销为目的的本币贬值,必然会导致其他贸易相关国家的报复。这样一来,会引起经济发达国家竞相降低本币汇率的货币战争。从而加深国际经济关系的复杂化,但也会促进区域经济的发展。

事实上,汇率变动对各国经济的影响会受到许多因素的制约。首先是该国货币的可兑换性。若缺乏可兑换性,则汇率变动对该国经济特别是资本国际外流的影响较小。其次是该国金融市场的发育程度。金融市场发育程度越高,汇率变动对其经济的影响越大。第三是该国对外开放程度。一国对外开放程度越高,汇率变动对其经济影响越大。第四是一国政府对经济运行的干预程度。一国政府对经济运行的干预往往会改变该国市场机制的运行过程,使汇率变动对经济运行的影响复杂化。当然,由于世界各国经济状况千差万别,汇率变动对一国经济的影响可能很强烈,而对另一些国家则可能很微弱,甚至根本没有影响。

第二节 汇率决定理论

汇率决定理论是汇率理论的重要组成部分,是国际金融学科的理论基石。可以说,没有汇率决定理论,这门学科就很难在众多的经济学科体系中立足。随着国际经济的发展,汇率理论不断取得突破和进展,形成种类繁多、各具特色、相互补充、相互替代的汇率理论体系。这些理论分别从货币因素和实际市场因素等各个角度对汇率的决定和变动进行了研究,汇率决定理论流派纷呈,日益复杂,本节择其主要进行简介。

一、国际借贷说

国际借贷说是阐述汇率变动原因的主要理论。该理论认为汇率是由外汇的供给与需求关系决定,汇率的供给与需求状况取决于该国的国际借贷,而一国的国际借贷是指该国处于实际收支阶段的对外债权与对外债务,它的发生由国际的商品劳务进出口、资本输出、输入以及其他形式的国际收支活动引起。因此,国际借贷关系是决定汇率变动的主要因素。国际借贷理论进而认为,国际借贷按流动性强弱可分为固定借贷和流动借贷,前者是尚未进入实际支付阶段的借贷,后者是已经进入支付阶段的借贷。因此只有流动借贷才对汇率产生影响。当流动债权(应收外汇)大于流动债务(应付外汇)时,外汇供大于求,外汇汇率下跌;当流动性债权小于流动性负债时,外汇供不应求,外汇利率上升;只有当流动性债权等于流动性债务时,外汇供求才相等,外汇汇率才保持稳定。该理论中的国际借贷关系实际是指国际收支,因此该理论又称为国际收支说,它是较早的利率决定理论,第一次比较系统地解释了国际借贷关系中外汇供求的变动对汇率的短期影响,但由于它是建立在金本位制度基础上的,在金本位制度崩溃后,尤其是在纸币流通条件下,国际借贷说难以说清汇率涨落的原因。这大大降低了这一理论的实际应用价值。

二、购买力平价理论

购买力平价理论(Theory of Purchasing Power Parity,PPP)是第一次世界大战之后最具影响力的汇率决定理论之一。由瑞典经济学家古斯塔夫·卡塞尔在 1922 年编著的《1914 年以后的货币与外汇理论》一书中对购买力平价理论进行了系统的阐述。

购买力平价理论的基本思想是:人们之所以需要其他国家的货币,是因为这些货币在其发行国具有购买商品和服务的能力,这样,两国货币的兑换比率就主要应该由两国货币的购买力之比决定,而购买力的大小可以通过物价指数反向地表现出来。购买力平价的作用主要包括:第一,作为汇率决定理论,试图确定长期均衡汇率,以期找到现实汇率变动的长期趋势;第二,作为一种换算工具,用购买力平价将各国以本币表示的国民经济主要指标如 GDP 等,换算成同一货币如美元,以便进行国际比较,避免现行汇率高估或低估造成的偏差。

购买力平价有两种存在的基本形式:绝对购买力平价说(absolute version of purchasing power theory)和相对购买力平价说(relative version of purchasing power theory)。由于绝对购买力平价说更能满足购买力平价的最原始解释,也被称为严格的购买力平价。而相对购买力评平则被称为弱化的平价形式。事实上,不论绝对的还是相对的购买力平价,购买力平价成立都隐含着这样一个条件,即一价定律(law of one price)。所谓一价定律,是指在不考虑交易成本的条件下,以同一货币衡量的不同国家的某种可贸易商品的价格应该是相同的。

(一)绝对购买力平价

绝对购买力评价说明的是某一时点上汇率的决定,即汇率等于两国一般物价水平之比。用 E 表示直接标价法下的汇率,设 P_t 为 t 时期本国物价水平,则 $1/P_t$ 为本国单位货币的购买力;P_t^* 为 t 时期外国物价水平,则 $1/P_t^*$ 是外国单位货币的购买力。

则有

$$E = P_t / P_t^* \tag{12.1}$$

式(12.1)表示的是绝对购买力评价。

两国之间的商品交易实际上存在着一种套利的行为。对同类商品而言,如果在不同的国家之间存在着价格差异,就会出现商品的套利行为,因为套利者会从价格低的地区买入,而在价格高的地区卖出,以取得套利价差。随着套利行为的持续进行,商品的供求会不间断地重新组合,最终趋于平衡。这种市场竞争的结果,使价格差异越来越小,最后会使同类商品在不同国家表现为趋同。换句话说,如果用同一种货币来表示两国同类商品,那么它们的价格是一样的,即符合一价定律。可以用绝对购买力折算为

$$P_t = EP_t^* \tag{12.2}$$

现实中,我们可以用一个例子说明这个问题:假设一件衬衫在中国卖280元人民币,如果按美元与人民币1∶7的购买力平价计算,在不考虑其他成本的情况下,在美国该商品则值40美元。如果将同类商品扩展为N种,并且均是可贸易商品,那么,P_t实际上是一国内一篮子同类商品的加权平均值$\sum mP_t$,P_t^*则是外国一篮子同类商品的加权平均值$\sum m^* P_t^*$。

将上述两个加权平均值代入(12.2)得

$$\sum mP_t = E\sum m^* P_t^* \tag{12.3}$$

实际上,上式就是一价定律的完整表达式。因此,一价定律是隐含在购买力平价中的不可缺少的条件,也是购买力平价成立的要件。而购买力平价是一价定律的必然结果,二者相辅相成,缺一不可。

由于不同国家商品篮子的构成和权重不同,一般物价绝对水平没有可比性和实质性意义,因此,更多的是运用相对购买力平价。

(二)相对购买力平价

考虑到商品价格水平是不断变化的,以价格的变动率来表现的购买力平价,就称相对购买力平价。它认为,价格水平的变化与货币汇率的变化成比例。用E_0和E_t分别表示基期汇率和报告期汇率,PI_d和PI_f分别表示报告期本国和外国的一般物价指数,则相对购买力平价公式为

$$E_t/E_0 = PI_d/PI_f \tag{12.4}$$

用II表示考察期的物价变动幅度,则

$$E_t/E_0 = (1+II_d)/(1+II_f)$$

化简,得

$$(E_t - E_0)/E_0 \approx II_d - II_f \tag{12.5}$$

式(12.5)表明,某一时期一国汇率升率、贬值率等于该时期的相对物价水平变动,高通货膨胀国家的货币贬值。比如,1月份到6月份本国和美国的通货膨胀率(用年利率表示)为10%和4%,则该时期物价分别上涨5%和2%,根据相对购买力平价,在1月份到6月份本国货币相对于美元应贬值3%。

在此,需要注意几个问题:第一,基期汇率要选择在均衡汇率水平,否则相对购买力平价难以成立。第二,物价水平是指一般物价水平,而非单个商品或一部分商品的价格水平,因为后者不能完全代表购买力。第三,在各种物价指数中,最能代表购买力水平的是消费者物价指数(PPI)。

综上所述,购买力平价说是以各国货币的购买力来说明汇率的决定及变动的汇率学说。其中,绝对购买力平价是指汇率由各国货币的购买力之比决定;相对购买力平价是指汇率的变动由各国货币购买力之比的变动决定;只有使两国货币各在其本国的购买力相等的汇率,才是两国货币之间的真正汇率平价,即购买力平价。绝对购买力评价与相对购买力平价的关系是:

(1)绝对购买力平价成立,相对购买力平价一定成立。

(2)相对购买力平价成立,绝对购买力平价不一定成立。

购买力平价理论也存在局限性。首先,该理论将物价水平视为决定汇率的唯一重要因素,而忽视了诸如资本流动、生产成本、贸易条件、政局的变化等影响汇率变化的因素。其次,在不同国家,因生产效率、收入水平和消费习惯的差异而存在的不可贸易品的价格差异,

不可能通过套利行为促使价格趋同,因而总会存在汇率与购买力评价的背离。第三,由于各国之间存在诸多差异,难以在技术层面实现统一和计算口径的一致,购买力平价的精确计算较为困难,故影响了其可操作性。

三、利率平价理论

利率平价理论(interest rate parity theory)又称远期汇率理论,是由英国经济学家凯恩斯于1923年在其《货币改革论》一书中首先提出,后来经西方一些经济学家发展而成。

利率平价说是以本国货币与外国货币的短期利率差异来说明远期汇率的决定及变动的汇率学说,它侧重分析利率与汇率的关系。该理论关注了金融市场投资者出于避险或盈利目的而进行的套利交易活动。所谓套利交易,是指套利者利用两国或地区货币市场的利率差异,通过外汇买卖将资金从低利率国家或地区转移投放到高利率国家或地区,以赚取利差收益的交易行为。套利行为产生于市场的非均衡状态,但随着套利交易的持续进行以及市场供求机制的作用,汇率与利率的均衡关系或者说利率平价关系会得以重新恢复。该理论提出,套利性的短期资本流动会驱使高利率国家或地区的货币在远期汇率市场是贴水,而低利率国家或地区的货币将在远期外汇市场上升水,并且升、贴水率等于两国间的利率差。

利率决定理论是对汇率决定理论的重大发展,该理论对于分析远期汇率的决定以及即期汇率远期汇率之间的关系具有重要价值,在当今金融全球化的背景下具有较强的适用性。但由于该理论成立的重要前提是资本自由流动,且不考虑交易成本,因此,其结果并不完全应验。而且,该理论片面强调利率对汇率的决定作用,却忽略了汇率是对经济基本面因素的综合反映和预期。

四、汇兑心理说

汇兑心理说是以人对外汇所做的主观评价,即用人的主观心理因素来说明汇率的决定及变动的汇率学说。该理论强调人们的心理因素对汇率决定的影响,其理论基础是边际效应价值论。该理论的核心观点是:人们之所以需要外国货币,除了需要用外国货币购买商品外,还有满足债务支付、进行投资或投机、资本避险等需要,由此使外国货币具有了价值。因此,外国货币的价值取决于人们对外国货币所做出的主观评价,而这种主观评价的高低又依托于使用外国货币的边际效应。由于每个经济主体使用外国货币会有不同的边际效用,因此他们对外国货币的主观评价也就不同,而不同的主观评价产生了对外国货币的供给和需求,供求双方通过市场达到均衡,其均衡点就是外汇汇率。应该说,汇兑心理说阐明了人们心理预期对汇率变动的影响,这在一定程度上与现实相吻合,对特定时期短期汇率的变动具有较好的解释力。但由于其过于强调心理因素对汇率决定的作用又使其具有较强的片面性。

五、资产市场理论

资产市场理论是在国际资本高度发展的历史背景下产生的一种汇率决定理论。20世纪70年代以来,资金的跨国流动远远大于国际商品的流动。据当时统计显示,在外汇市场上,90%以上的交易量与国际资金流动有关,加之浮动汇率制度已成为当时各国汇率制度的主流,外汇市场上的汇率变动频繁、波幅较大,外汇市场上的汇率呈现出与股票等资产的价格相同的特点。传统的汇率理论显然不能解释汇率的这种易变性,经过20多年的研究,形成了资产市场理论。该理论对传统理论的假设进行了质疑和修正，并将汇率看成一种资产价格，运用一般均衡分析代替局部均衡分析，用存量分析代替流量分析，用动态分析代替静态分析，并将长短期分析结合起来，其理论特点是将商品市场、货币市场和证券市场结合起来进行汇率决定的分析，从而为全面、客观地进行汇率研究创造了条件。这一理论一经问世，便迅速获得学术界的普遍关注，成为汇率理论的主流。它是IMF、美联储银行、一些有条件的跨国公司和跨国银行制定汇率政策或分析和预测汇率变化的主要根据之一。

资产市场理论有货币理论和资产组合理论两个思想体系。

（一）汇率的货币理论

汇率的货币理论是由美国经济学家约翰逊（H. G. Johanson）、蒙代尔（R. A. Mundel）等经济学家在20世纪70年代初提出的一种汇率理论。该理论认为汇率变动是一种货币现象，强调货币市场上货币供给对汇率的决定性作用，当国内货币供给大于需求时，本国物价会上涨，导致国际商品的套购机制发生作用，其结果会使外币汇率上升，本币汇率下降。相反，当国内货币供给小于需求时，本国物价则会下跌，并通过国际商品套购机制，使本币汇率上升，外币汇率下降。该理论实际是购买力平价理论的现代翻版，而同国际收支理论看法相反。

汇率的货币论认为，国民收入、利息率等因素先通过影响货币需求，而后对汇率发生作用，若本国国民收入增加，会扩大对货币的需求，从而本币汇率上升；若本国利息率上升，会减少对货币的需求，从而使本币汇率下降。并指出：一国货币疲软，是其货币增长过快所致。由此，该理论主张：货币的增长率要控制在与GNP增长率相一致的水平上，才能保持一国汇率的稳定；否则，汇率将是不稳定的。该理论有助于说明汇率的长期趋势，并唤醒人们对货币均衡的重视。但它过于绝对地把物价与货币市场均衡相联系，却忽略了影响物价的其他因素。

（二）汇率的资产组合平衡理论

汇率的资产平衡理论是托宾（J. Tobin）的资产选择理论的应用，由P·库礼（P. Kouri）等提出。该理论侧重于短期汇率决定的分析，认为在短期内，汇率取决于资产市场（包括货币市场和证券市场）的均衡。其核心思想是，一国的资产总量分布于本国货币、国内债券和国外债券上，投资者会根据不同资产的收益率、风险及自身的风险偏好确定其最优的资产组合。在资产总量一定的情况下，均衡汇率就是投资者做出资产组合最佳选择时的汇率。一国货币供给量的变化、因财政赤字导致国债发行规模的变化等因素，都会导致原有的资产市场失衡，进而引发投资者调整其持有的国内外资产组合，从而引起资金在各国间的流动，影响外汇供求，致使汇率发生相应变动。汇率的变动又将使投资者重新评价并调整其所持资产，直至资产市场重新恢复均衡，此时的汇率就是新的均衡汇率。

汇率的资产组合平衡理论的贡献在于运用一般均衡分析综合考虑多种变量、多个市场影响汇率变化的因素，纠正了本国资产和外国资产完全可替代的理论假设，使汇率决定理论更加贴近实际。

第三节　国际收支及其调节

早在17世纪初叶的葡萄牙、法国、英国等一些国家的经济学家在提倡"贸易差额论"即通过扩大出口限制进口的方式来积累金银货币的同时，就提出了国际收支的概念，并把它作为分析国家财富的积累、制定贸易政策的重要依据。由于当时国际经济还处于发展的初期，国际收支被解释为一个国家的对外贸易差额。随着世界各国经济交往的扩大，国内外商品市场、金融市场和生产要素市场紧密联系，相互影响，国家收支的含义也不断发展和丰富。为了更好地调控宏观经济活动，实现内外均衡的目标，一个国家需要一种分析工具来了解和掌握本国对外经济交往的全貌，而国家收支正是这种分析工具。

一、国际收支的概念

国际收支(balance of payment)是指一国(或地区)居民在一定时期(一年、一季、一月)与非居民之间进行的各种经济交易的系统记录。国际收支能综合反映一国对外经济交往状况，是开放经济的重要宏观经济变量，是一国或地区制定合理的对外经济政策和宏观经济调控政策赖以分析的工具。其内涵十分丰富，应该从以下几个方面加以把握。

(一)国际收支是一个流量概念

国际收支是一个时期数，这个时期可以是一年、一个季度、一个月。但在实践中，各国通常以一年为一个报告期。如果不明白这点，就容易把国际收支与国际借贷相混淆。而国际借贷又称国际投资头寸，是个存量概念，它是指在某个时点上一国居民对外资产和对外负债的状况。例如，称美国为经济债务国，就是指美国国际投资头寸净值为负，其对外资产小于对外负债。

此外，国际收支与国际借贷所包含的范围不同。国际经济交易中的赠予、侨民汇款与战争赔偿等"无偿交易"，都包括在国际收支中，但这些交易的发生都不会引起国际借贷的变化，因而不包括在国际借贷中。但一国国际收支中的资本账户收支差额的历年累计，即为该国的国际借贷或国际投资头寸。

(二)国际收支反映的内容是国际经济交易的全部内容

国际经济交易是指经济价值从一个经济单位向另一个经济单位的转移。其中，经济价值包括实际资产和金融资产。构成国际收支内容的居民与非居民之间的经济交易分为四类：

1. 交换

交换是一交易者向另一交易者提供了具有一定经济价值的实际资源，含货物、服务、收入和金融资产并从对方得到价值相等的回报。具体包括：

(1)商品、服务与商品、服务之间的交换，如易货贸易、补偿贸易等。

(2)金融资产与商品、服务的交换，如商品劳务的买卖(进出口贸易)等。

(3)金融资产与金融资产的交换，如货币资本借贷、货币或商品的直接投资，有价证券投资以及无形资产(如专利权、版权)的转让买卖等。

2. 转移

转移是一交易者向另一交易者提供了具有一定经济价值的实际资源资产,但是没有得到任何补偿。包括:

(1)商品服务由一方向另一方无偿转移,如无偿的物资捐赠、服务和技术援助等;

(2)金融资产由一方向另一方无偿转移,如债权国对债务国给予债务注销,富有国家对低收入国家的投资捐赠等。

3. 移居

移居指一个人把住所从一经济体搬迁到另一经济体的行为。这种行为会导致两个经济体的对外资产、负债发生变化,这一变化应记录在国际收支中。

4. 其他依据推论而存在的交易

有些交易并没有发生实际资源(如资金或商品)的流动,但可以根据推论确定居民与非居民之间交易的存在,也需要在国际收支中予以记录。例如,甲国的投资者在乙国的直接投资的投资收益用于再投资,这样,投资收益中一部分属于甲国的投资者,用于再投资的话,就是居民与非居民之间的交易,尽管这一交易行为并不涉及两国间的资金运动,但必须在国际收支中反映出来。

(三)只有居民和非居民之间的经济交易才是国际经济交易

居民和非居民是两个不同的概念。公民是一个法律概念,而居民则是一个经济概念。他国的公民如果在本国长期从事生产和消费,也可以属于本国居民。居民包括个人、政府、非盈利团体和企业四类。根据 IMF 的解释,自然人居民是指那些在本国居住时间长达一年以上的个人,但官方外交使节、驻外军事人员等均是所在国的非居民;法人居民是指在本国从事经济活动的各级政府机构、非盈利团体和企业。因此,跨国公司的母公司和子公司分别是所在国居民,但国际性机构如联合国、国际货币基金组织等均是任何国家的非居民。

二、国际收支平衡表

(一)国际收支平衡表的概念

国际收支平衡表(balance of payment statement)又称国际收支差额表,是指在一定时期内(通常为一年)一国与世界其他国家的经济体之间所发生的按照复式记账原理和特定账户分类,以货币记录的综合统计报表。国际收支平衡表是在世界统一规范原则基础上编制的一国涉外经济活动报表,集中反映了一国国际收支的具体构成和全貌。

(二)国际收支平衡表的构成

国际收支平衡表包含的内容极为广泛,它是一个国家在一定时期内对外经济、政治、军事、文化往来所引起的国际收支状况的系统反映,国际货币基金组织为了便利各会员国编制国际收支平衡表,并使各国的平衡表具有可比性,于 1948 年首次颁布了《国际收支手册》第一版,以后又先后于 1950 年、1961 年、1977 年、1993 年修改了手册,不断地补充了新的内容。目前,国际货币基金组织各成员国大都采用国际货币基金组织 1955 年颁布的《国际收支手册》第五版的国际收支概念和分类,编制国际收支平衡表。该手册对编表所采用的概念、准则、惯例、分类方法以及标准构成都做了统一的规定和说明。标准构成部分由两大账户组成:经常账户、资本和金融账户。在国际收支平衡表中除了这两大账户外,还有一个错误和遗漏账户,这是人为设立的一个平衡账户。概括起来,国际收支平衡表中有三大账户,即经常账户、资本和金融账户、遗漏账户。

目前,我国的国际收支平衡表按国际货币基金组织颁布的《国际收支手册》第五版的原则编制,主要由四个项目构成:

1. 经常账户

经常账户(current account)又称经常往来项目,它反映我国与外国进行经济交往中经常发生的项目。是国际收支平衡表最基本和最重要的项目,在整个国际收支总额中占据很大的份额。具体包括进出口货物、服务收支、收益收支、官方和其他部门的经常转移四个主项构成。

进出口货物是经常账户交易最重要的一个内容。根据国际收支的一般原则,所有权的变更决定国际货物交易的范围和记载时间,即货物的出口和进口应在货物的所有权从一国居民转移到另一非居民时的记录。

服务收支是经常账户的第二大内容。当今,国际服务交易不断扩大,形式朝多样化发展,主要包括三类:一是运输;二是旅游;三是其他各类服务。

收益收支是指生产要素在居民与非居民之间的流动引起的报酬的变化。生产要素包括劳动力和资本。

官方和其他部门的经常转移指商品、劳务和金融资产在居民与非居民之间转移后,并未得到补偿与回报。主要包括:各级政府的无偿转移,如战争赔款、政府间的经济援助、军事援助和捐赠,政府与国际组织间定期缴纳的费用,以及国际组织作为一项政策向各级政府提供的转移;私人的无偿转移,如侨汇、捐赠、继承、赡养费、资助性汇款、退休金等。

经常账户若收入大于支出就称"顺差",支出大于收入则称为"逆差"。目前我国在经常账户下人民币已经实现了自由兑换。

2. 资本和金融账户

资本和金融账户(capital and financial account)是指对资产所有权在居民与非居民之间流动行为进行记录的账户,反映了金融资产在一国与他国之间的转移,即国际资本的流动。它包括资本账户和金融账户两大部分。

资本账户记录居民与非居民之间的资本转移和非生产、非金融资产的收买或放弃,包括两个项目:资本转移和非生产、非金融资产的收入或出售。

资本转移主要登录投资捐赠和债务注销的外汇收支。投资捐赠可以现金形式,也可以实物形式。债务注销即债权国放弃债权,而不要求债务国给予回报。需要注意的是,资本账户下的资本转移和经常账户下的经常转移不同,前者不经常发生,规模相对大;而后者除政府无偿转移外,一般经常发生,规模相对小。

非生产、非金融资产的收买或出售。主要登录那些非生产就已存在的资产(土地、矿藏等)和某些无形资产(专利权、商标权、经销权等)收买或出售而发生的外汇收支。本项目所登录的是无形资产所有权转让或出卖而发生的外汇收支,而经常账户下服务项目所登录的是对无形资产使用所发生的外汇收支。

金融账户主要反映居民与非居民间由于借贷、直接投资、证券投资等经济交易所发生的外汇收支。包括三个项目:直接投资、证券投资和其他投资。

直接投资是直接投资者为获取本国以外的企业的经营权的投资。它可以采取直接在国外投资建立企业的形式,也可以采取购买非居民企业的一定比例股票的形式,还可以采取将投资利润进行再投资的形式。

证券投资是指购买非居民国政府的长期债券、非居民国公司的股票和债券等。需要指出的是,国际货币基金组织规定,拥有非居民国企业的股权达到10%时为直接投资,我国则规定达到25%时才为直接投资。

其他投资是指上述两项投资未包括的其他金融交易。如货币资本借贷;与进出口贸易相结合的各种贷款、预付款、融资租赁等。

3. 储备资产

储备资产是国家拥有的可用于平衡国际收支差额的国际性金融资产。主要包括货币黄金、特别提款权、在国际货币基金组织的储备头寸、外汇和其他债权组成。

货币黄金指货币当局所持有的货币性黄金。货币黄金的交易仅在货币当局与其他国家的货币当局之间进行,或在一国货币当局与国际货币基金组织之间进行。

特别提款权是国际货币基金组织所发行的一种记账单位。根据国际货币基金组织的规定,当会员国发生国际收支逆差时,可以动用特别提款权来偿还,它是一项补充的国际储备资产。

在国际货币基金组织的储备头寸,是指国际货币基金组织的成员国在基金组织的普通资金账户的头寸,记在储备资产的分类项目下。包括一国向国际货币基金组织的认缴份额中用以兑换货币缴纳的部分和国际货币基金组织可以随时偿还的该国对基金组织的贷款。

外汇,包括一国货币当局对非居民的债权,其形式表现为货币、银行存款、政府的有价证券、中长期债券、货币市场工具、衍生金融产品及中央银行之间或政府之间的各种安排下的不可交易的债权。

其他债权是指除上述以外的债权项目。

4. 误差与遗漏

误差与遗漏(errors and omissions)账户不是交易产生的,而是由于会计上的需要,为了解决借贷双方的不平衡而人为设置的一个账户。如前所述,国际收支平衡表是按复式记账原理编制,所有账户的借方总额和贷方总额应该是平等的。但由于各种国际经济交易的统计资料来源不一,有的数据甚至还来自于估算,加上一些人为的因素(如有些数据需要保密,不宜公开等),国际收支平衡表实际上就几乎不可避免地会出现借方余额或贷方余额。基于会计上的需要,一般就人为地设置一个账户以抵消统计的偏差。如果借方总额大于贷方总额,则误差与遗漏记入贷方;反之,如果贷方总额大于借方总额,则误差与遗漏记入借方。

为了清楚起见,现将国际收支平衡表的标准组成部分用表12.2表示。

表12.2 国际收支平衡表:标准组成部分

	贷　方	借　方
一、经常账户(Current Account)		
A. 货物和服务		
a. 货物		
b. 服务		
1. 运输		
1.1 海运		
1.2 空运		
1.3 其他运输		

续表 12.2

2. 旅游		
2.1 因公		
2.2 因私		
3. 通信服务		
4. 建筑服务		
5. 保险服务		
6. 金融服务		
7. 计算机和信息服务		
8. 专有权利使用费和特许权		
9. 其他商业服务		
10. 个人、文化和娱乐服务		
11. 别处未提及的政府服务		
B. 收入		
1. 职工报酬		
2. 投资收入		
2.1 直接投资		
2.2 证券投资		
2.3 其他投资		
C. 经常转移		
1. 各级政府		
2. 其他部门		
二、资本和金融账户(capital and financial account)		
A. 资本账户		
1. 资本转移		
2. 非生产、非金融资产的收买/放弃		
B. 金融账户		
1. 直接投资		
2. 证券投资		
3. 其他投资		
4. 储备资产		
三、误差与遗漏		

(三)国际收支平衡表的编制

编制国际收支平衡表时,需要对各个项目进行归类,分成若干个账户,并按照需要进行排列,即所谓的账户分类。因此,计入国际收支平衡表的每一笔具体交易是一国的居民单位与另一国的居民单位之间发生的经济往来,从宏观上看,国际收支平衡表中的会计主体是国家,不是该国的任一经济单位。也就是说,国际收支平衡表是以一个国家作为整体,反映该国与整个外部世界的交易情况。

1. 编制原理

国际收支平衡表的编制按照国际会计的通行准则,采用复式记账原理来系统记录每笔国际经济交易。所谓复式记账原理是以借贷为记账符号,本着“有借必有贷,借贷必相等”的原则,对发生的每笔经济业务都要用相等的金额,在两个或两个以上的有关账户做相互联系的登记。因此,从理论上讲,国际收支平衡表的借方总额和贷方总额总是相等的。

2. 记账法则

根据复制记账法,贷方记录资产的减少、负债的增加,借方记录资产的增加、负债的减少。因此,记入国际收支平衡表贷方的项目包括货物和服务的出口、收益的收入、接受的货物、资金的无偿援助、金融负债的增加和金融资产的减少;记入借方项目的是货物和服务的进口、收益的支出、对外提供的货物、资金的无偿援助、金融资产的增加和金融负债的减少。这样,借方总额与贷方总额总是平衡的。但是,在国际收支平衡表中,每一个具体项目的借方和贷方经常是不平衡的,借贷相抵后往往会出现一定的差额,如贸易差额、劳务差额、资本差额等,我们将这些差额称为局部差额。如果贷方大于借方,出现贷方余额时,称为国际收支顺差;如果借方大于贷方,出现借方余额时,称为国际收支逆差。实践中,这种局部差额是可以相互抵消的,如劳务顺差可以抵消贸易逆差、资本项目顺差可以抵消经常项目逆差等。所有局部差额之和,就是国际收支总差额。国际收支较长时期出现总顺差和总逆差,可以反映出一个国家在国际经济中所处的地位,如果长期持续逆差状况得不到改善,就称这个国家发生国际收支危机。当然,国际收支总差额(顺差或逆差)可用平衡项目中的官方储备资产变动来加以平衡。

3. 计价原则

在国际收支平衡表中,采用统一的计价原则,即以市场价格为依据的计价原则。所谓市场价格是指在自愿基础上,买方从卖方手中获取某种物品而支付的货币金额。但是,在易货贸易、税收支付、企业的分支机构与母公司的交易、附属企业的交易、转移等交易,市场价格可能不存在。对此,习惯的做法是利用同等条件下形成的已知市场价格推算需要的市场价格。单方面转移和优惠的政府贷款等非商业性交易的计价,也须假定这类资源是以市场价格卖出的,并以市场价格来计价的。对于不在市场上交易的金融项目(主要是不同形式的贷款),则以它的面值作为它的市场价格来计价。

4. 记录时间

在国际收支平衡表中,记录时间应以所有权转移为标准。所有权转移时产生债权债务关系,交易的双方要按照复式记账法进行登记。

三、国际收支平衡表分析的意义

国际收支平衡表是反映一定时期一国同外国的全部经济往来的收支流量表。它是对一国与其他国家进行经济技术交流过程中所发生的贸易、非贸易、资本往来以及储备资产的实际动态所做的系统记录,是国际收支核算的主要工具。通过对国际收支平衡表的分析,可以研究一国经济金融状况。因此,对编表国家来说,分析本国的国际收支平衡表可以及时了解本国国际收支情况,找出顺差和逆差的原因,采取正确的调节政策;可以充分掌握本国的外汇资金来源和运用方面的资料,特别是官方储备的增减情况,据以编制切实可行的外汇预算;可以全面了解本国的国际经济地位,从而能制定出与本国经济相称的对外经济政策,如贸易、投资、经济援助、借贷政策等。

同样,对其他国家来说,掌握编制国家的国际收支顺差和逆差,以及储备资产增减情况,从而能预测该国货币汇率的动向;了解该国的经济实力,预测该国国际收支的大致趋势及其可能采取的经济政策;可以大致了解世界各国对外贸易情况及各国国际经济发展状况,作为制定对外贸易政策和货币汇率的重要参考依据。

四、国际收支的调节

国际收支的调节是指编表国根据经济发展的需要，在对国际收支各个项目和总体状况进行均衡分析的基础上，采取有效措施调节国际收支各个项目的差额和总差额，以达到一定的目标模式的宏观经济管理行为。

（一）国际收支失衡的含义

我们知道，国际收支账户是一种事后的会计性记录。如果仅从国际收支平衡表各项目的记录综合在账面上看，国际收支总是平衡的。这是因为以复式记账法原理记录国际收支各个项目所致（有借必有贷，借贷必相等）。但我们所讲的国际收支的均衡与失衡并非会计意义上的，而是指实际经济意义上的。也就是说，一国的对外经济交易中的收入和支出，一般不可能完全相等。由于种种原因，经常导致国际收支的不均衡，再通过人为地调节、记录使国际收支平衡表达到均衡。20 世纪 50 年代初期，詹姆斯·米德在其所著的《国际收支》（*The Balance of Payments*）一书中，主张将国际收支平衡表上的各经济交易区分为自主性交易（Autonomous Transaction）和补偿性交易（Compensatory Transaction）。所谓自主性交易又称事前交易（Ex-ante Transaction），即事前纯粹为达到一定的经济目的而主动进行的交易。如经常账户中的货物进出口、提供的服务、经常性转移和资本项目中的长期资本个别项目。国际收支的差额或不均衡就是指自主性交易的不均衡。或者说，如果以上属于自主性交易的各个项目之和等于零，则国际收支处于均衡状态；补偿性交易又称事后交易（Ex-post Transaction），这类交易是为了弥补自主性交易各项目所发生的差额而进行的。例如，资本项目中的短期资本项目、金融账户中的各个项目和错误与遗漏账户等。这给讨论国际收支的均衡与不均衡，提供了判断标准。

按照当前人们的传统习惯和国际货币基金组织的做法，国际收支平衡表可以按下述指标加以观察。

1. 贸易收支差额

贸易收支差额是传统上用得比较多的一种方法，它包括货物与服务在内的进出口收支差额。贸易收支账户实际上仅是国际收支的一个组成部分，在国际经济往来日益频繁的今天，贸易虽不能代表国际收支的整体，但对某些国家来说，贸易收支在全部国际收支中所占的比重相当大，因此，出于简便，可将贸易收支作为国际收支的近似代表。此外，贸易收支在国际收支中还有其特殊重要性。因为商品的进出口情况综合反映了一国的产业结构、产品质量和劳动生产率状况。

2. 经常账户差额

如前所述，经常账户包括进出口货物、服务收支、收益收支、官方和其他部门的经常转移收支等。前三项构成经常项目收支的主体。虽然经常项目的收支也不能代表全部国际收支，但它能综合反映一个国家的进出口状况，因而被各国广为使用，并被当作是制定国际收支政策和产业政策的重要依据。

3. 基本账户差额

基本账户差额包括经常账户和长期资本账户所形成的差额。长期资本相对于短期资本来说是一种比较稳定的资本流动，它不是投机性的，而是以市场、利润为目的，反映了一国在国际经济往来中的地位和实力。将经常收支和长期资本收支合在一起，能反映出一国国际收支的基本状况。因此,基本账户便成为许多国家尤其是那些长期资本进出规模较大的国家或地区观察和判断其国际收支状况的重要指标。

4. 综合账户差额

综合账户差额是指经常账户和资本账户与金融账户中的资本转移、直接投资、证券投资和其他投资账户所构成的差额,也就是将国际收支账户中的官方储备账户剔除后的差额。由于综合差额的状况直接影响到该国的汇率是否稳定,且其变动必然导致官方储备的相反方向的变动,因此,通过综合账户差额可以衡量国际收支对一国国际储备所构成的压力。而动用官方储备弥补国际收支的不平衡、维持汇率稳定的措施又会影响到一国的货币发行量。鉴于此,国际货币基金组织倡导使用综合差额这一概念。在没有特别说明的情况下,人们说的国际收支盈余或赤字,通常指的就是综合差额的盈余或赤字。

综上所述,国际收支不平衡的概念有许多种。不同国家往往根据本国的实际情况选用其中一种或若干种,来判断本国在国际经济交往中的地位和状况,并采取相应的对策调整国际收支失衡问题。

(二)国际收支失衡的原因

一般来说,国际收支不平衡的现象是经常的、绝对的,而平衡却是偶然的、相对的。从上述分析可以看出,影响国际收支平衡的原因是多方面的。归结起来大致有以下几方面的原因:

1. 经济增长状况

经济增长对国际收支有着明显的影响,具体包括两种类型的国际收支不平衡。

(1)周期性不平衡。周期性不平衡(cyclical disequilibrium)主要在于各个国家在经济增长过程中由于经济制度、经济政策等原因会出现周期性波动,而导致国际收支失衡。典型的经济周期具有危机、萧条、复苏和高涨四个阶段。这四个阶段各有其特点,并对国际收支产生不同的影响。例如,危机阶段的典型特征是生产过剩、国民收入下降、失业增加、物价下跌等。这些因素一般有利于该国增加出口和减少进口,有助于缓解该国的国际收支逆差;高涨阶段的典型特点是生产和收入高速增长、失业率降低、物价上涨等。这些因素一般会刺激进口,抑制出口,从而容易造成贸易逆差。因此,经济周期会造成一国国际收支顺差或逆差的更替。在世界经济联系日益密切的今天,世界主要贸易国家的周期性经济波动,还会影响其他国家,甚至影响全世界。

(2)收入性不平衡。对一个国家或地区来说,持续的高速增长会较大幅度地提高国民收入水平,在其他因素不变的情况下,随着收入的增加,对进口产品需求会增加,内需也会有所增加,原来出口产品的一部分也会被用于国内消费,进而对国际收支产生影响。但是,国民收入大幅提高后,能否会出现收入性不平衡,还取决于该国的边际储蓄倾向、边际进口倾向和出口能力能否扩大等因素。这种不平衡可以是周期性的、货币性的和经济处于高速增长时期引起的。

2. 结构性不平衡

结构性不平衡(structural disequilibrium)是指当国际分工的结构(或世界市场)发生变化时,一国经济结构的变化不能适应这种变化而产生的国际收支不平衡。由于国情的差异,各国在经济发展过程中形成了适合自身特定的经济结构,在一定的生产资源、技术条件、管理水平和消费结构状况下,根据比较优势原则生产和输出某些商品、劳务,同时也会输入另一些商品和劳务,经过动态调整,实现对外贸易的平衡。但是,随着科技的发展,新产品、新技术层出不穷,国际市场商品及劳务价格和供求关系也在不断变化,因此,世界各国要不断调整本国的经济结构以适应国际市场的变化,即使原有的相对平衡和经济秩序受到冲击。如该国的经济结构不能灵活调整以适应国际分工结构的变化,则会产生国际收支的结构性不平衡。事实证明,一国经济、产业结构的调整不是一朝一夕就能实现的,所以结构性原因造成的失衡具有长期性。

3. 货币性不平衡

货币性不平衡(monetary disequilibrium)是指一国的货币增长速度、商品成本和物价水平发生较大变化而引起的国际收支不平衡。价格是价值的货币表现,货币与价格之间有着密切的联系。当国内货币供过于求时,会导致本币在国内购买力下降,其表现是物价水平普遍上升,假定汇率不发生变化,本国物价水平就会高于其他国家的物价水平,造成出口商品成本增加,对外竞争力下降,出口受到抑制;另一方面,国外商品价格相对低廉,进口将增加,造成国际收支逆差。反之,国内货币供应减少,通货紧缩,物价水平普遍下降,本国出口商品成本、价格相对低于外国商品,有利于刺激出口,抑制进口,国际收支出现顺差。货币性不平衡可以是短期的,也可以是中期的或长期的。

4. 临时性不平衡

临时性不平衡(stochastic disequilibrium)是指短期的、由非确定的或偶然的因素引起的国际收支失衡。例如,由于天灾人祸造成农作物产量大幅下降,该国被迫增加粮食进口并引起国际收支逆差。这种性质的国际收支失衡,程度较轻,持续时间不长,具有可逆性,因此可以认为是正常现象,一般不需要政策调节。

5. 外汇投机和国际资本流动

第二次世界大战以后,国际资本流动的规模、数量、方向等方面都发生了巨大变化,成为影响国际收支平衡的重要因素。通常情况下,一国经常项目的顺差或逆差可以通过资本项目的逆差或顺差弥补。另一方面,假如经常项目变化不大,那么,国际资本流动的方向和数量就成为影响一国国际收支平衡的一个重要因素。目前,由于在国际金融市场上形成了大量的国际游资,其冲击力量非常大,大量国际游资流入一国,会使该国形成国际收支的顺差,反之,大量国际游资的流出,则会使该国形成国际收支的逆差。因此,巨额国际游资的流出流入也会成为影响一国国际收支平衡的因素之一。

(三)国际收支失衡的影响与调节

国际收支的失衡对一国经济的影响是不容忽视的。它不仅涉及对外支付方面的问题,也涉及一国的国内经济活动。一国长期、大量的国际收支顺差,容易产生本币升值的压力和潜在的通货膨胀压力,有时还会产生并加深国与国之间的矛盾,甚至会招致他国的报复或发生冲突。而一国长期、大量的国际收支逆差,将使本国积累的对外负债超过本国的支付能力,严重时可能会发生国际债务危机;持续性巨额逆差国由于外汇短缺,必然引起外汇汇率上升,本币贬值,从而削弱本币的国际地位。因此,一国无论发生持续性顺差还是逆差,都会影响国民经济的正常发展,政府当局必须采取针对性措施进行调节。

国际收支的调节方法往往与本国的货币制度、经济结构等情况有密切联系。在金本位条件下,国际收支自动调节机制可以发挥作用。但在当前的信用货币制度和国际货币体系下,各国政府主要通过行政手段、经济政策、国际经济合作等方法进行调节。一般采取的对策有以下几种：

1. **财政政策**

用财政政策调节国际收支失衡，主要是通过扩大或缩小财政开支、提高或降低税率以及税收补贴等方法调节国际失衡的措施。当一国因进口增加、出口减少而发生国际收支逆差时，政府可采取削减财政开支，财政补贴，或出口退税、出口免税、进口增税，或提高税率增加税收，是社会上通货紧缩，促使物价下降，使出口商品的成本下降，以提高本国商品在国际市场上的竞争力，从而刺激出口，抑制进口，逐步使逆差减少。当发生国际收支顺差时，可采用与上述相反的方向操作。

2. **金融政策**

金融政策是市场经济国家普遍采用的间接调节国际收支的政策举措之一，政府可采用调节利率或汇率的办法实现国际收支平衡。

(1)调节利率。调节利率是指一国货币当局在出现国际收支逆差或顺差时，通过调整再贴现率、法定存款准备金率和在公开市场上进行业务操作等途径来实现政策目标。调整再贴现率借以影响市场利率，进而影响资本流出入规模、消费需求和贸易收支等，最终有助于国际收支恢复平衡。例如，当一国出现国际收支逆差时，该国中央银行通过提高再贴现率，一方面可以紧缩信用，抑制消费，使进口相应减少，有利于贸易收支的改善；另一方面，由于市场利率的提高，有利于促进外国短期资本为获得较多利息收益而流入本国，减少本国资本外流，使资本和金融项目收支得以改善；提高或降低法定存款准备金率的目的是通过扩张或紧缩信贷投放来影响国内信贷规模，达到调节国际收支失衡的目的；公开市场业务的操作，是通过增加或减少市场流通的货币供给量，从而影响国内信贷规模，达到调节国际收支失衡的目的。

(2)调节汇率。调节汇率是指货币当局通过货币升值或贬值来影响进出口，从而影响外汇收支，实现国际收支平衡。当国际收支发生逆差时，可以通过本币贬值，刺激出口，增加外汇收入，从而调节国际收支逆差；当国际收支发生逆差时，则实行本币升值，鼓励进口，减少出口，使外汇流出，从而调节国际收支顺差，实现国际收支平衡。

3. **资金融通政策**

资金融通政策包括外汇缓冲政策和国际信贷政策。

(1)外汇缓冲政策。外汇缓冲政策是指一国政府为调节国际收支失衡，将持有的黄金、外汇储备作为缓冲体，通过中央银行在外汇市场上买卖外汇，来消除国际收支不平衡所形成的外汇供求缺口，从而使国际收支失衡所产生的影响仅限于外汇储备的增减，而不引起汇率的急剧变动和进一步影响本国的经济。事实上，通过黄金、外汇储备来平衡临时性或季节性的国际收支逆差虽是一种简单易行的方法，但若一国的黄金、外汇储备有限或不充足，大量甚至是长期的国际收支逆差就不能完全依靠这一政策来调节。

(2)国际信贷政策。国际信贷可分为政府间信贷和国际金融机构贷款。政府间的信贷可以是短期的，即由两国或数国中央银行通过签订短期信贷协议，提供短期信贷支持；也可通过事先安排，在各中央银行之间签订“互惠信贷协议”，在需要时提供贷款支持。国际金融机构贷款包括向国际货币基金组织、世界银行以及商业银行的贷款，可以是长期的，也可以是短期的贷款，以此解决平衡国际收支失衡问题。

4. **直接管制政策**

直接管制是指一国政府通过发布行政命令，对国际经济贸易进行行政干预，以达到调节国际收支失衡的目的。直接管制可分为财政性管制、商业性管制和外汇管制等形式。财政性管制包括对关税、津贴、出口补贴、出口退税等的调整;商业性管制包括进口配额、进口许可证等;外汇管制主要通过严格审批进口用汇、加强出口收汇管理、实行结汇售汇制度等。

5. 国际经济合作政策

当今国际的经济联系越来越密切,加强国际经济合作已成为调节一国国际收支失衡的重要措施之一。各国在采取上述措施调节国际收支失衡时,都是从本国的自身利益出发。事实上,一国的国际收支逆差往往是另一国的国际收支顺差,当出现逆差的国家采取各种政策进行调整时,出现顺差的国家为了保护自身的利益也会采取相应的政策。因此,要在世界范围内解决各国的国际收支失衡问题,必须加强国际经济合作。例如,发挥国际货币基金组织等国际金融组织的作用,帮助各成员国改善其国际收支失衡状况。

第四节　国际储备

正像我们前面介绍的,一国国际收支总是不平衡的,当这种不平衡超出某种限度时,会对该国的汇率、货币供求、国际贸易、物价水平乃至经济发展都会产生不利影响。为此,各国都准备一定数量的资产作为国际储备,用于调节国际收支,干预外汇市场,把国际收支失衡及汇率波动幅度限制在某一可接受的范围内,使其不至于对国家经济的正常运行产生不利影响。因此,国际储备是一国重要的金融资产,对国际储备的管理既是一国重要的政策手段,又是一国货币当局重要的管理内容之一。

一、国际储备的构成

国际储备是指一国在对外收支发生逆差时,货币当局可直接利用或有保证地通过其他资产的兑换,以弥补国际收支逆差和保持汇率稳定的一切普遍被接受的资产。国际货币基金组织对国际储备所做的定义是一国货币当局持有的,当国际收支出现赤字时,可直接或有保障地通过其他资产兑换,用于支持本国货币汇率的所有资产。因此,作为国际储备必须具备以下特征:一是国际储备是官方储备,为货币当局所持有,不包括民间持有的黄金、外汇等资产;二是国际储备是货币资产,不包括实物资产;三是这类资产被国际普遍接受;四是国际储备是一个存量概念,一般以截止某一时点的余额表示或计量国际储备总量。目前,国际货币基金组织会员国的国际储备一般可以分为四种类型:黄金储备、外汇储备、在国际货币基金组织的储备头寸和由国际货币基金组织分配的特别提款权。

(一)黄金储备

黄金储备是一国货币当局作为金融资产持有的黄金。根据 1976 年国际货币基金组织《牙买加协议》,黄金同国际货币制度和各国的货币脱钩,黄金不准成为货币制度的基础,也不准用于政府间的国际收支差额清算。因此,在纸币流通制度下,虽然纸币不能兑换黄金,但是,黄金依然是重要的国际储备形式,黄金储备的多少,既关系一国的国际支付和平衡国际收支的能力,又涉及一国在国际金融领域中的经济实力。所以,国际货币基金组织在统计和公布成员国的国际储备时,依然把黄金储备列入其中。

(二)外汇储备

外汇储备是一国货币当局持有的对外流动性资产。它是为适应国际经济交往不断发展的需要,能作为广泛的国际储备和国际结算手段,具有世界货币作用的关键货币。一国货币要成为国际货币,必须具备以下条件:一是在国际货币体系中具有重要地位。如19世纪的英镑,1945年后的美元。二是具有充分的流动性,可以自由兑换成其他储备资产。三是货币发行国的政治稳定,货币的通货膨胀率较低,使市场购买者对货币购买力的稳定具有信心。

20世纪70年代以前,作为关键货币的美元是各国主要的国际储备货币。20世纪70年代以后,随着以美元为中心的布雷顿森林体系崩溃后,国际货币出现了多样化的格局。美元仍作为最主要的国际储备货币,处于多样化储备体系的中心,但其比重在不断下降,而其他货币如日元、欧元等的地位则相应不断上升。

(三)在国际货币基金组织的储备头寸

在国际货币基金组织的储备头寸,也即普通提款权。它是指国际货币基金组织的成员国在基金组织中所存放并可调用的头寸,是成员国规定从普通资金账户提款的权力。根据基金组织的规定,会员国的份额决定它从基金组织获取贷款的限额,贷款分黄金部分,后改为储备部分和贷款部分。国际货币基金组织如同一个股份制性质的储蓄互助会,当一个国家加入基金组织时,须按一定的份额向该组织缴纳一笔资金,称之为份额。按规定,认缴份额的25%须以黄金或可兑换货币缴纳,其余75%用本国货币缴纳。信贷部分的贷款共分四档,均为有条件的,档次越高,条件越高。当基金组织持有某会员国货币数额小于其份额的75%时,其借款能力则相应增加,其增加部分称为超黄金部分,该部分的借款也是无条件的。所以,某会员国在基金组织的净储备头寸等于它的黄金部分贷款加上超黄金部分贷款,即等于它的份额减去基金组织持有该会员国货币的数额。因此,各会员国都把它们在基金组织的净储备头寸列为它们的官方储备资产。

(四)由国际货币基金组织分配的特别提款权

特别提款权是国际货币基金组织于1969年为了解决布雷顿森林体系下国际储备不足的问题而创设的一种储备资产,被称为"纸黄金"。一国国际储备中的特别提款权是指该国在基金组织特别提款权账户上的贷方余额。特别提款权是国际货币基金组织创设的一种记账单位,是国际货币基金创造的账面资产。它既不是真正的货币,也不能兑换黄金,而是由国际货币基金组织按照成员国缴纳的份额分配给成员国的一种使用资金的权利,作为它们原有提款权,即普通提款权的补充,可用于政府间的结算,可充作国际储备,可归还国际货币基金贷款和成员国之间平衡国际收支逆差,但不能用于贸易和非贸易的支付。

二、国际储备的作用

从世界范围看,随着世界经济和国际贸易的发展,国际储备也相应增加并起着媒介国际商品流通和世界经济发展的作用。各国为了保证国内经济稳定和对外经济交往的顺利进行,必须维持一定数量的国际储备。因为它反映了一国在对外货币金融领域中的地位,持有国际储备的作用在于:

（一）调节国际收支失衡

一国在对外经济交往中，不可避免地会发生国际收支逆差。如果这种逆差得不到及时纠正，通常会影响一国经济的稳定发展。当国际收支逆差是暂时性的，则可以通过使用国际储备予以解决，而不必采取影响整个宏观经济的财政或货币政策来调节。如果一国国际收支发生长期的、根本性的失衡而需要调节时，国际储备可以缓和调整过程或将调整措施分散在一个适当的时期，以维护其国内经济的稳定与发展，不必立即采取紧缩性的国内经济政策，避免因猛烈地调节措施可能带来的社会动荡。

（二）干预外汇市场，稳定本币的汇率

国际储备可用于干预外汇市场，影响外汇需求，将汇率稳定在一国政府所希望的水平。在浮动汇率下，汇率的波动是经常性的，汇率的频繁波动会严重影响一国经济的发展与稳定。因此，各国动用国际储备干预外汇市场就显得十分必要。例如，当一国货币的汇率发生贬值并对其经济目标产生严重影响时，该国货币当局可以利用外汇储备在外汇市场上抛售其他国家的货币收购本币，以影响外汇的供求，从而维持本国货币汇率。反之，可以通过购入外汇储备，抛出本币，以增加市场对本币的供应，从而使本币汇率下降。实际上，干预外汇市场只能在短期内对外汇产生有限的影响，但是，汇率的波动在很多情况下却是由短期因素引起的。因此，外汇市场干预对稳定汇率乃至稳定整个宏观金融和经济秩序，能起到积极的作用。

（三）增强本币信誉，提升国际地位

国际储备可以作为国家对外借款的信用保证。国际金融机构在提供贷款时，往往要对一国的偿债能力进行评估。由于国际储备是债务国到期还本付息的最可靠的保证，所以一国持有的国际储备数量是一项重要评估指标。当一国的国际储备比较充足时，对外借款就比较容易；当国际储备数量较少时，信用风险上升，对外借款成本提高。因此，充足的外汇储备，可以增强一国的资信，支持本币汇率的稳定，从而有助于提升一国在国际经济中的地位。

三、国际储备的管理

从一个国家来看，国际储备必须控制在适度规模上，合理的国际储备有利于促进一国经济的发展。国际储备的管理主要涉及两个方面：一是规模管理，也称数量管理；二是结构管理，也称币种管理。

（一）国际储备的规模管理

我们知道，一国的国际储备反映了该国的经济实力，可以用于调整国际收支赤字，维持本国汇率稳定。国际储备不是越多越好，也不是越少越好，规模适度才好。如果一国的国际储备过低，不能满足其对外经济交往的需要，将会削弱该国货币当局平衡国际收支的能力，甚至会影响该国政府应对各种国际支付的能力，长期的国际储备不足还可能导致该国的国际支付危机。相反，如果一国拥有的国际储备过多，超过平衡国际收支的需要，等于放弃了对这些资金的使用机会，造成资源的浪费；此外，外汇储备越大，本国货币投放量越大，使得流通中货币量增加，可能加剧通货膨胀的程度。因此，一国应该持有数量合理的国际储备。

美国耶鲁大学教授特里芬通过对世界上多个国家的国际储备进行了研究,认为一国国际储备的合理数量应约为该国年进口总额的20% ~50%。实施外汇管制的国家,国际储备可少一些,不实施外汇管制的国家国际储备应多一些,但对大多数国家来说,保持储备占年进口总额的25%是比较合理的,即国际储备应能满足该国三个月的进口需要为宜。

(二)国际储备的结构管理

一国国际储备的管理除了在量上使其具有适当的规模外,还要在质上拥有一个合理的储备结构。第二次世界大战后,尤其是20世纪70年代以后,国际货币体系发生了重大变革,固定汇率制被浮动汇率制所取代,多元货币储备体系取代了以美元为中心的单一国际储备体系。这就要求各国政府或货币当局相应改变其对国际储备的管理方式,积极调整其国际储备的构成,加强对国际储备结构管理。所谓国际储备结构管理,就是指一国如何最佳地安排其国际储备资产的构成,使黄金储备、外汇储备、在国际货币基金组织的储备头寸和特别提款权四种形式的国际储备资产的持有量之间保持恰当的比例关系。国际储备资产的管理归根结底就是处理好各种储备资产在安全性、流动性和盈利性三者之间的关系。所谓安全性是指储备资产的价值不因汇率的变动或其他政治、经济等不测事件的影响而遭受损失;所谓流动性是指储备资产可在需要动用时能立即兑换成所需外汇并进行灵活调拨,而不受任何限制;所谓盈利性是指储备资产作为一种金融资源,能够取得相应收益的能力。

第五节 国际货币体系

我们知道,商品生产的发展和商品交换范围的不断扩大导致了货币的产生。当商品交换跨越国界时,便形成了国际贸易,为促进国际贸易的发展,客观上要求有某些形态的国际货币在世界市场上发挥一般等价物的作用。并为国际经济交往建立一个相对稳定的货币环境,实现参与国际经济交往的各国的经济利益,就必须充分发挥国际货币的职能,对国际货币的运作进行必要的制度性安排和规定。

一、国际货币体系及内容

国际货币体系是指世界各国共同或有组织地对国际收支及其调节、汇率决定及其变动、汇率制度的选择、国际储备及其构成等一系列问题所做出的安排或决定。也就是使这一体系对如何使国际本位货币在国际得以顺利流通的一种规范。这种规范有的是通过自发形成而被各国普遍接受的,如国际金本位体系;有的则是通过国际会议用协定的形式固定下来,而这种协定虽具有一定的约束力,但没有绝对的强制性,尤其在情况发生较大变化时,这样的协定往往会加以修正,甚至被彻底废除,如布雷顿森林体系。

因此,国际货币体系一般包括以下几方面的内容:

(1)国际储备资产的确定,国际储备资产是指各国政府为了弥补国际收支赤字,保持汇率稳定,以及应付紧急需求所持有资产的总称。作为国际储备的资产最重要的一点就是国际的协调和国际的普遍接受性。

(2)各国货币的兑换性与比价的确定,即一国货币能否自由兑换,该国是否实施外汇管制政策并对其国际支付加以限制等,以及一国货币与另一国货币之间的汇率应如何决定,是采用规定汇率制还是浮动汇率制。

(3)国际收支及其调节,即当出现国际收支不平衡时应采用什么方法弥补。

(4)国际货币金融的协商机制或协调、监督机制,即要建立起全球性的或区域性的国际金融组织或机构,负责对国际金融事务实施协调和监督,以保证国际货币金融秩序的基本稳定。

二、国际货币体系的历史演变

在国际金融体系的发展过程中,大致经历了国际金本位体系、以美元为中心的布雷顿森林体系和当前的牙买加体系。另外,还有一个典型的区域货币制度,即欧洲货币体系。

(一)金本位制下的国际货币体系

世界上首次出现的国际货币制度是国际金本位制,国际金本位制的建立是以各国在国内实行金本位货币制度为基础的。当世界上的大多数国家,尤其是那些经济、金融实力强劲,在国际市场上占有举足轻重地位的大国都普遍实行了金本位货币制度,与其相适应的国际货币体系——国际金本位体系,也就自然形成了。关于金本位制的详细内容,在前面已经论述,下面仅对其他内容进行总结。

1.国际金本位体系的特征

(1)黄金作为国际支付手段,充当世界货币,但各国银行的国际储备大多采用英镑。

黄金作为世界货币是国际金本位体系的基础。当时各主要工业国家都实行金本位制,而且,各国货币规定了含金量,一些实行金汇兑本位制的国家,规定了货币的含金量,其货币与实行金本位制国家的货币挂钩。事实上,由于黄金运输不便,储备又不能生息,加上英国是世界经济大国,其贸易量在世界贸易量中占有重要地位,使得英镑代替了黄金,执行国际货币的各种职能。英镑自然成为世界广泛使用的国际货币,而且,持有英镑比持有黄金更方便、可靠、有利可图。因此,当时各国银行的国际储备大多是英镑,而非黄金。

(2)汇率由铸币平价决定,是典型的固定汇率制度。

由于各国货币都规定含金量,各国货币之间的汇率由金平价(gold parity,即在金本位制下,各国都规定货币的含金量,两国单位货币含金量之比称为金平价)决定。外汇市场上的汇率则围绕金平价上下波动。由于黄金可以自由输出入国境,汇率也就不可能变动到黄金输送点(即外汇市场上买卖外汇时的实际汇率,围绕铸币平价上下波动的界限。黄金输送点一般是在金平价之上加一个正负百分数,这个百分数是根据进行国际贸易的两国之输送费用和利息计算的)之外。在金币流通的国家内,金币还可以自由铸造,从而具有调节市场上货币流通量的作用,保证了各国货币之间的比价相对稳定,是典型的固定汇率制度。

(3)国际收支的自动调节机制。

由于每个国家的货币供给包括黄金和以黄金作为发行储备的纸币,如果一国的国际收支出现逆差,则会推动外汇汇率上升,汇率水平超过黄金输出点,则黄金外流,导致本国货币供给量下降,引起物价水平下跌。从而增强本国商品在国际市场上的竞争力,促进本国对外出口增加,并削弱外国商品在本国市场上的竞争力,对进口商品产生抑制作用,导致进口增幅下降。于是,该国的国际收入增加而国际支出减少,国际收支逆差逐步消除,最终使该国国际收支恢复平衡。在顺差国则发生相反的变化,即国内物价上涨,抑制了该国的出口,而鼓励了其进口,直至其顺差消失。因此,金本位体系对各国国际收支有调节作用。

2. 国际金本位体系的崩溃

从国际金本位体系的实践看，在其形成后的一段时间里，是一种比较稳定、理想的国际货币制度，为国际贸易的发展提供了有利条件，它促进了世界经济的繁荣与发展。但是，随着历史条件的变化，国际金本位体系的局限性也日益暴露出来，主要表现在：

（1）黄金产量的制约。随着世界经济的迅速发展，货币供给量受到黄金产量的制约，不能满足世界经济的日益增长和稳定汇率的需要。尤其是世界黄金存量主要集中在极少数国家手中，其他国家的金本位制就难以维持，黄金的供给量与需求量的矛盾，使国际金本位体系面临危机。

（2）世界经济发展不平衡，国际收支失衡成为长期存在的现象。金本位体系下的自动调节国际收支平衡机制不能保证国际收支失衡的纠正，而且也难以维持黄金的自由输出入。

（3）金本位体系下，作为各国的货币当局不能通过扩张性货币政策刺激总需求。在各个国家不断增强其经济职能的过程中，政府往往倾向于推行通货膨胀政策来缓解国内各种矛盾，使得纸币与黄金的自由兑换难以维持。

（4）国际政治冲突成为金本位体系瓦解的催化剂。由于国际政治上的冲突，一些国家对外扩张和备战，便大量发行纸币，从而动摇和削弱了金本位制的基础。

但是，1914 年第一次世界大战的爆发，使各参战国纷纷禁止黄金输出和银行券停止兑换黄金，国际金本位制受到严重削弱，之后随改行金汇兑本位制，但因其自身的不稳定性也未能维持多久。20 世纪 30 年代世界经济危机爆发，掀起了黄金抢购风波，各国加紧推行通货膨胀政策。此时，英国的国际竞争力日渐衰退，黄金流失惨重，1931 年英国被迫放弃金本位制紧接着爆发了美元危机，美国黄金市场面临枯竭，不得不放弃金本位制。到 1936 年为止，各国相继放弃了金本位制，整个国际金本位货币体系终告瓦解。随后，国际货币市场陷入一片混乱之中，直至 1944 年重建新的国际货币制度——布雷顿森林体系。

（二）布雷顿森林体系

1. 布雷顿体系的主要内容

（1）实行“美元——黄金本位制”。该制度以黄金作为基础，以美元作为最主要的国际储备货币，实行“双挂钩”的国际货币体系。“双挂钩”是指美元与黄金直接挂钩；国际货币基金组织会员国的货币与美元挂钩。美元与黄金挂钩是指，美国政府保证以 1934 年 1 月确定的 35 美元等于 1 盎司黄金的官方价格，各国政府或中央银行可以用美元官价向美国兑换黄金。其他各国政府则规定本国货币的法定含金量，根据本国货币法定含金量与美元含金量之比确定本国货币与美元的兑换比率。

（2）实行固定汇率制。当各国政府根据本国货币法定含金量与美元含金量之比确定本国货币与美元的兑换比率后，其有义务保持汇率的稳定。当本国货币与美元汇率的波动幅度超过两国货币法定含金量之比的上下 1%（史密森协定后，这一波动幅度扩大为 2.25%）时，各国政府要在外汇市场上对汇率进行干预。当一国国际收支状况发生根本性变化，汇率不可能通过干预的方式得以维持时，在基金组织的成员国的 85% 以上投票权通过的前提下，才允许该国货币公开升贬值。

（3）建立一个永久性的国际金融机构，即国际货币基金组织（IMF），对货币事项进行国际磋商，促进国际货币合作。国际货币基金组织对各成员国的汇率政策进行监督，并通过预先安排的资金融通措施，保证向会员国提供辅助性储备供应。

(4)取消歧视性的货币措施。“布雷顿森林协定”第八条规定:基金组织的会员国不得限制经常项目的支付,不得采取歧视性的货币措施,要在兑换性的基础上实行多边支付。

2. 布雷顿森林体系的作用

布雷顿森林体系是战后国际合作的一个比较成功的事例,它为稳定国际金融和扩大国际贸易提供了有利条件。首先,该体系是以黄金为基础的,美元作为主要的国际储备货币,它等同于黄金。在战后黄金生产增长停滞的情形下,美元的供应可以弥补成员国国际储备的不足,在一定程度上,解决了国际清偿能力的短缺问题。其次,该体系实施的是一种可调整的钉住汇率制度。这一制度的实施,既避免了金本位制下汇率难以调整的弊端,又避免了浮动汇率制下汇率起伏多变的缺点。稳定的汇率体制为世界贸易、投资的发展提供了良好的条件。相对灵活的汇率调节机制使逆差国避免了黄金外汇的大量流失,各会员国可以执行独立的经济政策。第三,国际货币基金组织的成立促进了国际货币合作,它提供了国际磋商与货币合作的讲坛,其对会员国提供的各种贷款缓解了会员国国际收支的困难,有助于世界经济的稳定增长。

3. 布雷顿森林体系的缺陷及崩溃的原因

布雷顿森林体系的建立是以美国在世界政治、经济、军事上处于绝对领先地位为基础的。以美元为中心的国际货币制度,在一定时期内稳定了资本主义世界货币的汇率,促进了当时世界贸易和经济的增长。这个体系对二战后扩大国际贸易往来和各国经济的恢复和发展起到了很大的作用。

但是,早在 1957 年,美国耶鲁大学经济学家罗伯特·特里芬(Robert Triffin)指出,“双挂钩”的规定使美元处于一种进退两难的状况中:由于黄金本身有限,在国际金融市场上,美国无法将所有黄金集中到国库中,而美国持有的黄金量只会随各国的兑换减少,这样,美国黄金储备存在不断流失的可能,黄金官价难以维持太久,美国为了保证美元与黄金之间的固定比价和可自由兑换性,应控制美元向境外输出;而美元替代黄金成为国际储备货币的地位又使其他国家需要大量美元,为满足世界各国发展经济的需要,美元供给必须不断增加,这又要求美元向境外输出。这种矛盾被称为“特里芬难题”。“特里芬难题”指出了布雷顿森林体系的内在不稳定性及危机发生的必然性。

20 世纪 60 年代以后,随着日、德、法及其他一些工业国家经济实力的增强和对外贸易的发展,情况发生了变化,世界上对这些国家货币的需求自然相应增长,这些国家的货币在国际地位和声誉上也相应提高,但是布雷顿森林体系却不能适应这种形势的变化。当时美国外汇收支出现了大量逆差,黄金储备大量外流,导致美元危机不断发生。1971 年 5 月,美国实行“新经济”政策,停止对外国和中央银行履行美元对黄金的兑现义务,黄金官价从每盎司黄金 35 美元提高到 38 美元,各国货币对美元的汇率的波动幅度由原来的±1% 扩大到±2. 25% 。美元停止兑换黄金和小幅度贬值并未阻止美元危机的发生。1973 年 2 月,国际金融市场上又一次掀起了抛售美元、抢购马克和日元,并进而抢购黄金的浪潮。在此情况下,美国政府不得不再次宣布美元贬值 10% ,黄金官价也相应地由每盎司黄金 38 美元提高到 42. 22 美元。美国经济地位的相对衰落和美元危机的不断爆发,可以看出,支撑布雷顿森林体系的两大支柱——美元黄金的互换和固定汇率制的实施已分别随着美国新经济政策的推行、浮动利率制的出现而纷纷倒塌,以美元为中心的这个国际货币体系也被削弱,1974 年 4 月 1 日,货币与黄金完全脱钩,以美元为中心的布雷顿森林体系彻底崩溃。

（三）牙买加体系

布雷顿森林体系崩溃后，国际货币制度又一次陷于混乱，固定汇率、单独浮动（美、日、加）、联合浮动（欧盟）、盯住浮动（盯住美元、法郎、马克等强势货币）等多种浮动形式层出不穷，导致国际金融形势动荡不安。1976 年 1 月，国际货币基金组织"国际货币制度临时委员会"在牙买加举行会议，达成了著名的"牙买加协定"。同年 4 月，国际货币基金组织理事会通过《国际货币基金协定第二次修正案》，并于 1978 年 4 月 1 日正式生效，国际货币进入了一个新的阶段——牙买加体系（jamaica system）。

牙买加体系的核心主要内容包括：

（1）黄金非货币化。黄金成为普通商品，与任何国家的货币都没有必然的联系，取消黄金官价，国际货币基金组织各成员国可以按照市价自由进行黄金交易，黄金不再用于官方间的国际清算。

（2）汇率安排多样化和浮动汇率合法化。根据 1978 年的国际货币基金组织协议修正案，国际货币基金组织成员国可以自行安排自己的汇率制度。各主要工业国家全都实行了浮动汇率制，其中美国、日本、加拿大、澳大利亚和新西兰等国货币实行单独浮动或独立浮动，参加欧洲货币体系的国家实行联合浮动；发展中国家的货币或是实行管理浮动，或是单独浮动，或是盯住某一种货币浮动，或是盯住"一篮子货币"浮动等。同时，国际货币基金组织对汇率政策进行监督，并且尽量缩小汇率波动幅度。

（3）国际储备货币多元化，确定以特别提款权为主要储备资产。在国际储备资产中美元虽然仍占有很大比重，但其他国家货币也开始成为储备资产，而且所占比重呈不断上升趋势。特别提款权是国际货币基金组织于 1969 年为解决布雷顿森林体系下国际储备不足的问题而创设的一种储备资产，被称为"纸黄金"。它是国际货币基金组织创设的一种记账单位。它既不是真正的货币，也不能兑换黄金，而是由国际货币基金组织按照成员国缴纳的份额分配给成员国的一种使用资金的权利，以作为它们原有提款权，即普通提款权的补充。国际货币基金组织在记账或发放贷款时既不用美元，也不用英镑，而是特别提款权。随着特别提款权国际储备地位的提高，它逐步取代了黄金和美元而成为国际货币制度的主要储备资产。

（4）国际收支调节形式多样化。牙买加体系下，国际收支的调节主要通过国内经济政策、汇率机制、利率机制、国际协调、国际金融市场的媒介作用、外汇储备变动及其证券与投资等手段联合起来进行。

牙买加体系的实行，对于维持国际经济运转和推动世界经济发展发挥了积极的作用。首先，取消黄金作用，客观上削弱了美元的主导地位。多样化的国际储备货币在世界经济的繁荣和衰退期间都有较强的适应性，而且国际储备货币多元化摆脱了布雷顿森林体系的基准货币国家美国与依附国家相互牵连的弊端，在一定程度上解决了"特里芬难题"。其次，多样化的汇率安排适应了不同发展程度国家的需要，为各国提供了汇率选择的灵活性。第三，多种国际收支调节机制并行，并引入国际金融、国际商业银行等扩展调节国际收支的渠道，在一定程度上缓和了布雷顿森林体系调节机制失灵的困难。

牙买加体系反映了布雷顿森林体系解体后的世界经济金融格局，在一定时期内比较灵活地适应国际经济的发展变化和各国的政策模式，但是，随着国际经济关系的发展变化，这个体系同样存在许多问题。尤其在多元化的国际储备货币格局下，当外汇储备从一种货币转向另一种货币时,往往会加剧外汇市场的动荡,各国货币政策的实施效果也会受到影响,另外外汇储备分散化也会导致各国外汇储备过多,为世界性的通货膨胀埋下隐患。由于牙买加体系尚不完善,随着世界经济全球化趋势的不断强化,国际贸易和国际金融的不断发展,进一步改革国际货币体系,建立合理而稳定的国际货币新秩序已成为各国关注的焦点问题。

(四)区域货币制度——欧洲货币体系

区域货币制度是由某个区域内的有关国家或地区通过协调形成一个货币区,由联合组建的一家中央银行来发行与管理区域内的统一货币的制度。区域货币制度的理论依据是20世纪60年代初西方经济学家蒙代尔提出的“最适度货币区”理论。该理论认为,在一些彼此间商品、劳动力、资本等生产要素可以自由流动、经济发展水平和通货膨胀水平比较接近的区域内,各国放弃本国的货币,采取统一的区域货币,有利于安排汇率,以实现充分就业、物价稳定和国际收支平衡的宏观经济目标。目前区域货币制度有西非货币联盟制度、中非货币联盟制度、东加勒比海货币制度、欧洲货币制度等。其中欧洲货币体系(European Monetary System, EMS)是区域货币制度发展的高级阶段。

1. 欧洲货币体系的产生

欧元的产生经历了一个漫长的过程。1965年4月,法国、意大利、联邦德国、荷兰、比利时、卢森堡6国签订了《布鲁塞尔条约》,决定将欧洲煤钢共同体、欧洲原子能共同体和欧洲经济共同体统一起来,统称欧洲共同体。在20世纪60年代建立的西欧共同市场就提出了创建货币同盟的目标。1972年2月,西欧共同市场的原6个国家决定建立经济货币同盟,计划要逐步发展成具有共同储备基金、发行统一货币、制定共同财政政策的经济和货币同盟。1973年3月实行联合浮动。1973年4月,建立了货币合作基金,在国际收支、维持汇率方面互相支持,加强合作。1975年3月创立了新的“欧洲记账单位”(european unitof account)。新记账单位排除了美元,完全用共同市场国家货币定值,从而减少了美元波动的影响。为加速实现共同市场国家的货币经济同盟目标,摆脱对美元的依赖与美元危机的影响,联邦德国、法国、意大利、荷兰、比利时、卢森堡、爱尔兰、丹麦等欧洲共同市场国家经过多年的酝酿协商,决定建立欧洲货币体系,并于1979年3月13日生效。

欧共体在20世纪80年代取得的巨大成就使各成员国对欧洲一体化的前景充满信心。为进一步加强各成员国经济一体化步伐,欧共体各国首脑于1991年12月在荷兰的马斯特里赫特召开会议,签署了《欧洲联盟条约》(又称《马斯特里赫特条约》,简称《马约》),决定于1993年11月1日欧共体更名为欧盟。1994年,欧洲货币局成立。1995年12月正式确定欧元为统一货币名称。1998年7月1日欧洲中央银行在德国的法兰克福成立。1999年1月1日,欧元诞生,经过三年过渡期之后,2002年1月1日,欧元的钞票和硬币开始流通。同年7月1日,法国、德国、卢森堡、比利时、荷兰、意大利、西班牙、葡萄牙、芬兰、奥地利、爱尔兰等11个欧盟成员国的货币正式退出流通,欧元成为各成员国统一的法定货币。之后,随着加入欧盟的国家不断增多,欧元的使用范围也在不断扩大。

欧元的诞生是世界货币制度发展史上的一个重大事件。它是区域货币一体化成功的起点。所谓区域性货币一体化,是指在一定区域内的国家和地区通过协调形成一个货币区,由联合组建的一家主要银行来发行和管理区域内的统一货币。欧洲货币一体化将加速欧盟成为一个更加统一、团结和强大的整体,使欧盟在国际贸易、外交、政治上日益统一起来,为欧洲地区在国际事务和世界格局中发挥举足轻重的作用。

2. 欧洲货币体系的主要内容

(1)创建欧洲货币单位。欧洲货币单位(European Currency Unit,ECU)简称埃居,是欧洲货币体系的核心,是按"一篮子"原则由共同市场国家货币混合构成的货币单位。其定值办法是根据成员国的国民生产总值和在共同市场内部贸易所占的比重大小,确定各国货币在"欧洲货币单位"中所占的权重,并用加权平均法逐日计算欧洲货币单位的币值。并以此作为成员国货币当局之间的结算工具,以及整个共同体的财政预算的结算工具。

(2)稳定汇率制。稳定的汇率机制是欧洲货币体系的核心部分,它由平价网体系与货币一篮子体系相结合,在该机制中,每一个参加国都确定本国货币欧洲货币单位的可调整的固定比价,称之为中心汇率,并依据中心汇率套算出与其他参加国货币相互间的比价,平价网体系是欧洲货币合作基金(EMCF)规定了成员国之间汇率允许波动的范围,最大范围为中心汇率的±2.25%,个别成员国因实力较弱,允许其货币汇率的波动范围幅度扩大到±6%。当汇率波动超过允许的幅度时,有关国家的中央银行应及时采取行动,改变自己的经济和货币政策,将其汇率控制在差异界限之内,以确保汇率的稳定。

(3)建立欧洲货币合作基金(European Monetary Cooperation Fund, EMCF)。为确保欧洲货币体系的正常运转,欧共体于1973年4月3日建立了欧洲货币合作基金,集中各成员国20%的黄金储备和20%的美元,作为发行欧洲货币单位的准备。欧洲货币合作基金的作用:一是加强干预外汇市场的能力,打击投机活动,稳定成员国货币之间的汇率和维持汇率联合浮动;二是向成员国提供信贷支持,以平衡国际收支。

3. 欧洲货币体系的启示

欧元的诞生有其客观必然性,是欧盟内部经济一体化不断提高的必然归宿。欧洲货币体系开创了世界金融新格局,它对21世纪世界经济的影响将是巨大的、积极的,通过对欧洲货币体系形成历程的分析,得到如下启示。

(1)欧洲货币体系的建立进一步印证了经济学家蒙代尔在20世纪60年代提出的"最适度货币区"理论。因为欧元区各成员国疆域邻近,便于地区间商品、劳动力、资本的生产要素的自由流动,无形中为各成员国带来最大化利益。而且经济发展状况、社会结构、科技发展水平、民族风俗和人文素质基本相同,也是区域货币一体化的前提。货币一体化增强了区域内各成员国之间经济合作,消除了区域内汇率风险,降低了货币兑换成本,进一步促进了欧洲各国贸易发展,使欧元更好地服务于统一的欧洲大市场。欧元的实施,使欧元区内物价更加透明,所有商品都用欧元标价,价廉物美的商品更具竞争力,从而增强了企业的独立意识和风险意识,并引起了各行各业的并购狂潮,推动欧洲货币一体化向纵深发展,从而有利于提高欧洲国家的整体实力。

(2)欧洲货币体系的建立意味着国际金融格局进入一个崭新的阶段,将对国际经济产生深远的影响。使欧洲不再以美元为主要的国际储备和国际结算手段,世界上许多国家可能会抛弃或减少美元而采用或适当增加欧元作为本国的储备货币。在国际贸易中,美元作为国际贸易结算手段自然会减少,从而使各国逐渐摆脱对美元的依赖性。因此,欧元的启动,无论对促进国际汇率稳定,促进外汇储备多元化,还是促进世界经济增长都是有利的。

(3)纵观欧洲货币一体化的历程,可是说它充满了曲折性。因为各成员国之间曾发生过多次长期战争,如今要携手共进,客观上要求成员国都要有广阔的胸怀,放弃前嫌,展望未来。然而自2008年金融危机爆发以来,主债权危机最坏的情况使欧洲经济复苏低于预期,国家破产的风险从希腊扩大到意大利、西班牙等欧盟大国，由于成员国的货币主权被剥夺，不能自主行使货币政策，欧元在一定程度上削弱了各成员国国内财政政策。因此，在区域货币一体化的成员国中，不但经济上要连为一体，在政治上建立共同战线，只有这样才能维持欧洲货币一体化。

欧元的诞生是国际货币史上的巨大成就，但金融危机后，欧元区的经济弱点也暴露无遗。有共同的货币政策，却没有共同的财政政策，巨额财政赤字难以为继，各国形势分化，严重威胁经济稳定。这些既是欧洲需要及时解决的难题，也是其他地区货币合作需要引以为戒的教训。但无论如何，采取统一的区域货币，有利于成员国安排汇率，以实现充分就业、物价稳定和国际收支平衡的宏观经济目标。

思考题

1. 什么是外汇？外汇与外币的区别。
2. 什么是汇率？汇率的表示方式有哪些？汇率的标价方法有哪些？
3. 试述影响汇率变化的因素有哪些？
4. 简述购买力平价理论的基本内容。
5. 如何理解国际收支的概念？试述国际收支平衡表的构成。
6. 固定汇率制度有何特点？
7. 浮动汇率对经济有什么影响？
8. 简述国际储备的作用、国际储备的构成及其发展变化。
9. 布雷顿森林体系的核心内容是什么？
10. 为什么说布雷顿森林体系实际上是一种国际金汇兑本位制？
11. 牙买加体系的核心内容是什么？

参考文献

[1] 王赛德. 期货交易所治理结构演变的经济分析[J]. 商业时代,2006(14):59-60.
[2] 杜军. 中国期货市场微观结构理论与实证研究[D]. 武汉:华中科技大学,2006.
[3] 周雪梅. 中外期货市场发展的比较制度分析[D]. 杭州:浙江大学,2010.
[4] 李心广. 中国期货市场资源配置功能研究[D]. 北京:首都经济贸易大学,2006.
[5] 崔迎秋. 论社会主义市场经济体制下的中国期货市场[D]. 武汉:华中师范大学,2003.
[6] 蒋舒. 中国期货市场交易者互动研究[D]. 上海:上海交通大学,2007.
[7] 赵继光. 中国期货市场的功能研究[D]. 长春:吉林大学,2007.
[8] 吴华. 我国股指期货标的物指数的编制及合约设计[D]. 长沙:中南大学,2006.
[9] 许诺. 中国期货市场功能研究[D]. 北京:中共中央党校,2010.
[10] 中国期货业协会. 期货市场品种介绍[M]. 北京:中国财经出版社,2002.
[11] 周小川. 在期货业协会成立大会上的讲话[N]. 北京:中国证券报,2000-12-31.
[12] 李慕春. 股指期货市场研究[D]. 大连:东北财经大学,2001.
[13] 曹胜. 中国期货公司监管制度研究[D]. 北京:中国社会科学院研究生院,2003.
[14] 陈庆仕. 我国期货市场的若干问题研究[D]. 厦门:厦门大学,2001.
[15] [美]米尔顿 · 弗里德曼. 货币的祸害[M]. 安佳,译. 北京:商务印书馆,2007.
[16] 张洪涛. 保险经济学[M]. 北京:中国人民大学出版社,2006.
[17] 李雅静,张延军,肖国栋. 保险学[M]. 北京:学术书刊出版社,1989.
[18] 黄达. 货币银行学[M]. 北京:中国人民大学出版社,2008.
[19] [美]斯科特 · 比斯利,尤金 · F · 布里格姆. 金融学原理[M]. 王宇,吴先红,等译. 北京:北京大学出版社,2011.
[20] 吴世亮. 中国金融市场理论与实务[M]. 北京:中国经济出版社,2006.
[21] 贾玉革. 金融理论与实务[M]. 北京:中国财政经济出版社,2011.
[22] 李健. 货币银行学[M]. 3 版. 北京:当代世界出版社,2004.
[23] 于敏,肖东华. 金融学[M]. 北京:高等教育出版社,2010.
[24] 王雅杰. 国际金融(理论 实务 案例)[M]. 北京:清华大学出版社,2006.
[25] 李小牧. 国际金融[M]. 北京:清华大学出版社,北京交通大学出版社,2006.
[26] 全国经济专业技术资格考试用书编写委员会. 金融(专业知识与实务)中级[M]. 北京:中国人事出版社,2008.
[27] 叶蜀君. 国际金融[M]. 北京:清华大学出版社,2005.
[28] [美]保罗 · 萨缪尔森,威廉 · 诺德豪斯. 宏观经济学[M]. 萧琛,等译. 北京:华夏出版社,1999.

[29] 艾洪德,范立夫.货币银行学[M].大连:东北财经大学出版社,2010.
[30] 李健.金融学[M].北京:高等教育出版社,2010.
[31] 王国星.财政与金融教程[M].北京:中国财政经济出版社,2003.
[32] 黄泽民.货币金融学[M].北京:立信会计出版社,2009.
[33] 周莉.投资银行学[M].北京:高等教育出版社,2011.
[34] [美]曼昆.经济学原理[M].梁小民,译.北京:北京大学出版社,1999.
[35] 王晓光.货币银行学[M].北京:清华大学出版社,2019.
[36] 熊诗忠,张丽拉.国际金融[M].北京:清华大学出版社,2018.
[37] 许纯榕.金融市场学[M].北京:清华大学出版社,2018.
[38] 徐远.货币的界碑:数字货币的经济逻辑[M].北京:中信出版社,2023.
[39] 卜亚.金融学[M].2版.北京:北京大学出版社,2023.
[40] 吴云,朱玮.数字货币:机器权力的兴起与数字秩序的未来[M].杭州:浙江大学出版社,2022.
[41] 十点.长期价值投资:如何稳健地积累财富[M].北京:人民邮电出版社,2023.
[42] 魏强斌.外汇交易进阶[M].5版.北京:经济出版社,2020.
[43] 富家益.K线图的108个买入形态[M].北京:中国纺织出版有限公司,2021.
[44] 许骥.钱的第四维[M].北京:中国友谊出版公司,2021.
[45] 叶蜀君.公司金融[M].北京:清华大学出版社,2023.
[46] 周烨.金融风险管理[M].北京:北京大学出版社,2023.